总　序

当今世界正处于前所未有的激烈的变动之中，我国正处于中国特色社会主义发展的重要战略机遇期，正处于全面建设小康社会的关键期和改革开放的攻坚期。这一切为哲学社会科学的大繁荣大发展提供了难得的机遇。哲学社会科学发展目前面对三大有利条件：一是中国特色社会主义建设的伟大实践，为哲学社会科学界提供了大有作为的广阔舞台，为哲学社会科学研究提供了源源不断的资源、素材。二是党和国家的高度重视和大力支持，为哲学社会科学的繁荣发展提供了有力保证。三是"百花齐放、百家争鸣"方针的贯彻实施，为哲学社会科学界的思想创造和理论创新营造了良好环境。

国家"十二五"发展规划纲要明确提出："大力推进哲学社会科学创新体系建设，实施哲学社会科学创新工程，繁荣发展哲学社会科学。"中国社会科学院响应这一号召，启动哲学社会科学创新工程。哲学社会科学创新工程，旨在努力实现以马克思主义为指导，以学术观点与理论创新、学科体系创新、科研组织与管理创新、科研方法与手段创新、用人制度创新为主要内容的哲学社会科学体系创新。实施创新工程的目的是构建哲学社会科学创新体系，不断加强哲学社会科学研究，多出经得起实践检验的精品成果，多出政治方向正确、学术导向明确、科研成果突出的高层次人才，为人民服务，为繁荣发展社会主义先进文明服务，为中国特色社会主义服务。

实施创新工程的一项重要内容是遵循哲学社会科学学科发展规律，完善学科建设机制，优化学科结构，形成具有中国特色、结构合理、优势突出、适应国家需要的学科布局。作为创新工程精品成果的展示平台，哲学社会科学各学科发展报告的撰写，对于准确把握学科前沿发展状况、积极推进学科建设和创新来说，是一项兼具基础性和长远性的重要工作。

中华人民共和国成立以来，伴随中国社会主义革命、建设和改革发展的历史，中国特色哲学社会科学体系也处在形成和发展之中。特别是改革开放以来，随着我国经济社会的发展，哲学社会科学各学科的研究不断拓展与深化，成就显著、举世瞩目。为了促进中国特色、中国风格、中国气派的哲学社会科学观念、方法和体系的进一步发展，推动我国哲学社会科学优秀成果和优秀人才走向世界，更主动地参与国际学术对话，扩大中国哲学社会科学话语权，增强中华文化的软实力，我们亟待梳理当代中国哲学社会科学各学科学术思想的发展轨迹，不断总结各学科积累的优秀成果，包括重大学术观点的提出及影响、重要学术流派的形成与演变、重要学术著作与文献的撰著与出版、重要学术代表人物的涌现与成长等。为此，中国社会科学出版社组织编撰"中国哲学社会科学学科发展报告"大型连续出版丛书，既是学术界和出版界的盛事，也是哲学社会科学创新工程的重要组成部分。

《中国哲学社会科学学科发展报告》分为两个子系列：《年度综述》和《前沿报告》。《年度综述》按一级学科分类，每年度发布，《前沿报告》每三年发布，并都编撰成书陆续出版。学科《年度综述》内容包括本年度国内外学科发展最新动态、重要理论观点与方法、热点问题，代表性学者及代表作；学科《前沿报告》内容包括学科发展的总体状况，三年来国内外学科前沿动态、最新理论观点与方法、重大理论创新与热点问题，国内外学科前沿的主要代表人物和代表作。每部学科发展报告都应当是反映当代重要学科学术思想发展、演变脉络的高水平、高质量的研究性成果；都应当是作者长期以来对学科跟踪研究的辛勤结晶；都应当反映学科最新发展动态，准确把握学科前沿，引领学科发展方向。我们相信，该出版工程的实施必将对我国哲学社会科学诸学科的建设与发展起到重要的促进作用，该系列丛书也将成为哲学社会科学学术研究领域重要的史料文献和教学材料，为我国哲学社会科学研究、教学事业以及人才培养作出重要贡献。

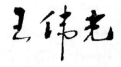

目　　录

导论:中国哲学研究60年的回顾与反思

首先，我们要对"中国哲学"作出界说。按学科分类，过去称作"中国哲学史"的学科，现称为"中国哲学"。但使用"中国哲学"一词，又容易误会为指我国整个的哲学学科门类或一级学科。本书所指"中国哲学"一般相当于今天所谓二级学科的"中国哲学"，即过去的"中国哲学史"。但又不尽然。我们特别要说明的是，仅仅以知性的态度解析"中国哲学"是不够的。"中国哲学"至少有两个层面：第一个层面是作为意义世界的"中国哲学"，即蕴含着终极意义、人生价值理念与境界，特别是其中的"天人之际"、"性命之源"等中华文化的根源性的、总体的或分别的"道"与"理"等，此即中华民族的精神信念、核心价值的层面，是活着的、流转的，在今天的世界与中国国民的社群人生中仍然起着安身立命的积极作用的层面；第二个层面才是作为学科建制的或知识与学术层面的"中国哲学"，即可以断代或分门别类或个案地作学术性的研究，并与外国哲学作比较研究的知识层面的内容，亦相当于海外中国学家或汉学家作为学术研究对象的"中国哲学"，当然与海外中国学或汉学又有着一些差别。

其次，我们强调三个30年的观念。讨论近60年来学术史的发展，不能不上溯此前的30年或40年。如果把百多年作为一个整体，作为我国人文学或社会科学的学科范式建构的历史来看，更能说明当代学术史的全貌。当然，我们讨论问题总有重点，现在研究的重点是1949年10月以来的60年，只是不要忘记，我们需要把这一甲子之前的30多年，即民国初年至1949年的学术史作为背景或前史。讨论60年来我国大陆地区学术的发展，重点当然是改革开放以后的30年。但是，这一甲子的前30年，即1949年至1978年的学术史绝不是没有意义的。后30年中的诸多问题之所以能引起深入讨论，真正具有学术性，原因很多，其中有一部分问题意识则是缘自对改革开放之前的 30 年的反思。前 30 年的成果并不都是一无是处的。

自近代以来，学术分工的细化使得学科意识不断加强，各学科开始不断强调自身的主体性，学科自身的研究对象、方法等得到了极为深入的探讨。中国哲学史与中国学术史①、中国思想史之间的差别也开始为学者所关注和讨论。一般而言，哲学史研究以哲学形上学、宇宙观、人生观、价值观、哲学问题与方法的探讨为中心，侧重分析各哲学系统的内在逻辑及其所面临的困难，以及哲学理论的演进、发展；而思想史研究则更重视思想观念与政治、经济、文化等社会历史因素之间的互动，即特定历史情境对某一思想观念之形成的影响及思想观念反过来如何作用于社会现实，也即所谓"思想变迁的历史意义"。② 但必须注意的是，近百年的中国哲学史研究与中国思想史研究始终是纠缠在一起的，常常是相互交叉的。虽然梁启超、蔡尚思以及 20 世纪 80 年代学界对哲学史与思想史的关系问题已进行过专门的讨论，但并未从根本上解决此问题，中国哲学史与中国思想史之间的界限是模糊的。基于此，以"中国哲学思想史"作为讨论的主题，似更能全面地反映近 60 年来中国哲学史研究的发展演变。另一方面，受现代解释学等思想的影响，不少学者在强调中国哲学史研究的自主性的同时，也强调哲学问题的提出和解答及其与历史文化背景之间的紧密关联，因而主张以哲学史与思想史相结合的方式来开展中国哲学史的相关研究。③ 当然，本书作者均为哲学从业者，更为关注的是哲学内容及其研究。哲学内容更能反映时代精神，哲学智慧更能体现民族特性。

第一节　两大阶段五小阶段

中国哲学（史）学科建立于 20 世纪初。本学科的先驱有陈黻宸、陈汉章、马叙伦、谢无量等。本学科的奠基人是王国维、梁启超、蔡元培

① 中国学术史一般研究的也是中国古代学术流派，与中国思想史难分难解。近期有关中国学术史的多卷本著作有：张岂之主编、刘学智副主编：《中国学术思想编年》（六卷本），陕西师范大学出版社 2005 年版；尹继佐、周山主编：《中国学术思潮史》（八卷本），上海社会科学院出版社 2006 年版。

② 黄俊杰：《史学方法论丛》，台湾学生书局，1984 年增订三版，第 245 页。

③ 郑宗义：《明清儒学转型探析》，香港中文大学出版社 2009 年增订版，序言。

等，特别是受英美影响的胡适、冯友兰等。本学科的参与者还有钟泰等人。30 年代冯友兰的两卷本《中国哲学史》（商务印书馆 1935 年版）为中国哲学史学科初创过程中的里程碑。冯友兰在抗战末期的《新原道》等是这一传统的延续，且较之前更有发展、更中国化了。从 20 年代末到新中国成立前夕，汤用彤、张岱年等人的创制也不容忽视。另一方面，以郭沫若、侯外庐为代表的马克思主义思想史家以唯物史观为指导而写就的颇有创造性的有关中国哲学思想的系列著作是又一典型。这成为 1949 年后的前 30 年本学科的主要依据或基础。简言之，1949 年前的中国哲学思想（史）研究，主要有胡—冯、郭—侯两种范式，此后 30 年主要流行的是郭—侯范式。

改革开放之前 30 年的中国哲学思想研究可分为两个小阶段：1949 年至 1966 年是所谓的"十七年"，为第一阶段。这一阶段，学界典型的事件有 1957 年 1 月北京大学中国哲学史讨论会等，这次讨论会受苏联日丹诺夫关于哲学史定义的影响，确立了哲学上唯物与唯心的对立、辩证法与形而上学的对立的"两个对立"的理念，明显反映出教条主义对中外哲学史研究的干扰和打压。60 年代初期前后，有关孔子、庄子、王夫之哲学的讨论，是学术回暖的表现。1966 年至 1977 年为第二阶段，"文化大革命"期间"评法批儒"，表明在政治强力笼罩下的学界进一步是非淆乱，极左的氛围之下不可能有真正的学术研究。

就出版的相关著作来看，侯外庐、杜国庠、赵纪彬和邱汉生等人于 20世纪 40 年代初至 60 年代初完成的《中国思想通史》，无疑是这期间最重要的中国哲学史、思想史研究成果，至今仍有广泛的影响，人民出版社于 2008 年再次改版重印。这部《中国思想通史》强调思想史与社会史的结合，"本着历史与逻辑相统一精神，对中国思想史的内涵、演进、特色等进行了系统的分析和论述"。[①] 本书确立了以唯物史观和辩证唯物主义来研究中国哲学思想史的基本范式。这部以思想史命名的著作有着很浓的哲学史的味道，因而在 20 世纪 80 年代初作为《中国思想通史》的缩写本出版的《中国思想史纲》的上册，就曾以《中国哲学简史》为书名于 1963 年由中国青年出版社出版。同时期出版的中国哲学思想史方面的著作基本没有超出这一范式，如 1963 年出版的杨荣国《中国古代思想史》等。此外

---

① 张岂之：《〈中国思想通史〉简介》，《华夏文化》2008 年第 3 期。

还值得注意的是 1952 在海外出版的钱穆《中国思想史》，该书的特色在于注重由中西思想之不同论中国古代思想，力图"从中国思想之本身立场来求认识中国思想之内容，来求中国思想本身所自有之条理组织系统、进展变化"。① 作者限于对哲学之狭隘的西方化的理解，认为中国并无西方意义上的哲学，因而不是以《中国哲学史》而是以《中国思想史》来命名。但就内容而言，这部中国思想史更近于中国哲学史。任继愈主编的《中国哲学史》前三册于 1963 年至 1964 年由人民出版社出版，1979 年出版了全四册本。这一套书虽然带有时代烙印，但是作为一套以马克思主义为指导、用简单清晰的线索和逻辑系统而完整建构的中国哲学通史，无疑有重大意义和价值；而且该书作为教材，广泛运用于改革开放后的大学课堂，具有较大的影响。

20 世纪 50 年代之后，受苏联日丹诺夫关于哲学史定义的影响，中国哲学思想史的研究表现出十分明显的教条主义倾向。"文化大革命"期间政治环境恶化，"评法批儒"、"批林批孔"，学术研究政治化，缺乏最基本的客观独立性，哲学史、思想史变成了儒法斗争史、政治思想史。

改革开放之初，1978 年至 1979 年中外哲学史界著名的芜湖会议、太原会议，1981 年杭州宋明理学讨论会等，都是值得珍视的历史记忆。改革开放 30 年来中国哲学界的发展大致经历了三个小的阶段（即整个 60 年的第三至第五阶段），并在多个方面取得令人瞩目的成就。

第三阶段约为 1978 年至 1990 年，本学科研究进入复苏期。第一，以思想解放为背景，本时段中国哲学史界的主要倾向是摆脱受苏联日丹诺夫影响的唯物主义与唯心主义、辩证法与形而上学"两军对阵"的教条主义模式，批判"评法批儒"等引起的思想混乱，避开"阶级斗争"、"路线斗争"等政治话语。以黑格尔—马克思的"逻辑与历史相统一"的哲学史观与列宁《哲学笔记》的有关论断为方法论主调，受哲学界"认识论"转向的影响，用"螺旋结构"、"历史圆圈"、"范畴研究"、"哲学史是认识史"等路数来重新架构或解读中国哲学，力图从泛政治化走向学术。虽不免新旧杂陈，却仍有不少振聋发聩之作。张岱年先生以问题史为中心的《中国哲学大纲》虽在 1957 年由商务印书馆以宇同名义印行，但只是在这一阶段才开始起作用的。第二，这一阶段的另一重大背景为"文化热"。

---

① 钱穆：《中国思想史·序言》，台湾学生书局 1985 年版。

借助对外开放的机缘,在海内外学者共同推动的"传统文化与现代化关系"的讨论高潮中,学界开始重新审视中国哲学的智慧。主潮虽是启蒙理性,形式多为宏观泛论或宏大述事,但仍有不少揭示中国哲学底蕴与特质的创新论著问世,令人耳目一新。以上两个脉络是并行且交叉的。前一脉络以冯契先生的《中国古代哲学的逻辑发展》(华东师范大学出版社 1992年版)及"智慧说"三部曲与萧萐父、李锦全主编的《中国哲学史》(人民出版社 1982 年版(上卷)、1983 年版(下卷))及萧先生的论著为代表。后一脉络以李泽厚先生的中国古代、近代、现代思想史论之三部曲及汤一介、庞朴先生的论著为代表。

这期间的中国思想史研究主要是继承和发展侯外庐等的研究成果,仍然以哲学思想作为研究的主要内容,代表性的论著有何兆武等的《中国思想发展史》(中国青年出版社 1980 年版)以及张岂之主编的《中国思想史》(西北大学出版社 1993 年版)。

在这一阶段,第一代学者冯友兰、吕澂、蒙文通、张岱年、王明、朱谦之、严北溟、范寿康、冯契、任继愈、石峻、杨向奎等先生等老当益壮,在整个中国哲学的理解阐扬、儒释道的创造转化及培养人才方面堪称楷模。第二代学者朱伯崑、萧萐父、汤一介、庞朴、李泽厚、李锦全、张立文、张岂之、卿希泰、余敦康、牟钟鉴、杜继文、杨曾文、方立天、方克立、刘文英、潘富恩、蒙培元、陈俊民、葛荣晋、张锡勤、崔大华先生等在各自领域中各有开拓与建树,产生了不少高水平的研究著作。

当然,我们所讨论的阶段不是死板的、机械的。如由人民出版社出版的任继愈先生主编的《中国哲学发展史》先秦至魏晋四卷的初版为 1983年至 1994 年,跨我们所谓第一、第二阶段。在这三个阶段中的佛教史、道教史的研究是其中值得重视的方面,进展很大。有关情况,张海燕先生有较系统、全面的介绍。①

第四阶段约为 1991 年至 2000 年,相对于前一阶段以拨乱反正为主而言,这一阶段是潜沉读书与走上学术性研究的时期,方法论与诠释方式多样化的时期,学问分途与个案研究为主的时期,进一步受到现代西方哲学各思潮的影响,与海内外中国学真正对话的时期。在这一阶段,前文所述的第二代学者非常活跃,笔耕不辍,同时涌现出一大批中青年学者。第三

---

① 详见张海燕《二十世纪的中国思想史研究》,《中国史研究动态》2002 年第 1 期。

代学者的代表人物陈来、杨国荣等崭露头角，创获尤多。陈、杨等著述颇丰，他们对从先秦到现代的整个中国哲学都有精到的研究，特别是他们有较好的西方哲学的背景与训练。也有学者对思想史研究为哲学史研究所主导的状况开始感到不满，力图摆脱"大号哲学史"的中国思想史写作方式，受年鉴学派等西方史学思想的影响，开始转而强调所谓"一般的思想史"，论著方面无疑以葛兆光的《中国思想史》（复旦大学出版社 2001 年版）为代表。

第五阶段约为 2001 年至今。这一阶段是以社会层面的"国学热"与学术层面的"中国经典的现代诠释"为背景，重建"中国文化"的根源性与"中国哲学"学科的自主性或主体性的时期，逐步摆脱西方社会科学与哲学方法之束缚的时期，有思想的学术与有学术的思想相结合的时期，对"五四"以来相沿成习、似是而非的诸多看法与思维定势予以拨乱反正、摧陷廓清的时期。这一阶段仍在继续着。较前几个阶段，此一阶段中国哲学研究的方法更加多元，中外学术的交流更加立体化，研究更加精细，个案与精专研究成果丰硕，队伍不断扩大，新生力量逐渐增加，涌现出生机勃勃的第四代学者。

这一阶段较前几个阶段的发展更为殊胜之处在于，中国哲学学科的机构与制度建设取得长足发展，不少中国哲学的学术研究与人才培养机构（学科点或研究所，包含涉及三级学科如易学、佛教与道教等中心或研究所）设置、建构起来并在继承中创新，成为学术发展的重要支撑点。例如北京大学、武汉大学、复旦大学、中国社会科学院、中国人民大学、中山大学、南京大学、华东师范大学、山东大学、南开大学、四川大学、北京师范大学、中央民族大学、苏州大学、陕西师范大学、西北大学、浙江大学、浙江省社会科学院、厦门大学、黑龙江大学、上海师范大学、上海市社会科学院、首都师范大学、华中师范大学、四川师范大学、深圳大学等相关机构已成为中国哲学思想史研究的重镇。目前已有北京大学、武汉大学、复旦大学等 5 个中国哲学的国家级重点学科、20 多个中国哲学学科的博士点，集聚和培养了大批后继人才。中国哲学史学会、中华孔子学会、国际儒学联合会、中国孔子基金会等相关民间社团及各地区的社团亦开展了丰富多彩的学术活动。

就具体的学术活动而言，这一时期，各层次、各专题的中国哲学学术会议频频召开，儒佛道藏等经典的资料性的整理工作深入展开，各断代、各流派相当多的重要哲学家的全集或资料长编或年谱、学案等陆续被整理出版,学者们发表、出版了大量学术论文、专著,研究成果的数量和质量都较过去有了突破性的进展,学术争鸣、研讨、交流日益频繁,中外哲学间、各宗教间的对话逐渐加强。不少学者的研究成果具有很强的问题意识与方法论自觉,做到了中外互动、古今会通。不少学者第一手资料的功夫扎实,重视海内外已有的研究成果即研究前史,在此基础上提出创新性见解,并给予详实地分析、论证,十分可喜。研究的领域进一步扩大,各个时段的思潮、流派、人物、著作与哲学问题的研究都有许多成就。代表性人物如牟宗三、唐君毅、徐复观、陈荣捷、劳思光、余英时、傅伟勋、陈鼓应、杜维明、成中英、刘述先、安乐哲的学术成果,在本学科都有较大影响。

自 1978 年以来,改革开放的 30 年是中国社会大发展的时期,也是大陆地区中国哲学界取得令人瞩目成就的重要阶段。古人以 30 年为一世,中国哲学界的同仁在这一世中取得的成就已经到了可以总结和需要总结的时候了。为此,张立文、陈来、杨国荣、郭齐勇等先生已着先鞭,以近 30 年为中心,旁及前后左右,从中国哲学的研究方法、心态、资源、制度、趋向、成就与不足等方面作了小结与反省。①

第二节　后 30 年转暖或兴起的八大领域

后 30 年的各个时段,对哲学人物与哲学问题的研究都有许多成就。相比较而言,传统哲学与当代的关系、经与经学、佛教、道家与道教、宋明理学、现当代新儒学、出土简帛中的哲学思想研究、从政治哲学的视阈研究中国哲学等,已成为热门或显学。

第一,传统哲学与当代

中华民族及中华文化在数千年里形成了自己的精神系统,如信念信

---

① 详见郭齐勇《近二十年中国哲学研究的三大转变》,《天津社会科学》1999 年第 3 期;《略谈当前中国哲学研究的趋向》,《光明日报》2007 年 8 月 14 日理论版;陈来:《中国哲学研究三十年回顾(1978—2007)》,《天津社会科学》2008 年第 1 期;张立文、段海宝:《中国哲学三十年来的回顾与展望》,《社会科学战线》2008 年第 3 期;杨国荣:《中国哲学 30 年(1978—2008)的反思》,《中国哲学年鉴》(2008),哲学研究杂志社;秦平、郭齐勇:《中国哲学研究 30 年的反思》,《哲学研究》2008 年第 9 期;郭齐勇、廖晓炜:《六十年来中国哲学思想史研究的思考》,《文史知识》2009 年第 9 期。

仰、终极关怀、思考与行为方式、伦理生活秩序、价值理念、审美情趣。这些东西固然随时更化，不断变迁，但是，其中仍然有其一以贯之的精神血脉，这是中华民族及其文化融合起来且可大可久的根据。中国传统哲学从来就是多元多样的。儒家、道家、墨家及诸子百家，道教、佛教及中华各民族历史的上层、下层的各种文化及诸流派，作为文化资源都是瑰宝，在今天都有其价值与意义。

三十年来，大多数研究者们逐渐扬弃了清末直至"文化大革命"期间，我国大陆地区流行的"文化决定论"与妄自菲薄、视自家文化如粪土、把传统与现代绝然对立起来的看法，重视对传统哲学资源的客观理解与评价，以同情的、理解的态度，发掘中华人文精神的内在价值，并阐发、调动这些内在价值，使之在我国现代化建设中发挥健康、积极的作用。学者们十分注意挖掘传统哲学的当代价值，以多元开放的心态，对传统哲学做创造性的转化。

第二，经与经学的研究

五经或十三经研究的复兴，是近30年中国学术界最为重要的事件。经是中国文化的根，是中华民族智慧的结晶，经与经学当然是中国哲学乃至中国经典之最重要的内容。

《书经》、《诗经》、三《礼》（《仪礼》、《周礼》、《礼记》）、《周易》、《春秋》经及其三传（《左传》、《公羊传》、《穀梁传》）、《四书》等经典中包含了中国哲学本体论与形上学，中国古代宗教、哲学、道德、社会、伦理、政治、历史的最根本的理念与架构，是中华文明的精华所在与源头活水。近30年来，《易》学、《礼》学、《四书》学已得到长足的发展，出现了不少专家、专著（尤其是博士论文）、研究机构或刊物（辑刊）。对有的单经的细节的研究，现在还处在准备（尤其是人才准备）阶段，但经与经学研究的全面复兴指日可待。

第三，佛教研究

随着海内外哲学、宗教学界交往的日益频繁，30年来的大陆地区佛教研究不断深入发展。在佛教典籍的整理编纂方面，由任继愈先生担任负责人的卷帙浩繁的《中华大藏经》（正编）已经出版，续编正在加紧编纂中。佛教史研究成就斐然，有关中国佛教及其重要流派（如唯识、天台、华严、禅、三论、净土等）的通史或断代史研究与有关佛教重要思想人物的研究之专著、专论层出不穷，学者们注意了包括敦煌卷子与日本等地新材料的运用，与西方、印度、东亚佛教学者的联系日益增多。有关地方佛教史的研究越来越受到重视，藏传佛教、西藏密宗是新的热点。佛教经典及其诠释史、佛教哲学理论与组织制度、中印佛学比较、佛教中国化过程、佛教人生哲学与伦理学、佛学与中国文化及现代生活世界的关系研究，是这一领域的新的重心。

第四，道家与道教研究

有关道家老子、庄子、列子、文子、稷下道家、战国与汉代黄老道家及《淮南子》之文本诠释、哲学解析、个案研究和比较研究，竹简本、帛书本与传世本《老子》、《文子》研究，马王堆帛书《黄帝四经》研究等，尤其是关于道家形上学、自然哲学、修养论与政治哲学的研究不断深化，成果非常丰富。自20世纪90年代出现道家道教文化研究热以来，有关道教各教派、道教全史及断代史或著名人物的系统研究逐步展开，全真道研究成为道教流派研究的热点。学者们重点探讨道教教义并予以现代阐释。从学科交叉和实际应用的层面上展开研究，是道教研究的新趋势，例如学者们分别从宇宙论与人生哲学、音乐、医学、科技、养生、气功，或管理学、政治学、伦理学、社会学、教育学、心理学、文学等学科来发掘道家道教的文化资源。中国道教协会组织专家进行的《道藏》点校本重大项目即将完成，这将成为道家和道教文化研究和传播的重要里程碑。

第五，宋明理学研究

宋明理学在中国哲学中的重要地位，乃是因为它是儒释道三教长期碰撞、融合而重建的哲学形态，呈现出比汉唐时期更高、更精致的精神形态与哲学义理，特别是它的形上学、境界论与工夫论。而且它在很长的历史时段对东亚史与世界史带来深刻的影响。哲学研究层面，30年来，学者们对宋学、宋元明学术与理学的关系，宋学与汉学（清学）的关系，宋明理学的范畴、哲学体系、理论特色，学术人物与学术群体，地域、派别、师承谱系和学术流变等，都有十分深入的讨论。思想史研究层面，关于宋明理学与社会政事、教育师道的关系，理学的民间化及其与书院史、乡约的关系，宋明儒家知识人的政治社会作为，明清之际新哲学的兴起等，也日益受到学界重视。由于宋明儒学的复杂面相和深刻的思想成就，它与佛家、道家、经史文学、科学、商业、社会、政治、法律等的相互关系或联系，宋明理学在朝鲜、日本、越南等东亚国家或地区的民间传播及当地朱子学、阳明学及其后学的复杂性，宋明思想的东亚影响、不同走向以及与当时西学的结合，都已成为重要的考察对象或研究内容。在一定意义上，宋明儒学本身所具有的现代性还需要重新探讨，对元代学术的研究还应加强。

第六，现当代新儒学研究

1983年至1990年，汤一介教授与业师萧萐父教授即开始编《熊十力全集》，召开有关研讨熊十力、冯友兰、梁漱溟学术的会议，邀请杜维明、成中英等来大陆地区讲学。1986年至1995年，方克立、李锦全教授领导了国内三十多位学者参加的一个"现代新儒家思潮研究"课题组，从整理、汇编资料与学案等工作开始，直至专人、专题研究，产生了一大批学术成果。这个课题组选择的研究对象的名单逐步完善，最后做了"现代新儒学辑要丛书"或专人研究系列丛书的，包括三代15人：第一代：梁漱溟、张君劢、熊十力、马一浮、冯友兰、贺麟、钱穆、方东美；第二代：唐君毅、牟宗三、徐复观；第三代：余英时、杜维明、刘述先、成中英。1988年至今，台湾鹅湖学派、香港法住学会、香港中文大学、武汉大学、山东大学及四川、浙江的学术机构在两岸三地多次举办现当代新儒学及其代表人物的国际学术研讨会。以上15人的代表著作《梁漱溟全集》、《马一浮集》、《三松堂全集》、《熊十力全集》、《杜维明文集》、《成中英文集》等纷纷出版，有关总体与个案的研究性成果与博士论文也逐渐增多。这是30年前没有的领域。学界对现当代新儒学思潮和人物及其理论与实践的研究，活跃了关于文化、思想、学术的思考，并提出了诸多问题。这促进了跨文化比较、对话和融合，有助于"文明对话"与"全球伦理"的讨论。学者们从精神信念、存在体验的层面肯定儒学具有宗教性和超越性。中华人文精神完全可以与西学、现代文明相配合，因而求得人文与宗教、科技、自然的调适及健康发展。①

第七，出土简帛中的哲学思想研究

王国维先生有"二重证据法"之说，即地下材料与传世文献的相互印证。20世纪90年代出土的湖北荆门郭店楚简，上海博物馆藏的楚竹书，其哲学思想非常丰富，尤其关于孔门七十子、《周易》、战国儒道等诸子百家的资料弥足珍贵。70年代出土的山东临沂银雀山汉简、湖南长沙马王堆

---

① 郭齐勇：《综论现当代新儒学思潮、人物及其问题意识与学术贡献——兼谈我的开放的儒学观》，《探索》2010年第3—4期。

汉简与帛书、河北定州八角廊汉简,学术价值也颇丰富。以上新出土的简帛文献是研究先秦两汉诸家学说之流变、先秦两汉中国人之宇宙观念与伦理思想的宝贵资源。在与海内外文字学、考古学、历史学与简帛学等学者的切磋中,哲学界极为重视这些新材料,并重视检视这些新材料的新方法,出现了不少学术成果,丰富了经、子之学的研究。

另外,云梦睡虎地秦简、江陵天星观楚简、江陵九店楚墓、江陵张家山汉简、荆门包山楚简等,有很多关于当时民间信仰及官方法律文书的文字。2006 年,湖北的考古专家又在云梦发掘出一批汉简,基本上是当时的法律文书,与睡虎地、张家山的材料相呼应与补充,而且还有类似《说苑》一类的书。我国有深厚的法律文化传统,值得我们重视。历史上观念、制度与民间习俗的相互联系及其具体内容,也应是哲学史工作的题中应有之义,这意味着我们日益重视价值观念的生成及其与日常生活的联系。2008 年至 2009 年间,清华大学、北京大学、湖南大学岳麓书院分别新收藏了战国、秦、西汉简,包含有丰富的经学(特别是类似《尚书》的资料)、子学与哲学史资料。

第八,从政治哲学的视阈研究中国哲学

中国古代的社会政治论总是与中国古代的天道论及人道论紧密地结合在一起的。目前哲学界非常重视中国政治哲学的研究,尤其是以西方政治哲学、正义理论来分析研讨之。马克思主义、自由主义与传统主义的对话,社会结构的变迁与社会秩序的重建,政治与法律问题的凸显,现代政治学、伦理学的挑战,都激发了本学科同仁加强对中国古典政治哲学的疏理与阐释。当然,西方政治哲学不只是公共政策问题,更重要的是认同问题与制度问题。民族文化身份认同问题是政治哲学中最重要的问题。

中国古典政治哲学不仅仅重视价值或古人所谓的"义理",而且重视公正有效的社会政治、法律之制度架构或制度建设。可以说,典章制度、各类文书即使不属于严格意义上的"哲学",但典章制度之学也一直是中国学术的重心之一,这些在儒家经典以及后来的大量史料或文献中可以得到印证。中国古代哲人的政治观念与制度追求,历代政治哲学思潮尤其是明清与民国时期的政治哲学思潮的产生、发展及其变迁与影响,现代政治哲学的基本理念与中国古代政治观念的差异、会通、超越等,都已成为学界的难点问题,富有挑战性。

除以上八大研究领域之外,把东亚(中国、越南、朝鲜半岛与日本)

的哲学思想史作为一个整体来研究，也是富有创新性的思路，这种研究业已开展。

第三节　研究范式的转移

与 30 年来所取得的具体成就相比，中国哲学研究范式的转移则具有更为重大的意义。

"范式"的概念和理论，是美国著名科学哲学家托马斯·库恩在 1962 年出版的《科学革命的结构》（李宝恒、纪树立译，上海科学技术出版社 1980 年版）一书中系统阐述的。范式指常规科学所赖以运作的理论基础和实践规范，是从事某一科学的研究者群体所共同遵从的世界观和行为方式。

改革开放以前的 30 年里，中国哲学学科受苏联哲学的影响，遵循的主要是唯物主义与唯心主义、辩证法与形而上学两军对阵的研究范式。这种研究范式源于日丹诺夫在 1947 年苏联哲学界召开的关于亚历山大洛夫所著《西欧哲学史》一书讨论会上的发言。日丹诺夫在发言中提出："哲学史就是唯物主义与唯心主义斗争的历史。"这显然是对马克思、恩格斯思想的教条化理解，是对马克思主义精神的歪曲。

在这一范式的影响下，中国哲学史上的所有思想家，都必须被贴上"唯物主义"、"唯心主义"、"辩证法"、"形而上学"的标签。另外，这一范式下的研究武断地认为唯物主义哲学代表的是农民阶级和中小地主阶级等社会进步力量，唯心主义则代表奴隶主阶级或大地主阶级等腐朽落后的反动力量；主张对任何哲学家的思想都要划定阶级属性，追溯其阶级背景，把阶级斗争的分析贯彻于整个哲学史的研究过程中。

这一范式在解释中国哲学问题时遇到了极大的困境，它不能客观真实地反映中国哲学的原貌，造成了对哲学史上大量哲学思想的误解、歪曲，极为不利于中国哲学智慧的开发与中国哲学学科的健康发展。

改革开放打开了国门，国人开始自信地与海外交往。随着改革开放的深入，大陆地区中国哲学界与港台和海外学术界的交流也日渐频繁，人们的思想不断解放，眼界不断打开，这种"削足适履"式的生搬硬套越来越让学界无法忍受。

"实事求是"是改革开放的理论基石。只要我们实事求是地观察，就会发现中国传统哲学有着天、地、人、物、我之间的相互感通、整体和谐、动态圆融的观念与智慧。华夏族群长期的生存体验形成了我们对于宇宙世界的独特的觉识、"观法"和特殊的信仰与信念,那就是坚信人与天地万物是一个整体,天人、物我、主客、身心之间不是彼此隔碍的,即打破了天道与性命之间的隔阂,打破了人与超自然、人与自然、人与他人、人与内在自我的隔膜,肯定彼此的对话、包涵、相依相待、相成相济。与这种宇宙观念相联系的是宽容、平和的心态,有弹性的、动态统一式的中庸平衡的方法论。中国传统哲学中亦有一种自然生机主义与生命创造的意识,把宇宙创进不息的精神赋予人类。中国哲学的境界追求,把自然宇宙、道德世界与艺术天地整合起来,把充实的生命与空灵的意境结合起来。中国哲学特别是汉民族哲学中有着异于西方的语言、逻辑、认识理论,有自己的符号系统与言、象、意之辩,这是与汉语自身的特性有联系的。以象为中介,经验直观地把握、领会对象之全体或底蕴的思维方式,有赖于以身"体"之,即身心交感地"体悟"。这种"知"、"感"、"悟"是体验之知,感同身受,与形身融在一起。我们要超越西方一般认识论的框架、结构、范畴的束缚,发掘反归约主义、扬弃线性推理的"中国理性"、"中国认识论"的特色。中国传统的经学、子学、玄学、佛学、理学、考据学等都有自己的方法,这些方法也需要深入地梳理、继承。总之,"中国哲学"的主体性与学科范式,需要在与西方哲学相比照、相对话的过程中建构。我们当然需要自觉自识与自信,中国哲学的智慧绝不亚于西方,但民族精神的自我认同与创造性转化的工作又不能太急躁。

对于中国传统哲学自身的特性及治中国哲学的方法学,学者仍在摸索之中。我们应有自觉自识,发掘中华民族原创性的智慧与古已有之的治学方法,予以创造性转化。目前我们特别要强调"中国哲学"学科的自立性或自主性。时至今日,中国哲学靠机械地依傍、移植、临摹西方哲学或简单地以西方哲学的某家某派的理论与方法对中国哲学的史料任意地"梳妆打扮"、"削足适履"的状况,已不能再继续下去了。另一方面,我们又不能将西方哲学彻底关在门外。在审慎地拣择下,西方哲学所涌现的新流派、新思潮可以为中国哲学从传统向现代的自我转化提供助力。如西方现象学、解释学就给中国哲学研究提供了新的视阈与方法。30 年来,有关中国经典诠释学方面的讨论更加深入。傅伟勋的"创造的诠释学",黄俊杰以孟子为中心的"经典诠释学"及东亚经典的诠释学,汤一介创建"中国解释学"的构想，成中英的"本体诠释学"，李明辉的康德与儒学的互释，刘笑敢的"反向格义"、"两种定向"、"三种身份"说，还有借现象学解释的路子，如张祥龙、陈少明等所做的工作等，都有启迪新思的作用。

有关文本、概念、范畴的解读、整理的方法则需进一步结合中国哲学文本的特性，避免牵强附会和削足适履。我们应力图发掘中国哲学之不同于西方哲学的特性与价值，力图改变依傍、移植、临摹西方哲学的状况，但中西哲学的交流互渗已是不争的事实，且也有助于逐步发现"中国哲学"的奥秘。"中国哲学"学科的生存与发展，必须保持世界性与本土化之间的必要的张力。包括中国哲学的研究方法，也需要借鉴欧美日本，当然不是照搬，而是避免自说自话。

在新近关于中国哲学的方法论检讨中，我们提出中国哲学绝不是排他的、不需借鉴的、不考虑中外哲学事实上已存在与发展着的创造性融会的。果真如此，那就成了"自说自话"，不可能与其他类型的哲学对话与沟通。"中国哲学"学科的完善与发展，仍然离不开中外哲学的多方面的更加广泛深入的交流、对话与沟通。今天，我们的解释学处境是在古今中外之间，故针对"以西释中"回到所谓"以中释中"的理路、提法，都是不妥当的，其"中"、"西"都是流动着的、变化着的。①

人类凡是有传统的文明与宗教，无不以"爱"立教，儒家以"仁爱"立教及其普世价值与当代意义更加为人们重视。梁启超的"新民说"发表的时候，中国积贫积弱，欧风美雨，坚船利炮，列强宰割，中国社会解体，中国文化处于危机之中。开发民智的启蒙无疑具有伟大意义。但随之而来，全盘西化成为主潮，中国百事不如人成为主调，"文化决定论"成为思维定势，中国文化，特别是儒家文化成为替罪羊。清末民初以来，对自家文明传统的非理性的践踏、毁辱成为主潮。一百多年过去了，我们需要重新检讨。例如，关于"公"与"私"、"公德"与"私德"、"人治"与"法治"的习见，我们还要下功夫去澄清。

改革开放 30 年来最重要的范式转换，是对中国传统哲学与文化之心

---

① 详见郭齐勇《哲学史方法论学习札记》，《武汉大学学报》(社会科学版) 1984 年第 4 期；《中国哲学：保持世界性与本土化之间的必要的张力》，《天津社会科学》2004 年第 1 期；《"中国哲学"及其自主性》，《文史哲》2005 年第 3 期；《中国哲学的自主性与哲学对话》，《中国哲学年鉴》(2006 年)，《哲学研究》杂志社 2006 年版；《建构中国哲学的方法论反思》，《学术月刊》2007 年第 3 期；《内在式批判与继承性创新》，《河北学刊》2009 年第 2 期。

态与立场的变化。多数中国人不再持仇恨、斗争或贬低中国文化的立场，心态逐渐健康起来，当然也不排斥有的人仍然持"全盘西化"的观念与"文革"的大批判心态。今天，中国崛起，文化自觉显得更为重要。我们拿什么走向世界，拿什么建构自家的文明与精神家园？现在，我们到了扬弃启蒙、发掘自家文明精华的时代了！

以"仁爱"为中心的"仁、义、礼、智、信"核心价值系统的重建，以"温、良、恭、俭、让"为教养主调的新的礼乐文明的提倡，对健康法治社会的形成，对科学发展观的贯彻与和谐社会的建构，对中国的长治久安尤为重要。文明教养，养育心、性、情、才，对现代性与文明对话极有意义。无论是过去的煽动仇恨，从亲情仇恨始，达至全社会人人自危，还是今天的放任利欲，彻上彻下的声色犬马及自我中心，不顾他人，都是核心价值系统与礼乐文明缺失的恶果，对国民，特别是青少年、子孙辈之性情、心理的健康发展和中国文化的传承危害极大。如要真正接纳西方的优良传统与正价值等，要真正走上健康的现代化，不可能没有文化认同、伦理共识与终极关怀，而这主要在中国哲学文化的资源中，需要我们做调适工作！由于百年来中国哲学资源遭到太多的误解与践踏，故在一定的意义上，我们不妨说：中国哲学资源可能提供给现代社会的积极因素，无论怎么估价都不为过。

中国哲学或中国哲学史当然不同于中国学术史、中国思想史，其研究范围、对象与方法有区别。中国哲学更重视哲学形上学与哲学基本问题的讨论。但另一方面，中国哲学研究者并不排斥、相反更重视哲学思想、理念对社会民俗、政治与各种社会制度的作用与影响。这种关怀与对哲学理念的关怀相辅相成。

第四节　问题与前景

当前的中国哲学研究也存在不少的问题或缺失：

第一，学科间交叉、对话不够。由于学科体制分科太细的毛病与从业者学养的限制，文史哲之间、中西马之间、儒释道之间显得壁垒森严，各说各话，甚至相互贬损。因此，学者们宜打开门户、加强彼此的沟通理解。学科间的交叉、互动与整合显得格外重要。以西方哲学为主要研究对象的学者王树人、张祥龙先生对中国哲学的研究成果，常常给人以新的启示。

第二，学术品质与水平，对古典的研读能力下降。由于当前学科评价体系的问题等所带来的学术泡沫及学风轻浮的问题，导致论著的数量猛增但学术规范失序，出现了不少人云亦云的平庸之作，还有的论著充满新的名词概念但与所论问题不沾边。相比较而言，博士学位论文的品质相对好一些，但近年来博硕士生的培养质量呈现下滑态势，值得我们警惕。学术品质是学术研究的生命线。更为根本的还是要下功夫对中国哲学第一手资料的整理、研读，要提高研究者的古文字水平与古文献训诂的能力。首先要识字、断句，能够把原文与注笺一字一句读懂，要提倡经典会读，下力培养一代一代学者对原著原典的解读能力。从国家民族之长远发展来看，需要一代一代地培养国学的通专人才，对这些人才的培养需要从娃娃抓起，夯实基础，适当背诵。需要从小学与经史子集的素养的角度，而不是急功近利地从所谓某一个二级学科的角度来培养后学。

第三，现实向度不够。虽然我们不能苛求理论、历史的研究专家们及其研究都必须与现代生活密切结合，但我们仍希望大部分学者增强时代感、现实关怀与参与意识。例如，从理论与实际的结合角度阐明马克思主义中国化、中国现代化、可持续发展与和谐社会建构过程中，中国哲学的参与及其地位与作用的问题，在文化自觉与文化重建过程中如何指导与提升民众对中国经典的学习需求问题等，都迫切需要专家们以理论观照当下、当下回向理论的心态参与进来。

第四，面向世界的能力尚待加强。中国哲学的世界化、中国哲学研究的国际化尽管有了长足的进步，但对话与交流能力仍需加强。深化专家之间的对话，在更深层次上，纠正海外学者长期以来的一些误解与错谬外，包括让外国（不仅指西方）民间了解中国哲学经典与智慧等工作，都有很大的空间。除了与美国、西欧、东亚学者的交流之外，还应加强与俄罗斯、东欧、南亚、西亚、非洲、南美洲的学者交流。应该推动政府设立基金或奖学金，以鼓励外国青少年来中国学习传统中国文化、语言与哲学。

第五，问题意识和理论深度还有待提升。我们生活在现代社会，因此对中国哲学史料或经典的诠释要有强烈的问题意识，而且不能只停留在思潮、个案等材料的研究中，而是要重视中国哲学自身的内在理路、精神、气韵、情采，提升其中的哲学理论与问题系统，完善哲学理论与问题层面上的建构，以揭示中国哲学的精义、特性。

第六，关于少数民族的哲学研究还比较薄弱。我们研究的主要是汉语或汉族的哲学史，当然这本身即是历史上中华各民族间与文化间融合的产物。长期以来，汉民族与匈奴、鲜卑、突厥、吐蕃、回鹘及百越等民族不断交融，共同造就了中华文化。即使是以汉字表达的传统文化典籍，其实已经包含了历史上各民族文化的智慧，是多民族共同创造的产物。少数民族哲学表现了中华民族这个民族主体的多样性。我们应当充分尊重与重视不同时期的蒙、藏、维、回、彝、苗、土家等民族哲学与宗教的特色，下力气搜集、整理、研究各民族哲学的资料，培养少数民族哲学史研究专家，充分发挥他们的积极性、主动性。

第七，对古代科学与技术哲学问题的研究相对薄弱。需深入发掘中国古代科技典籍和古代天、地、数、农、医与乐律学的重大成就与特性，历代科学思想中的哲学问题，古代科学与思维方式的关系等。

第八，中国哲学史研究在少数重要人物（如孔、孟、老、庄、程、朱、陆、王）及其著作上扎堆的现象亟须改变，许多在历史的某时段、某地域颇有影响的人物、学术共同体的著述等都没有得到很好的发掘、整理与细致的研究。中国哲学史上有很多二、三流的人物，其实也非常了不起，在某时某地很有影响，但近百年来少有人专门深入研究过，亟待我们结合东亚史、地域文化思想史去开拓，首先要下功夫把第一、第二手资料整理、出版。

因此我们非常注意历史上哲学思潮的民间性与社会影响。中国传统民间社会空间较大，我们对传统社会的了解还相当教条化。例如，费孝通先生的"差序格局"、"人情社会"论，有一个适用的范围，但现在无条件地普遍使用，不利于我们对中国传统社会的深入理解。中国古代知识人的理念与古代制度的关系，除了他们对专制制度的疏离、排拒、反抗之外，似乎还应当看到知识人在传统社会的有人性的制度建构中的积极作用，这涉及有益于民众权益与百姓私人空间的保护等问题。对中华制度文明，我们还太陌生，认识极为肤浅，缺乏多学科交叉的深入研究，包括土地、赋税与经田界，养老恤孤、救荒赈灾等对社会贫弱者的关爱，教育考试与文官制度中给予农家与平民子弟受教育权和参与政治权的机会保证，中华伦理法系有关容隐制度对隐私权的保护，监察制度，契约文书中涉及的民商法律等，都有很多宝贵的历史经验与合理层面，可以成为建构、完善现代制度的资源，应予以创造性转化。这也是中国哲学研究的题中应有之义。

　　我们的任务是彰显中国哲学之为中国哲学的自身的哲学问题、精神、方法、范畴、特点、风格与传统，深度建构、阐发中华民族几千年来的哲学思维发展史，体现中国人的哲学智慧、超越境界、身心修炼、言说论辩方式的特色及其与欧洲、印度等哲学智慧的异同及世界上几大哲学传统在中华文化区的碰撞与交融。①

　　展望未来，我们预计在中国哲学学科主体性的确立，中国经典诠释的多样性，中国哲学范畴、命题与精神、智慧的准确把握，西方哲学的中国化与中国哲学的世界化，中国哲学的创造性转化，中国哲学智慧对现代化的参与及对人类社会的贡献等方面，中国哲学界将会继续取得重要进展。

---

　　①　参见郭齐勇《中国哲学智慧的探索》，中华书局 2008 年版；《中国儒学之精神》，复旦大学出版社 2009 年版；《中国哲学史》，高等教育出版社 2006 年版。

第一章 中西融合与 20 世纪前期中国哲学学科的创立

　　近代以来，国人学习西方大致经历了一个由器物到制度再到观念的进程。在文化观念层面上吸纳西学，必然要求批判性地反思中学，并由此引发变革传统的教育制度与教育理念的连锁反应。于是，在参照西方近代教育模式的前提下，废科举，办大学，接纳西方的学科建制和学术体系，逐渐成为救亡图存的人心所向。不过，打破经、史、子、集的传统学术分野虽然势在必行，但颇具争议的问题是，中学如何在近现代"恰如其分"地获得其体制化的生存？这不仅是个学科划分的问题，也是个价值重估的问题。在此趋向中，虽然重估中学在很大程度上依赖于重估者的西学修养，但西学的被接受也普遍经历着一个选择、反省乃至批判的过程。换言之，遭到重估的不仅仅是中学，亦有西学。而这就意味着，西学从来没有、也不可能被纯粹地移植过来，这之中总是饱含着重估者自身挥之不去的本土化的解释学前见。其实，整个的移植进程必然是一个中西双方视阈融合的过程，诸如哲学、伦理学、逻辑学等学科以及各个学科所包含的观念、命题，都不得不在中西双方的视阈中接受重塑。

　　中国哲学史学科的创立就是一个融合中西的动态过程。早在明朝末年，西方的哲学观念就被介绍到了中国。但直到 19 世纪末，"哲学"一语才由日本传入。20 世纪初，王国维、梁启超等人曾尝试对中国传统思想与西方哲学进行了初步比较。1914 年，北京大学成立"中国哲学门"，开启了由传统的经学教育向近代哲学教育的转型。不过，创制中国哲学学科的标志，学界公认的却是胡适与冯友兰的"哲学史"创作，因为正是他们才真正确立了研究现代中国哲学的典范。此外，郭沫若、侯外庐创立的"以马释中"的解读中国哲学的范式，在新中国成立后的一段时期内产生了很大影响。下文旨在对上述进程作一简要评述。

第一节　王国维、梁启超与中国哲学史学科

在中国近代学术界，王国维享有盛誉。但王氏此誉主要源于其史学、文学方面的成就，而与此形成鲜明对比的是，他在哲学上的模糊形象却也几乎成了共识。造成这一印象的原因很复杂，但就实际而言，王氏在哲学史上的地位无论如何都应值得尊重。王氏早年曾译介与研治哲学，虽为时不长，但其哲学素养已非时人能比。蔡元培在 1923 年总结半个世纪以来哲学的发展时，就称许王氏"对于哲学的观察，也不是同时人所能及的"。① 总的来讲，王氏从纯学术的角度对哲学的定位、从学科独立的角度对哲学基础性地位的维护、从中西哲学融合的角度对重构中国哲学的探索等方面，均有发凡起例之功，有助于中国古典哲学的终结与中国近代哲学的开启。

面对西学的冲击，王氏早年并不像后来那么保守；相反，他此时对新学、西学持有极其开放的态度，并积极地投身于对西学的译介与研治之中。在求索西学时，王氏比较注重学术自身的特点，认为必先求真学术，然后方有学术之真用，而这显然与忽视学术独立的"经世致用"的传统思维模式大为不同。在诸学术门类中，王氏对哲学青睐有加。在王氏主办《教育世界》时，其刊发的文章不仅偏重纯粹学术立场，且其中哲学的比重相当高，这一点如果与当时的《译书公会报》、《译书汇编》等刊物相比就更加明显了。② 王氏自述其决心研治哲学始于辛壬（1901—1902 年）之间，研究动机是"体素羸弱，性复忧郁，人生之问题，日往复于吾前。自是始决从事于哲学"。③ 但是，应该说王氏此时对哲学更多的乃是一种出于个性气质的感悟，因为据其《自序》可知，在这之后他才真正系统地研读西方哲学，对哲学的认知亦由此逐步走向成熟。

在《论哲学家及美术家之天职》一文中，王氏指出，哲学与美术有志于追求永世之真理，是人类最神圣、最尊贵的学问，所以此二者均有其独立之价值，而不能沦为道德与政治之手段。不过，此处只是从分的角度讲

---

① 蔡元培：《五十年来中国之哲学》，收入中国现代学术经典丛书《蔡元培卷》，河北教育出版社 1996 年版，第 336 页。
② 参见钱鸥：《王国维与〈教育世界〉未署名文章》，《华东师范大学学报》2000 年第 4 期。
③ 傅杰编校：《王国维论学集》，云南人民出版社 2007 年版，第 494 页。

哲学与美学（美术）的关系，而早在 1903 年的《哲学辨惑》中，王氏则从合的角度指出美学（包括伦理学、心理学）其实仍归属于哲学，而哲学所追求的乃是真、善、美之统一的原理。王氏由此认为，不研究哲学则已，若研究哲学，就必须唯真理是从。此外，虽然在《自序》中，王氏对自己能否成为哲学家表示怀疑，但从刊行于 1905 年的《静安文集》所展现出来的浓厚的、纯粹的哲学性来看，王氏至少在当时或许是以哲学家自期的。其实，当时不少人对西方哲学已有一定的认知，但像王国维那样从纯学术角度定位和追求哲学的人却鲜有其人。如近代中国输入西方哲学者首推严复，他主要译介英国哲学，偏重于逻辑学、政治哲学、伦理学方面，但对"哲学"本身却不求甚解。王国维对此批评说："顾严氏所奉者，英吉利之功利论及进化论之哲学耳。其兴味之所存，不存于纯粹哲学，而存于哲学之各分科，如经济、社会等学，其所最好者也。故严氏之学风，非哲学的，而宁科学的也。此其所以不能感动吾国之思想界者也。"① 其实，严复之译介在思想史上的影响力无论如何都不能低估，但以王氏所看重的学术标准来看，严复译著有所欠缺也是事实。与严复不同，王氏主要译介与研究德国哲学，尤其重视康德、叔本华与尼采。很显然，这种选取本身就说明了王氏对纯哲学的追求。

王氏对哲学的定位，对哲学之基础性地位的认可，更直接、更具体地表现为他在廓清对哲学之种种误解的基础上，力倡在大学中特立哲学一科的必要性。在当时的新政改革中，出于对政局的维护，由陈君毅草创、张之洞审定的《奏定学校章程》中，规定有"大学及优级师范学校之削除哲学科"。王氏认为，"据南皮张尚书之计画，仅足以养成咕哔之俗儒耳"，而"其根本之误何在？曰在缺哲学一科而已"。② 对此，王氏先后发表了《哲学辨惑》与《奏定经学科大学文学科大学章程书后》，此二文辨名析理、一脉相承，主要从哲学是否有害、哲学是否有益以及中西哲学之关系等三个方面，对张之洞等人进行反驳，为哲学之独立价值张目。

王氏反对以功用为学问之标准，认为哲学的价值正在于它超越功利之范围。不过，王氏同时指出，哲学虽无直接之利，却有间接之用（"无用之用"），而哲学的益处与必要性亦由此体现。他认为，哲学的必要性建基

---

① 傅杰编校：《王国维论学集》，云南人民出版社 2007 年版，第 256 页。

② 同上书，第 257、455 页。

于人之为人的本性。人、禽皆有饮食，但二者之别乃在于人有理性（康德语）、是形而上学者（叔本华语），而哲学作为追求宇宙人生之真理的学问，其目的就是为了满足人之理性或形而上学的知识需求，所以"使说者而非人则已，说者而为人，则已于冥冥之中，认哲学之必要"①，结论自然是哲学势必与人类共存。哲学的益处或必要性既然如此，那么，哲学的基础性地位就必须予以认可。王氏强调说，若是缺少哲学这一基础性学科的预备性知识，那么人们对经学、文学、教育学等学科的认知就无法深入。基于对哲学之性质的上述认知，他指出哲学本为中国固有之学，只是未能以"哲学"命名之而已，如古代所谓理学、经学、宋学、诸子学等等，实际上都是哲学的表现形式。不过，中国虽有哲学，却有明显的不足：一是偏重于道德哲学与政治哲学，以致哲学丧失其独立地位，沦为经学之附庸；另一是中国虽有哲学，虽有内容上之真理，但形式上却繁散而无纪，缺乏系统性，以致其真理难以寻绎。反观西方哲学，既有纯粹之哲学，亦有严谨之方法，这些都能对中国哲学起到纠偏之用。由此，王氏明确倡言研究西学的必要性，指出"异日昌大吾国固有之哲学，必在深通西洋哲学之人无疑也"。② 鉴于以上分析，在《奏定经学科大学文学科大学章程书后》中，王氏仿照日本的分科模式，提出了一个可供当局参考的对文科进行分科的方案，其中，哲学在各个分科中的基础性地位得到突出性强调。③

据此可知，王氏试图在经、史、子、集的传统分野之外来思考学科划分的问题，解构了传统的经学意识形态，亦抛弃了"西学中源"、"西体中用"之陈说，尤其是注重从哲学自身的性质来为哲学之独立进行学理上的辩护。其实，在当时的情形中，不唯上层人士诟病哲学，下层民众对哲学亦有诸多迷惑，王氏说："今则大学分科不列哲学，士夫谈论，动诋异端，国家以政治上之骚动，而疑西洋之思想皆酿乱之曲蘖；小民以宗教上之嫌忌，而视欧美之学术皆两约之悬谈。"④ 由此看来，王氏的辨惑无疑具有相当的价值，如他对于哲学之追求真理的定位、对哲学之基础性地位的认知、对中国之已有哲学及其缺憾的判定、对西方哲学之于中国哲学的借鉴性，可以说都是比较到位的。在此基础上，哲学作为一门单独学科的地位

① 傅杰编校：《王国维论学集》，云南人民出版社2007年版，第261页。
② 同上书，第263页。
③ 同上书，第461—462页。
④ 同上书，第258页。

与价值呼之欲出。其实，早在戊戌时期，康有为在其变法主张中就已明确提到过"哲学"诸科"皆我所无，函宜分学"，亦提到欧美大学"其教凡经学、哲学、律学、医学四科"。① 不过，对于何以设立此科目，王氏此处基于哲学之学理上的分析，无疑更具意义。②

尤可注意者，乃是王氏对融合中西哲学的贡献。在王氏看来，无论中学、西学，皆可归为科学、史学、文学三大类，中西之别仅在于广狭疏密程度上的不同、特点不同，中学重实际，西学重思辨，但二者实是"盛则俱盛，衰则俱衰，风气既开，互相推助"之关系。③ 王氏注重西方哲学的方法，指出"今日所最亟者，在授世界最进步之学问大略，使知研究之方法"。④ 为此，他力破当时学术上之中西、新旧、有用无用之畛域，不仅译介、研读西学，更有意尝试以西方哲学的概念、方法来整理与重构中国哲学。王氏从形而上学、伦理说、政治学等方面对中国哲学进行分疏，自孔、孟、荀、老、墨至清代戴、阮均有论述，其中尤以《论性》、《释理》、《原命》为代表。如在《论性》中，王氏借鉴康德之认识论中的二律背反，指出人性是超验的，是不可知的，而性善、性恶诸说，由于均是在经验论的层次上谈论，总会遭遇善恶二元论的矛盾，所以历史上关于人性的诸多论争其实都是无效的。如冯友兰所说，王氏实际上不是解决问题，而是用康德的认识论取消了这一问题，⑤ 但王氏这个思考角度确有其发聩之处，因为否定性善论、性恶论，也就动摇了以此为基础的圣人、道统等传统观念，有利于突破经学的叙事模式。

对王氏融通中西的治学特点，陈寅恪将之归结为"取外来之观念与固有之材料互相参证"。⑥ 既然是互相参证，就表明王氏并不是照搬西学。其实，王氏亦注意到中西哲学在具体范畴、思维方法等方面的差异，如通过评论辜鸿铭所翻译的《中庸》，他指出了中西翻译上的不可通约性。此外，王氏对西学之弊也有一定的认知，如他指出，中学乏于抽象导致"用其实

---

① 汤志钧编：《康有为政论集》上册，中华书局 1998 年版，第 303、306 页。

② 有学者指出，王氏对哲学的认知与辩护，其思想资源乃取自他所翻译的日本学者桑木严翼的《哲学概论》一书。参见干春松《王国维与中国哲学学科的建构》，《中国人民大学学报》2004 年第 4 期。

③ 傅杰编校：《王国维论学集》，云南人民出版社 2007 年版，第 490 页。

④ 同上书，第 461 页。

⑤ 冯友兰：《三松堂全集》第 10 卷，河南人民出版社 2001 年版，第 457 页。

⑥ 傅杰编校：《王国维论学集》，云南人民出版社 2007 年版，第 508 页。

而不知其名"，但西学所长的抽象"往往泥于名而远于实"①；再如他虽欣赏叔本华、尼采等人的自我解放思想，但亦对叔本华的解脱观念持批评态度，并对德国古典哲学偏重主观的气质而缺乏客观的知识表示不满。

有趣的是，早年的王国维却是在梁启超非纯学术的影响下才知世上还有新学的。此时的梁氏对西学的热情高涨，主张"将世界学说为无限制的尽量输入"，并将之自嘲为"梁启超式"（以多为贵、派别不明）的输入方式。梁氏后来虽自觉此方式有不妥，但却辩解说："平心论之，以二十年前思想界之闭塞萎靡，非用此种卤莽疏阔手段，不能烈山泽以辟新居"。② 梁氏深知西学引入与学术创新的重要性，但与王国维从纯学术角度批评传统哲学偏重于政治与道德不同，梁氏却始终抱有学术经世之情结，往往"以史论为政论"，对中国哲学（主要是儒家）中的政治、道德之学说大为赞叹。

就总体的学术特点而言，如果说王国维偏重精微，那么梁启超则更为宏观，尤其是梁氏从"史"的角度对学术思想史（包括哲学史）的俯瞰式梳理，可谓开一代新风。梁氏的《论中国学术思想变迁之大势》可视为其学术史研究的总纲，他此后的学术史研究基本都是围绕这一思路展开。虽然梁氏说"鄙论标题为《学术思想变迁之大势》，非欲为中国哲学史也"③，但其间的哲学思想是有的，如他对先秦学派与古希腊学派的比较、对中国哲学与西方哲学的不同特点的提炼，等等。按照现在的学科分支看，梁氏对哲学史、学术史、思想史的区分是很模糊的，乃至于其常常将哲学史（即"道术"史）纳入到学术思想史的范围，这些做法对后来者的影响很大。尤可注意者，乃是胡适的一段言论，他说自己写作中国哲学史的初衷正是由梁氏此书引发。④ 但是，这至少表明了哲学史、学术史、思想史三者之间的某种关联。就哲学而言，王氏的中西比较偏重于对中国哲学的批判，其早期对于西学虽有不满，但欣赏远较不满为大，而梁氏虽极力宣扬西学，但鉴于中西哲学的不同，更倾向于一种"不中不西即中即

---

① 傅杰编校：《王国维论学集》，云南人民出版社 2007 年版，第 468 页。
② 梁启超：《清代学术概论》，上海古籍出版社 1998 年版，第 89、97 页。
③ 梁启超：《〈周末学术余义〉附识》，《新民丛报》第 6 号，1902 年。
④ 胡适：《四十自述》，《中国百年传记经典》第 1 卷，萧关鸿编，东方出版社 2002 年版，第 347 页。

西"① 之态度，倡导中西学术的"结婚"与"化合"。

梁氏早年在传播"哲学"这个译名上有首倡之功。亡命日本时，他创办了《清议报》、《新民丛报》等刊物，使"哲学"一词很快成为报刊上的习语。梁氏晚年有更明确的哲学方法论的意识，他曾提炼出三种研究哲学的普遍方法，即问题的研究法、时代的研究法与宗派的研究法。三种方法互有短长，可以交叉使用，如梁氏的《儒家哲学》就是以时代研究为主而兼采其他二法。梁氏还一般性地探讨了哲学发展的内在与外在之条件。从内在方面讲，不同哲学思想之间的碰撞、冲突乃至融合是哲学发展的内在动力。如在梁氏看来，儒家哲学之所以不断发展，就是由于它总是不断受到别的学派或异族文化的冲击，而汉代独尊儒术对儒学的发展却是一场灾难。此外，梁氏还认为，尽管先秦诸子思想有一定的自由度，但与古希腊学派相比，先秦学派仍有六个缺点②，而其中的"无抗论别择之风"、"门户主奴之见太深"、"崇古保守之念太重""师法家数之界太严"，都明确指向了因思想保守所导致的思想发展之动力不足的问题。从外在方面讲，梁氏注重分析了社会发展状况与地理环境对哲学发展的影响，前者如孟子思想的产生，汉儒以注经为主的学风，等等，后者如《论中国学术思想变迁之大势》对先秦学术之南派、北派的划分，而《中国地理大势论》之用心更是显而易见。

除了一般性地探讨哲学问题，梁氏对中西哲学的不同更有感触。梁氏指出，从世界范围看，哲学可以分为三系，且研究对象有不同：其一是印度、犹太、埃及等东方国家的哲学，专注重人与神的关系；其二是古希腊及现代欧洲哲学，专注重人与物的关系；其三是中国哲学，专注重人与人的关系。由于哲学的研究对象不同，问题意识与研究方法也随之大有不同。西方哲学探讨人与物的关系，彻头彻尾都是为"求知"，所以将之称为"爱智学"是很贴切的。由此而言，直译的 philosophy 并不适用于中国，若勉强借用，只能在前面加上个形容词，称为人生哲学，因为中国哲学主要研究"人之所以为人之道"。梁氏进一步指出："自儒家言之，必（仁智勇）三德具备，人格才算完成。这样看来，西方所谓爱智，不过儒家三

---

① 梁启超：《清代学术概论》，上海古籍出版社 1998 年版，第 97 页。
② 梁启超：《论中国学术思想变迁之大势》，上海古籍出版社 2001 年版，第 44—50 页。

德之一，即智的部分。所以儒家哲学的范围，比西方哲学的范围，阔大得多。"① 这就意味着，在作为中国哲学主流的儒家哲学中，知识论不过是第二位或第三位的东西，所以，仅仅用西方治哲学的方法研究儒家或中国哲学，必然难以穷尽其中的精妙。在梁氏看来，国学可以分为"德性的学问"和"文献的学问"两块，对前者的研究应该用"内省"、"躬行"的方法研究，而后者则适用西方哲学的科学方法去研究。所以，对于胡适的《中国哲学史大纲》，梁氏一方面对胡适以西方知识论融通清代考证学表示赞赏，而他本人在清代学术史的研究中亦是以科学精神看待考证学的，但另一方面，他对于胡适滥用西方哲学来评判中国哲学的做法十分不满，如胡适以知识论来讲孔子、以进化论来讲庄子，都遭到梁氏的严厉指责。因此，对于胡适的《中国哲学史大纲》，梁氏总评说："凡关于知识论方面，到处发见石破天惊的伟论。凡关于宇宙观人生观方面，十有九很浅薄或谬误。"② 梁氏的意思很明显，研治中国哲学既要勇于采用中西比较的方法，但亦应充分注意到中国哲学的独特性。

鉴于中西哲学的不同，梁氏并没有给哲学下一个普适性的定义，甚至宣称自己并不喜欢"哲学"一词，主张用"道术"一词取而代之。不过，梁氏仍旧从众地将儒家道术称为儒家哲学，也有道术史即哲学史的说辞。值得一提的是，虽然梁氏并没有写出中国哲学通史方面的论著，但有这方面的构想与断代史的实践，如在《中国历史研究法》（补篇）中，梁氏试图将中国道术或中国哲学分作主系（古人自创的有影响力的学派）、闰系（对主系的解释）、旁系（中国化的外来思想）三个部分来整理。梁氏认为，对此三系的研究要有侧重。对于主系要重点研究，要注意分源别派，考察其基本内容，如《儒家哲学》就着重对先秦、宋明哲学这两个主系进行探讨；对于闰系，无须研究其基本内容，只要观其大概，具体说就是要考察其对主系的解释方式及派别纷争，如《清代学术概论》就依此展开对第二闰系清代学术的研究；对于促成衍生主系而产生的旁系，也应该用研究主系的方法加以研究，因为外来思想一经本土化，就有了半原创的性质，如《佛学研究十八篇》就是对作为旁系的中国佛学史的研究。

---

① 梁启超:《饮冰室合集:专集之一百三》，中华书局1989年版，第4页。

② 梁启超:《评胡适之〈中国哲学史大纲〉》，载《梁启超哲学思想论文选》，北京大学出版社1984年版，第362页。

就梁氏而言，其早年虽宣扬"哲学"有功，学术史研究影响也很大，但直至其晚年才专注于哲学思想研究，也没有系统的中国哲学研究的专著，且此时胡适在研究中国哲学方面已声名鹊起，而梁氏的哲学探讨多有感于胡适而发，从这个角度讲，梁氏已是后来者了。不过，梁氏对胡适忽略中国哲学特色的批评却是不易之论，而他对"近三百年学术史"的梳理，更是成为清学史研究的一种典范，也是研究中国思想史、哲学史的一个必要环节。

总的来说，由于主要是受日本的影响，早期诠解中国哲学的工作更为接近德国观念论一系，但王国维等人或偏重于对个别人头与范畴的阐发，或只是针对中国哲学的某一分类（如蔡元培 1910 年的《中国伦理学史》）进行解读，缺乏对中国哲学的整体性构思，且影响有限，如就王国维引以为重的《静安文集》这部"哲学"专著而言，"此书之出，影响极微。当时硕彦，绝无称道。至今世人犹罕知有其书。其知而爱重之，亦大抵在先生经史考据学既驰声之后。此盖不由于显晦之无常，亦不由于提挈之乏力，实当时思想界之情势所必生之结果也"。① 当时思想界的情势如何？余英时曾依据贺麟的提点，从思想类型的角度来分析这一问题，指出当时国人之所以不接受康德（而接受杜威），主要是因为康德的思想架构与中国思想传统之距离过大造成的。② 据此可知，王氏研究康德的艰辛，时人对其研究成果的漠视，都应当与中西思想类型上的这种差异有莫大关联。其实，王氏后期转向史学、考据学，且回避自己早年研治哲学的事实，或许不仅仅是由"可爱"与"可信"之间的矛盾所致，也应与当时思想界的这种情势不无关系。更进一步讲，王氏本人之所以纠结于"可爱"与"可信"之间，未尝不是由于这一思想间距引发的。如此一来，王氏等人最终没能完成哲学学科的范式移植，就很容易理解了。

第二节　英美哲学影响下的胡适—冯友兰范式

1914 年，北京大学设立中国哲学门，但初期讲授中国哲学的陈黻宸、

---

① 素痴：《王静安先生与晚清思想界》，《王国维先生全集·附录》，台北大通书局 1976 年版，第 5549 页。

② 参见余英时《重寻胡适历程》，广西师范大学出版社 2004 年版，第 203—208 页。

陈汉章、马叙伦等人缺乏近代哲学的视阈，仍不脱经学之樊篱。1916 年，谢无量率先出版了《中国哲学史》，只是由于哲学修养上的不足，此书虽有借西学之框架来梳理中国哲学的意图，却将文史哲混杂，亦未能脱离经学垄断学术之传统，所以胡适批评谢著很不够"哲学"，有名而无实。

如前所述，王国维认识到中国哲学有真理之内容，但形式上却要取法西学。蔡元培在给胡适《中国哲学史大纲》（卷上，下同）作序时，也指出中国哲学史研究在形式上必须也只能依傍西方哲学。这种共识性的需求，反映出的乃是中国古代哲学在形式建构或方法上的欠缺。深受英美哲学浸润的胡适与冯友兰都明确看到了这一点，如胡适早在其博士论文《先秦名学史》中就指出"哲学是受它的方法制约的，哲学的发展是决定于逻辑方法的发展的"，而近代中国哲学与科学的落后就是源于没有适当的逻辑方法。[①] 为了弥补这种欠缺，首先就必须扫除传统的经学叙事模式，以便在接纳西学的基础上建立起现代意义上的中国哲学之范式。从接纳学科观念与确立学术体系的角度讲，如果说胡适 1919 年的《中国哲学史大纲》只是初步描绘出该学科的轮廓，那么冯友兰 1934 年的《中国哲学史》却第一次呈现出该学术的全貌。[②] 虽然胡适和冯友兰参照的西方哲学有实验主义与新实在论的不同，且在具体如何参照上亦有差异，但在框架上二者并无实质性差别，解读中国哲学史的胡适—冯友兰范式由此得以确立。

胡适坦承自己深受赫胥黎之存疑论与杜威之实用主义的影响，并将它们转化为"疑古"与"小心求证"的方法，且注意与考证学的方法相互融通，由此展开对中国哲学史的重新整理。鉴于谢无量《中国哲学史》的不足，胡氏指出"经学与哲学的疆界不明，这是中国思想史上的大毛病"，强调"经学与哲学合之则两伤，分之则两收其益"。[③] 就此而言，如果说胡氏的"疑古"致力于打破旧秩序，乃是对"信古"即盲目崇信传统（经学）的反动，那么，其"求证"则致力于建构新秩序，乃是对"信史"即重构传统的追求。既有破又有立，尽管其疑古、求证难免有太过与不足的毛病，但在开启风气、启蒙思想上意义颇大，这一点足以解释当初他在北京大学讲课何以会引起轰动，亦可以解释《中国哲学史大纲》何以会享

[①] 胡适：《先秦名学史》，见欧阳哲生编《胡适文集》（6），北京大学出版 1998 年版，第 6 页。

[②] 景海峰：《学科创制过程中的冯友兰》，《开放时代》2001 年第 7 期。

[③] 胡适：《胡适学术文集·中国哲学史》（下册），中华书局 1991 年版，第 1071—1072 页。

有当今的地位。

在《中国哲学史大纲》（以下简称《大纲》）的"导言"部分，胡氏系统地提出了研究中国哲学史的必要前提、任务与方法，依他自己的话讲，就是勾勒出了理想中的中国哲学史的大致面貌。虽然《大纲》最终成了残篇，但这种勾勒以及对这一勾勒的部分贯彻，足以开启研究中国哲学的新门径，因为《大纲》提供的"是一整套关于国故整理的信仰、价值和技术系统"。① 对此，可分述如下。

首先，《大纲》明确提出了哲学观与哲学史观，并据此划定了哲学史研究的对象与范围。这项工作既是为了将哲学与经学划分开来，以便确立哲学的独立性价值，亦是为了反驳中国无哲学的观点，从而为佐证中国哲学的存在作出铺垫。胡氏指出，"凡研究人生切要的问题，从根本上着想，要寻一个根本的解决，这种学问，叫做哲学"，而"若有人把种种问题种种研究法和种种解决办法，都依着年代的先后和学派的系统一一记叙下来，便成了哲学史"。② 因为人生的切要问题不止一个，所以他仿照西方哲学史通行的分类方法，将哲学区分为宇宙论、名学及知识论、伦理学、教育哲学、政治哲学和宗教哲学等多个门类，而这其实也就是哲学史研究的对象和范围。胡氏指出世界哲学可分东西两大支，并援用西方上古、中古、近古的历史分期，将中国哲学划分为古代哲学或诸子哲学（自老子至韩非）、中世哲学（自汉至北宋）和近世哲学（南宋至清），而世界哲学未来的走向，将由欧洲之近世哲学与中国之近世哲学的共同发展来决定。由此，胡氏不仅明确了中国有哲学，亦点出了中国哲学在世界哲学中至关重要的地位。

其次，《大纲》指出了哲学史研究的目的、方法与步骤，从整体上架构起哲学史研究的规模。胡氏认为，哲学史有三个目的，即"明变"、"求因"与"评判"。其中"明变"是哲学史的第一要务，旨在寻找各家学说传授的渊源、交互的影响与变迁的次序；"求因"是研究各家学派兴废沿革变迁的缘故；"评判"是用完全中立的眼光与历史的观念，一一寻求各家学说的效果影响，再用此效果影响来批评各家学说的价值。胡氏进而指出，为了实现上述目的，先须做一番"述学"即研究史料的根本工作，这

① 余英时：《重寻胡适历程》，广西师范大学出版社2004年版，第230页。
② 胡适：《中国哲学史大纲》，上海古籍出版社1997年版，第1—2页。

个工作要经过搜集史料、审定史料真伪、去除不可信的史料与整理可靠史料等几个步骤，由此方能从所有的史料里面寻求出各位哲学家的一生行事、思想渊源沿革和学说的真面目。据此，研究哲学史的完整步骤就是述学—明变—求因—评判，而经由此步骤建构起来的哲学史必然会呈现出严格的逻辑性与科学性。可见，胡氏其实由此给出的乃是哲学史的一般研究方法，是对西方近代实证主义、科学主义与汉学精神的融通与运用。他认为要作一部可靠的、理想的中国哲学史，这些方法是必不可少的，而其核心精神就是"名学方法"。在《中国古代哲学史》台北版的自记中，他曾说："我这本书的特别立场是要抓住每一位哲人或每一个学派的'名学方法'，认为这是哲学史的中心问题"。将知识论、方法论的问题提到各家学派的中心位置，反映出胡适明确的方法论自觉。

再次，《大纲》在文字形式与写作方式上的破旧立新。在文字方面，胡氏使用了自己倡导的白话文，采用了新式的标点符号。而在具体的写作方面，胡氏也一改过去出于信古尊经而来的诠解经典的传统注疏方式，把自己的话作为正文，用大字顶格写下来，而把引用古人的话，用小字低一格写下来。这不仅仅是方式或形式上的变化，体现出来的更是一种明确的除旧布新的革命意识，冯友兰对此评价说："这表明，封建时代的著作，是以古人为主，而五四时期的著作是以自己为主。这也是五四时代的革命精神在无意中的流露"。① 不过，胡氏之所以采用这种写作方式，想必不是"无意"，而是有意为之。

总之，胡氏致力于中国哲学的逻辑重构，对知识论、方法论极端重视，这与他深受实证主义的影响不无关系，他晚年就曾明确说："我治中国思想与中国历史的各种著作，都是围绕着'方法'这一观念打转的。'方法'实在主宰了我四十多年来所有的著述。从基本上说，我这一点得益于杜威的影响"。② 然而，《大纲》遭受非议最多的也正是它过于单纯的或化约的知识论、方法论取向。从大处讲，这一取向的弊病如下：其一，

---

① 冯友兰：《三松堂自序》，三联书店 1984 年版，第 215—216 页。
② 唐德刚译注：《胡适口述自传》，载《胡适文集》第 1 册，北京大学出版社 1998 年版，第 265 页。不过，对于胡适何以能够创制新的范式，余英时更为注重某种内在理论的分析，他认为实证主义并不是决定性因素，因为在接触实证主义之前，胡适已经有了偏爱"术"的倾向，"'新典范'的种子已经在他的心中发芽了"。参见余英时《重寻胡适历程》，广西师范大学出版社 2004 年版，第 195、231 页。

由于以西洋哲学为标准，胡氏对中国哲学材料的选取与诠释难免有削足适履之嫌，如他对于中国古代哲学中契合西洋哲学精神之处（如对考据学的科学性）就会大势推崇，而很少对中国哲学的独特之处给予肯定评价，所以金岳霖批评胡氏"是一个研究中国思想的美国人"。① 其二，由于把名学方法视为各家哲学的中心，视为古代哲学发展的主线，胡氏常常以名学方法统贯政治哲学、教育哲学、人生哲学等思想，这就会或多或少地导致牵强与生硬的毛病，这种越界的圈地做法必然为人诟病。其三，如冯友兰所批评的那样，胡氏重视史料考证是应该的，这也是"信史"的必然要求，但问题是，哲学史之为哲学史，需要对哲学家的思想作出哲学分析，而《大纲》在这方面的不足比较明显。

其实，胡氏最根本的问题乃在于把西方哲学尤其是实证主义当成了某种绝对自明的方法，认为以之为标准来整理国故，则中国哲学就会成为一门严格的科学，而这必然导致他相对地忽略了中国哲学自身的特性。梁启超、梁漱溟、金岳霖、冯友兰等人对胡氏的批评，从根本上说就是因为这一点。参照西方哲学当然是可以的，但如何参照却是大问题；评判中国古代哲学也是必要的，但如何评判更是大问题。说到底，就是要注意到中西哲学的异同。不过，需要注意的是，就如同胡氏只是将实证主义接受为一种方法而不是理论或哲理一样，若只是在理论或哲理上深究他的不足，未免有点文不对题，何况胡氏也自认他的贡献更多的在于开启新的风气，坚信"以后无论国内国外研究这一门学问的人，都躲不了这一部书的影响，凡不能用这种方法和态度的，我可以断言，休想站得住"。② 对于开风气者，学理上的求全责备必然会有些不合时宜。

冯友兰面对的就是这么一个局面。一方面，他也受到了杜威、詹姆士等人的实用主义哲学的影响，赞同并承继了胡氏开启的新典范；但另一方面，当他由实用主义转向新实在主义之后，又试图解决胡氏留下的新问题。

冯氏的《中国哲学史》开篇就表示："哲学本一西洋名词。今欲讲中国哲学史，其主要工作之一，即就中国历史上各种学问中，将其可以西洋

---

① 冯友兰：《三松堂全集》第 2 卷，河南人民出版社 2001 年版，第 618 页。
② 胡适：《整理国故与"打鬼"》，《胡适文存》第 3 集卷 2，亚东图书馆 1930 年版。

所谓哲学名之者，选出而叙述之。"① 这表明冯氏在基本理路上仍旧是走胡适的路子，仍旧是把西方哲学作为普遍的哲学样式来接纳的。

不过，在接纳西学、诠解中学的取向上，冯氏与胡适却有明显不同。胡氏主要是在方法层面上，他欣赏汉学、朴学，但拒斥形而上学，将中国哲学中的玄谈视为"达观的废物"，所以他对中国哲学的探究并没有西方哲学那种强烈的思辨色彩。而与新实在主义一致，冯氏信赖形而上学，认为只有具有形而上学意义的魏晋玄学、宋明道学与清代义理学，才可与西洋哲学约略相当，它们才是中国哲学演进的正脉，而轻视形而上学的汉代经学、清朝朴学则只能是歧出了。基于这种理解，冯氏对中国哲学的梳理偏重于义理或形而上学层面。在冯氏看来，哲学其实就是（广义的）义理之学，但就"哲学"一词与近代哲学始于西方而言，为了使中国义理之学获得近代身份，在名称上就不得不采用中国哲学史而非中国义理之学史。如果联系到胡氏高举的"疑古"与冯氏倡导的"释古"，虽然此二者都可以被理解为某种方法论自觉，但它们在精神实质上的不同还是很明显的："疑古"之为"疑"古，本身就是以评判或裁断古学为任务，必然体现出鲜明的方法特色，所以胡氏才会注重梳理各家各派的名学方法；而"释古"之为"释"古，以诠解古人思想为目的，自然会倾向于义理，如在《中国哲学史》中，冯氏正是以新实证论的共相说为参照，创造性地阐释了传统哲学的义理，如名学有"合同异"和"离坚白"之分；二程有理学和心学前驱之别；朱子的理和气即共相和殊相，等等。方法与义理的区别很容易就会被联系到汉学与宋学的不同上，以致冯氏指出，胡氏的《中国哲学史大纲》所采纳、代表的乃是一种偏重考证的"汉学"，而他自己的《中国哲学史》所采纳、代表的则是一种偏重义理的"宋学"。其实，汉学、宋学对义理与考证均有涉及，胡氏、冯氏对汉学、宋学的优劣亦各有所识，但就总的侧重点而言，冯氏此解大体不差。需要注意的是，由于有了近代性的视阈，所以胡氏、冯氏研究上所体现出的差异，或许更应理解为"新汉学"与"新宋学"的不同。

在《中国哲学史》的自序与绪言中，冯氏实际上确立了哲学性与民族性两个原则，而这两个原则都与他对义理的强调密不可分。哲学性是就中国哲学（义理学）之为"哲学"而言的，而中国义理的哲学化，本质上就

---

① 冯友兰：《三松堂全集》第2卷，河南人民出版社2001年版，第245页。

是使中国义理学获得近代性身份；民族性是就中国哲学（义理学）之为"中国"而言的，它要求中国哲学史必须体现出中国的特色。

先来看哲学性。为了使中国哲学获得近代性，胡适将对中国哲学进行逻辑重构视为唯一的目标，他以实证科学为样式，把哲学史的可靠性归结为史料的真实性，以致《中国哲学史大纲》用了近三分之一的篇幅来考辨史料的真伪。与此不同，在《中国哲学史》自序中，冯氏开篇即言："吾非历史家，此哲学史对于'哲学'方面，较为注重。"① 冯氏强调重构的哲学性，其实也就是对中国哲学进行义理重构，他批评胡适只是注重了哲学史之为"史"的一面，却模糊了它的"哲学"本性。由此，冯氏进一步谈到自己对哲学史观的理解。在他看来，哲学史可分为客观的哲学史（哲学史自身）和主观的哲学史（写的哲学史），一方面，主观的哲学史以追求客观的哲学史或"信史"为目标，所以研究哲学史必须分辨史料的真伪；但另一方面，因为写的哲学史面临着许多困难，如写作者（读者）的主观性、文本（史料）在言与意上的紧张、古人（文本作者）之真意的无法验证性等等，以至于"历史家只能尽心写信史，至其史之果信与否，则不能保证也"。这就意味着，仅凭史料难以保证哲学史的真实性。由此，冯氏进一步指出，写的哲学史只是对信史的不断接近，所以说"写的哲学史，亦惟须永远重写而已"，这实际已触及了一般的解释学原则。② 此外，需要提及的是，针对胡适对伪书或伪材料的大肆裁剪，冯氏亦不敢完全苟同，同样是在《中国哲学史》的自序与绪言中，他指出伪材料在建构哲学史方面的作用是不能完全忽视的，这里有个事实与价值的区分问题，事实之真假与价值之有无并不构成必然之关系。对于哲学史而言，伪书虽不能代表其所假冒之时代的思想，却是其产生之时代之哲学史的史料，其价值当然不能否认。可见，与胡适对伪材料采取的"一刀切"的做法相比，冯氏的见解无疑更为合理。陈寅恪就称赞冯氏的这种识见，并批评胡适不能对古人抱同情了解之态度，以致无法从相对性角度理解材料的真伪问题。

再来看民族性。方法或形式是中国欠缺的，义理是中国固有的，由此引发的对中国哲学的整体定位与态度就会有不同。胡适之所以没能续写《大纲》，之所以后来甚至认为中国无哲学（而只有思想），之所以习惯于

---

① 冯友兰：《三松堂全集》第 2 卷，河南人民出版社 2001 年版，第 243 页。

② 同上书，第 255—257 页。

以批判或否定的态度去对待中国哲学异于西方哲学之处，恐怕与他将哲学史的问题化约为方法论的问题有关。反观冯氏，认可哲学为中国固有之义理学，则民族自信必然不成问题，冯氏说："各哲学之系统，皆有其特别精神，特殊面目，一时代一民族亦各有其哲学"，又说"叙述一时代或一民族之历史而不及其哲学，则如'画龙而不点睛'"。① 中国固有的义理系统，在冯氏看来乃是一个实质的系统，而"释古"作为对这一实质系统的诠解，必然表现出特定的民族性背景，而中国哲学的独特性亦由此得到一定程度的展现。由此而言，冯氏对民族性原则的强调，不但进一步解答了中国有没有哲学（"中国哲学史"成立的可能性）的问题，而且从现象和本质、一般和特殊的辩证性分际厘清了中国哲学和西方哲学之间的关系。②

但冯氏绝不轻视方法。中国虽有义理学或哲学，但这仅仅是就其实质系统而言的，若是从形式系统讲，中国义理学就显得捉襟见肘，而在这一点上西方哲学却可资借鉴。冯氏说："中国哲学，没有形式上的系统，若不研究西洋哲学，则我们整理中国哲学，便无所取法；中国过去没有成文的哲学史，若不研究西洋哲学史（写的西洋哲学史），则我们著述中国哲学史，便无所矜式。据此，可见西洋哲学之形式上的系统，实是整理中国哲学之模范。"③ 冯氏将哲学方法视为逻辑及科学方法，指出哲学方法与普通思想的方法的差异只是程度上的而非种类上的。由此，冯氏并不赞同张君劢、梁漱溟将"直觉"纳入哲学方法的做法，反倒是与胡适颇为相通，他认为"胡适的《中国古代哲学史大纲》确实是为中国古代哲学家的实质系统加上了一个形式的系统。虽然其所加的未必全对，但在中国学术界，则是别开生面的"。④ 不过，在搭建中国哲学史的形式架构上，二人也表现出了不同。冯氏以文德尔班《哲学史教程》为代表的主流派分类为参照，将哲学系统划分为宇宙论、人生论、知识论（或方法论）的三分框架，这比胡适在《大纲》中分一般哲学（宇宙论、人生论、知识论）和哲学分支（政治哲学、教育哲学、宗教哲学）的六分框架，明显更为合理，从而确立起了今后研究中国哲学史的主流形式系统。此外，胡适的哲学史分期一般地援用了西方上古、中古、近古的做法，冯氏则认为，中国自汉以后的

① 冯友兰：《三松堂全集》第 2 卷，河南人民出版社 2001 年版，第 254 页。
② 景海峰：《学科创制过程中的冯友兰》，《开放时代》2001 年第 7 期。
③ 冯友兰：《三松堂全集》第 11 卷，河南人民出版社 2000 年版，第 403 页。
④ 冯友兰：《中国现代哲学史》，广东人民出版社 1999 年版，第 75 页。

哲学大体不出经学之范围，西方近世那种独立的、别开生面的哲学系统在中国找不到对应者，所以并无所谓近世哲学的发生。由此，他依据中国哲学史发展的思想脉络（而非时代线索）将之划分为"子学时代"和"经学时代"。当然，仅就形式系统而言，与胡适《大纲》相比，冯氏的《中国哲学史》更重要的意义乃在于他依据上述框架对中国哲学史所作的整体性梳理，确立了中国哲学史上的主要哲学派别和主要代表人物及其思想，从而使中国哲学史的全貌较为完整地呈现了出来。

当然，冯氏的最终目的乃是借助西方哲学的形式（方法）系统来揭示中国哲学的实质（义理）系统。但问题是，形式与实质、方法与义理的矛盾亦由此凸显出来。在冯氏看来，形式系统与实质系统二者"并无连带关系"[1]，所以中国哲学才能既借助于西方哲学的形式系统而实现自身的近代性，又能避免中国哲学的特性被抹杀而保存自身的民族性。这种处理方式看似兼顾了近代性与民族性，实际上却使得这一矛盾更加激化。冯氏以为，"哲学乃理智之产物"[2]，必须依靠逻辑、科学的系统来讲道理，这是个知识论问题，由此反观中国，中国古人有立言不发达、科学不发达、逻辑不发达等弱点，实际上就是知识论不发达，所以冯氏才想为中国哲学补上形式系统这一环节。不过，当冯氏说中国欠缺知识论实是因为古人之不为而非不能时，他并没有过多考虑古人的"不作为"对于实质系统究竟意味着什么；而如果强行"作为"地补上这一课，会不会造成中国哲学实质系统上的扭曲，乃至根本性地威胁到民族性的哲学诉求。事实上，对于义理或实质的表达，方法或形式的采用可以说是一把双刃剑，而二者的关系也并非如此简单地可以任意抽取其中的一个，却又能对另一个并不造成影响。正如冯氏所看到的，中国哲学因注重内圣之道而有详尽的"为学之方"（修养方法），这与知识论的诉求虽然有别，却直接关乎中国哲学的民族性表达，冯氏由此不得不陷入两难之中，而也正是为了应对这一两难，他才在其自创的"新理学"哲学体系中区分"正的方法"与"负的方法"，以便为在规范的知识形态下无法安顿的中国哲学之独特精神寻觅新的出路。

其实，这种两难乃是由以西方哲学为普遍哲学之框架所造成的必然结

---

[1]　冯友兰：《三松堂全集》第 2 卷，河南人民出版社 2001 年版，第 252 页。
[2]　同上书，第 248 页。

果，而胡适、冯氏的中国哲学史都在这个框架之中，都是金岳霖所说的
"在中国的哲学史"。总的来看，从胡适到冯氏基本上完成了从"疑古"
到"释古"、从"新汉学"到"新宋学"、从"评判"到"同情"的转
变，但二人的差别并非像金岳霖、陈寅恪乃至冯氏本人所强调的那么大，
尤其是二人的差别并不具有实质性或根本性的不同。区别在于，如果说胡
适仅仅顾及了近代性，那么，冯友兰对近代性与民族性关系的处理显然较
胡适为长。① 但冯氏的做法却又引出了新的问题，迄今为止学术界对民族
性与近代性的争论可说是这一问题的延续。

第三节　马克思主义影响下的郭沫若—侯外庐范式

"以马释中"作为 20 世纪诠释中国哲学的主要范式之一，与郭沫若、
侯外庐的成就与影响密切相关。② 作为马克思主义者，二人主要是运用唯
物主义历史观来解读中国的历史、社会史与思想史，虽然他们都没有通史
性的哲学史论著，但他们将哲学问题一般地内置于思想史之中，从唯物史
观的立场对中国哲学史中的相关问题进行探讨。在新中国成立后的一段时
间内，这种模式对中国哲学史学科产生了深远的影响。

李大钊是宣扬唯物史观并以之解读中国历史的先行者。在《史学要
论》一文中，他首次论述了唯物史观对历史研究的指导作用，呼吁要用唯
物史观对中国历史"进行改作或重作"。但他毕竟不是历史学家，也没有
对中国历史作出系统说明。最先用唯物史观改作或重作中国历史的是郭沫
若。1928—1929 年间，通过运用唯物史观，并结合王国维、罗振玉等人的
考据学、历史学成就，郭氏先后写出了《〈周易〉时代的社会生活》、
《〈诗〉、〈书〉时代的社会变革与其思想上之反映》、《中国社会之历史的
发展阶段》、《卜辞中的古代社会》、《周代彝铭中的社会史观》等论文，
并于 1930 年将它们汇集在一起，出版了《中国古代社会研究》。

在《中国古代社会研究》自序中，郭氏提醒说，为了接受与运用科学
的唯物史观，首先就要注意在对古代史的研究中清算两种历史"成见"：

---

① 参见陈卫平《中国哲学史研究的学科自觉——从胡适到冯友兰》，《中国哲学史》2003 年
第 2 期。

② 在探索中国哲学的马克思主义研究模式上，李石岑 1935 年的《中国哲学十讲》、范寿康
1936 年的《中国哲学史通论》的成绩不容忽视，但总的来讲，其运用并不成熟，影响也不大。

一种是历来御用学者所抱有的传统历史观念，此乃"锢蔽在封建社会的思想的囚牢"；另一种是胡适等人所抱有的进化论的史学观念，此乃"近代资本制度下新起的骗钱的医生"。① 一般而言，传统的史学以朝代更替为主线，内容偏重于政治，且崇古观念浓厚。近代的进化论史学则相信历史是进步的，并将历史分以上古、中古与近世，这种观念在近代中国尤其流行，梁启超、王国维、胡适、冯友兰等人都有进化论的史学观念。与之相比，唯物史观"突破传统史学的政治史框架，整合经济史、社会史研究，形成以'社会形态'为研究对象的新的史学范式"②，它虽承认进化论史观的核心观念，但又进一步强调历史演进的规律性、经济基础的决定性以及阶级斗争之于阶级社会发展的推动性。由此，在思想史研究上，唯物史观注重探索社会历史对于社会思想的基础性作用，力图在历史的演进中揭示出思想变化的规律。其实，胡适的《中国哲学史大纲》对思想产生的时代背景也是有所讨论的，只是并不深入也不系统罢了。如胡适在《大纲》中以"时势说"诠释先秦哲学，其意图正是为了凸显某种历史脉络，但其梳理未免浅显，以至于立足于唯物史观上的胡汉民反问道："时势是什么力量造成的呢？求其最初原因，总在物质的关系。"③ 同样是针对胡适在探寻思想之源头上的不彻底性，郭沫若更是予以全盘批评："胡适的《中国哲学史大纲》，在中国的新学界上也支配了几年，但那对于中国古代的实际情形，几曾摸着了一些儿边际？社会的来源既未认清，思想的发生自无从说起。"由此，郭氏宣称："所以，我们对于他所'整理'过的一些过程，全部都有重新'批判'的必要。"胡适的整理与郭氏的批判由于是基于不同的历史观念，因而在方法上也就有了区别，"'整理'的究极目标是在'实事求是'，我们的批判精神是要在'实事求是中求其所以是'。'整理'的方法所能做到的是知其然，我们的批判精神是要知其所以然"。④ 所谓"求其所以是"、"知其所以然"，就是要比进化论史学更进一步地去探索思想的物质起源，为此就要采用唯物史观的方法与观念，结合社会历史的进程去揭示出思想发生、发展的一般规律。在《中国古代社会研究》

① 郭沫若：《中国古代社会研究·自序》，河北教育出版社 2000 年版，第 7 页。
② 冯天瑜：《唯物史观在中国的早期传播及其遭遇》，《中国社会科学》2008 年第 1 期。
③ 胡汉民：《中国哲学史之唯物的研究》，《建设》第 1 卷第 3 号（1919 年 10 月）、第 4 号（1919 年 11 月）。
④ 郭沫若：《中国古代社会研究·自序》，河北教育出版社 2000 年版，第 7 页。

中，郭氏运用唯物史观对《诗》、《书》、《易》等文献资料和甲骨文、金文等地下出土资料加以"批判性"整理，找到了氏族社会向奴隶社会过渡的思想线索，从而揭示出人类社会由低级向高级发展的一般进程，证明了唯物史观所说的几种社会形态的演替在中国古代历史上的适应性。

郭氏的"批判"方法亦表现在他对先秦哲学史的探讨中。通过分析先秦社会形态的经济基础与上层建筑，郭氏揭示出不同哲学思想产生的历史背景与各自的特点，从而描绘出先秦哲学演变的历史画面。如他分析了《易经》所反映出的中国古代的宇宙观、宗教观、伦理现和艺术观。再如他分析了由社会形态转换所引起的哲学思想上的斗争现象，指出《易》、《诗》、《书》是由原始公社社会演变成奴隶社会的产物。

与《中国古代社会研究》一脉相承，郭氏在《青铜时代》、《十批判书》中对先秦哲学思想作了进一步梳理。其中，《青铜时代》重在考证，《十批判书》重在批判。郭氏注意结合当时的社会背景对先秦思想进行具体分析，如他既考察了包括孔子、墨子、庄子、荀子、韩非子、吕不韦以及秦王政等个别人物的思想，又注意对儒家、稷下黄老、前期法家等学派以及名辩思潮进行清理，从而揭示出各家各派的思想主张及其相互关系，并从唯物史观的角度对它们进行了评判。

郭氏认为，《中国古代社会研究》一书的性质，"可以说就是恩格斯的《家庭、私有制和国家的起源》的续篇"①，言下之意就是其充分证明了唯物史观在中国的普适性。不过，这种证明方式有强我就人的突出问题，如他低估了商代社会的发展水平，认为它仍处于氏族社会；又如他套用古代希腊、罗马的社会模式，误认西周是一个纯粹的奴隶制国家，等等。郭氏后来也承认："我初期的研究方法，毫无讳言，是犯了公式主义的毛病的。我是差不多死死地的把唯物主义的公式，往古代的资料上套，而我所据的资料又是那么有问题的东西。"②不过，方法的误用并不代表方法本身的错误，所以，郭氏仍认为该书"用的方法是正确的"，且自认他在中国古代的社会结构和意识形态的分析和批判上贡献了一些新见解。③事实的确如此，在当时郭氏可谓提供了解读中国社会史、思想史的新视阈、新方法，

① 郭沫若：《中国古代社会研究·自序》，河北教育出版社2000年版，第9页。
② 郭沫若：《海涛》，新文艺出版社1954年版，第118页。
③ 郭沫若：《中国古代社会研究·后记》，《郭沫若全集·历史编（一）》，人民出版社1982年版，第312页。

而《中国古代社会研究》在当时的影响力之大，可以从它将社会史论推向高潮、它在青年学生中所引起的震撼等事件中反映出来。可以说，郭氏起了马克思主义旗手的作用，在他之后，崛起了一支以吕振羽、范文澜、翦伯赞、侯外庐等为代表的马克思主义史学家队伍。

侯外庐声称自己研究中国古代社会有两个依据：一是步王国维、郭沫若的后尘，二是继承了亚细亚生产方式论战的统绪。① 实际上这表明了侯氏对以往马克思主义史学研究之弊端的清醒认识，其一是"缺乏足以信征的史料作为基本的立足点，往往在材料的年代或真伪方面发生错误"，这点明了接续王国维、郭沫若以考证辨伪之方法去研究古代史料的必要性；其二是"对于马克思主义的基本理论没有很好消化、融会贯通，往往是以公式对公式，以教条对教条"，这说明了深入研究马克思主义关于亚细亚生产方式之理论的重要性。② 由此，侯氏研究中国古代史的原则，其实就是寻求马克思主义理论与中国社会历史的更合理的统一，既要继承以往的研究成果，又要尽量避免上述弊端。简言之，在探求马克思主义中国化的路子上，既要寻求古代社会演进的一般规律，又要充分兼顾到中国古代社会演变的特殊规律。

侯氏的《中国古代社会史论》（原名《中国古典社会史论》），可以看做对郭沫若《中国古代社会研究》的"接着讲"，二者在方法、观念上有继承性，但鉴于郭氏对亚细亚生产方式的生硬移植，侯氏寻求更为中国化的解读。通过认真研究，侯氏提出"亚细亚的古代"与"古典的古代"都是指奴隶制社会形态，不过二者虽是同一性质的社会，却是通过不同的"路径"实现的。侯氏的"不同路径"说，可谓是对马克思主义古代社会学说的理论延伸。

自 1942 年完成《中国古代思想学说史》始，侯氏逐渐将研究重心从社会史转向思想史。研究对象虽有变化，但研究态度与方法却是对社会史研究的继续，侯氏指出，《中国古代思想学说史》与《中国古典社会史论》是姊妹篇，"乃历史与思想史相互一贯的自成体系……读者研究中国思想史，当要以中国社会史为基础，故二书并读，实为必要"。③ 社会史作

---

① 侯外庐：《中国古代社会史论·自序》，河北教育出版社 2000 年版，第 4 页。
② 侯外庐：《韧的追求》，三联书店 1985 年版，第 224 页。
③ 侯外庐：《中国古代思想学说史·自序》，文风书局 1944 年版，第 1 页。

为思想史的基础，乃是马克思主义在思想史领域的具体运用，也是侯氏所持守的研究思想史的根本方法。在侯氏随后的《中国近世思想学说史》、《中国思想通史》等著作中，这一方法都得到了很好的贯彻。

侯氏之所以特别强调社会史与思想史的关联，乃是因为"思想史系以社会史为基础而递变其形态。因此，思想史上的疑难就不能由思想的本身运动里求得解决，而只有从社会的历史发展里来剔抉其秘密"。① 也就是说，在侯氏看来，思想并不足以解释自身，对思想的研究必然不能仅仅围绕思想文本或历史材料来进行，而是要首先考察它的历史根源，因为思想本身的演变乃是随着现实历史的变化而推进的，也就是说，它总是有现实针对性（社会存在）的。由此，思想史的研究对象必然是社会意识的整体。侯氏认为，对中国思想史的研究，应当以社会史研究为前提，着重于综合哲学思想，逻辑思想和社会思想（包括政治、经济、道德、法律等方面的思想），"应该指出，哲学史不能代替思想史，但是思想史也并不是政治思想、经济思想、哲学思想的简单总和，而是要研究整个社会意识的历史特点及其变化规律"。② 这就说明，侯氏的思想史研究就是在社会存在的基础上揭示社会意识的问题。以侯氏及其同仁的《中国思想通史》为例，其中关于社会思想的论述，若是分割开来，就可以看到中国政治思想史、中国经济思想史、中国法律思想史、中国伦理思想史、中国历史思想的主要脉络；其中关于逻辑思想的论述，抽出来就是中国逻辑思想史的纲领；至于其中关于哲学思想的论述，更是一部比较完整的中国哲学思想史。侯氏并不反对用现代学科分类法重新整理编撰中国思想史的主张，但他认为，分类整理只是研究中国思想史的手段，其目的乃是为了更准确地把握哲学、逻辑与社会思想的统一。③

侯氏在研究社会史的基础上，注重对社会思潮作全面考察，力图把握社会历史与社会思潮的联系及其所反映的时代特征，进而研究不同学派及其代表人物的思想特色和历史地位。侯氏说："从历史唯物主义的观点来看，思想是存在的反映。历史从哪里开始，思想进程也应从哪里开始。因

---

① 侯外庐等：《中国思想通史》第 1 卷，人民出版社 1957 年版，第 28 页。

② 侯外庐：《侯外庐史学论文选集·自序》，人民出版社 1987 年版，第 11 页。

③ 参见方光华《侯外庐与中国思想史研究》，《中国现代学术思想史论集》，陕西人民出版社 2003 年版，第 560 页。

此，社会历史的演进与社会思潮的发展是相一致的。"① 本着这样的研究思路与方法，侯氏在《中国近世思想学说史》（后改名为《近代中国思想学说史》）中，通过分析近代的经济、政治等社会状况与思想潮流，提出了"早期启蒙说"。在侯氏之前，梁启超、胡适曾以 18 世纪为清代思想的全盛时期、以戴震为清代思想的最重要代表人物，侯氏并不认同这一看法，他指出："清代的哲学也好，一般的学术也好，我们认为 17 世纪的成就，是伟大的，并非清代中叶 18 世纪的准备基础，反之，乾嘉时代的哲学却不是清代学术的全盛期，而仅仅是清初传统的余绪（极小限度发展），这一点，任公、适之都把历史颠倒了。"② 侯氏通过梳理王夫之、黄宗羲、顾炎武等人的哲学思想，发掘出 17 世纪早期启蒙思潮的基本轮廓，从而确立了这一思潮在中国近代思想史、哲学史上的重要地位。在梳理社会思潮方面，《中国思想通史》的成就更大，该书依照中国社会史的发展阶段来论述各个时期的思想发展，第一次系统地概括出西周的官学、春秋时代的缙绅之学、战国时代的诸子并鸣之学、两汉的经学、魏晋的玄学、隋唐的佛学、宋明的理学、明清之际的早期启蒙思潮以及近代的各种社会思潮，从而描绘出中国思想史的整体风貌。

在中国现代史上，侯氏奠定了中国思想史研究的基本范式，他界定了中国思想史的研究对象，明晰了中国思想史的研究方法，并据此对中国思想的发展历史作出了整体性的梳理。其中有关中国哲学史方面的研究，也框定了用马克思主义解读中国哲学的基本范式，其影响至今不绝。不过，侯氏的思想史、哲学史研究也有明显的不足，虽然他力图兼顾普遍性与特殊性，但由于过分强调阶级根源与哲学的党性原则，使得其研究越来越有简单化或教条化的倾向，如将复杂的社会问题简单化为阶级矛盾的问题，将多彩的哲学史教条化为唯物与唯心、形而上学与辩证法的斗争史，等等，而这必然导致立体的思想史的平面化，尤其是在某种意识形态的影响下，这种做法极易使得思想评判沦为某种政治立场的宣扬，以致整个研究表现出强势的价值评判色彩，从而最终造成对中国社会、思想、哲学之特点的某种遮蔽。如侯氏及其学派将中国历史的发展强行纳入历史进化的五个阶段之中，依照唯物史观的标准，古代思想所强调的人伦秩序就被解读

----

① 侯外庐：《侯外庐史学论文选集·自序》，人民出版社 1987 年版，第 12 页。
② 侯外庐：《近代中国思想学说史》，生活书店 1947 年版，第 389 页。

为维护人对人的依附关系，从而在整体上被视为愚昧野蛮的封建时代的产物。显然，这种价值评判"很容易流为某种现代的傲慢与偏见"。①

20世纪前期中国哲学学科的创立，面临着打破传统经学模式与重建哲学范式的双重任务，但由于中国本无"哲学"与近代哲学，而只能依傍或参照西学来建构中国哲学史，这既决定了它必然是一个比较参证、融贯创新、发凡起例的过程，也意味着它必然遭遇到普遍性与特殊性、近代性与民族性如何统一的问题。就具体的中西比较或融合的过程而言，前面的工作（如王国维、胡适、郭沫若）比较生硬，西化色彩浓厚；后面的工作（如梁启超、冯友兰、侯外庐）则较为圆融，注意兼顾中国特色，但仍没有解决问题，且又引发了新的问题。不过，这一过程虽然不可避免地造成某些失落，但重要的是它毕竟孕育着中国哲学的新希望。其实，就像佛教的中国化是一个漫长的过程一样，中西哲学的融合也需要一个长期的过程，由此而言，这些人的工作从开风气之先的角度来理解才是恰当的，而其中所暴露出来的问题越多，反而越有利于后来者不断地完善它。

此外，依照现代解释学的观念，如果说并不存在什么客观的"中国哲学史"，那么，金岳霖所提出的"在中国的哲学史"与"中国哲学的史"的区分，就是基于一个无效的预设之上的。事实上，哲学史的建构本身就是解释和再解释的过程，而哲学史的写作，成见总是避免不了的，即便是金岳霖主张哲学史不能有成见，并批评胡适的《大纲》是根据一种主张写成的，但他仍不得不承认："就是善于考古的人，把古人的思想重写出来，自以为述而不作，其结果恐怕仍不免是一种翻译。"金岳霖对胡适的不满，或许更在于胡适太有成见，以至于《大纲》成为"一种主义的宣传"，这不仅背离了"哲学"，也溢出了"史"。② 不过，正如冯友兰所指出的，"写的哲学史"才是真正具有意义的历史的呈现方式，而他本人不断地写中国哲学史，就是个显著的实例。由此，对于中国哲学史学科而言，无论是王国维—梁启超的尝试性探索，还是胡适—冯友兰的范式，抑或是郭沫若—侯外庐的范式，他们的成绩都是不可否认的，我们可以超越而不能绕过他们，因为他们自身已经构成了中国哲学史不可或缺的一部分。

---

① 赵峰：《中国哲学研究的四个范式》，《人文杂志》2009年第6期。
② 冯友兰：《三松堂全集》第2卷，河南人民出版社2001年版，第618—619页。

第二章　中国哲学研究的初步成果

（1949—1978）

　　1949 年 10 月 1 日，中华人民共和国宣告成立。伴随着新中国的成立，中国古代哲学的研究进入了一个崭新的阶段。及至改革开放之前，中国哲学史研究分两个阶段，1949 年至 1966 年是所谓"十七年"，为第一阶段。"十七年"开创了马克思主义指导下的中国哲学研究的新阶段，取得了丰富的研究成果，虽有教条主义、"左"倾思潮等的错误影响，但这时期的研究具有对劳动人民的重视、对非正统的提扬、对统治阶级的批判等值得肯定的方面。这一时期，1957 年 1 月在北京大学召开的中国哲学史讨论会，明显反映出教条主义对中外哲学史研究的干扰、打压，以及中国哲学研究者对中国哲学研究的反思和对教条主义的抗议。1966 年至 1977 年为第二阶段，"文化大革命"期间评法批儒，进一步是非淆乱，在极"左"的氛围之下不可能有真正的学术研究。

第一节　马克思主义指导下的中国哲学研究及其方法论问题

　　新中国成立前，在中国哲学史研究领域，有胡适以实用主义为根基研究中国哲学的《中国哲学史大纲》，冯友兰以新实在论的方法研究中国古典哲学的《中国哲学史》。二者的共同点是，都以西方哲学的某一学术流派或观点作为自己研究的方法论根据，其研究对于中国哲学史学科的建立和发展具有开拓性的意义。新中国成立后，中国共产党的理论武器——马克思列宁主义在思想文化领域成为占主导地位的意识形态，亦成为中国哲学史研究所要遵循的根本原则。

一　中国哲学史研究的新气象与重大变化

新中国成立后，马克思列宁主义成为占指导地位的意识形态，如何学习、认同并在此意识形态的指导下进行哲学史的研究，是新中国成立初期哲学史工作者的首要任务。可以说，新中国成立以来，从旧中国过来的知识分子经过了一系列的思想改造运动，思想上起了根本的变化。许多著名的唯心主义哲学家都放弃了自己的唯心主义体系，而成为马克思主义哲学的衷心支持者；多数的自然科学家也摆脱了资产阶级哲学观点的支配，而接受了辩证唯物主义观点的指导；一般的知识分子除了极少数以外，也都成为马克思主义哲学的热烈拥护者。[①] 这一时期，在中国哲学史研究领域出现的现象及思想转变主要有：

（一）关于马克思主义的学习与讨论

新中国成立后，中国哲学史工作者在党的组织下，首先是积极学习、讨论马克思主义的基本理论。一方面，北京大学、清华大学哲学系的教师和一些马克思主义哲学工作者定期举行讨论会，学习、讨论马克思主义。1951 年，中国新哲学研究会成立。在这个学会里，分中国哲学史、外国哲学史、逻辑、中国近代思想史、辩证唯物主义与历史唯物主义等几个组。此学会的成立，使马克思主义的学习与讨论更加深入。如 1951 年 2 月 11日，新哲学会筹备会即举办学习毛泽东著作《实践论》的讨论会。另一方面，新中国成立后，随着马克思主义经典著作的公开、扩大译介，哲学工作者可以系统阅读马克思主义的经典著作。其次是参加社会活动和群众工作。通过参加农村的社会活动以及土地改革运动，中国哲学史工作者能够深入了解中国农村和农民的实际状况，体会中国农民的思想感情，能够站在农民的立场思考历史和哲学，并对过去的哲学史研究进行反思和批判。这也为进一步理解历史唯物论——社会存在决定社会意识奠定了基础。再次是对于苏联教学方法的学习并受其影响。苏联哲学专家的到来，使人们对马列主义有了更多的了解，使很多问题的讨论更加深入。同时，苏联的学风也给中国的学术界、哲学界带来一些消极的影响，如对德国古典哲学的偏见；哲学教学中只讲正面的不讲反面的，只讲唯物主义、不讲或少讲唯心主义；用行政手段解决学术问题，把学术问题当成政治问题来对待，

---

① 参见张岱年《如何对待唯心主义》，《人民日报》1957 年 1 月 13 日。

如日丹诺夫在西方哲学史讨论会上的发言成为研究哲学史的唯一指导方针，不允许讨论。苏联学风的片面性、简单化及政治化的特征，对中国哲学史研究产生了很大的消极影响。① 此后，中国哲学史研究的教条主义倾向、对唯物唯心关系的片面认识等皆由此发轫。

总起来说，经过新中国成立初期系统认真的学习，历史唯物主义被广大学者所接受，并把它运用于一切社会历史领域内。中国哲学史这个阵地也被历史唯物主义所占领，逐渐成为一门崭新的社会科学。同时，中国哲学史作为一门科学，在马列主义、毛泽东思想的指导下建立起来，已得到全国的公认。

（二）中国哲学史研究队伍的变化

在马克思主义学习讨论的基础上，中国哲学史的研究队伍也发生了一定变化：

在数量上，新中国成立前，中国哲学史的研究者只限于少数学术专家。新中国成立后，在原有的哲学史工作者基础上，形成了一支研究中国哲学史的专业队伍，而且还拥有一大批业余爱好者，这些人都获得了表达自己观点的权利和机会。20世纪50年代以来有几次关于中国哲学史的讨论，如对孔子的评价问题，除了专业人员以外，社会上很多人参加了讨论。这样一支研究队伍的出现，使中国哲学史的研究呈现出阵容强大的局面，而这支队伍也成为中国哲学史研究进一步发展的主力军。在研究的思想立场方面，从前已开始运用马克思主义的观点、方法研究中国哲学史、思想史的马克思主义的理论家，如郭沫若、侯外庐、吕振羽等人，这些人在50年代后进一步以马克思主义的观点、方法研究中国古代思想、中国古代哲学史；另外如冯友兰、张岱年等著名的中国哲学史工作者，经过学习、讨论乃至自我批判，放弃了唯心主义的哲学史观，努力运用马克思主义的观点和方法，重新研究和探索中国哲学的发展过程和规律。

（三）中国哲学史研究领域、对象和方法的变化

新中国成立后，中国哲学史研究突破了传统经学正统的研究，突破了以儒、道为主的研究模式，对历史上多数学术流派进行了研究；突破了以重要思想家为对象的领域，对历史上不受重视或重视不够的哲学家及其哲学思想进行了研究。如王充、范缜、柳宗元、刘禹锡、王安石、张载、李

---

① 参见任继愈《中国哲学史论》，上海人民出版社1981年版，第4—7页。

赟、方以智、王夫之等人，他们的思想学说历来没有给予足够的重视，对他们的研究丰富了中国传统哲学的内容。这一时期的中国哲学史研究把军事辩证法和自然科学中的哲学思想，如医学、农学中的哲学思想吸收进哲学史，使中国哲学史的研究丰富了起来；着眼于哲学同科学的密切联系，揭示了一些科学家及其著作中的哲学思想，如《黄帝内经》、杨泉的《物理论》、沈括的《梦溪笔谈》、宋应星的《天工开物》等，从而大大丰富了中国哲学史的内容和智慧资源。此时的中国哲学史研究突破了固有的研究问题，对哲学家或哲学流派的特点、性质以及基本主张进行研究，如他们是唯物主义还是唯心主义，在当时是进步还是保守，代表哪个阶级，他们的自然观、认识论、方法论、社会历史观有些什么内容，等等。这些问题虽然不是中国哲学史研究的最终目的，但这样的研究表现了中国哲学史研究在新的方法论和问题意识上呈现出的新局面，也为哲学史研究的进一步发展奠定了基础。

二　对胡适、梁漱溟唯心主义批判活动的展开

为了确立马克思主义（特别是唯物主义）在社会思想领域的指导地位，使哲学工作者在哲学研究的立场、态度、方法有所转变，在宣传和学习辩证唯物主义和历史唯物主义的同时，学术界展开了对唯心主义的批判和斗争。《人民日报》1955 年 4 月 11 日，发表了题为《必须宣传唯物主义，批判唯心主义思想》的社论。社论指出，马克思列宁主义的理论基础是辩证唯物主义和历史唯物主义，而任何形式的资产阶级思想的核心就是唯心主义世界观。因此，党在思想工作中最根本的任务，就是宣传唯物主义的思想，反对唯心主义的思想。唯心主义是资产阶级思想的代表，所以必须集中批判唯心主义。[①] 由此看来，新中国成立初期对唯心主义的批判，与其说是理论问题的争论，不如说是政治斗争的需要。在这一时期的思想批判中，发生于中国哲学领域的有两次，即对胡适思想的批判和对梁漱溟思想的批判。

对胡适思想的批判是新中国成立初期一次有计划、有组织的思想批判运动。参加这次批判的包括当时思想界众多知名人士，持续时间长达两年之久，批判范围远超哲学领域，涉及的哲学社会科学各个方面都是罕见

---

① 《人民日报》1955 年 4 月 11 日。

的。由于胡适将实用主义应用于哲学、文学、史学、教育学等各个领域的研究，胡适的思想就成为与马克思主义争夺思想阵地的主要思潮。对胡适思想批判的目的之一便是：从思想上使人们分清唯物主义与唯心主义的是非以掌握唯物主义的思想方法。《学习》杂志 1955 年第 1 期发表评论：《展开对胡适资产阶级唯心论思想的批判》，由此开始了对胡适唯心主义的批判。对胡适哲学思想进行批判的矛头直指胡适的实用主义哲学。学者们指出，实用主义是一个属于帝国主义时期资产阶级主观唯心主义的流派。实用主义把"实在"看做由感觉和观念所构成的，否认在感觉和观念以外独立存在着的客观实在，认为对于感觉和观念以外的东西应抱"存疑"的态度，这至少是一种不可知论。艾思奇从六个方面对胡适的实用主义进行批判，如，实用主义是美国资本主义土壤里生长起来的一种最反动腐朽的唯心主义哲学，它和辩证唯物主义是根本不相容的；实用主义主张主观真理、否认客观真理；实用主义的方法论是反科学的主观唯心主义等。这些批判虽然在当时具有一定的历史正当性，但未能摆脱政治批判的窠臼，难以在学理批判上达到一定高度。[①]

1955 年 5 月 11 日，冯友兰在《人民日报》上发表《批判梁漱溟先生的文化观和"村治"理论》一文，是从哲学思想上对梁漱溟进行批判的开端。接下来，哲学界许多知名学者对梁漱溟的文化观、哲学思想进行批判，主要有：梁漱溟借用佛教名词来建立起庞大的唯心主义体系实际上是贩卖柏格森的反动哲学；梁漱溟的文化观的依据是印度佛教的唯心论和儒家学派的唯心主义，尤其是陆王学派的主观唯心论；梁漱溟的哲学思想是"五四"新文化运动中的封建主义的逆流，是一锅东西方各种反动唯心主义的大杂烩，主要表现为露骨的主观唯心主义，等等。梁漱溟作为思想家并不以思想理论的严密见长，与其说他是一个理论家，不如说他是一个实践家。梁漱溟的理论固然存在许多弊病和矛盾，亟待指出与批评，然而 50年代中期（基本上是 1955 年的后半年）的对梁漱溟思想的批判却有失公允。如果说对胡适的批判还稍具学理批判的意味，而对梁漱溟的批判则是在"廷争面折"后掺入了更多政治和情感的因素。在其中，客观、公正的批评微乎其微。可以说，对胡适与梁漱溟的唯心主义的批判，与其说是理论批判，不如说是一种政治任务。

---

① 参考邢贲思主编《中国哲学五十年》，辽海出版社 1999 年版，第 96—97 页。

在对胡适、梁漱溟唯心主义进行批判的同时，哲学界亦展开了对冯友兰、张岱年等旧的哲学研究的批判，同时，冯友兰适时地进行了对自己的"理学研究"及其方法论的自我批判。

中华人民共和国的成立，是中国历史的新的时代的开始。旧的中国哲学史体系和研究方法、立场不能自动改变，在思想领域开展反对封建主义和资产阶级学术思想的斗争，在中国哲学史研究领域展开对唯心主义倾向的批评和自我批评，对于确立马克思主义的指导地位是必要的和可以理解的。但以政治的高压和权势的力量来压制人，不允许被批判者说理和自我辩白的做法，使思想研究和学术讨论具有浓重的政治气味，使学术研究缺少了自由的空间。

三　中国哲学研究的唯物史观基础

20 世纪 50 年代以来，在马克思主义哲学尤其是历史唯物主义的指导下，中国哲学史的研究显示出一定的生机与活力。冯友兰、张岱年、任继愈等中国哲学史工作者运用马克思主义的观点和方法，重新研究和探索中国哲学的发展过程和规律，获得了新的理论认识；郭沫若、侯外庐、吕振羽等马克思主义理论家则进一步运用马克思主义的哲学基础继续研究或展开新的研究。上述研究标志着中国哲学史研究中唯物史观方法论基础的确立，具体表现如下：

(一) 社会存在决定社会意识的方法

唯物史观的基本原理认为，社会存在决定社会意识。坚持此基本原理，正确评价哲学史上思潮、体系或流派的发生和发展，给哲学史和哲学史家以科学的说明和评价，这是中国哲学史工作者的共同方法论基础。在唯物史观的这个基本原理的指导下，中国哲学史研究的出发点，首先便是通晓中国社会发展的各个历史阶段的经济基础状况。研究哲学史问题，首先必须着眼于社会经济关系对于哲学思潮的发生所起的决定作用，这样才能够找到思想发生、发展的真正的物质原因。侯外庐、冯友兰、张岱年、任继愈等著名的哲学史家都以历史唯物论为基础，进行中国哲学史的研究，各自出版了学术专著和发表了大量的学术论文。侯外庐指出："在哲学史的研究中，我们也必须遵循社会存在决定社会意识的基本原则，将哲学思想置于历史的具体环境中，即置于一定的社会阶段及其复杂的阶级斗争的环境中，进行科学的分析和解剖，从而确切地理解它究竟反映了怎样的时代精神，具有怎样的时代烙印以及它在哲学发展史上的地位和意义。"①

社会存在决定社会意识的方法，使中国哲学史研究获得了更广阔的视阈，使中国哲学史研究具有了丰富的内容和问题。但此原理的模式化也造成中国哲学史研究的教条化。比如说两汉经济关系的变化并不是很大，而汉代哲学家思想的差异则是很大的；作为封建社会后期的王朝，宋、明的经济关系变化也不大，但宋明哲学家的差异和对立则是明显的。如何解释这些差异？对思想领域里的这些不同，对于哲学家及其思想的丰富性，只是普遍性地论述时代的经济关系和阶级状况，以作为研究这些哲学思想的背景，显然是不够的。

（二）阶级分析的方法

唯物史观的另一重要主张是阶级分析的方法，此一时期的中国哲学史研究亦遵循这一方法论原则。相对于侯外庐等注重社会史研究的特点，任继愈主编的《中国哲学史》更注意在哲学史研究中坚持阶级分析的方法，注重阶级斗争对哲学思想的影响。任继愈指出："任何一种哲学总是带着深刻的阶级烙印，总是代表着（有时是公开地、直接地，有时是隐讳地、间接地）特定阶级的利益和需要，任何一个哲学家都是特定阶级的代言人。我们在考察哲学思想的发生发展、相互斗争、相互转化的过程时，一刻也不能离开阶级分析。在万象纷纭、充满矛盾的阶级社会里，只有运用阶级分析的方法，才能找到历史发展的客观规律，否则就要迷失方向，堕入资产阶级客观主义和唯心主义的泥沼。"②任继愈还指出："哲学是反映一定的阶级利益的世界观的科学。脱离了阶级就没有办法讲哲学史。"③ 他认为，中国历史上唯物主义高潮的出现与当时阶级斗争的形势有关。阶级地位、阶级斗争决定哲学思想，这是马克思主义唯物论的基本原则。中国哲学史研究以此为方法论基础，获得了全新的视角，对历史上的哲学思想和哲学家在其生活年代中进行研究和评价，这无疑是必要和正确的。从历史唯物论研究中国哲学，与新中国成立前胡适、冯友兰纯以西方哲学的方法进行研究，或者以兼本仁义礼智的传统方法去分析中国哲学，自有它深刻

---

① 侯外庐：《中国哲学中的唯物主义传统》，《侯外庐集》，中国社会科学出版社2001年版，第209页。原载于《新建设》1963年第4期。

② 任继愈主编：《中国哲学史》，人民出版社1979年版，《绪论》第7页。

③ 任继愈：《中国哲学史论》，上海人民出版社1981年版，第55页。

的一面。然而，这种方法的应用与用西方哲学的方法进行研究一样，未能揭示中国哲学的本来面目，未能按照中国哲学的内在逻辑进行研究。而且，随着此研究方法被模式化、教条化、凝固化，它对中国哲学研究所起的消极的、负面的影响也日益凸显。

（三）中国古代哲学中唯物主义思想的发掘

此一时期，在马克思主义指导下，中国哲学史工作者重视哲学基本问题在中国古代哲学的表现，重视对中国哲学史上唯物主义传统的发掘以及对唯物、唯心斗争规律的研究。前述侯外庐的《中国思想通史》、任继愈的《中国哲学史》，都强调哲学史上唯物主义与唯心主义的斗争，高扬中国哲学史中的唯物主义传统。侯外庐在《中国哲学中的唯物主义传统》一文中，从中国哲学史的五个主要方面论证了其中的唯物主义的优良传统，他指出："中国哲学史中的唯物主义传统有着丰富的内容，我们应该科学地总结这一份宝贵的遗产。"[1]

在对中国唯物主义思想所进行的研究中，张岱年的《中国唯物主义思想简史》（1957 年）是一部代表性著作。张岱年把中国古典唯物主义分成四个发展阶段：第一个阶段是周秦时期，这是唯物主义萌芽与成长的时期；第二个阶段是两汉时期，这是唯物主义与唯心主义进行激烈斗争的时期；第三个阶段是魏晋南北朝时期，这是唯物主义与唯心主义斗争复杂化的时期；第四个阶段是宋元明时期，这是唯物主义与唯心主义的发展达到高峰的时期。张岱年先生在另外一篇文章中指出，中国古典哲学在基本方向上是与世界别的国家的哲学一致的，都是以唯物主义与唯心主义的交互斗争、交互影响为主要内容。然而，在具体表现上，却不能不有其特殊的形式。他认为，在中国古典哲学中，许多基本概念都是唯物主义者与唯心主义者共同使用的；但是唯物主义者与唯心主义者却对之有不同的理解，对之采取了不同的看法。张岱年在文中对中国古代哲学的基本概念如气、太虚、天道、道、太极、理、神、体用、质用、本体、实体等进行了具体的分析，分析了唯物主义者和唯心主义者对哲学概念的不同使用。[2] 此文虽承认唯物、唯心斗争的前提，但其分析非常平实，没有唯物、唯心斗争

---

① 侯外庐：《中国哲学中的唯物主义传统》，《侯外庐集》，中国社会科学出版社 2001 年版，第 226 页。

② 张岱年：《中国古典哲学中若干基本概念的起源与演变》，《哲学研究》1957 年第 2 期。

的强烈色彩，是当时哲学史研究不多见的好文章。

另外，冯友兰《中国哲学史新编》、任继愈主编《中国哲学史》，亦主要研究中国哲学史上唯物主义与唯心主义、辩证法与形而上学的斗争与转化的规律。

马克思主义哲学认为，哲学的基本问题是研究思维和存在或精神和物质关系问题，在这个根本问题上的不同回答决定哲学家及其思想是唯物或是唯心。中国哲学中也有唯物、唯心之分，这是不成问题的。以唯物或唯心的特征去分析某些哲学家及其思想，也丰富了中国哲学史研究的内容。即便现在，我们也可以就这一问题来分析某些思想家的思想特征。但如果一切都以唯物、唯心的划分为标准，则使中国哲学史的研究失去了丰富的、独特的内涵，也使某些哲学家的思想变得面目全非。其实，并不是每个时代的哲学都体现为唯物、唯心之争。如宋明哲学的争论与斗争主要发生在同为唯心论的程朱、陆王之间，而不发生在唯物论和唯心论之间。

第二节　中国哲学研究的"两个对子"范式与相关论战

从 1950 年到 1966 年的 17 年，中国哲学史研究基本上确定了以唯物、唯心的斗争为主线，以社会存在决定社会意识的历史唯物论为方法论的原则。这一时期的大部分时间，思想界和哲学界中受极左思潮和教条主义的影响，中国哲学史的正常研究受到极大干扰。苏联日丹诺夫的哲学史定义，硬要给历史上的哲学家都戴上唯物主义或唯心主义的帽子。进一步，则硬要给历史上的哲学家都贴上进步或反动的政治标签。由此，"唯物 = 进步，唯心 = 反动"的"两个对子"范式主宰了中国哲学史的研究。稍有不同意见，则群起而攻之。然而，在中国古代哲学中，是否所谓的唯心主义哲学家都是反动的，其思想都是错误的？孔子、孟子、老子、庄子到底是唯物主义还是唯心主义？在政治上到底是进步还是反动？我们如何正确对待祖国的哲学遗产即传统的哲学思想？如此等等。在 1956 年下半年到 1957 年上半年不到一年的时间里，这些问题于《人民日报》、《光明日报》、《哲学研究》、《新建设》等报刊上进行了公开、集中的讨论。1957 年 1 月，在北京大学召开的中国哲学史会议是这次学术讨论的高潮。

一 关于"两个对子"范式的反思

1956 年 5 月 26 日，中共中央宣传部部长陆定一作题为"百花齐放，百家争鸣"的讲话。在此基础上，《哲学研究》编辑部组织"百家争鸣"笔谈，在 1956 年 6 月出版的该刊第 3 期上，贺麟与陈修斋联名发表了《为什么要有宣传唯心主义的自由》，文章指出只有让唯心主义也有宣传的自由，才能促进自由思想，使辩证唯物论内部的争论很好地展开，唯物主义本身也才能有迅速的发展。否则，就使得许多人顾虑重重，不敢发挥独立思考，不敢发表创新的意见，而只是斤斤计较于提法是否"经典"，论证是否有经典著作上的根据。这样要不陷入教条主义就很难了。另一方面也造成一种在评论和辩论上的简单化和粗暴的风气，往往把一种思想贴上一条唯心主义的标签，就以为问题已全部解决，不必再进行什么具体的细致深入的分析和批判了。文章大胆而尖锐地批评了当时哲学界过分强调唯物主义与唯心主义矛盾的斗争性的弊端，"在过去，由于片面狭隘地了解哲学的党性，和学术思想不能脱离政治，在哲学史工作的实践中，是几乎把历史上的唯心主义哲学家都当成政治上的敌人来处理的"。文章充分肯定了唯心主义哲学系统或观点的重要哲学价值，反对将其与政治上的反动打上等号，批评了对判定为唯心主义的哲学家的全盘否定态度。①

这篇文章切中了哲学研究的时弊：一是教条主义的倾向；二是唯物唯心斗争片面化的倾向。文章是对教条主义倾向与"两个对子"范式开出的第一枪，在当时可谓空谷足音！在此之后，《人民日报》、《光明日报》相继发表郑昕、冯友兰、任继愈、张岱年等的文章，对上述问题及中国哲学史研究的其他问题进行讨论。

此后，郑昕发表《开放唯心主义》一文，提出具体研究唯心主义的主张。他指出："过去的宣传品或课堂中对现代的唯心主义的批判都是用'一棍子打死'的办法，事实证明这样做，对我们并无好处。""为着最后战胜唯心主义，就要深入地研究唯心主义，就要做具体分析工作，不能以政治口号代替论证。"②

---

① 郭齐勇：《我国当代哲学史上的一桩公案》，《郭齐勇自选集》，广西师范大学出版社 1999 年版，第 280 页。

② 郑昕：《开放唯心主义》，《人民日报》1956 年 10 月 18 日。

在《关于中国哲学史研究的两个问题》一文中，冯友兰先首先承认这样的前提，即哲学是唯物主义思想在与唯心主义斗争过程中发展的历史，是辩证法思想在与形而上学的斗争中发展的历史，这种哲学史观是关于哲学史研究的正确的理论。他同时指出，我们不应该把唯物主义与唯心主义的斗争限制到自然观和认识论的范围之内。唯物主义与唯心主义的斗争是贯穿在人的整个的思想领域之内。在思想领域的各个部门，都有唯物主义与唯心主义的斗争。在历史发展过程中，时时刻刻都有唯物主义与唯心主义的斗争。不过这个斗争的集中表现，经常是围绕着某一时期生活中的最迫切的问题。这些问题不一定都是自然观和认识论方面的问题。这些问题在各时代或各民族的历史里，也不都是完全一致的。这是关于中国哲学史的范围和对象的问题。关于唯物、唯心斗争的范围，他说："哲学史是唯物主义与唯心主义斗争底历史，这是哲学史底一般性。这个斗争在各时代和各民族底哲学史里是围绕着不同的问题进行的，这是各时代各民族底哲学的特殊性。研究哲学史的工作，应该在特殊里显出一般。这样的一般才是有血有肉的具体真理。中国哲学史必须这样作，才可以显出它底丰富的内容和它底特点。"冯友兰先生以少有的直陈的方式批评哲学史研究中片面强调唯物、唯心斗争的问题，他指出："在这几年的工作中，我们总以为要说明斗争底情况，必先划出一个明确的阵线。在这阵线上，唯物主义与唯心主义'两军对垒'，沿着'为界'的黄河各自继承着各自底传统，各自发展，像两条平行线一样，为各自的阶级利益服务。""我们近年来的哲学史工作，就是把唯心主义看成是毫无意义的东西。""我们近年来的哲学史工作，大概用的是形而上学唯物主义的方法，把哲学史中的唯物主义与唯心主义底斗争，简单化、庸俗化了，使本来是内容丰富生动的哲学史变成贫乏、死板。"①在这里，我们看到了冯友兰先生关于中国哲学史研究的真实态度。

任继愈先生撰文指出，日丹诺夫的哲学史定义有不够全面的地方，如果仅仅把唯物主义和唯心主义的斗争当做哲学史研究的对象，会有三方面的缺点：第一，使人认为研究哲学史仅仅是唯物主义战胜唯心主义的历史，就会在社会历史观方面留下空白点，而使人偏重于自然观和认识论方面。第二，日丹诺夫没有充分指出哲学史的任务不仅在于阐明唯物主义战

---

① 冯友兰：《关于中国哲学史研究的两个问题》，《人民日报》1956 年 10 月 23 日。

胜唯心主义斗争的规律，而且也在于阐明辩证法战胜形而上学思想斗争的规律。第三，日丹诺夫的发言没有给哲学史上的唯心主义流派以应有的地位，使人认为唯心主义哲学流派的出现不过是简单地为剥削阶级服务。他说："唯心主义的哲学流派也有它的出现的历史必然性。唯心主义哲学学说的产生，一方面有它的阶级根源，另一方面也有它的认识论根源。"唯心主义"不是多余的，而是必要的"。①

在 1957 年 1 月 13 日、22 日的《人民日报》上，张岱年先生相继发表两篇文章谈关于唯物、唯心的问题。前文引用陆定一在"百花齐放，百家争鸣"报告中的话："在人民内部，不但有宣传唯物主义的自由，也有宣传唯心主义的自由。只要不是反革命分子，不管是宣传唯物主义或者是宣传唯心主义，都是有自由的。"他在文中主要谈三个问题，重点则落在第二个问题上：关于哲学理论斗争的规律与特点，即关于如何评价唯心主义的问题。张岱年先生指出："唯心主义不仅有阶级的根源，而且还有认识论的根源。在阶级消灭之后，唯心主义仍然会存在。在社会主义社会中，哲学领域内仍然是唯物主义与唯心主义斗争的局面。"他主张唯心主义的公开化，"唯心主义公开化，就更便利于思想的活跃，更便利于理论水平的提高。"关于唯心主义在哲学史中的作用问题，他说："唯心主义在哲学史上是否仅仅起消极有害的作用呢？事实上不是那样。唯心主义也有它的助长思想发展的一面。它看到了许多唯物主义者所忽略的事实，它看到了许多不易解释的现象，它更注意到许多不易解决的困难问题。例如，主体有能动作用这种事实，常为过去的唯物主义者所忽视，而唯心主义者却观察到了。""但是，唯心主义者曲解了所看到的事实，过分夸大了困难的问题，于是就陷入于错误之中。然而，他所提出的问题还是需要加以研究的。所以唯心主义的思想学说可能有助于唯物主义理论的丰富与提高。"关于唯心主义与唯物主义的斗争，关于哲学理论斗争的形式，他说："哲学理论斗争不是简单的运用强烈的斗争，而是一种细致的深入的通过理论分析的斗争。一笔抹煞的办法实际上是不能达到解决思想问题的效果的。近几年来对于唯心主义的批判，往往有简单化的毛病。有时给错误的思想扣上一顶唯心主义帽子，就以为解决了问题。……对于唯心主义的许多论点，是必须加以仔细分析的，必须加以有力的论证，加以明锐的辩

---

① 任继愈：《试论中国哲学史的对象和范围》，《光明日报》1957 年 1 月 11 日。

驳。……总之，容许唯心主义有宣传的自由，不仅无伤于唯物主义的威信，反而可以促进唯物主义的繁荣。""在社会主义建成之后，哲学领域内的百家争鸣，绝不仅是唯物主义与唯心主义之间的争鸣，而更重要的是唯物主义阵营内部的不同学派之间的争鸣。"①这样的观点与前述贺麟、陈修斋先生的主张不谋而合，都是关于哲学史研究的客观认识。

在《关于中国唯物主义思想的几个问题》一文中，张岱年在朱伯崑、冯友兰的文章基础上，继续探讨"中国唯物主义思想"的问题，他认为："在历史上，唯物主义与唯心主义是相互批评相互攻击的，但在另一方面却也相互影响相互渗透。……在中国历史上，唯物主义与唯心主义的斗争过程中，有两点显著的现象值得注意的。第一点是，唯物主义的胜利往往使唯心主义改变形态，而唯心主义的新形态的出现又对唯物主义提出了新的问题。这就是两者的相互作用。第二点是，唯物主义与唯心主义在发展过程中更往往有交相渗透交相推移的情况。"他具体谈到中国哲学史的例子，从北宋到明清之际的哲学发展过程中，有两次重要的转变。一次是从周敦颐与张载到二程，这是从唯物主义到唯心主义的转折。又一次是从晚明心学的盛行到清初唯物主义的主张，这是从唯心主义到唯物主义的转折。在这两次转变过程中都有唯物主义与唯心主义交互渗透的情形。张岱年在谈到"中国传统的唯物主义思想是否限于宇宙观与认识论的范围之内"的问题时说："我们应该承认，在过去的历史观与伦理学说中也有唯物主义的萌芽。……而在后者的范围内，唯物主义的观念不免是片断的不成体系的，而且往往与唯心主义观念夹杂在一起。"②他的意思是，历史观与伦理学说也有正确的地方，中国传统哲学中，很多思想是有存在价值的，即使是唯心主义也有值得研究的东西。

回过头来，我们注意到，在 1956 年 10 月 14 日的《人民日报》上，朱伯崑先生所发表的《我们在中国哲学史研究中所遇到的一些问题》一文，该文基本涵括了北京大学中国哲学史座谈会讨论的问题与范围。此文既是关于北京大学中国哲学史教研室几年来的教学研究经验的总结，又突出了当时学术界关注的热点，是对"两个对子"范式的全面反思。在唯物和唯心的界限问题上，朱伯崑认为，分析一个哲学家的思想总要指出在哲

---

① 张岱年：《如何对待唯心主义》，《人民日报》1957 年 1 月 13 日。
② 张岱年：《关于中国唯物主义思想的几个问题》，《人民日报》1957 年 1 月 22 日。

学基本问题上是属于唯物主义还是唯心主义的阵营，但做起来并不那么简单。"有的哲学家的思想，既有唯物主义的成分，又有唯心主义的成分，二者很难说哪一方面是基本的。"在阶级分析问题上，他指出，按照一般的说法，唯心主义总是代表历史上反动和没落阶级的利益，而唯物主义总是代表历史上进步的阶级的利益。但这个问题也不是那么简单。有人曾经认为在中国的封建社会中，农民是被剥削的阶级，因此反映农民的哲学观点，应该是唯物主义的。但实际上并不然。例如，太平天国的革命思想家相信上帝，总不能说，他们在世界观上是唯物主义者，又如老子、庄子，等等。如果说，这些问题只是例外，但历史上这种例外太多了，原则也就成问题了。在对唯心主义的评价的问题上，朱伯崑指出，我们有些同志，尤其一些年轻的同志，曾经对历史上的唯心主义者采取了全盘否定的态度。即使其中有些好的东西，也不愿讲。并且对唯心主义哲学的分析过于简单化，认为只要指明他是个唯心主义者，是为反动阶级服务的，目的就达到了。而且为了加强哲学史的党性原则，在讲授中往往把唯心主义者臭骂一顿，以为就算完成任务了。显然，这种对待唯心主义的方式，不能满足目前的要求了。

以上文章与讨论，集中表达了在1956年下半年相对宽松的氛围中哲学界对哲学史研究中唯物、唯心问题的反思，也成为1957年1月北京大学中国哲学史会议的主题。

二 北京大学"中国哲学史会议"的激烈交锋

1957年1月22日至26日在北京大学哲学系举行的"中国哲学史座谈会"，是我国当代哲学史上一次绝无仅有、颇具深意的盛会。这是1952年院系调整后，在北京大学哲学系召开的一次学术盛会。参加会议的学者除来自北京大学外，还有来自新成立的中国人民大学哲学系、中央高级党校的学者以及中国科学院哲学研究所等单位的学者。1957年1月29日，《光明日报》以"北京大学哲学系召开一百多人的座谈会热烈讨论中国哲学史的若干问题"为题，报道了这次会议。据报道，参加这次讨论的哲学工作者、历史工作者共一百多人，在会上发言的有三十多人。其中很多都是从事哲学历史研究工作三四十年的老专家。会上，对每一个争论的问题都没有作出结论。会议自始至终充满着的自由争辩的空气，充分体现了学术上"百家争鸣"的方针。现在看来，这次会议是在"双百"方针贯彻后，中国哲学界唯一一次集中对哲学界唯苏联专家之马首是瞻、奉斯大林—日丹诺夫教条主义为圭臬的抗议。可以说，在 1949 年至 1978 年间，这种自由争辩、自由讨论的空气是不曾有过的奇观。

（一）关于唯物主义与唯心主义斗争问题的争论

会上讨论得最热烈的是关于哲学史上唯物主义与唯心主义斗争的问题。一方以贺麟、陈修斋为代表，一方以关锋为代表。贺麟说，日丹诺夫把哲学史定义为唯物主义与唯心主义斗争的历史，这是研究哲学史必须掌握的原则。他认为，哲学史不是单纯的唯物论继承唯物论、唯心论继承唯心论。唯物论者与唯心论者的关系也不就是革命与反革命的关系，有时可以说是师生朋友的关系；不是红与白的关系，有时是"青出于蓝而胜于蓝"的关系。在贺麟发言的基础上，陈修斋指出，人类历史上出现唯心论并不是偶然的，不是可有可无的。说唯心论是历史上必要的，并不等于说它是正确的。它比起唯物论来，当然总的说来是错误。但他认为，虽然是错误，如果没有这个阶段，唯物论不可能一步步提高。因此，它是唯物论发展过程中一个必要的环节。作为唯心论，在人类思想发展上有它的贡献。[1]

关锋认为：拿唯物主义者同唯心主义者做朋友的事实来掩盖唯物主义与唯心主义的敌对性和他们斗争的尖锐性，也是错误的。关锋也不否认唯物主义与唯心主义有互相影响渗透的关系。但他认为"所有这些都不排斥它们之间尖锐的斗争"。[2] 会后，在 1957 年 2 月 1 日的《人民日报》上，关锋发表《关于哲学史上的唯物主义和唯心主义的斗争问题》长文。关锋针对冯友兰《关于中国哲学史研究的两个问题》以及贺麟《对于哲学史研究中两个争论问题的意见》（主要针对贺先生在讨论会上的发言）二文，以整版篇幅作长篇大论，并开始了对不同意见的"打棍子"，"唯物主义和唯心主义在根本原则上是完全相反的，它们之间的斗争是'你死我活''我立你倒'，没有妥协的余地"。"贺先生在座谈会上还说'不能认为唯物主义绝对正确，唯心主义绝对错误。'这种说法只能混淆唯物主义跟唯心主义、正确跟错误的界限。"

---

① 《北京大学哲学系召开一百多人的座谈会热烈讨论中国哲学史的若干问题》，《光明日报》1957 年 1 月 29 日。

② 同上。

会后，贺麟先生与陈修斋先生也陆续发表文章，捍卫自己的观点。陈修斋先生尤其因此招致打击报复。① 1957 年 5 月召开的关于"研究中国哲学史的方法论"座谈会上，贺麟先生认为"唯物主义同唯心主义斗争的绝对性"，是一个"不见经传的教条"。他说："唯物主义同唯心主义的斗争并不是对抗性的，它是学者对学者的学术争论。"他认为唯心主义同唯物主义的斗争，在师生朋友间进行，才真正尖锐，如没有友谊作为基础，则会一笑置之。② 哲学家的豁达、坦然及对真理的执著追求，跃然可见。

（二）关于继承哲学遗产的问题

如何继承祖国的哲学遗产，也是这次讨论会的重要议题之一。特别是关于继承遗产的标准问题及中国哲学的特点问题，引起很大的注意。在此前的《中国哲学遗产的继承问题》文中，冯友兰提出要注意中国哲学史中哲学命题的两方面意义：一是抽象的意义，二是具体的意义。从具体的意义上看，中国哲学中很多命题没有什么可以继承的；就其抽象意义说，则有进步作用，是可以继承的。如中国哲学史的丰富材料中，有很大一部分是讲修养方法和待人处世的方法。这些思想按其具体意义说，都是封建社会的东西，没有什么可以继承的。但按其抽象意义说，大部分还是可以继承的。③ 在座谈会上，冯友兰继续阐述了自己这方面的观点。冯友兰先生是在当时全面批判、诋毁、抛弃传统哲学的氛围中，为保持、延续中国哲学的命脉，不得已而求其次，提出这样一个思路：在以所谓不是唯物就是唯心、不是进步就是反动、不是统治阶级就是被统治阶级的武断的二分法和单维价值判定的铁律下，能不能略有松动，即退后一步，承认孔孟老庄、程朱陆王等先贤显圣所论述的命题、观点在具体时空条件下的具体意义或有所谓"维护封建统治秩序"的一面，是不是还应当看到他们却具有超越具体时空的抽象意义与价值的一面呢？④ 冯友兰先生的苦心孤诣不但不为人所理解，反而被关锋等人冠之以"抽象继承法"，会上与会后都遭到了不同程度的批判。

---

① 郭齐勇：《我国当代哲学史上的一桩公案》，《郭齐勇自选集》，广西师范大学出版社 1999 年版，第 280—288 页。

② 《人民日报》1957 年 5 月 14 日。

③ 《光明日报》1957 年 1 月 8 日。

④ 郭齐勇：《我国当代哲学史上的一桩公案》，《郭齐勇自选集》，广西师范大学出版社 1999 年版，第 280 页。

艾思奇在这个问题上作最后发言。他首先强调了研究中国哲学史必须运用马克思主义的一般原理同中国实际情况相结合的方法。他认为，哲学史是唯物主义发生发展的历史，因此对于哲学遗产肯定什么、否定什么，主要看它是不是辩证法和唯物主义。区别遗产中的精华与糟粕，只要以它是不是辩证法和唯物主义为标准就可以了，不必再绕别的什么弯子。①

关于中国哲学遗产继承问题的讨论并没有结束。据《人民日报》报道，1957 年 5 月 11 日，哲学史家聚会于北京大学临湖轩，座谈研究中国哲学史的方法论，继续探讨了关于哲学史的继承问题。5 月 14 日，会议第三天，在遗产继承问题上尖锐交锋，李日华和杨宪邦都不同意冯友兰关于抽象意义可以继承的论点。

哲学史会议之后，到该年的 5—6 月间，报纸杂志上尚能见到学者观点的相对自由的表达，大家对会议所涉及的问题进行进一步的讨论。1957 年夏季，政治上反对"修正主义"的斗争扩大到思想领域，关锋等人的学术批判大大升级，以政治批判代替了学术批评，以"打棍子"代替了说理。关氏 1958 年 8 月由人民出版社出版的《反对哲学史方法论上的修正主义》一书，全面清算了中国哲学史座谈会的所谓"错误"，对贺麟、冯友兰、陈修斋、任继愈、张岱年等众多哲学家进行了全面的批判。如果说哲学史会议前后的学术讨论还算自由和宽松的话，在这个急风暴雨的夏季之后，中国哲学史研究再度陷入低谷。虽然 60 年代初期有过短暂复苏，但中国哲学史研究的"两个对子"范式日益巩固，教条化与政治化倾向愈演愈烈，学术界呈现出"万马齐喑"的萧条景象。

第三节　中国哲学研究之初步的学术成就

在马克思主义哲学的指导下，中国哲学研究在"十七年"时期取得了一定的学术成就。一方面，侯外庐等主编的《中国思想通史》、任继愈主编的《中国哲学史》以及冯友兰的《中国哲学史新编》等是中国哲学史研究学术著作的代表；另一方面，尤其在 1961—1963 年的几年间，学术界关于孔子、老子、庄子、王夫之等古典哲学的研究和讨论非常热烈，也取得了很多学术成果，是学术回暖的表现。以任继愈为代表的有关佛学的研

---

① 《光明日报》1957 年 1 月 29 日。

究，也是非常重要的成果。对于这些成就，今天应予以足够的重视和客观的评价。

一　中国哲学研究的代表性学术著作

（一）侯外庐等主编《中国思想通史》的方法论创获

此一时期，对于中国古代思想、哲学研究作出突出贡献和具有重要影响的著作是侯外庐等主编的《中国思想通史》。此书共五卷六册。该书第一卷1949年前由新知书店初版，1957年人民出版社再版；第二、三卷1950年由三联书店初版，1957年人民出版社再版；第四卷上、下两册，1959年由人民出版社出版；第五卷1956年出版。

该书的方法论特征是：第一，该书重视对哲学思想产生的社会根源的研究。侯外庐等主编的《中国思想通史》的研究方法，首先采用的是历史唯物论的方法，即强调社会意识必须由社会存在来说明。《中国思想通史》最突出的特色，同时也是对中国学术界产生最大影响的，就是注重思想史与社会史的关联。在侯外庐等人看来，思想史应以社会史为基础，即把思想家及其思想放在一定的历史范围内进行分析研究。为此，编者在论述每一阶段的思想前，都要用很大篇幅深入论述该阶段的社会背景，探讨某一思想或思想流派产生的社会根源。例如，在该书第四卷，编者用107页的篇幅论述了《中国封建社会的发展及其由前期向后期转变的特征》，作为这一卷所论哲学家思想发展的社会背景。具体方面，作者在论述每一流派的思想时，都从产生这一流派思想的根源切入论述，如论隋唐佛学，先述隋唐佛学的宗派源流和社会根源；论华严宗先剖析华严宗"理事"说的历史根源和社会根源；论宋代道学，先论北宋道学产生的社会根源；论关学与张载哲学，先论张载哲学形成的社会根源；论17世纪的启蒙思想，先论17世纪的中国社会及阶级关系；等等。第二，该书重视哲学史上唯物论的传统以及唯物、唯心的斗争。在第一卷序言里，编者即指出，这部著作的编写，一方面在很大的范围内是属于开荒的工作，特别是对唯物主义的优良传统，应给予足够的注意，另一方面在不少的论题中必须对过去的唯心主义研究给予批判。在这一原则指导下，此书论墨详于论孔；论荀超过论孟；论范缜及其以前的无神论，又超过论佛玄的合流；论王安石详于北宋道学；等等。而且，在每个时代的论述中，作者都大力宣扬唯物主义对唯心主义进行的批判斗争。第三，该书重视对非正统思想家的论述。

《中国思想通史》超越了古代所谓"道统"、"正宗"的观念，挖掘出一系列"异端"或非正宗的思想家及其学说，并确定其适当的历史地位。如在《中国思想通史》第二、三卷中，作者把王充、王符、仲长统、范缜等"异端"思想家列入思想史；在该书第四卷中，作者把一般不受重视的思想家，如吕才、刘知几、刘禹锡、柳宗元、王安石、黄震、邓牧、何心隐、吕坤、汤显祖、方以智等列入思想史序列。这些思想家中，有的是第一次被确认其在思想史上的地位，如柳宗元；有的是第一次被介绍出来与读者见面，如方以智。在此以前，方以智在思想界被湮没近两个世纪。[①]尤其在第五卷中，作者对中国近世启蒙思想的先驱王夫之、黄宗羲等人颇多公允之论。

《中国思想通史》是侯外庐等思想家用马克思主义的方法研究中国思想史的一部影响深远的著作。虽然该书具有体系过于庞大、论述过于分散而冲淡了重点等不足之处，该书的许多学术观点也有需要进一步讨论的地方，但这些都不足以影响该书在当代中国哲学史研究，特别是在"十七年"研究中的重要地位。

（二）任继愈主编《中国哲学史》的影响

除侯外庐等主编的《中国思想通史》外，产生广泛影响的还有任继愈主编、十多位学者合撰的《中国哲学史》（共4册）。此书第1、2、3册，1963—1964年由人民出版社出版，第4册，"文化大革命"期间中断，1973年开始编写。该书全4册1979年由人民出版社出版。任继愈主编的《中国哲学史》，广泛地汇集了大家的研究心得，反映了60年代中国哲学史研究在当时所达到的水平。就哲学史研究方法而言，此书与《中国思想通史》差别不大，但由于篇幅较短，又被各个大学哲学系作为中国哲学史的教材使用，它的社会影响比《中国思想通史》还要广泛。

任继愈主编的《中国哲学史》以唯物主义和唯心主义、辩证法和形而上学的斗争为主线贯穿整个哲学史研究，重视阶级斗争对哲学思想的影响等，使该书具有教条主义和政治化倾向。但细读该书，我们发现，透过"唯物唯心"及"进步反动"的框框，该书作者对于中国古代思想家及其哲学思想的分析有颇多可取之处：首先，该书对于古代哲学家如孔子、墨子、孟子、庄子、荀子等思想的提炼是较为集中和有代表性的；其次，该

① 参见龚杰《论侯外庐学派的代表作〈中国思想通史〉》，《西北大学学报》1989年第1期。

书对于古代哲学的思想材料的引用很全面，分析也较为细致；再次，虽然该书对于古代哲学中的唯心主义进行了总体的批判，但作者也在某些具体方面给予古代思想家以恰当的评价，如说孔子"在文化事业上为中国人民立下了不可磨灭的功绩"；[①] 如认为庄子"从认识的主观能力、对象、是非标准各方面提出了问题，深刻的程度超过了以前和同时代的哲学家"，"庄子对中国哲学史上的认识论有促进的意义"；[②] 等等。虽然，以今日眼光看来，该书存在许多不足之处，但我们不能苛责前辈学者。平心而论，任继愈先生在 1957 年亦明确主张反对日丹诺夫的哲学史定义，而在之后教条主义肆虐和政治高压之下，任继愈等前辈学者只能通过这样的方式使中国哲学史的研究能够继续下去。

（三）冯友兰《中国哲学史新编》的特征

冯友兰《中国哲学史新编》1962 年由人民出版社出版，1964 年修订再版，在哲学界亦引起较大反响。该书是作者对其旧作《中国哲学史》（上、下册）的改造，是以马克思列宁主义为指导重写中国哲学史的一种尝试。冯著《中国哲学史新编》有以下特点：第一，运用历史与逻辑相统一的方法。冯友兰无论是分析唯物主义的形成和发展，还是分析唯心主义的形成和发展，总是把它们放在一定的时代背景下，使人们容易把握住哲学思想发展的脉络。第二，以哲学基本问题为指导，梳理中国哲学史上唯物主义和唯心主义、辩证法和形而上学斗争、统一和转化的规律。第三，力求突出重点又照顾全面。对哲学史材料的取材和详略原则是：对哲学史上有代表性的、成体系的哲学家的思想多讲，没有代表性的、不成体系的哲学家的思想少讲；在历史上有创新的哲学家的思想多讲，无创新的哲学家的思想少讲；唯物主义哲学家的思想要多讲，但唯心主义哲学家的思想也不能少讲；历史上哲学家的阶级立场和他的哲学的社会作用要多讲，但他们对于当时哲学问题的解决和辩论，即他们的理论思维也不能少讲，等等。

二　20 世纪 60 年代初孔子、老子、庄子、王夫之及佛学研究的展开

（一）关于孔子思想研究

1951—1959 年，主要讨论孔子的立场、孔子的阶级属性、孔子思想的

---

① 任继愈主编：《中国哲学史》第 1 册，人民出版社 1963 年版，第 84 页。
② 同上书，第 162 页。

评价等，争论的主要问题是孔子的哲学思想是唯心的还是唯物的，其思想是代表没落的奴隶主阶级还是代表新兴的地主阶级等。1960年后对孔子的讨论深入而热烈，1961年各主要报纸杂志发表50余篇文章；1962年发表120篇左右。许多省、市及大学都召开了孔子思想讨论会，讨论的问题范围非常广泛。1962年11月6—12日，山东省历史学会、山东省历史研究所主办的孔子学术讨论会在济南举行，到会的有16个省、市的哲学和史学工作者。会议讨论了孔子思想评价和方法论问题。这次会议影响深远，是20世纪60年代初孔子思想研究的集中反映。60年代初的孔子研究，一定程度上说是较为客观的，对孔子思想的认识也有了深入发展。如冯友兰发表《再论孔子》一文，以长达20页的篇幅表达了作者对孔子研究的基本观点，如认为，孔子所讲的"爱人"和"忠恕之道"，在人与人的关系上是一个很大的进步。这表示，孔子认为人与人之间，从一定角度看，有一定程度的平等的关系；在"仁"的这个意义下，"仁"要求人以人的资格，承认于"己"之外，还有与"己"相对的别人。它要求人互相承认对方有独立的意志，在一定的程度上有与自己相同的人格。孔子在有些话里明确地承认人有独立的意志；这样的平等是抽象的，也是空洞的，但其中也有双方相互尊重的意义。孔子说："君使臣以礼，臣事君以忠。"这是君与臣之间的双方相互的要求。又说："惠则得众；信则人任焉。"这是统治者与劳动人民之间的双方相互要求。冯友兰又提出，在孔子的哲学体系中，"仁"不只是一种道德，而且也是一种世界观。① 冯友兰的上述观点，即使在今日看来仍是客观的、深入的和极具当代意义的。

（二）关于老子思想的研究

老子是中国哲学史上的重要思想家。从1957年到1962年，学者们对老子的研究进一步开展。各主要报刊发表老子研究论文几十篇，主要讨论了以下问题：第一，关于老子其书其人的问题。以任继愈为代表的一派在郭沫若、唐兰等历史学者考证的基础上，认为老子是春秋时代的人，就是孔子向其问礼的那个老子。《老子》一书产生于春秋时代。以冯友兰为代表的一派意见认为，《老子》一书出现的年代，是战国中期或者稍后。关于此问题，两派观点由于占有资料不同尤其是对历史资料的分析不同，观点也就不同。但对此问题的讨论是中国哲学学术史研究的重要问题，对其

---

① 冯友兰：《再论孔子》，《北京大学学报》1962年第4期。

后的中国哲学史研究产生重要影响。1973 年马王堆帛书《老子》的出土，以及 1994 年郭店竹简《老子》的发现，使此问题渐趋明朗。第二，关于老子哲学思想的性质问题。大家在老子哲学具有朴素辩证法思想这点上看法比较一致，但在老子哲学是唯物主义还是唯心主义的问题上则产生根本分歧，有两种对立的观点。范文澜、任继愈、冯友兰、汤一介等人认为，老子哲学中虽然存在某些唯心主义因素，但在本质上或基本上是唯物主义的。另一派观点则认为老子哲学是唯心主义的，如吕振羽、杨荣国等人认为老子哲学是彻底的唯心主义；如侯外庐等人认为老子哲学上半截是唯心主义，下半截是唯物主义，但根本上是唯心主义。第三，关于老子思想的阶级实质。一派认为，老子哲学部分地代表了农民和小私有者的要求；另一派观点则认为，老子是站在没落贵族的立场说话的，是没落贵族的意识形态。后两点研究，虽然带有时代的烙印，但也使老子的研究走向深入，使人们对老子及其思想有了全面的思考。

（三）关于庄子哲学的研究

1957—1961 年，中国哲学界对庄子哲学进行了热烈讨论。关于庄子的讨论，主要以冯友兰、任继愈、关锋三人为代表。冯友兰有《论庄子》、《再论庄子》、《三论庄子》的系列论文。任继愈则有"庄子探源"系列之一至五；关锋亦有相关论文发表。1961 年初，三人关于庄子哲学进行了公开的争论，《哲学研究》编辑部于是年 4 月 8 日在北京召开了庄子讨论会，北京大学哲学系也展开了关于庄子哲学的热烈讨论。任继愈的庄子研究最值得注意：首先，任继愈先生推翻传统旧说，提出《庄子》内七篇绝不是庄周的思想，而是"后期庄学"的思想；其次，关于庄子哲学的唯物、唯心性质，任继愈从"宇宙的形成和起源"、"认识论"、"时空观"、"生命的起源与养生"等方面论证庄子哲学是唯物主义的，是唯物主义的老子的直接继承者和发扬者；关于庄子哲学是辩证法还是相对主义的问题，任继愈认为庄子哲学是关于事物运动变化的辩证法思想，认为事物的发展有它的对立面，并向着它的对立面转化，这是对老子辩证思想的"有所继承，有所发展"。[1] 关于第一方面，冯友兰等不同意任继愈的观点，他认为研究庄子哲学应以《逍遥游》、《齐物论》为主要资料。关于第二方面，冯友

---

[1] 任继愈：《庄子探源之一》，《中国哲学史论》，上海人民出版社 1981 年版。原载《哲学研究》1961 年第 2 期。

兰、关锋等则认为庄子哲学是主观唯心主义；关于第三方面，冯友兰等人认为庄子哲学是相对主义而不是辩证法。

（四）关于王夫之哲学的研究

1961 年 11 月 18—27 日，在李达、谢华的推动下，湖南、湖北两省哲学社会科学学会在长沙联合举行了"纪念王船山逝世二百七十周年学术讨论会"，北京、上海、广州、河南等省市的少数知名学者也应邀参加，李达致开幕词。会议对王船山的哲学思想、历史观、社会经济与政治思想、诗论与著述等问题展开了讨论。

冯友兰、侯外庐、任继愈、朱伯崑、关锋、萧萐父、唐明邦、张岂之、谭双泉等就王夫之的哲学思想及哲学性著作，对其在思想史上的地位给予了很高的评价。研究者者认为，王船山哲学在总结和改造程朱理学的基础上，达到了中国旧唯物主义的高峰。如冯友兰认为，王夫之是在明清之际复杂的社会矛盾的情况下出现的"中国哲学史中一个最大的唯物主义哲学家"，认为王夫之的"诚"即是哲学的最高范畴——客观实在。① 即便认为王夫之是没有超出程朱的圈子且批判程朱也不成功的学者，也得承认他是杰出的唯物主义者。同时，多数学者亦肯定了王夫之哲学的辩证法的内涵，以及在历史观方面"力图将朴素的辩证法思想和唯物主义观点结合起来，用以说明人类历史问题"的贡献。这次会议及同期的研究，使中国封建社会后期的思想家王夫之的思想地位受到很大重视，亦为后期的研究奠定了基础。

萧萐父先生在会上提交了两篇论文：《王夫之哲学思想初探》、《浅论王夫之的历史哲学》。萧先生把王船山哲学纳入明清之际这一特殊的历史背景中加以考察，从本体学说、认知理论和历史哲学诸层面解析王船山哲学体系，认定其为时代矛盾的一面镜子，具多层面的多重性。论文既充分肯定王船山哲学所具备的划时代的理论成就及其所体现的"新的突破旧的"的启蒙思想特质，又深刻揭示了王船山哲学的理论局限及思维教训。自此以后，萧萐父以船山学专家名世。唐明邦先生在会上也提交了两篇论文：《〈周易外传〉的若干辩证法思想》与《王船山史迹访问记》，极有价值。

讨论王船山历史理论与历史观的还有姚薇元、嵇文甫、吴泽等；讨论

---

① 冯友兰：《王夫之的唯物主义哲学和辩证法思想》，《北京大学学报》1961 年第 3 期。

王船山经济、政治思想的，还有彭雨新、易曼辉、刘先枚、龚鹏九、嵇文甫等；讨论王船山诗赋的有席鲁思、陈友琴等；讨论王船山著述的有周调阳等。中华书局于1965年出版了会议论文集《王船山学术讨论集》（全二册）。

（五）任继愈对汉唐佛教哲学的研究

这一时期，除汤用彤、吕澂等人进行的佛教思想研究外，任继愈先生的佛教研究取得了重大的成就，受到普遍的重视。20世纪50年代末60年代初，任继愈先生即开始系统讲授佛教思想，并产生广泛影响。《光明日报》和《北京大学学报》曾报道和刊发该活动的消息。此外，任继愈先生系统研究佛教哲学，撰写了一大批论文，如《汉唐时期佛教哲学思想在中国的传播和发展》、《天台宗哲学思想略论》、《法相宗哲学思想略论》、《华严宗哲学思想略论》，等等。这些论文反映了任继愈佛教哲学研究的成就，并于1963年由三联书店结集出版，书名为《汉—唐中国佛教思想论集》。这些研究亦为其《中国佛教史》的撰写奠定了基础。

总之，这一阶段有关中国哲学通史与个案的研究，尽管不免受到唯物主义、唯心主义的绝对二分和以阶级分析代替理论分析的影响，但应当看到，在艰难曲折中，还是取得了一些成就，这尤其体现在两方面：第一，发掘了过去在正统思想影响下不被重视的思潮与人物；第二，对儒释道代表人物的分析，尽可能争取学术性的话语权。

第三章　中国哲学研究的转型

（1978—2009）

第一节　思想解放与研究范式转移

中国哲学作为一个在经学传统崩解之后依照西方近代学科体系建立起来的现代学术门类，在其近百年的演进历程中，虽然经历了众多的波折，但也逐渐走向成熟，出现了不少经典性的作品，形成了一个需要我们不断加以继承和转化的新的思想传统。20 世纪 70 年代末以来，伴随着思想的解放和社会的巨大变革，中国哲学研究进入了一个发展的黄金时期，取得了令人瞩目的成就。无论是从论著的数量还是研究的品质来看，这一时期都要远远超过 20 世纪后半叶的第一个 30 年（1949—1978），然而中国哲学在当前也面临着一些根本性的挑战，于世纪之交所引发的中国哲学合法性及范式重建问题的讨论，至今仍是最热门的学术话题之一。中国哲学研究的对象、方法、范式与学科定位等方面的不确定性，以及世界范围内的哲学危机，使得中国哲学的研究不得不面对比以往更大的困难。对这一时期的中国哲学研究加以认真地梳理和总结，无疑可以引发我们更多的思考，使我们更为积极地、建设性地面对中国哲学的未来走向。

为了论述的方便，我们基本上可以将这一时期划分为三个主要阶段：20 世纪 80 年代、20 世纪 90 年代以及 21 世纪初至今。当然各阶段之间并不是完全割裂的，相互之间存在一定的关联，甚至有相互交叉的情况。与特定时代的思想潮流相关联，每一阶段都有其相对集中的讨论热点和研究"范式"。

20 世纪 70 年代末真理标准问题的大讨论所引发的思想解放的大潮，成为这一时期中国哲学研究的一个大的思想背景。1979 年在山西太原举行的"中国哲学史方法论问题讨论会"，即是中国哲学进入这一新时期的一个标志。这次会议以方法论的反省为契机，将哲学以及哲学史的观念从教条主义模式中解放出来。受苏联日丹诺夫关于哲学史定义的影响，学界长期以唯物主义与唯心主义、形而上学与辩证法"两军对阵"的教条主义模式作为诠释中国哲学史的唯一框架。在"文化大革命"期间，这一解释框架与"评法批儒"相对应，而整个中国哲学史被解释为儒法斗争的历史。这一完全政治化的研究模式很难真正反映中国哲学的真实面貌，遭到学界极大的不满和质疑。1957年在北京大学召开的"中国哲学史问题座谈会"上，老一辈的学者如冯友兰、任继愈等即提出过批评性的意见，但这些反对意见都被打成"修正主义"。太原会议对上述研究范式的弊端进行了深入的批评，集中讨论了哲学史的定义、对象、范围，唯心主义的评价等问题，普遍接受了列宁关于哲学史就是认识史的哲学史观，讨论的成果反映在会后出版的《中国哲学史方法论讨论集》、《中国哲学史论》两本论文集中。此次会议以后，学界逐渐从"两军对战"的模式和政治话语中摆脱出来，并根据"历史与逻辑相统一"的原则，用"螺旋结构"、"圆圈论"等范式来重新架构中国哲学史，在研究中更加注意史料以及学术源流的梳理，注意各概念、命题的意涵以及哲学史发展的内在逻辑脉络的揭示和阐发。整个80年代的中国哲学研究基本上都是在这一框架下进行的，其中最重要的代表性成果则是冯契的《中国古代哲学的逻辑发展》及萧萐父、李锦全主编的《中国哲学史》。

作为哲学史就是认识史这一哲学史观的逻辑结果，范畴研究成为这一时期最为重要的研究方法。"科学的哲学史研究，应当揭示人类哲学认识的矛盾发展的逻辑进程。这个逻辑进程，集中地体现在哲学范畴的产生、发展和演变之中。"① 以唯物辩证法的逻辑体系原则研究中国哲学史，范畴也就成为研究的重心和关键所在。1983年在西安举行了专门的"中国哲学范畴讨论会"，会后出版有论文集《中国哲学范畴集》，张岱年《中国哲学大纲》也恰是在这一时期出版并产生重大影响的。此外，方克立、张立文、蒙培元、葛荣晋等学者在范畴研究方面也都取得了重要的成果。中国哲学范畴的一般特性，如历史性、复杂性、融贯性等，以及各主要范畴，如天、道、理、气、性、情、命等，都得到了极为深入的研究，这些研究

---

① 萧萐父：《用历史和逻辑相统一的方法研究中国哲学范畴》，《中国哲学范畴集》，人民出版社1985年版，第423—424页。

在很大程度上已经开始触及中国哲学的深层意涵。范畴研究较之以前的研究范式具有一种更为"客观"、"平情"的态度,虽然在本真地揭示中国哲学这一特有智慧形态方面仍有其局限,但对冲破此前僵化的、教条主义的研究范式,将中国哲学研究从政治化的现状中解放出来,走上学术化的道路,无疑起到了关键性的作用,这一研究范式及其所取得的重要成果,即便是在今天的中国哲学研究中仍然发挥着重要的作用。

对哲学史即是认识史的理论定位,以及方法上对范畴与逻辑体系研究的强调,使得哲学史研究对象的范围需要重新加以澄清,以解决中国哲学史与思想史的关系问题。1983 年举办的全国中国思想史学术讨论会的重要议题之一就是哲学史与思想史的关系问题。这一讨论可以看做是中国哲学史学科自我认识的进一步深入,是对哲学观及哲学史观重新界定的必然结果。这样,哲学被进一步限定为对自然、社会、人类思维的最一般规律的认识,而哲学史作为认识发展史就是要揭示历史上哲学思维发展的内在逻辑必然性,本质上也就是对各概念范畴及其发展演变、各哲学家概念范畴体系及其逻辑结构的分析。① 而思想史更侧重于分析社会思想意识与政治、经济、文化等状况之间的相互关系;除了哲学思想之外,思想史研究还应包括政治思想、经济思想、法律思想、军事思想、教育思想等等,因而范围比哲学史要宽。② 这实际上是对哲学史研究的一种"净化"或"纯化",是对哲学史方法论问题的讨论的深化。20 世纪 80 年代初期的相关讨论无疑可以看做是思想解放之后,中国哲学从性质、方法、对象、范围等方面对自身所作的一次全面反思,为此后中国哲学研究走上学术化的轨道奠定了关键性的一步。

发端于 20 世纪 80 年代中期的"文化大讨论"则是这一阶段的另一重大思想背景,讨论的中心是传统文化与现代化的关系问题,主潮是启蒙理性,学界一般将其称之为"新启蒙运动"。以对外开放为机缘,问题的讨论转移到"文化的现代化"上来。这一思想倾向不免有"文化决定论"或"文化化约论"之病,客观上却促使学界转向对中国哲学智慧的考察与省思。虽多为宏观泛论或宏大叙述,"但仍有不少揭示中国哲学底蕴与特质

---

① 汤一介:《中国哲学史与中国思想史》,《哲学研究》1983 年第 10 期。
② 张岱之:《试论思想史与哲学史的相互关系》,《哲学研究》1983 年第 10 期。

的创新论著问世，令人耳目一新"。① 李泽厚、庞朴、汤一介等人的相关论著则是这方面的代表作。这一研究趋向其实已经透露出由哲学史即是认识史的范式转向对中国哲学形上智慧的探索的端倪，后者成为 20 世纪 90 年代中国哲学研究的主要思考方向，也反映了中国哲学研究回归传统智慧、彰显中国哲学之独特性的内在要求。此外，20 世纪 80 年代末兴起的当代新儒学研究不能不说是中国哲学研究的一件大事，其很快就发展成为一门"显学"，取得了相当丰富的研究成果，至今仍是学术界的研究热点之一。这不仅拓展了中国哲学研究的领域，更使得中国哲学极大地开阔了自身的视野，成为中国哲学研究面向海外积极开展与国际学界进行交流和对话的关键一步，同时也有助于改变中国哲学长期单一化的研究局面。

20 世纪 90 年代，由宏观的思想讨论转向纯粹的学术研究是这一阶段中国哲学研究最重要的特征，也即李泽厚所谓的"思想家淡出，学问家凸显"。80 年代的文化大讨论带有明显的政治性和情绪性特征。由于特定的原因，90 年代学界开始对这一激进主义进行反思。与文化讨论中对传统文化的批评不同，这一时期则以正面的肯定为主，并由之形成所谓的"国学热"——"尽管很多学者认为'国学热'的提法言过其实，它却确实推动了中国传统文化的研究，并为之建立了长期而稳定的基础"。② 同时，面对新的市场激进主义的挑战，学界开始出现所谓"人文精神"的大讨论，并转而强调"如其本来地研究学术对象，使学术不仅独立于政治的干扰，更独立于任何来自时代的功利需要"。③ 在这一背景下，纯粹的学术研究也就成为知识分子共同的呼声，不少知识分子逐渐转变为学术化、知识化的专业学者。这一时期，中国哲学的研究方法和诠释方式出现多元化的倾向，通史类的基础研究逐渐为个案研究所取代。伴随着所谓的"西学热"，西学经典被大量地译介，西方哲学的各种思潮尤其是存在主义、现象学、诠释学等，也对中国哲学研究产生很大的影响，成为中国哲学研究的重要思想资源。新一代学者基本上已经摆脱政治化话语的束缚，更为内在地梳释各种经典文本，与国际学界的交流更为深入、频繁，这都使得这一时期的学术研究具有较高的品质，产生了不少优秀作品，得到国际同行的认可。

① 秦平、郭齐勇：《中国哲学研究 30 年的反思》，《哲学研究》2008 年第 9 期。
② 林同奇：《人文寻求录：当代中美著名学者思想辨析》，新星出版社 2006 年版，第349 页。
③ 张志强：《时代·传统·中国哲学》，《中国哲学史》2008 年第 3 期。

　　这一时期的另一特征在于，学界对中国哲学、文化的特质有了更深的体认，对传统哲学的形上智慧进行了更为深入的讨论。在强调中西哲学、文化差异的基础上，学界力图发掘中国哲学本有的深层智慧。如冯契于20世纪90年代出版的"智慧说三篇"：《认识世界和认识自己》、《逻辑思维的辩证法》、《人的自由和真善美》，即强调智慧学说是最富于民族特色的，是民族哲学传统中最根深蒂固的内容，与以知识为中心的西方哲学有很大的不同。汤一介等都认识到中国哲学作为一种对智慧的"觉悟"，根本上区别于西方哲学对"知识"的探讨。对"普遍和谐观念"、"内在超越精神"以及"内圣外王之道"的思考，更是从具体的层面对传统哲学的智慧作深入、细致的探究。即便是从事西方哲学研究的一些学者也能从比较哲学的角度对中国哲学的特殊智慧予以具体的分析。这无疑是对以哲学乃人类认识之最一般的规律的框架阐释中国哲学的单一模式的一种超越。

　　此外，这一时期思想史研究的复兴也值得关注，其与国外中国研究呈现出某种共同的趋势，对中国哲学研究构成一定的冲击。与过去以哲学史研究统摄思想史研究不同，这一时期并未产生真正有分量的通史类的中国哲学史著作，哲学史研究反而有向思想史研究靠拢的趋势。从一定意义上来讲，这是20世纪90年代知识分子由思想转向学术的一种必然结果，对思想观念的兴趣逐渐为知识化的学术研究所取代。葛兆光《中国思想史》的写作在很大程度上即是出于对以往思想史著作（其中包括胡适以来的中国哲学史著作）的不满，此书的出版在学界引起的反应本身就构成世纪之交中国哲学自我反思的一个重要契机。此外，海外的中国哲学研究亦表现出同样的趋向。以20世纪末期美国宋代思想史研究为例，与早期陈荣捷、狄百瑞等侧重中国哲学史的研究路数不同，80年代以来的研究更注意从其他学科尤其是历史领域的研究中汲取资源，思想史和社会史学者们的研究关系愈益密切；研究的重心不再是单纯的哲学层面的问题，而是特定社会文化环境中思想与社会之间的互动关系，这一研究表现出十分明显的历史学的取向①，日本京都学派和东京学派的中国哲学研究亦表现出相同的趋势。② 思想史研究的再度兴起，在一定意义可以看做是回归中国思想的

----

　　① 参见田浩《80年代中叶以来美国的宋代思想史研究》，《中国文哲研究通讯》第3卷第4期。

　　② 陈来：《世纪末"中国哲学"研究的挑战》，《中国哲学史》1999年第4期。

"本来面目"的一种诉求，但对中国哲学研究不能不构成一定的冲击，主张思想史研究的学者多认为哲学史的进路并不能反映中国思想的实际情况，葛兆光即认为："中国古代的知识和思想是否能够被'哲学史'描述，实在是很成问题。"[①] 哲学史与思想史、文化史之间的关系如何，各自的边界如何确定，这都是需要深入探究的重要课题。[②] 对中国思想传统中形上智慧的探寻和对思想史的研究，其实都可以理解为中国哲学的学科意识在不同层面的反映，本质上都要求摆脱"外在"的诠释标准而回归中国思想"本身"。哲学史、思想史以及学术史多元并存的局面，乃是学术摆脱泛政治化之束缚的必然结果，随着学术分工的细化以及学科意识的不断加强，对学科自身的反思也就成为学科进一步发展的必要前提。

21 世纪初以来，重建民族文化的主体性与中国哲学的自主性的诉求无疑是中国哲学界最为重要的思想方向，其主要关心的是"经典诠释"与"中国哲学合法性"的问题，影响均不限于国内学界。世纪之交总结近百年中国哲学（史）学科的发展历程是引发后者的一个重要契机，问题提出之初主要关涉的是对长期以来"以西释中"之研究范式的检讨和省思，最后发展成为从中国哲学自身定位、研究对象、方法等各个角度对本学科的一次整体性的全面反思。学界较为集中地讨论了哲学与中国哲学的关系、中国哲学与西方哲学的关系以及经典研究与理论创构之间的关系等问题，这一讨论逐渐与中国哲学研究中"反向格义"问题的讨论相汇合，成为海内外共同关注的一个热门话题。无论是胡适、冯友兰等人的诠释范式，还是 20 世纪 50 年代以来政治化的研究范式，以及后来的"范畴体系"的研究范式，很大程度上还是以一种外在的标准来衡量、裁剪中国传统文化的材料，多少带有削足适履之弊，对中国哲学构成不同程度的伤害。中国哲学合法性问题讨论的重点就在于探寻一种能够真实而完整地反映中国哲学之"本来面貌"及其精神特质的研究范式，并意图将这种外在的诠释转化为一种内在的诠释，实现哲学现代性向哲学之中华性的转变，对中国哲学之特异性的认定与相应的方法论的创新也就成为关键所在。正基于此，讨论进一步衍生出"重写中国哲学史"与"范式重建"的问题。

---

① 葛兆光：《思想史的写法：中国思想史导论》，复旦大学出版社 2004 年版，第 5 页。
② 参见陈启云《"思想文化史学"论析》，《中国古代思想文化的历史论析》，北京大学出版社 2001 年版。

　　引发此一讨论的另一深层原因在于，20 世纪 90 年代以来，学界由思想的讨论退回到单纯的学术研究上来，使得中国哲学研究演变为一种"史"的研究，中国哲学自身的理论创构表现出明显的不足，在发掘传统文化中的核心价值以回应时代性问题方面表现出一种"无力感"。如何在继承中国哲学传统的基础上重构中国哲学的当代形态，成为不少学者关注的焦点所在。相比之下，有关经典诠释的讨论更多地表现为一种"方法论"上的省思，傅伟勋的创造的诠释学、黄俊杰以孟子为中心的经典诠释学以及汤一介"中国诠释学"的构想，基本上都是希望结合诠释学和中国古典哲学的注疏传统来创新中国思想诠释范式，成中英的"本体诠释学"（Onto-Hermeneutics）则有着更浓的理论创构的意味。这些思考对于中国哲学的深度发展有其重要意义。在多元文化的背景下，它反映了对民族文化之根源性与中国哲学之自主性的一种渴求。循此，21 世纪中国哲学研究无疑将表现出更为明显的问题意识和方法论自觉，研究更加精细，中外哲学之间的交流与互动将更为频繁和深入，研究方法和诠释范式也将更加多元，思想与学术的结合将更为紧密。

　　随着学术交流的不断加强，海外中国哲学研究的相关成果也越来越多地为学者们所关注，港台无疑是中国哲学研究的重镇之一。当代新儒家方东美、牟宗三、唐君毅、刘述先以及罗光、劳思光等在中国哲学研究方面成就卓著，且都表现出"即哲学史以言哲学"的特点。牟宗三通过对传统哲学中儒释道的创造性诠释，建构出严整的道德的形而上学及圆善论体系；即便是以写作《中国哲学史》而著名的劳思光，亦通过对传统中国哲学尤其是孔孟儒学的重构以建构其文化哲学。港台中国哲学研究的另一重要特点则是通过中西哲学之间的融通以实现传统中国哲学的自我转化，主要表现为三个基本的融合中西哲学的方向：机体主义的融合导向、当代新儒家的融合导向以及中国士林哲学的融合导向。① 在强调中国哲学自身特质的同时，更注意通过中西哲学之间的对话、融通以重新激活传统中国哲学，表现出很强的问题意识。这在很大程度上已经超出"以西释中"的研究范式，而试图"哲学地"重建传统中国哲学，使中国哲学呈现出勃勃生机。

　　此外，西方世界的中国哲学研究也取得了很大的突破和成就。陈荣捷

---

① 沈清松主编：《哲学概论》，贵州人民出版社 2004 年版，第 320—327 页。

(Wing-tsit Chan) 对中国重要哲学典籍的翻译及其朱子哲学研究、傅伟勋的创造的诠释学及其佛学研究、史华兹 (Benjamin I. Schwartz) 等的中国思想史研究、成中英的本体诠释学、柯雄文 (Antonio S. Cua) 的荀子研究、唐力权的场有哲学 (feild-being)、秦家懿 (Julia Ching) 的王阳明研究、狄百瑞 (Wm Theodore De Bary) 的宋明理学研究、杜维明有关儒学现代化的研究等都取得了很好的成绩。葛瑞汉 (A. C. Graham)、南乐山 (Robert Cummings Neville)、陈汉生 (Chad Hansen)、郝大维 (David L. Hall)、安乐哲 (Roger T. Ames)、孟旦 (Donald J. Munro)、信广来 (Kwong-Lai Shun)、余纪元等以分析哲学的手段所进行的中国哲学研究以及比较哲学研究在将中国哲学研究推向深入的同时，也更好地促进了中西哲学之间的对话。近年来西方中国哲学研究不断深入和精细化，注意从融贯性的角度对文本进行深度分析；在儒学研究方面更是注意到儒学的不同形态，分别从官方儒学、儒家哲学以及以家庭为中心的通俗儒学等角度展开儒学研究。① 此外，国际中国哲学会的成立、《中国哲学季刊》(*Journal of Chniese Philosophy*)、《东西方哲学》(*Philosophy East and West*)、《道》(*Dao：A Journal of Comparative Philosohy*) 等英文中国哲学刊物的创办，以及美国中国哲学家学会 (Association of Chinese Philosophers in America) 等学术机构的成立，无疑将更有力地促进中国哲学研究。欧洲以及日本的相关研究成果同样也越来越多地被介绍进来，如谢和耐 (Jacques Gernet)、于连 (Francois Jullien)、荒木见悟、冈田武彦、岛田虔次、沟口雄三、池田知久等的学术成果都有较大的影响。经济和文化的全球化将使得国内中国哲学研究与海外中国哲学研究之间的互动更加频繁，更多具体的人物研究以及理论和涉及中西哲学的比较研究著作也将随之出现②，这些研究成果作为重要的思想资源都将影响中国哲学的未来发展。

20 世纪 70 年代末以来的中国哲学研究，就成果而言，不论在广度上还是在深度上都不断得到推进。通史及断代史研究、人物研究、思潮与学派研究、问题研究等都取得了诸多可喜的成绩，以下就主要研究热点作简

---

① 更为具体的讨论和相关著作的介绍可参见 Donald J. Munro, *A Chinese Ethics for the New Century*, The Chinese University Press (Hong Kong), 2005, pp. 91 – 108。

② *Contemporary Chinese Philosophy*, Edited by Chung-ying Cheng and Nicholas Bunnin, Blackwell, 2002, pp. 362 – 363.

要介绍。①

先秦哲学研究方面，先秦哲学作为中国哲学的源头一直都是中国哲学研究的重心，儒、道、墨、法等诸子百家在不同程度上都得到了深入而广泛的研究，在文献的梳理考证、学派传承以及哲学思想等方面都有大量的研究成果出现。此外，先秦哲学在塑造中华文化特有的价值系统方面具有根基性的地位，其中包含极为丰富的思想资源，学者们在展开学术史、思想史层面的研究的同时，亦注重通过创造性地诠释传统哲学中的价值理念积极思考并回应现时代所面临的问题，如有关生态伦理、生命伦理的讨论等。

经学研究方面，随着传统文化研究的不断升温，"文化大革命"期间经学研究几近销声匿迹的局面被打破，中国经学研究出现真正的复苏。儒家各经典及历代解经著作先后得到重印和整理出版，不少较高水平的经学研究著作不断问世，但大多流于经学史的研究，真正高水准的经学论著尚不多见。由于经与经学在传统儒学中所占据的重要位置，经学研究对于发掘传统文化中的各种重要的价值理念有重大的意义。

道家与道教研究方面，《老子》、《庄子》、《列子》、稷下黄老学派、地下出土文献等相关研究不断深入，成果丰富；围绕道家在中国传统文化中的地位所展开的讨论，有学者提出道家主干说。此外，先秦时期道家与儒家之间的关系、道家与宋明理学之间的关系、道家与道教之间的关系等也都有较为深入的讨论；"当代新道家"的提出、道家思想与西方哲学的比较研究等，则是围绕道家文化的现代意义所展开的讨论。同时，对有关道家哲学中形上学、自然哲学、修养论以及政治哲学等也都有十分细致的探讨。陈鼓应主编的《道家文化研究》对于道家的研究起到了很大的推动作用。道教研究除了资料整理方面的《道藏》点校本之外，各教派、道教史以及人物研究都在逐步展开。

佛教研究方面，中国佛教史研究一直是学术界佛教研究的重心，禅宗、密宗等重要流派的佛教史以及域外佛教史研究都取得了丰富的成果；佛教思想的阐释方面，佛教思想的综述、各宗派佛教思想研究、印度佛教思想研究等都是关注的焦点；佛教人物以及因明学等方面的研究亦较具规

---

① 更为具体的研究成果的展示可参见李宗桂《中国哲学研究的回顾和展望》，《中国哲学史》1998年第1期；以及张海燕《二十世纪的中国思想史研究》，《中国史研究动态》2002年第1期。

模。此外，佛教典籍的整理、佛教组织制度、佛教与文学、佛教与艺术、佛法的现代意义、佛教经典及诠释史等相关研究成果也不少。

宋明理学研究无疑是这一阶段研究成果最为丰硕的领域之一。宋明理学史、宋明理学范畴体系以及人物研究方面成就斐然，尤其是 20 世纪 90 年代以来，受港台新儒家以及劳思光等学者的影响，相关研究得到进一步的深化，学者们更加注意在深入梳理、考察文献材料的基础上通过吸收西方哲学的思想资源来诠释理学的思想意蕴。研究范围进一步扩大，不再限于程、朱、陆、王等"大人物"；宋明理学的分系问题、宋明理学与政治文化的问题、宋明儒的讲学活动与理学的民间化、书院等问题、理学与佛家、道家的关系问题、理学在朝鲜和日本等东亚国家的传播等问题都是理学研究的重要领域。

当代新儒学研究方面，这是兴起于 20 世纪 80 年代末的一个新的研究领域，在 90 年代初甚至出现所谓的"新儒学热"。当代新儒学思潮以及各主要人物及其思想都有专门的研究，并且出现了多部以新儒家为选题的博士论文。由于新儒家自身的复杂性，这一领域的研究所产生的影响早已超出中国哲学界，对西方哲学研究以及整个社会的思想、文化都产生了很大的影响。其中有关传统文化与现代化、儒家的人文精神、现代性的反思、儒学的宗教性、中国传统文化的未来走向等问题都引起学界的极大关注。

出土简帛研究方面，20 世纪 90 年代出土的湖北荆门郭店楚简以及上海博物馆藏的楚竹书，其中包含丰富的哲学思想，是研究先秦哲学的重要思想文献，相关研究成为近 30 年来的学术热点。70 年代出土的湖南长沙马王堆汉简与帛书、山东临沂银雀山汉简等也都具有重要的学术价值，在海内外文字学、考古学、历史学、简帛学及哲学研究者的共同努力之下，取得了不少学术成果，丰富了经、子之学的研究。

较之于第一个 30 年（1949—1978 年）的学术研究，这一阶段中国哲学研究范式发生了明显的转移且意义重大。此前唯物主义与唯心主义、形而上学与辩证法"两军对阵"的单一的、机械的研究范式，在诠释中国哲学的过程中出现严重的误解、歪曲，严重地制约了中国哲学的健康发展。思想解放之后，学者们能够本着"实事求是"的立场和"同情了解"的态度进行文本研究，整个学术界也逐渐从政治化的话语中解放出来，转向纯粹的学术研究。中外哲学交流的不断深入，使得研究方法更加多元化，极大地扩展了中国哲学研究的思想资源；简单否定传统文化的启蒙心态逐渐得到扬弃，重建民族文化根源性和中国哲学主体性的呼声越来越高。在进行哲学史研究的同时，学界亦开始注重发掘传统哲学智慧的精神特质及其现代意义，如对生态伦理、人的身心健康等问题予以密切的关注。

这一阶段的中国哲学研究尽管取得了诸多令人瞩目的成就，仍存在不少问题和缺失。中国哲学，儒、释、道三教，在一定的意义上都可以说是"成德之教"，是"生命的学问"。当我们依照现代的学科机制将其"学院化"的同时，也不得不面对其如何真正引导现实人生的问题。单纯知识化的研究在一定程度上将窒息中国哲学的智慧生命。如何在坚持中国哲学"现代学科"、"民族文化"、"生命导师"三种身份的相对独立性的同时①，又不致使中国哲学研究陷入纯粹的"知性探究"，是今日中国哲学研究需要认真思考的重要课题。中国哲学的研究不能只停留于文献考证的工作，还必须努力阐发其中本有的具有普遍性和开放性、因而能面向现实和未来的意义和价值，要有强烈的问题意识并注重自身的理论创新，这样中国哲学才可能具有"现代的相干性"，否则中国哲学的研究将只成为少数知识分子的智力游戏。所以，"中国哲学"的内涵不能仅限于中国哲学史的研究或传统中国哲学研究，而应该是"既包含了对传统中国哲学的研究，也包含了当代中国人对于西方哲学或传统中国哲学的题材、中西哲学关系的一般问题，以及对现代社会各种问题所作的基础性、整体性、批判性的思考"。② 在这一前提下，通过中国哲学、西方哲学、马克思主义哲学之间真正建设性的对话，以产生在国际学术界具有影响力的创新成果，则是中国哲学研究所面临的更大的挑战，这也是近年来中国学术界共同关注的焦点所在。③

第二节　通史研究与中国哲学范畴研究

20 世纪 70 年代末以来的中国哲学研究范式首先是通过本学科的相关基础研究所确立起来的，其中影响最为深远的就是通史研究和以范畴为中心的问题史研究。以下对这方面的主要研究成果作简要介绍。

---

① 有关中国哲学三种身份的探讨参见刘笑敢《诠释与定向：中国哲学研究方法论之探究》引论部分，商务印书馆 2009 年版。
② 沈清松：《沈清松自选集》，山东教育出版社 2005 年版，第 24 页。
③ 问永宁：《当代中国哲学的新开展》，《光明日报》2008 年 1 月 8 日。

　　冯友兰于 20 世纪 30 年代出版的两卷本《中国哲学史》可以说是本学科的奠基之作。新中国成立之后，本着"阐旧邦以辅新命"的学术志向，冯友兰希望"用马克思主义的立场、观点和方法重新写一部《中国哲学史》"①，几经曲折，最终写成七卷本的《中国哲学史新编》。20 世纪 50 年代，此工作即已开始，但受苏联哲学教条主义和"文化大革命"期间"评法批儒"思想的影响，冯友兰最初的愿望并未达成。80 年代之后，冯友兰逐渐摆脱思想上的种种束缚，不再依傍他人见解，试图按照自己的理解和想法重写《中国哲学史》。《新编》之"新"也就体现在这里，这部哲学史基本上是以冯友兰自己的"新理学"为线索写就的一部"哲学家"的《中国哲学史》②，这一点同样使得《新编》与冯友兰早年完成的《中国哲学史》有所区别。所以《新编》最大的特色之一就是以一般和特殊的关系作为贯穿全书的一条主线。在冯友兰看来："一般和特殊的关系是中国哲学史中的一个传统问题。先秦诸子哲学中的名、实问题，魏晋玄学中的有、无问题，宋明道学中的理、气问题，都是围绕这个问题而发展的。这个问题好像一条线贯穿于中国哲学史的发展过程中，直到王夫之才得到正确的解决。"③ 这在很大程度上使得《新编》摆脱了《中国哲学史新编试稿》中流俗化的马克思主义的影响。新理学逻辑分析方法的运用旨在突出哲学之为理论思维的特点，除此之外，冯友兰还特别强调哲学丰富、提高人的精神境界的作用，其对孟子、玄学、道学等的论述都十分鲜明地体现了这一点。在一定意义上，这可以说是向早期"境界说"的回归，其至有学者认为，《新编》论玄学和道学的境界较之《新原人》的四重境界说更为透彻圆融。④ 冯友兰"哲学是人类精神的反思"的定义很好地将哲学作为理论思维的一般特性和中国哲学追求精神境界的独特性内在地关联在一起，因而，冯友兰强调"中国哲学史"讲的是"中国"的哲学的历史，或"中国的"哲学的历史，不是"哲学在中国"。⑤ 就中国哲学学科的自我定位来讲，冯友兰的这一思考不能不说是深刻的，值得我们深入思考。在哲学史的写法及其一般规律的把握上，马克思主义"逻辑与历史相统一"的

　　① 冯友兰：《中国哲学史新编》上册，人民出版社 1998 年版，第 1 页。
　　② 金春峰：《冯友兰哲学生命历程》，中国言实出版社 2004 年版，第 220 页。
　　③ 冯友兰：《中国哲学史新编》下册，人民出版社 1999 年版，第 315—316 页。
　　④ 陈来：《中国现代哲学的追寻》，人民出版社 2001 年版，第 336 页。
　　⑤ 冯友兰：《中国哲学史新编》上册，人民出版社 1998 年版，第 43—44 页。

观念对冯友兰产生了重要的影响。马克思主义将事物的发展理解为是通过矛盾对立面的斗争和统一、否定之否定的规律而进行的，哲学史的发展、演变同样也体现了这一普遍性的规律，冯友兰对中国哲学中玄学、道学等的分析都遵循了这一原则。如冯友兰在分析玄学时，将其分为三派：王弼、何晏的"贵无论"，裴頠的"崇有论"，郭象的"无无论"，认为王弼、何晏的"贵无论"是肯定，裴頠的"崇有论"是否定，郭象的"无无论"是否定之否定。此外，冯友兰也吸收了阶级分析的观点，注意说明哲学家所处政治社会环境等，这些都是其对马克思主义的接纳和吸收。《中国哲学史新编》无疑是 20 世纪末以来在中国哲学史通史研究方面最为重要的一部著作，但是用一般和特殊的关系这个原则贯穿整个哲学史不免有牵强之处①；此外，单纯的逻辑分析的方法与中国哲学特有的空灵智慧之间亦存在扞格的地方②，这也是冯友兰哲学本身所存在的内在的张力。

　　冯契《中国古代哲学的逻辑发展》是 20 世纪 80 年代依照哲学史就是认识史的基本观点写成的一部中国哲学史，无论是在哲学史观还是中国传统哲学的独特性方面，冯契都有极为独到的理解。在该书的绪论部分，冯契就哲学史给出了自己的定义："根源于人类社会实践主要围绕着思维和存在关系问题而展开的认识的辩证运动。"③ 这一定义首先从社会存在决定社会意识这一唯物史观的普遍原理出发，说明社会实践是哲学的源泉。值得注意的是，这里的社会实践不但包括政治思想斗争，而且也包括科学反对迷信的斗争。冯契认为，二者是推动哲学前进的两条腿。首先，这破除了以往泛政治化的哲学史观，其次，对哲学与科学之间关系的发掘也在很大程度上拓展了中国哲学史的研究领域，是冯契哲学史的一个重要特色。其在思维和存在的关系问题是全部哲学的根本问题的前提下，注意考察这一根本问题在不同时代的不同表现，避免了教条主义和简单化处理的弊病。在研究方法上，冯契首先强调将历史的方法与逻辑的方法相结合，认为哲学史体现了认识的矛盾运动，人类认识的发展表现为近似于螺旋结构上升的曲线。同时，他还强调运用科学的比较法研究哲学史，以之来把握中国哲学自身的特点和规律，这也是冯契哲学史的重要特点之一。《中国

　　①　张学智：《解析冯友兰〈中国哲学史新编〉中的一般与特殊》，《中州学刊》1991 年第 4 期。

　　②　郭齐勇：《中国哲学智慧的探索》，中华书局 2008 年版，第 298 页。

　　③　冯契：《中国古代哲学的逻辑发展》上册，上海人民出版社 1983 年版，第 11 页。

古代哲学的逻辑进程》另一特别值得注意的地方就是冯契对哲学之普遍性与中国哲学之特殊性的思考。基于哲学史作为人类认识史的精华的理解，冯契着力批评了当时流行的一种看法，即认为中国哲学较多地讲道德实践和修养，而较少讲知识，因而中国哲学中的认识论并不占重要地位。① 如果接受这一观点的话，那么必然的结论就是，中国哲学在世界哲学史中根本就不占有重要地位，那么中国哲学自身的定位或者说合法性问题就存在很大的疑问了。冯契解决此一疑难的关键就在于重新界定"认识论"，破除欧洲近代以来长期流行的"狭义认识论"的看法，发掘认识论问题的多样性，将哲学史上提出过的认识论问题概括为四个：1. 感觉能否给予客观实在？2. 理论思维能否达到科学真理？3. 逻辑思维能否把握具体真理（首先是世界同一原理、宇宙发展法则）？4. 人能否获得自由或者说自由人格或理想人格如何培养？依照冯契的理解，孔子、墨子就已经开始讨论前两个问题，而庄子更是对这两个问题提出了种种责难，所以说中国哲学不关心认识论问题的说法是不能成立的。后两个问题分别发端于先秦的"名实"之辩和"天人"之辩，中国哲学更多思考的就是这两个问题，而这也正是中国传统哲学的特点所在。冯契这种广义认识论的观点是十分深刻的，在特定的历史条件下，对哲学之普遍性的强调仍然是对中国哲学进行理论定位的重要前提，这必然要求在哲学史的研究中着力发掘其中"认识论"的因素，近代西方哲学的"认识论"转向以及马克思主义的指导地位使得这一点具有前提性的地位。但是冯契并没有以教条主义的模式简单化地处理中国哲学中的具体内容，相反在扩大认识论的范围以安立中国哲学的合法性的同时，极力强调中国哲学自身的特殊性，较之于此前的中国哲学史写作范式，这不能不说是一个重要的突破。事实上，这也是中国哲学研究摆脱外在的衡定标准回归自身的必经阶段，其实这也是 80 年代中国哲学史写作的一般模式。当然就今天的眼光来看，我们仍然可以质疑这一范式的有效性，因为它所使用的核心观念和方法都是从西方思想话语系统中移植过来的②，但是其所预示的方向则为中国哲学返回自身以及中国哲学研究走上学术化的道路起到了重要的指引性的作用。

　　任继愈主编的七卷本《中国哲学发展史》（已出版 4 本）是以马克思

---

① 　冯契：《中国古代哲学的逻辑发展》上册，上海人民出版社 1983 年版，第 38 页。

② 　方旭东：《"前现代"的中国哲学史书写：以冯契为例》，《哲学研究》1999 年第 7 期。

主义为指导写作的中国哲学史中最具代表性的一部。与上述两部以一人之力写就的哲学史不同，这部书是集体创作的结果，但仍然有其鲜明的个性。书的导言即表明这部哲学史写的是一家之言①，这里所谓的一家之言也就是以任继愈为主导的写作团队对于中国哲学史的对象、方法及特点等的独特理解。60年代初期，任继愈即主编过一部四卷本的《中国哲学史》教科书，带有很重的时代烙印，撰写《中国哲学发展史》的目的就在于突破此前哲学史写作的局限，写出一部以马克思主义为指导、能够阐明中国哲学史发展规律且更为详尽的哲学史专著。与同时代其他哲学史著作一样，作者将哲学史界定为人类认识的发展史，认为哲学一开始就注意物质与精神的关系问题，由于解释的不同而产生唯物主义与唯心主义之间的斗争。《中国哲学发展史》的一个重要特征则在于，其将唯心主义和宗教内在地关联在一起，认为"宗教是粗糙的唯心主义，唯心主义是精致的神学，这两者的任务和目的相同"。② 这样哲学与宗教之间的斗争过程也就成为哲学发展史的一个重要线索，古代哲学的发展历程很大程度上表现为哲学和宗教、理性和信仰的斗争史。哲学的发展过程就是一步一步摆脱宗教束缚的过程，而哲学发展史的任务就是把人类认识挣脱宗教的过程的规律性揭示出来。其对于儒家思想的定位就较为明显地反映了这一点。作者认为，汉以后儒家开始朝着宗教神学的方向发展，理学的建立标志着中国儒教的完成。作者有关儒家的讨论是否合乎儒学的本真面目，无疑存在值得进一步商榷的地方。事实上，儒学是否是宗教的问题后来发展成为20世纪末学术界讨论最为激烈的学术话题之一。《中国哲学发展史》的另外一个重要特征就是，注重中国哲学史研究方法的自觉。首先，其对完全按照西方哲学史的图示来写中国哲学史的生搬硬套的做法提出批评，认为不能简单地将老子的"道"等同于黑格尔的"绝对精神"，或者将阳明心学与贝克莱的主观唯心主义相比附。这在很大程度上已经开始意识到中国哲学自身的民族性和独特性。其次，对以往将阶级分析简单化、公式化的做法也提出批评，认为绝对不能在唯物论与进步、唯心论与反动之间画等号，哲学认识与政治概念之间存在质的不同，这其实是对此前泛政治化的思想倾向的直接否定。此外，中国古代哲学发展中的地区性和多样文化的融合

---

① 任继愈主编：《中国哲学发展史（先秦卷）》，人民出版社1983年版，第4页。
② 同上书，第8页。

问题也得到了一定的重视，同时还注意到哲学家的个人经历、性格特征等对哲学理论形态的影响等问题。详尽地占有并认真地审查和鉴别相关历史材料，是该书的另一特点，在不少疑难问题的处理上，作者都能在借鉴今人相关研究成果的基础上，通过材料的考辨给出自己的较为合理的观点。当然，这部哲学史仍然带有不少的时代烙印，但也很好地反映了思想解放之后中国哲学史研究的新成果，有力地推动了中国哲学研究的学术化进程。

萧萐父与李锦全主编的《中国哲学史》是这一时期由集体创作的通史中的另一代表性作品，同时也是以"圆圈论"为指导写作的哲学史中的代表性作品，被教育部确定为高等学校文科教材，印行十余万套，具有较大的影响。针对此前"哲学史研究或仍被沉没在一般思想史、学术史之中，或由于研究的对象不明，承担任务太广，而模糊了自己的特定任务"① 的状况，这部哲学史首先较好地厘定了哲学史的性质及其研究对象，认为哲学史就是人类认识的矛盾发展史，这一发展史主要是围绕思维和存在的关系这一基本问题而展开的。就中国哲学来讲，主要表现为"天人"、"名实"之辩，"和同"、"常变"之争，"理气"、"心物"之辩与"一两"、"动静"之争等哲学论争，十分注重对中国哲学史内在规律的阐释。其重要特征之一就是以哲学概念、范畴的产生、发展和演变为中心来分析哲学史发展的逻辑进程，这无疑是思想解放氛围之下有关中国哲学史研究方法讨论的最新成果在哲学史研究中的具体体现。此书对中国哲学中较为通用的重要范畴，如天、道、气、神、有无、道器、阴阳、消息、和同、动静、常变、体用、本末、一两、理气、心物、能所、知行等进行了历史的考察，分析其衍生、变化、发展的过程，由之探索中国哲学发展演变的内在逻辑，具体地分析了中华民族独特的哲学智慧。在研究方法上，此书很好地贯穿了历史与逻辑相统一的原则，努力探索各哲学家、哲学派别彼此间的内在关联，展现中国哲学史发展历程所固有的"圆圈"结构。此外，该书在分析明清之际哲学思潮的过程中，着力发掘其中的早期启蒙思想，产生了一定的影响，给人耳目一新之感。总的来说，20 世纪末的中国哲学史研究虽然没有完全摆脱苏联日丹诺夫哲学史定义的影响，但已经开始逐步转向中国哲学自身内在逻辑的探究，确立了这一时期中国哲学研究的基

① 萧萐父、李锦全主编:《中国哲学史》上卷，人民出版社 1982 年版，第 3—4 页。

本范式，对90年代以来中国哲学研究走上学术化的道路起到了积极的推动性作用。21世纪的中国哲学史研究越来越强调中国哲学自身的主体性，超越此前哲学史研究范式的局限性的呼声也日益高涨。2006年，由高等教育出版社出版的郭齐勇编著的《中国哲学史》无疑是中国哲学界重构中国哲学史的一次尝试，在方法上更加注重同情的理解和相应的诠释，更为清晰地展现了中国哲学自身的问题意识和义理结构。

　　台湾学者劳思光于1968—1981年完成的三卷四册《新编中国哲学史》在台港地区有着极为广泛的影响。[1] 劳思光在哲学研究方法论上高度的自觉意识也使得这部哲学史具有相当的特色，是书出版之后引起学界广泛的关注和讨论。[2] 依劳思光的看法，哲学史的写作除了叙述事实之外，还需要解释理论，前者属于"史"的工作，后者则属于"哲学"的工作，其要求有确定的理论基础和解析方法，由此方能写出真正的"哲学""史"。以此为标准，劳思光批评胡适的《中国哲学史》并不能算是一部合格的中国哲学史，这主要不是因为这是一部残缺之作，更因为该书几乎完全没有"哲学"的成分。[3] 相比之下，冯友兰的两卷本《中国哲学史》无疑要略胜一筹，其中不只有"史"的成分，且包含有"哲学"，但仍然不能算是一部成功的中国哲学史，因其所运用的观念及理论乃是早期的柏拉图理论与近代的新实在论，因而未能接触到中国哲学的特性。可见厘清哲学、中国哲学以及两者之间的相互关联，并配合相应的材料解析，乃是写作中国哲学史的前提条件。劳思光并未按照一般的思路给哲学一个本质主义的定义，而是从"功能"的角度对哲学加以说明，认为哲学包含有两部分内容：属于"知识"的一面以及属于"主张"的一面，前者主要体现为一种解释的功能（explanatory power），后者则体现为一种引导性的功能（orientative power），即对社会人生具有引导性的作用。[4] 中国哲学的特性不在前者而在后者，这可以说是对中国哲学的一种理论定位[5]，循此可以揭示中

---

　　① 刘国英、黎汉基合编：《劳思光先生著述系年重编》，《无涯理境：劳思光先生的学问与思想》，香港中文大学出版社2003年版。

　　② 参见林丽真、杨祖汉、韦政通《劳思光〈中国哲学史〉的检讨》，《中国文哲研究通讯》第1卷第2期。

　　③ 劳思光：《新编中国哲学史》第1卷，广西师范大学出版社2005年版，第1页。

　　④ 劳思光：《新编中国哲学史》第3卷下，广西师范大学出版社2005年版，第666—667页。

　　⑤ 郑宗义对此有较为详尽的讨论，参见郑宗义《论二十世纪中国学人对于"中国哲学"的探索与定位》，《中国哲学史》2006年第2期。

国哲学的真面目。在具体的研究方法上，劳思光提出所谓的"基源问题研究法"，即"以逻辑意义的理论还原为始点，而以史学考证工作为助力，以统摄个别哲学活动于一定设准之下为归宿"。① 这也就是说，哲学史的工作需要设定一个理论前提，即每一哲学家或学派的思想理论，根本上乃是对某一问题的解答，而这个理论的具体内容则以该问题为根源，这就是所谓的基源问题，这是我们掌握相关哲学理论之总脉络的关键所在。基源问题的掌握需要以逻辑意义的理论还原和具体的史学考证为基础。基源问题往往会引申出众多次一级的问题，对其中每一问题的解答即构成哲学理论的一部分，将哲学部分组成一个整体，也就可以将哲学史上各家各派理论的"真实性"和"系统性"展示出来。最后对各时代的基源问题作一统一性的全面的判断，以及可将哲学史的演变历程和理论趋向展现出来，至此才算是完成了哲学史的写作任务。由于劳思光所使用的诸多理论设准本身就有进一步讨论的余地，因而对哲学史上不少哲学家的思想理论的衡定存在较大的"主观性"。从这一点上来讲，这部哲学史更像是一部讲哲学理论的书。

冯达文、郭齐勇主编的《新编中国哲学史》（上下册，人民出版社2004年版）是摆脱了教条主义之后，尊重中国哲学的根源性与原创性，并予以创造性诠释与转化的新教材，颇获海峡两岸各大学师生的青睐。

思想解放以及中国哲学研究方法论的讨论，使得范畴研究成为学界关注的一个新的焦点，甚至出现了20世纪80年代前期的"范畴热"。"范畴热"兴起的背景是当时部分哲学史研究者不满于此前"列传体"、"四大块"、"两军对阵"的简单的哲学史研究模式，受列宁"从逻辑的一般概念和范畴的发展与运用的观点出发的思想史，这才是需要的东西"等说法的启发，力图通过哲学范畴史的研究来揭示中国哲学自身的特点及其深层的逻辑结构。② 中国哲学概念范畴研究是依照哲学史就是认识史的哲学史观、以逻辑分析的方法研究中国哲学史这一范式的拓展和深入，因为范畴作为哲学思维的基本材料，乃是探究中国哲学发展演进之内在规律的基础和前提。当然，在今天看来，以逻辑概念或范畴为中心的研究所导致的概

①　劳思光：《新编中国哲学史》第1卷，广西师范大学出版社2005年版，第10页。

②　方克立：《方克立文集》，上海辞书出版社2005年版，第154页。

念化或范畴化对于中国哲学自身灵动性的特征表现不足,有其局限性①,
但其所取得的成就无疑仍然值得我们珍视和继承,范畴研究在当下仍是中
国哲学研究的一个重要方法和进路。②

　　张岱年是在现代学科背景下最早开展中国哲学范畴研究的学者,并且
成就卓著。完成于20世纪30年代的《中国哲学大纲》于80年代初再版
发行,在学界产生了不小的影响。80年代末,张岱年又完成并出版了《中
国古典哲学概念范畴要论》一书,对于推进中国哲学范畴研究起到了积极
作用。《中国哲学大纲》写作之时还是中国哲学学科初创的时期,还面临
着中国哲学自身的合法性及其定位的问题,在哲学的理解上,该书在自序
中即坦言,在现代的知识背景下以西洋哲学为标准来理解哲学乃是不得不
然的事情,因而汉儒的术数思想以及中国哲学中的科学思想都不在讨论之
列。全书可以看做是一部叙述中国哲学主要问题之源流发展的中国哲学问
题史,其将哲学界定为"研讨宇宙人生之究竟原理及人事此种原理的方法
之学问"。③ 依照这一定义,该书主要讨论了"宇宙论"、"人生论"、"致
知论"三个部分,虽然其已经注意到中国哲学还包括"修养论"和"政治
论"的内容,但全书主要集中于前面三个部分,因其"正相当于西洋所谓
哲学"。在研究方法上,该书首先强调要"审其基本倾向",也就是要对中
国哲学主要问题的基本倾向或者说中国哲学自身的特质有所把握,作者特
别注意到"合知行"、"一天人"、"同真善"、"重人生不重知论"、"重了
悟不重论证"、"既非依附科学亦不依附宗教"这些中国哲学的内在特征。
他认为对于中国哲学中根本概念的确切意谓需加以精密的解析,这就是所
谓的"析其辞命意谓",这就要求注意解析法(analytic method)的应用。
作者还认为,今日讲中国哲学最要紧的工作就是要寻出整个中国哲学的条
理系统,即所谓"察其条理系统",但反对以西洋哲学的模式来套用,而
应具体考察中国哲学的固有脉络。此外,哲学史的研究必须注意"辨其发
展源流",即对于概念意谓的变迁与转移、问题的发生与发展、学说的发
展与演变,都应进行细致的考察。基于特定的时代背景,《中国哲学大纲》
的写作表现出明显的哲学的普遍性与中国哲学的本土性之间的紧张关系。

---

　　① 张祥龙:《中国哲学研究方法的多元化》,《中国人民大学学报》2003年第2期。

　　② 黄连忠:《从哲学范畴诠释中国哲学的方法论思维及其系统架构的局限》,《台北大学中文学报》创刊号。

　　③ 张岱年:《中国哲学大纲·序论》,中国社会科学出版社1982年版,第1页。

80 年代末完成的《中国古典哲学概念范畴要论》基本上沿袭了《中国哲学大纲》的框架结构，将中国古典哲学的概念范畴分为自然哲学、人生哲学、知识论三个部分，在内容上更为集中地阐释了中国哲学中的各主要概念范畴。在一定意义上，这一研究可以看做是对 30 年代范畴研究的回归。张岱年以问题为中心的范畴研究在一定的意义上突破了以时间、人物为线索的哲学史研究，对 20 世纪后期的中国哲学研究产生了重大影响。

张立文则强调在中国哲学逻辑结构的整体背景下展开中国哲学的概念范畴研究，成果较为突出。张立文提倡该项研究乃是以 20 世纪 80 年代中国哲学研究的方法论反思为契机的。鉴于此前的中国哲学研究长期教条主义地照搬国外哲学史研究方法，将中国哲学机械地划分为自然观、认识论、方法论、历史观等几大块，忽视哲学家、哲学体系的内在逻辑联系[1]，因而他主张突破抽象分析方法而转向整体系统思维方法，具体而言就是开展中国哲学逻辑结构的研究。所谓中国哲学逻辑结构，是指中国哲学范畴的逻辑发展及诸范畴间的内在联系，以及中国哲学范畴在一定社会经济、政治、思维结构背景下所构筑的相对稳定的逻辑理论形态。[2] 这样，范畴也就成为中国哲学研究的核心。所谓范畴是指体现事物最一般规定性的概念，是人们体认客体的思维形式。与具体学科的范畴不同，哲学范畴有其自身的特征：哲学范畴是高层次和深层次的概括，是相互联系的统一整体，是思维活动的最基本的支点，此外，哲学范畴还具有历史性、辩证性、阶层性等特点，哲学逻辑结构就是诸哲学范畴之间的逻辑联系或结构方式。中国哲学范畴具体可以分为象性范畴、实性范畴以及虚性范畴，这些范畴之间既存在历史的顺序也存在逻辑的次序，其相互之间的结构关系正体现了哲学范畴的螺旋式发展。就研究方法而言，张立文强调应注意从方面分析、阶段分析、层次分析、中介分析等方面对范畴进行具体而深入的研究，同时还应遵循历史与逻辑相统一的原则，注意从纵向和横向两方面对范畴进行历史性的研究。张立文的哲学逻辑结构研究还有一个突出的特点就是，提出中国哲学逻辑结构范畴诠释学的观念，即对哲学范畴作具体、义理、真实三层次的句法、语义、网状、时代、历史、统一六层面的

---

①　张立文：《中国哲学逻辑结构论》，中国社会科学出版社 2002 年版，第 3 页。
②　同上书，第 5 页。

诠释，以揭示哲学范畴的本意、义理蕴涵和整体本质。①《中国哲学逻辑结构论》可以说是作者对以范畴为中心的中国哲学逻辑结构研究所作的方法论反思，后来的《中国哲学范畴发展史》则是相关思考的进一步展开，张立文主编的《中国哲学范畴精粹丛书》也是在这一研究模式下进行中国哲学史研究所取得的重要成果。同样，葛荣晋也是在这一思想背景下开展中国哲学范畴史研究的，1986 年即出版了《中国哲学范畴史》一书，在该书的基础上又著有《中国哲学范畴导论》（首都师范大学出版社 2001 年版）一书，先后在台湾和大陆地区出版。葛著基本上是依照天道、人道、天人关系这三个方面划分中国哲学诸范畴，在研究过程中注意到中国哲学概念、范畴的层次性、历史性、两重性（矛盾性）、曲折性等特征，材料十分翔实，对各重要范畴都有较为细致的梳理。此外蒙培元的《理学范畴系统》是以"理学范畴"为中心的哲学断代史研究，方克立的《中国哲学史上的知行观》则是对中国哲学史上的特定的单一范畴或问题进行历史性的研究，都产生了一定的影响。

港台学界以问题或哲学范畴为中心的哲学史研究，最具代表性的成果无疑是唐君毅的《中国哲学原论》，是书分《导论篇》、《原性篇》、《原道篇》、《原教篇》四部，共 6 册，逾 200 万字。全书出版于 1966—1975 年，但随着 80 年代以后对外开放政策的实施，其对中国哲学范畴史的研究产生了不小的影响②，2005 年该书在大陆地区的出版使得学界对其予以更多的关注。唐君毅于 30 年代在南京中央大学任教时即开设有"中国哲学问题"的课程，其时即尝试"就中国哲学诸问题，分别加以论述，意在以哲学义理发展之线索为本，而以历史资料，为之佐证"③，但因深感难以将一哲学家各方面之思想孤立而论，这一写作计划亦随之弃置。30 年后，渐以依名辞与问题为中心，以贯论中国哲学，较之写作一部中国哲学史更为当务之急，《中国哲学原论》之作即源于此。要说明和清理中国哲学史上的重要范畴和问题，唐君毅强调首先应本诸文献之考订及名辞之训诂，同时还应就义理之本身，以疏通其滞碍，而实见其归趣。名辞训诂与文献考订有其局限性，因而应在"训诂明而后义理明"的原则之外再辅之以"义理

① 张立文：《中国哲学逻辑结构论》，第 74 页。

② 方克立：《方克立文集》，上海辞书出版社 2005 年版，第 157 页。

③ 唐君毅：《中国哲学原论·导论篇（自序)》，中国社会科学出版社 2005 年版，第 1 页。

明而后训诂明"的原则，因为义理本身有其永恒性和普遍性，并无古今中外之隔，可以救名辞训诂与文献考订之困，同时其他民族之哲学亦因之而有参照之价值。但也不能以某种外来的哲学义理或个人主观化的义理来宰割"昔贤之言"，"使中国哲学徒为他方哲学之附庸，或为吾一人之哲学之注脚"，而"欲去此中之弊，唯有即本文献，以探一问题之原始，与哲学名辞义训之原始；亦进而引绎其含义，观其含义之演变；并缘之以见思想义理之次第孳生之原"。① 文献与义理在处理哲学问题时需要相互配合，而不能有所偏废，这是《中国哲学原论》的重要特征之一。此外，作者固然十分注意哲学义理本身的普遍性与永恒性，故而主张中西哲学之间的比较研究，但也极为强调不能简单以西方哲学为标准来伤害中国哲学自身的独特性。其反对"唯以西方之思想为标准，幸中国前哲之思想与之耦合，而论中国前哲之思想"的学风②，西方哲学之于中国哲学研究的意义只在"旁通"，不能成为衡定中国哲学的唯一定准。基于这样的方法论原则，《中国哲学原论》对理、心、性、名、辩、言、致知、格物、太极、命、道等中国哲学中最为核心的概念范畴，作了极为深入细致的分析和讨论，该书可以说是一部以哲学问题或哲学范畴为中心的中国哲学史巨著。

以上著作反映了 20 世纪 80 年代以来中国哲学史通史研究以及以哲学问题或范畴为中心的哲学史研究的基本面貌，奠定了这一时期中国哲学研究的基本范式，反映了这一阶段中国哲学研究的风格与特征，这一研究范式自身所存在的局限在其中也有较为集中的表现。近年来中国哲学研究不断深入和精细化，在人物以及思潮、问题研究等方面取得了大量学术成果，同时中国哲学自我定位及方法论等相关问题的讨论也越来越深入和具体，这就使得对此前研究范式作深层次的检讨成为必要，在此基础上重新建构中国哲学史，进而确立新的研究范式，也因而有其必要性和可能性。

第三节　中国哲学主体性与范式重构

中国哲学主体性与范式重构可以说是 21 世纪以来学界讨论最为激烈的学术热点之一。这一讨论始于 21 世纪初"中国哲学合法性"问题的提

---

① 唐君毅：《中国哲学原论·导论篇（自序）》，中国社会科学出版社 2005 年版，第 2 页。
② 唐君毅：《中国哲学原论·原道篇一》，台湾学生书局 1978 年版，第 9 页。

出，经由对已有范式的检讨与反思及以"反向格义"问题为中心的方法论思考到"重写中国哲学史与中国哲学学科范式创新"的探索。该讨论已发展为从学科自身定位、方法创新、范式转换等多层面对中国哲学（史）学科所作的一次整体性反思，到目前为止这一讨论仍在进行之中，这无疑将从根本上影响中国哲学的未来走向。正是在这一意义上，我们说2001年至2009年这一阶段是"重建'中国文化'的根源性与'中国哲学学科'的自主性或主体性的时期"。① 通过梳理相关文献，我们不难发现这一讨论自身的发展脉络。20世纪初中国哲学学科的创制既是中西文化碰撞下的产物，同时也是传统学术的自我转化和发展。中西哲学古今之间的巨大张力使得由胡适、冯友兰等学者所创立的依附、模仿西方哲学的"以西释中"的学科范式一开始就面临诸多的内在困难，随着学科意识的不断加强以及多元文化时代的来临，这些隐含的内在矛盾对中国哲学学科发展的制约作用也就突出地表现出来，所谓"中国哲学合法性"问题的讨论即是对以往研究范式的不满和质疑，其中根本之处就在于中国哲学主体性的丧失。这一讨论使得这些深层矛盾及其根源得以被揭示出来，但对以往范式的批评的目的绝不在于简单的否定，毋宁说是通过对困境的深层分析以寻求突破困境的出路。随着讨论的深入，问题也就自然转向如何确立中国哲学学科新的研究范式，由之更是引申出探寻"重写中国哲学史的各种可能的模式和话语"的问题。确立新范式的关键无疑在于中国哲学研究方法论的反思和突破，"中国哲学诠释学"、"反向格义"等问题的讨论即是中国哲学研究者在方法论上之自觉意识的一种体现。

一　中国哲学的合法性及其主体性

中国哲学的合法性问题在中国哲学学科创制之初即已存在，除傅斯年等人直接否认中国有哲学的存在之外，章太炎、蔡元培等在论及"中国哲学"时无不表现出无奈之感。② 即便是以其两卷本《中国哲学史》为中国哲学学科奠定经典范式的冯友兰，虽然认定西洋所谓哲学与中国的义理之学约略相当，但仍承认两者之间的差别，且"就事实言"只能依西洋哲学

---

① 秦平、郭齐勇：《中国哲学研究30年的反思》，《哲学研究》2008年第9期。
② 参见葛兆光《为什么是思想史："中国哲学"问题再思》，《江汉论坛》2003年第7期。

之标准撰述中国哲学史①，这也就是金岳霖所谓的"在中国的哲学史"。冯友兰面临的困难就在于，面对民族现代化的大势，如何"整个引进近代西方学术体系和学科体系"。② 而所谓的古今中西之异在这里表现得极为尖锐。这一潜在的困难在理论上并未得到充分解决，随着民族文化主体性的觉醒，哲学的普遍性与文化的民族本位性之间的矛盾也就突出地展现出来。就此而言，以中国哲学学科已然存在的既定事实认为"合法性"的提法不过是一个不当的问题或"假问题"的简单化处理③，将遮蔽这一质疑背后所包含的意义结构。事实上，"中国哲学的'合法性'问题研究"被《学术月刊》与《文汇读书周报》联合评选为"2003 年度十大学术热点"之一，不少学术刊物都组织了笔谈或是刊载相关讨论论文。④ 甚至有论者认为："中国哲学的合法性问题，是中国哲学的百年回顾，是中国哲学与西方哲学的历史挑战，是中国哲学真正走向世界的历史性大反思。"⑤

　　中国哲学合法性问题的讨论首先涉及的无疑是中国哲学的定位问题。这一问题亦可表述为，在传统中国学术思想史中，现在被称之为"中国哲学"的那部分内容能否被界定为哲学，或者说中国哲学史的叙述模式是否适合用来诠释传统中国学术思想。明确持否定态度的是葛兆光，"其实何止名称，古代中国没有'哲学'这种名称，也没有恰合'哲学'这一名称的意义的知识、思想与学术"。因而依葛兆光的看法，应该以更具包孕性质的"思想史"的叙述模式来取代"哲学史"的叙述模式。⑥ 其实，钱穆于 20 世纪 50 年代即已表达过类似的看法，其较为强调中西思想之间的差异，主张"我们该从中国思想之本身立场来求认识中国思想之内容，来求中国思想本身所自有之条理组织系统，进展变化，与其派别之分歧"。⑦ 这种立场有其合理性的一面，即对中国思想的特殊性有较强的自觉意识。不过以"思想史"取代"哲学史"的处理方式，虽然可以毫不费力地扫除不

---

　　① 冯友兰：《中国哲学史》，华东师范大学出版社 2000 年版，第 6 页。

　　② 陈来：《关于"中国哲学"的若干问题浅议》，《江汉论坛》2003 年第 7 期，第 22 页。

　　③ 刘笑敢：《诠释与定向：中国哲学研究方法之探究》，商务印书馆 2009 年版，第 416 页。

　　④ 有关中国哲学合法性问题的论辩过程更为具体的介绍，可参见邢贲思等主编《新时期中西哲学大论辩·中国哲学的合法性问题》，百花洲文艺出版社 2006 年版。

　　⑤ 陈志良：《论当代中国哲学研究中的前沿问题》，《中国人民大学学报》2003 年第 3 期，第 75 页。

　　⑥ 葛兆光：《思想史的写法：中国思想史导论》，复旦大学出版社 2004 年版，第 6 页。

　　⑦ 钱穆：《中国思想史·自序》，台湾学生书局 1988 年版，第 9 页。

少麻烦，但将更为加剧中国哲学自身所面临的危机。因为"哲学史"研究除了"史"的考察之外更有"哲学"的探究，后者探讨的重点在于普遍性层面的问题，单纯的"历史化的叙事"将极大地限制对传统中国思想中能够超越特定历史脉络的、具有普遍价值的观念的发掘。[①] 更多的学者则主张从"共相"与"殊相"或"家族相似"的角度来理解"哲学"与"中国哲学"的关系，陈来、彭国翔、韩东晖等均持这一观点。这一立场可以很好地避免对哲学的本质主义和西方中心主义的理解并凸显中国哲学的特异性，将中国哲学与西方哲学、印度哲学等平等对待，但这在很大程度上亦使得哲学的概念变得模糊不清。在这一点上，台湾学者劳思光的相关思考或许更有建设性和启发性。劳思光基本上认为不可能对哲学给出本质定义（Essential Definition），然而这并不意味着哲学无从界定，依劳思光的看法，哲学思考总带有其自身的特性，即反省的性质，这样也就可以从思考方式的角度将哲学界定为"哲学思考是对于（a，b，c……）的反省思考"。这样一种开放性的哲学概念具有两个优点：一方面可以确定哲学论说的一般范围，另一方面留下哲学思考的开放的向度。[②] 由此所建立的具有"统摄性"的哲学概念，既能将哲学与其他的学问区别开来，同时也为中国哲学自身寻得合理的定位。中国哲学合法性问题讨论的关键不再是以西方哲学为中心、标准来衡量中国哲学是否合法，而是通过创构一种更具"合理性"和"包容性"的哲学概念，以丰富哲学自身的内涵，力图突破西方中心主义的哲学观，以安立能够真正彰显中国思想文化特色之"中国哲学"的合法性。这无疑表达出一种民族文化主体性的诉求。由中国哲学学科创制之初复制、模仿西方哲学之"不得不然"的无奈，到今日学者们在发展一种"广义哲学"的基础上重新定位中国哲学，力图平等地参与跨文化的哲学对话，根本上就是中国哲学主体性觉醒的一个重要标志。百年来中国哲学研究者的努力应该能使中国哲学发展成为世界哲学研究的一个组成部分，而这无疑也是中国哲学研究者们的共同愿望。[③]

---

① 马恺之即意识到，葛兆光所试图完成的纯粹中国式的叙事，将终究无法超越中国哲学脉络的制约，以中国传统为一种"研究对象"，将使得在中国哲学史的土壤上追求一种超越一切历史制约的哲学意识成为不可能。参见马恺之《历史性、哲学与现代性的命运：劳思光的〈中国哲学史〉与列奥·施特劳斯》，《国立政治大学学报》第 22 期。

② 劳思光：《对于如何理解中国哲学之探讨及建议》，《思辨录》，东大图书股份有限公司 1996 年版，第 9 页。

③ *History of Chinese Philosophy*，Edited by BoMou，Routledge，2009，p. 63.

　　合法性问题最初关涉的是对以往"中国哲学史"写作方式的反省与检讨①，即对以西方哲学的框架、形式剪裁中国思想材料以建构中国哲学史之正当性的追问。既往的研究范式之所以会遭到质疑，根本上就在于这种"以西释中"范式下的中国哲学研究不能充分彰显中国哲学自身的特质，甚或是使其隐而不显，因而学界普遍要求在研究方法和范式上摆脱长期依傍、临摹西方哲学的状态。虽然有学者认为以往"援西入中"的研究模式有其正面的、积极的效应，因而强调其合理性与必然性的一面②，但在前提上无不肯定任何方法的应用都应该力求真实而完整地展现中国哲学的本来面目。研究西方哲学的一些学者对以往的研究范式表现出强烈的不满，批评十分尖锐，有些学者则持一种更为审慎的态度，强调所有经验都值得珍视。③ 质疑的目的在于，如何确立一种能够彰显中国哲学自身的问题意识和义理结构的研究范式，这同样是对回归自身的文化传统、凸显中国哲学主体性的一种诉求。在广义的"中国哲学史"研究范畴之下，包含经典研究和理论创构两方面内容，因而在合法性问题的讨论中，不少学者将关注的目光逐渐转向"中国哲学"的理论创新上面来。越来越多的人注意到，中国哲学研究逐渐沦为一种单纯的哲学史研究，这样"哲学就退化为一种技术性活动，而不可能为这个时代提供思考的基础"。④ 中国哲学的理论创新固然应该以中国哲学史研究为前提和基础，但哲学研究更应该回应现时代所提出的诸多具有根本性的重大问题。单纯事实层面的"史"的研究并不能解决这些难题，这就要求中国哲学研究在承续传统智慧的基础上实现自身的转化和创新，积极建构中国哲学的当代形态，如此中国哲学方能真正成为一种能够面向未来的"活的哲学"。⑤ 只有在传统资源与时代问题之间寻得连接点，哲学史研究与中国哲学自身的理论创构也才内在地关联在一起。所谓中国哲学的合法性危机很大程度上即是对中国哲学之"哲

---

　　① 郑家栋：《"中国哲学之合法性"问题的由来、实质及其对于相关问题的期望》，《北京行政学院学报》2005 年第 1 期。

　　② 彭国翔：《中国哲学研究方法论的再反思："援西入中"及其两种模式》，《南京大学学报》2007 年第 4 期。

　　③ 郭齐勇：《中国哲学：保持世界性与本土化之间的必要的张力》，《天津社会科学》2004 年第 1 期。

　　④ 干春松：《从方法选择到转向问题意识：对"中国哲学合法性"问题的一种解读》，《江汉论坛》2003 年第 7 期，第 38 页。

　　⑤ 劳思光：《虚境与希望：论当代哲学与文化》，香港中文大学出版社 2003 年版，第 5 页。

理性、思想原创性和活的历史文化之精神生命意义的缺失"① 的一种深层次的焦虑。超越中国哲学合法性危机的关键就在于，经典研究与理论创构两方面在回归中国文化传统之根源性智慧的基础上实现自身的突破、发展。随着讨论的深入，前者逐渐转进为重写中国哲学史与范式重构问题的讨论。

中国哲学合法性问题的讨论，表面上看似乎是中国哲学研究所面临的一次危机，而其背后所包含的则是学科意识的高度自觉和彰显中国哲学主体性的诉求，因而该讨论根本上来讲是积极的和建设性的，是对中国哲学未来走向的一次集体性的反思和探求。"对于'中国哲学合法性'问题的探讨以及其他一系列的相关论说，都可以说是反省与检讨'如何建立中国哲学主体性'这一问题的不同层面与不同角度的表现。"② 真正实现"从哲学现代性到哲学的中华性和本真性"的转化，才是解决中国哲学合法性危机的根本途径。

二　重写中国哲学史与范式重构

重写中国哲学史的呼声可以说是超越中国哲学合法性危机在实际研究层面的反映，其要求通过确立新的研究范式以突破既有范式的诸多局限和弊病。中国人民大学举办的"重写中国哲学史与中国哲学学科范式创新"学术研讨会以及多篇高水准相关学术论文的刊发将问题的讨论推向深入，对中国哲学观、中国哲学研究方法论等问题的讨论都极具建设性。

重写中国哲学史与范式重构的核心就在于创构并确立一种新的哲学观。不少学者都意识到，既往的中国哲学史叙述以及中国哲学研究之所以存在种种的缺陷、弊端，很重要的一个原因就在于对哲学以及中国哲学的理解存在不合理之处。无论是胡适、冯友兰以西方哲学为普遍的削足适履式的中国哲学史写作模式，还是以唯物唯心两军对阵等完全产生于西方的思想原则作为解释原则的中国哲学史写作模式，都对中国哲学构成了极大

---

① 李景林：《文化之"根"与中国哲学的合法性问题》，《北京行政学院学报》2004 年第 2 期，第 66 页。

② 彭国翔：《合法性、视域与主体性：当前中国哲学研究的反省与前瞻》，《江汉论坛》2003 第 7 期，第 39 页。

的伤害，遮蔽了中国哲学的自性。① 某一研究范式的创立本质上都必须以相应的哲学观和哲学史观为前提和基础，在哲学理解上的偏差甚至是哲学上的"无观"状态均将极大地限制和制约中国哲学史的书写，深度性的哲学观和哲学史观的确立是突破现有困境的关键之处。需要注意的是，哲学观的确立并非凭空臆造，我们对中国哲学的理解与传统思想和经典文本之间其实存在某种"诠释学循环"的关系，特定的中国哲学观必然影响我们对传统思想和经典文本的解读，反过来我们对中国哲学的理解很大程度上又取决于我们对传统思想与经典文本的认识程度。在讨论中，多数学者都意识到，"理解和解释中国哲学的'视域'和'范式'，必须与中国哲学的文本进行双向的、复杂的意义运动，即必须经过从视域和范式到文本、再从文本到视域和范式的反复交谈和对话"。② 此外，与西方哲学平等而良性的对话也一样能够深化我们对中国哲学自身的理解和把握。因而，构成一种研究范式之核心的中国哲学观，乃是对"传统资源"、"哲学"、"西方哲学"这三者作相互理解的结果。③ 也只有对中国哲学真正做到了相应的了解，才能实现在中国哲学史书写范式上从"外在化"向"内在化"的转变。④ 具体而言，中国哲学的基本特征、思想主题、思维方式、各思想派别及其演进、中国哲学的当代价值等都应该包含在所谓的中国哲学观当中。当然应当避免对这些问题作本质主义的理解或给出某种唯一性的解答；相反，应该取一种多元开放的立场，在多元哲学观的引导下不断接近中国传统的哲学智慧，深化和丰富中国哲学的研究。

在一定的意义上，我们可以说中国哲学合法性、重写中国哲学史及范式重构等问题的讨论都是围绕中国哲学探究的方法所进行的反思。与之相关的"逆格义"或者说"反向格义"的问题近来亦成为学者所讨论的热门话题之一。针对"五四"以来对中国哲学的粗暴的、情绪化的简单化处理，学界普遍认识到中国哲学史的研究首先应该做到同情的理解和相应的

---

① 张汝伦：《中国哲学的自主与自觉：论重写中国哲学史》，《中国社会科学》2004 年第 5 期。

② 王中江：《中国哲学的"原创性叙事"如何可能》，《中国社会科学》2004 年第 4 期，第 49 页。

③ 郑宗义：《论二十世纪中国学人对于"中国哲学"的探索与定位》，《中国哲学史》2006 年第 2 期。

④ 李翔海：《重写中国哲学史的问题向度与方法意识》，《中国社会科学》2004 年第 6 期。

诠释①，客观的学术立场、谦虚谨慎的研究心态应该说是一切学术研究的前提和保障，对于长期受意识形态影响的中国哲学史的书写和研究来说，这一点无疑显得尤为重要。此外，研究方法在很大程度上是由研究对象本身的特性所决定的，因而在中国哲学研究方法的选取上必须以凸显中国哲学的特异性及其自主性为标准。相对于中国传统哲学非逻辑化的智慧形态而言，西方化的、逻辑的和科学的研究方法的局限性十分明显，这就使得突破以往单一化的研究方法的呼声越来越强烈，并强调在鼓励复活各种古代研究方式的同时尽量汲取西方哲学中能够与中国古代思想进行生动对话的新方法和新思路。② 中国哲学诠释学的创构以及现象学方法的借鉴等等，都是通过研究方法的革新超越以往研究范式的重要尝试。

　　强调中国哲学的主体性，检讨和反思以往"以西释中"式的研究范式所存在的弊病，并非要坚持一种狭隘的民族主义立场。学者们普遍认识到，在中西文化不断交流和融合的今天，完全排斥西方文化的影响而回归到一种"纯粹的"中国哲学不但不可能，而且也无必要。不少汉学家，如葛瑞汉、陈汉生、安乐哲等，取一种"脉络主义"或"情境主义"的立场，特别强调中国哲学的独特性，夸大中西文化之间的不可通约性，这固然可以在很大程度上摆脱"西方中心主义"的思维模式，但也极大地限制了中国哲学研究的视阈。哲学研究不只是对客观事实的描述，更有一种普遍性的诉求，因而中国哲学的研究固然首先是"中国的"，但也应该是"哲学的"、具有普遍性的，过分强调中西哲学的差异，"即等于说哲学必须放弃普遍性的要求，因而甚至是不可沟通的，这无异是哲学的自杀"③。全球一体化的趋势使得中国哲学也必须走向世界化，因而劳思光主张应当在"China in the world"的立场上来谋求中国哲学的未来发展，并由之提出中国哲学研究之开放的二分法，即一方面要把中国哲学融入世界哲学之中，另一方面又不致丧失中国哲学固有的特性。④ 因而，就方法论和新范式的创构而言，比较哲学研究以及"中、西、马"之间的哲学对话仍然是

---

　　① 郭齐勇：《中国哲学智慧的探索》，中华书局 2008 年版，第 25 页。

　　② 张祥龙：《中国哲学研究方法的多元化》，《中国人民大学学报》2003 年第 2 期。

　　③ 李明辉：《当代中国哲学研究前景》，《"劳思光思想与中国哲学世界化"学术研讨会论文集》，（台湾）行政院文化建设委员会 2002 年版，第 242—244 页。

　　④ 劳思光：《虚境与希望：论当代哲学与文化》，香港中文大学出版社 2003 年版，第 164—165 页。

未来中国哲学研究的重要方法和范式。事实上，只有在不断扩大自身视阈的同时，在与西方哲学进行深度互动与交融的过程中，确立中国哲学的主体性才是可能的，缺少与非中国哲学之间的比照、对话，也就无所谓中国哲学之主体性的问题了。如何在中国哲学的研究中保持世界性与本土化之间的必要张力，乃是中国哲学范式重构所必须考虑的关键之点。

重写中国哲学史与重构中国哲学范式，还必须注意厘清哲学史与思想史、学术史及文化史在研究范围、对象、方法上的区别。中国哲学更重视哲学形上学与哲学基本问题的探讨，不能仅停留在文献考证与学术史的层面。史的考察最终仍要面对现实和未来，在发掘中国哲学特有的问题域的同时，应注意阐明其与时代的互动关系，如此才能在揭示传统哲学智慧的过程中自觉地承续和转化这一智慧传统，进而积极建构中国哲学的当代形态。由之，经典文本的阐释与中国哲学的理论创构也就内在地关联在一起了。这样，我们所得到的就不只是有关中国哲学的知识和解释，同时也是能够回应现时代所面临之困境的具有启示性的意义、价值。[1] 对中国哲学之合法性及由之衍生出来的中国哲学主体性和范式重构等问题进行一般性的讨论，对于未来中国哲学研究无疑具有重要的引导性作用，但是要真正突破当前的困境、提升中国哲学研究的学术水准，更要求我们对中国哲学各方面作更为具体、细致而深入的研究。以当前中国哲学学科的自我检讨和反思为契机，我们有理由相信，未来的中国哲学研究无论是在经典研究还是在理论创构方面都将取得重大突破。

---

[1]　王中江：《中国哲学的"原创性叙事"如何可能》，《中国社会科学》2004 年第 4 期。

第四章　先秦哲学研究

作为整个中国哲学发展历程的源头，先秦哲学不仅内容极其丰富，而且是其后诸多流派和几乎所有最基本的哲学问题的源头所在，因此长期以来一直是中国哲学史研究中的重中之重。而在这之中，关于儒、道、墨三大显学的研究又占有更大的比重和更主要的地位。这种研究既是历史传统的传承和延续，更是一种更新和发展，理所当然地打上了时代的烙印，融入了新的时代精神。正如现实的历史进程一样，这一过程也曾波澜起伏、曲折反复，但经过几代学者的不懈努力，先秦哲学的学术研究最终获得了极大的拓展和深化，实现了一系列质的飞跃，在中国哲学发展史上写下了浓墨重彩的一章。

第一节　儒家

在中国历史上，特别是晚清以来，每一次时代更替都伴随着对长期以来一直享有独尊地位的儒家思想的重新认识和评价，甚至以之为先导。20世纪 50 年代以来，现实社会和思想文化上的巨变也必然反映到这一方面，儒家思想无可避免地被卷入时代潮流的中心，成为思想文化舞台上一个不断变换的重要角色，从学术争论的热点主题，到"文化大革命"期间沦为思想斗争的对象，再到改革开放之后重新成为中华文明的标志，60 年来随着时势的变迁而跌宕起伏，始终是人们关注的焦点。

一　孔子（孟子）研究的曲折历程

如果说，在关于中国古代哲学的各个流派的研究评价方面，这一时期变化起伏最剧烈的莫过于儒家的话，那么，这种沉浮转变又最集中而突出地体现在对儒家宗师孔子（以及孟子）思想的认识和评价上。从 1949 年至今，孔子思想一直是中国哲学研究的热点所在，各种不同立场、不同层次的关于孔子的论著浩如烟海，无论是就其规模数量来说，还是就其庞杂歧异程度而言，都不会有哪一个人物甚至学派能出其右。孔子不仅被当做儒家思想的代表，而且被视为中国传统文化的象征而成为人们激烈争论的对象，其兴衰演变历程既是这一时期儒家文化命运的缩影，也堪称共和国精神文化历史的缩影，从中可以真切地感受到当代中国社会发展的每一次脉动。

（一）研究范式的转变（1949—1965 年）

新中国成立之初，关于孔子及儒家的研究曾经一度较为沉寂。直到 20世纪 50 年代中后期才开始逐步活跃起来，关于孔子、孟子及儒家哲学思想的论文开始出现于各种新创办的报纸杂志上，吉林、上海、广东、安徽、山东、曲阜等地先后举办了孔子及儒家思想研讨会，在此基础上，1962 年 11月在济南召开了首次规模宏大的全国性孔子学术会议，来自全国各地的 160多位学者与会，由此形成新中国成立后第一个孔子与儒家研究的高潮。

这一时期孔子研究的最深刻的变化和最根本的特征无疑是研究范式的转变。随着世界观改造进程的不断深入，越来越多的学者开始自觉或不自觉地检讨并逐渐放弃传统国学研究模式，对"五四"新文化运动以来出现的以胡适等为代表的各种研究立场和方法展开清算和批判，转而运用辩证唯物主义和历史唯物主义理论和方法解析评判孔子哲学思想及其意义。按照这一范式，将孔子思想分解为本体论（自然观）、认识论及道德、历史观等不同的层面，以唯物主义与唯心主义、辩证法与形而上学的哲学路线为准绳，对孔子学说的阶级属性与历史作用、孔子哲学思想的核心、性质及其意义等一系列问题展开彻底的剖析，进行性质判别。这一时期关于孔子的研究和争论基本上是围绕着这些问题而展开的。而在这当中，如何运用马克思主义的阶级分析观点来分析评价孔子的"仁"的概念又占有更突出的位置，很多论著以及观点分歧都集中在关于这一主题的探讨上。

如何树立和贯彻这一新的范式，任继愈关于孔子与孟子思想的研究在一定程度上起到了先导和示范作用。他最先明确提出，要研究清楚孔子的学术思想，必须要有科学的方法，这个正确的指导方法就是马克思主义的立场和方法，即以阶级分析的方法和矛盾统一的"两分法"来深入分析孔子思想的实质，重新认识和评价其理论与实践意义。他对孔子的"天"与"仁"的分析就是按照这一模式进行的。他认为，孔子的"天"主要是一种有意志的主宰，对"命"既有怀疑，更有敬畏，因此虽有怀疑主义的因素，但本质上乃是唯心主义的。孔子的"仁"更是充满着矛盾：一方面，孔子认为"仁"的实现无须外求，全靠人自身的主观自觉和努力，这无疑具有唯心主义的缺陷；而且，孔子将"仁"视为超越阶级差别和对立之上的抽象的"爱人"，这显然是虚幻的，具有一定的欺骗性；但另一方面，孔子"仁"的思想在中国哲学史上也具有积极意义。通过"仁"这一道德范畴，孔子第一次提出了调整统治阶级内部矛盾的原则，这是一大突破。这一突破，标志着人类除了在改造自然中逐步加深了对自然界一般规律的认识外，也通过社会活动逐步加深了对人与人之间关系的认识；其错误则在于，孔子不适当地抬高了"仁"的地位，把"仁"夸大为指导生活、处理事务的普遍原则和可以终身行之的绝对真理。不难看出，任继愈的这一评判在肯定孔子思想具有一定积极意义的同时，更多的是持批判态度。这一态度后来逐渐成为孔子研究中占主导地位的基本倾向。

而另外一些学者则在承认孔子思想的封建性和阶级局限性的同时，侧重于强调其积极的一面。孙长江认为，孔子所说的"天"或"命"，更多的属于"自然之天"，指的是自然界和人类社会的演变规律和趋势，它表明孔子力图破除此前关于有意志之"天"、"命"的宗教神秘色彩，赋予其一种唯物主义的解释。高亨等学者则通过对孔子"仁"、"礼"思想实质的深入分析，着重发掘和揭示孔子思想的普遍意义。他提出，孔子"仁"的实质不是别的，乃是忠恕之道，忠是己所欲施于人，即"己欲立而立人，己欲达而达人"；恕是"己所不欲勿施于人"。仁与忠恕是孔子思想"一以贯之"的主线，是孔子思想的核心所在。这种体现为忠恕之道的仁即是以爱己之心爱人，求得人我的和谐共利。当己与人的利害发生矛盾时，则要求志士仁人不能为了追求个人的生存而损害仁，而要牺牲个人的利益乃至生命而成就"仁"；孔子的"礼"论与人学观点虽然对平民特别是妇女怀有偏见，但其归结点在于安民、利民、富民与教民，"博施于民而能济众"，倡导仁政，造福百姓。高亨提醒人们，评价这些思想主张，应该真正遵循马克思主义观点，将历史人物及其思想放在当时的历史条件下来认识评判，这样就无疑会认识到孔子主张的积极意义；不仅如此，他所倡导的牺牲自己的利益，成就别人、集体与国家，甚至杀身也在所不惜的道德理想，更是一种崇高的精神品质，它作为中华民族精神的重要组成部分，将永远具有巨大的教育和感召意义，值得大力弘扬。

在关于孔子研究的这一历史变革过程中，最有代表性的无疑是冯友兰关于孔子的研究及其立场、观点的几度转变。作为一位有着自己特有的哲学体系并对孔子与整个中国哲学有着精深造诣的哲学家，在"文化大革命"之前，冯友兰是以理性、独立的学术探索精神来认识孔子与中国传统文化遗产问题的。在《论孔子关于仁的思想》、《再论孔子》和《孔子思想研究》等一系列论文中，冯友兰对孔子的政治态度及阶级立场、孔子"礼"的思想、"天"的思想、"仁"的思想、教育思想与思想方法、对于殷周以来文化的整理与发展以及孔子在中国历史上的地位等各个方面，进行了全面精辟的总结分析，对各种表面化或片面化的观点进行了质疑批评。他认为，孔子和他所创始的儒家，作为从奴隶主贵族转化过来的地主阶级利益的思想代表，其政治路线基本上是改良主义的，这种进步性决定了孔子一生的思想和行动更多的具有积极意义；孔子所讲的"周礼"本质上不再是奴隶制社会的上层建筑，而基本上是封建社会的上层建筑，其根本内容是"爱人"；孔子的"天"虽然不乏神秘的、唯心主义的思想因素，但他破除了人格神的宗教迷信，将原有的带有人格神色彩的"天"改造成"自然之天"，这在古代无神论的发展史上是一大进步，标志着从有神论到无神论的飞跃，同时也凸显了人的主体能动性；对于作为孔子理论最根本核心的"仁"的思想，冯友兰进行了透彻的解析，并予以高度评价："仁"在孔子的整个思想体系中下与"礼"、上与"天"相贯通，其中蕴涵着深刻的民本和人道主义的倾向：孔子"仁"的学说的基本内容就是"爱人"、"忠恕之道"与"克己复礼"。"爱人"和"忠恕之道"，意味着对"己"之外他人的独立意志与共同人格的承认和尊重，主张具体的人与人之间应有一定的平等关系；虽然孔子也主张"爱有差等"，但就其普遍性的形式说，这个"人"乃是指的所有的人；其"仁"德是以重视有血有肉的具体个人为前提，建立在正视和肯定个人情感欲望的基础之上的，因此既是当时新的生产关系的反映，更具有超越单纯阶级局限的普遍意义……基于这一系统的论证，冯友兰的结论是：作为古代中国最早的学术流派的创立者和第一个提出了比较系统的理论体系的伟大思想家，孔子的哲学观点标志着古代思想开始从神权的束缚中解脱出来，他高度弘扬人的价值，从人出发观察和认识问题，并将此确立为一种自觉的具有人文精神的世界观，这对于中国文化乃至人类文化都具有重要意义。① 这种辩证

---

① 冯友兰：《再论孔子》。参见冯友兰《中国哲学史新编》第 1 册，关于孔子的论述，人民出版社 1962 年版。

而具体的分析及研究结论集中反映在其 1962 年出版的《中国哲学史新编》（第 1 册）关于孔子和初期儒家的论述中。

与这种实事求是的矛盾分析方法相对应，冯友兰针对当时学术界对孔子及儒家文化的片面甚至全盘否定的做法，提出要以"同情的理解"即客观分析的态度正确分析和估价孔子思想，而不应该用教条主义的方法来对待孔子。首先，必须把孔子本人的思想和以后发展的儒家思想（孔子主义），把孔子思想在孔子时代所发生的作用和影响，与后来特别是秦汉以后儒家思想所发生的作用和影响分别开来；其次，哲学史家必须以历史主义的精神，对于孔子时代的具体情况和孔子本人的思想作具体的分析。如果采用教条主义的方法不加辨析地笼统视之，就只能导致对孔子思想的歪曲。虽然后来随着时势的演变，冯友兰的观点有很大的改变，但从其个人思想发展的整个过程看，这应该属于他通过深入研究后所形成的真正立场和观点。应该说，这些观点可谓真知灼见，代表着当时孔子研究的最高水平，对于人们更好地认识和领悟孔子思想的实质与理论价值具有重要的启迪和警示意义。

关于先秦儒家的另外一位重要奠基者孟子哲学思想的研究，基本上遵循着同样的模式。与孟子对孔子的师承关系相对应，这一时期关于孟子思想的研究基本上就是关于孔子研究的立场和观点的延伸和拓展。在很多批评者的笔下，往往直接将孔（子）与孟（子）并称、视为一体，因此，在很大程度上可以将这一主题归入孔子研究这一大的范畴之内。直到"文化大革命"之前，关于孟子思想的研究特别是争论主要集中在两大方面：其一是关于孟子的阶级属性及思想价值的评判问题。与其关于孔子思想的评判基调基本一致，任继愈认为，孟子的性善论实质上是将本阶级的特性误认为全人类的普遍人性；其仁政思想虽然有缓和阶级矛盾的作用，但并不符合社会发展趋势；其所谓"劳心劳力之分"本质上也是为剥削制度辩护的。而梁启雄和杨向奎则提出，孟子的仁政思想号召减轻对人民的剥削与压迫，使人民有足够维持生活的恒产，统治者应"与民同乐"，这对于推动社会发展有一定积极意义；更可贵的是，孟子主张民为邦本，君主应征求民意，顺应民心，这是君主得天下和治天下的根本基础和依据，如果暴君肆虐无道，人民就有权加以推翻。这种富于人民性、以民为本的思想，在先秦诸子中并不多见，更具有普遍的进步意义。其二是关于孟子哲学思想的性质问题。汤一介认为，孟子的哲学是比较系统的主观唯心主义哲学思想，在关于世界的性质、万物的构成、天与人的关系、心在认识中的作用以及认识的道路等一系列问题上都贯彻着这一立场；杨向奎则将"性命之学"视为孟子的主要思想，从这一角度出发重点探讨了孟子思维方式的本质特征：孟子的性善论不仅是中国哲学史上第一个系统的人性理论，在伦理学上具有重要价值，而且也具有重要的认识论意义，它是孔子所开创的从只注重天与上帝到开始注重人与人之间关系思想发展的结果。在孟子看来，心、性、命、天是一个东西，天理和人心不二，由此将主观唯心主义和客观唯心主义结合在一起，形成中国历史上的所谓"天人之学"，这一理路构成了儒家哲学的根本特征，对中国文化有着极其深远的影响。

总体而言，20世纪50年代至60年代初，这种指导原则与方法的转变基本上属于研究范式的改变，各种观点的分歧也基本属于学术争鸣的性质。在一定的程度上也促进了对某些方面研究的发展和深化，具有一定的积极意义。但同时也必须指出，由于受苏联对马克思主义的教条化理解的影响，这种研究从一开始就带有公式化、教条化的色彩，过分强化的哲学党性原则本身就潜藏着政治化的趋势。60年代中期前后，随着政治形势的变化，便越来越呈现出将学术问题政治化和意识形态化的倾向，将学者的观点与政治立场或所谓思想觉悟联系起来，以至于演变到后来，在坚持哲学党性原则的口号下，孔子及儒家从几乎成为唯心主义和形而上学的代名词，到被贬斥为奴隶主剥削阶级腐朽思想的代表，最终完全沦为思想批判和斗争的对象。

（二）对孔子及儒家思想的歪曲和践踏（1966—1976年）

长达十年的所谓"文化大革命"，对于中华民族精神文化来说，无疑是一场浩劫。在这场劫难中，孔子（孟子）及儒家哲学与文化所遭受的践踏又最为惨烈。在出于政治斗争需要而炮制的影射史学和所谓全民批孔的政治运动中，"孔（孟）之道"及儒家思想被当做一种负面的政治符号，以各种形式被肆意歪曲和践踏，甚至被妖魔化。严格说来，那场闹剧本身与学术无涉，关于其具体过程的描述乃是单纯历史学和文化心理学的主题，而不成其为哲学问题。但对于那段惨痛而真实的历史则不容回避，应该认真正视并深刻地加以反省。冯友兰的思想反复固然有个性方面的原因，更是特定的社会历史环境的产物。如何深入地总结和反思其内在的思想根源，从而有效地防止类似的悲剧发生，则是包括儒家研究在内的哲学社会科学必须认真探索的严肃的学术问题。

（三）从回归学术到新的辉煌（1977 年至今）

"文化大革命"结束后，中国社会开始了全面的拨乱反正进程。伴随着改革开放和思想解放的春风，关于孔子（孟子）及儒家哲学的认识重新回到理性的轨道上，被还原为一种思想学术研究，而不再被当做一种政治运动。1978 年，庞朴在《光明日报》上发表《孔子思想的再评价》一文，率先对"文化大革命"时期不加辨析、毫无理据地否定甚至谩骂孔子思想的做法进行反省，指出虽然孔子的哲学体系就整体而言属于折中主义，但他提出的"多闻多见"、"博学切问"、"学思结合"、"温故知新"思想以及反对主观成见的"毋意、毋必、毋固、毋我"等有关认识过程的许多论点则是符合唯物主义精神的，其中不乏辩证法的思想要素，值得批判吸取。金景芳不仅更充分地肯定了继承孔子思想这一珍贵遗产的意义，而且在《关于孔子研究的方法论问题》（《哲学研究》，1979 年）一文中具体分析了如何正确认识孔子的方法论问题。随后，张岱年分别在太原、曲阜等学术会议上进一步明确地提出了科学地、实事求是地研究评价孔子及儒家思想、还其本来面目的主张。他系统总结了孔子思想的十大特征，即"述古而非复古"、"尊君而不主独裁"、"信天而怀疑鬼神"、"言命而超脱生死"、"标仁智以统礼乐"、"道中庸而疾必固"、"悬生知而重闻见"、"宣正名而不苟言"、"重德教而卑农稼"、"综旧典而开新风"等。[①] 对于各种将孔子思想简单化和片面化的错误倾向，张岱年予以尖锐的批评，指出孔子对古代价值既有继承，更有发展；既主张维护君权，更反对个人独裁；孔子哲学的核心是"仁"而不是"礼"，而"仁"的精髓是"爱人"。因此，对孔子思想要进行真正辩证的历史的分析，既不应"以孔子为偶像而极力崇拜，更不能一概否定。对孔子采取虚无主义的态度，不加分析地全盘否定，这本身就违反了科学的实事求是的精神"。这些观点和主张，尽管有些只是对以前观点的再次重申，且依然带有浓重的特定历史时期的痕迹和认识的局限性，但这是在长达十几年对孔子和儒家思想肆意践踏的历史条件下重新发出的理性的声音，在当时有着振聋发聩、鼓舞人心的重要作用，为其后孔子与儒家哲学研究的重新繁荣开辟了道路。

在新的历史条件下，如何超越前人、更深入地认识和评价孔子哲学思

---

① 参见陈来《张岱年先生的儒学观》，《中国哲学史》2004 年第 3 期；张岱年：《关于孔子哲学的批判继承》。《孔子与中国文化》，《张岱年全集》第 5、6 卷，河北人民出版社 1996 年版。

想？1980 年李泽厚发表的《孔子再评价》一文以其创造性的探索，将孔子研究大大向前推进了一步，开启了一个全新的局面。他一改此前只是单纯就孔子论孔子或只是在儒家的范畴内探索孔子的局限性，转而从整个中国文化的发展历程与内在构成这一既深且广的视阈中考察孔子哲学思想及其意义。在继承吸收前人观点的同时，李泽厚也不再只是外在地考察孔子的"仁"与其他价值之间的关系，而是深入具体地分析孔子"仁"的思想的逻辑结构，揭示出其所蕴涵的血缘基础、心理原则、人道主义与个体人格四个层面的内涵以及贯穿于这一整体之中的"实用理性"的精神特征，由此阐明孔子以"仁"释"礼"的真正意义就在于将外在的社会规范转化为主体的内在自觉，从而为中华民族的文化心理结构奠定了深层根基。这就是其关于孔子与儒家的著名的"文化—心理结构"和"实践理性"解释模式。[①] 在随后的《美的历程》一书中，李泽厚对这一理路作了进一步的阐发。他认为，孔子之所以在塑造中国民族性和文化—心理结构上具有如此重要的地位，是与他用理性主义精神来重新解释古代原始文化——"礼乐"分不开的，即把理性引导和贯彻到日常现实的世间生活、伦常感情和政治观念中："把传统礼制归结和建立在亲子之爱这种普遍而又日常的心理基础和原则之上"，从而"把原来是外在的强制性的规范，改变为主动性的内在欲求，使礼乐变得服务和服从于人"。[②] 这一研究成果不止是在于提出了一种新的或不同的观点，成一家之言，而更多地在于成功地突破了此前简单片面的党性与阶级分析法的局限性，为孔子研究引入了一种全新的视野、方法和维度。事实证明，这一研究成果为后来孔子与儒家研究新范式的形成奠定了重要的基础，至今依然为很多研究者推崇。

随着这一进程的发展，包括蔡尚思的《孔子思想体系》（上海人民出版社 1982 年版）、钟肇鹏的《孔子研究》（中国社会科学出版社 1983 年版）等在内的一批重新认识评价孔子思想的专著相继问世。金景芳等的《孔子新传》（湖南出版社 1991 年版）是非常有价值的专著。最引人注目的成果当推匡亚明主持完成的《孔子评传》一书。[③] 该书总结吸收了新

---

①　李泽厚：《孔子再评价》，《中国社会科学》1980 年第 2 期。

②　李泽厚：《美的历程》，文物出版社 1981 年版，中国社会科学出版社 1989 年再版。参见后者第 48 页。

③　匡亚明：《孔子评传》，齐鲁书社 1985 年版。该书后经作者大幅修改后，作为"中国古代思想家评传系列丛书"之一，于 1990 年由南京大学出版社再版。

中国成立以来关于孔子研究的优秀成果，系统、全面而客观地论述了孔子的生平、思想及其影响，是当时大陆地区孔子研究中最为系统、最有分量的学术专著。基于对历代孔子研究中历史教训的深刻总结，该著提出其著名的"三重区别、不同对待"的方法论理论：其一是将孔子思想本身与各种演绎引申、歪曲衍生的东西即所谓真孔子与假孔子区分开来，对假孔子的糟粕进行彻底的清理和批判；其二是将真孔子思想中的民本思想等积极因素与封建保守的消极因素区别开来，对那些具有远见的智慧、具有生命力的积极合理的因素加以发掘、继承和发展；其三是对积极因素中有直接的现实意义的内容与一般的只具有参考借鉴价值的东西区别开来，对前者加以吸收、改造和利用，做到"古为今用"。按照这一思路，该书概括出孔子思想的四大特征：即保守性与积极性、封建性与民主性矛盾并存的"二重性"；唯物主义与唯心主义因素俱有的多面性；"人道"重于"天道"的人文精神以及以"仁"中心的整体性。尽管今天看来，其思想已为后来者所超越，但这一论著所具有的承先启后的意义则是人所公认的。

正是在这一系列研究所奠定的基础上，孔子研究在神州大地迅速而全面地复兴起来。各种研究机构如雨后春笋般纷纷成立，从地方性到全国性的研究会数不胜数，包括《孔子研究》等在内的学术园地相继创刊，各种形式的纪念与学术交流活动如火如荼，新的学术成果层出不穷，从张岱年主编的大型工具书《孔子大辞典》及大型丛书《孔子文化大全》到各种专题论著不断涌现。孔子与儒学研究从此进入了一个前所未有的辉煌时期，其规模、声势和影响已远超任何时代之上，著作之多，难以穷尽，兹列数种如下：李启谦《孔门弟子研究》，齐鲁书社 1987 年版；赵吉惠等主编《中国儒学史》，中州古籍出版社 1991 年版；中国孔子基金会编《孔孟荀之比较》，社会科学文献出版社 1994 年版；谢祥皓、刘宗贤《中国儒学》，四川人民出版社 1994 年版；刘蔚华等主编《中国儒家学术思想史》，山东教育出版社 1996 年版；姜林祥主编，王钧林、李景明、刘振东、许凌云、韩钟文、苗润田、姜林祥等撰《中国儒学史》（七卷本），广东教育出版社 1998 年版；李景林《教养的本原：哲学突破期的儒家心性论》，辽宁人民出版社 1998 年版；崔大华《儒学引论》，人民出版社 2001 年版；欧阳祯人《郭店儒简论略》，台湾古籍出版有限公司 2003 年版；欧阳祯人《先秦儒家性情思想研究》，武汉大学出版社 2005 年版；李景林《教化的哲学——儒学思想的一种新诠释》，黑龙江人民出版社 2006 年版；郭齐勇《中国儒学之精神》，复旦大学出版社 2009 年版。前辈学者蒙文通的《儒学五论》也被整理出来，2007 年由广西师范大学出版社出版。总之，有关儒学的研究颇为丰赡。

这种复兴绝不止于单纯规模上的扩张，也不是简单的回归，而是标志着孔子研究从此迈入了一个有着新的时代内涵和历史使命的全新发展阶段。通过对"文化大革命"时期历史教训的深入总结和反思，整个社会从最高领导人到莘莘学子，都开始以一种更开放的理性态度来审视评判孔子思想及其历史作用，越来越深刻地认识到孔子及其所开创的儒家文化蕴涵着极其丰富而博大精深的智慧，是中华民族建立新的精神文明、实现全面复兴的思想基础和内在动力之一，也是中华民族走向世界、参与世界未来文明体系建构的宝贵的思想文化资源。在这一基础上，学者们以一种强烈的使命感自觉地借鉴各种新的方法，从不同的维度，对孔子哲学思想展开全方位的深入发掘和研究。因此，无论是就其社会背景来说，还是就研究的深度和广度而言，都意味着孔子研究在新的基点上开始走向全面振兴。

二　经学研究与典籍整理

先秦儒家之所以被视为儒家文化的源头所在，除了孔子、孟子与荀子等宗师的开创之功，更在于一系列儒家经典所发挥的奠基作用。在中心舞台上围绕着孔子与儒家哲学的阶级归属与性质问题激烈争论的同时，一些学者依然沉潜于对儒家经典的考据、阐释与传授工作，从另一个层面为儒家思想文化的发展培土铺路。周予同从 20 世纪 50 年代到"文化大革命"爆发之前，一直专注于探究儒家典籍，系统地研究经学问题，自 1959 年开始在高校开设中国经学史课程，并着手编撰《中国经学史》讲义，后来出版的诸种论著实是这一时期研究的结晶。范文澜 60 年代初先后为《红旗》杂志等单位系统讲授经学问题，对诸经的来源、在儒家文化以及中国文化中的地位与意义作了深入浅出的阐述，这些内容集中反映在《范文澜历史论文选集》的《经学讲演录》之中。

在专经研究方面，关于《易》的研究成果最为丰富。从《周易》的演变历程、孔子与《周易》的关系，到《周易》义理的阐释，等等，学者们各抒己见，可谓大师辈出，学派林立，重新出版了尚秉和的《周易尚氏

学》（中华书局 1980 年版），高亨的《周易古经今注》重订出版①，高亨
的《周易大传今注》（齐鲁书社 1979 年版）、周振甫的《周易译注》（中
华书局 1991 年版）、张立文的《周易思想研究》（湖北人民出版社 1980 年
版）、李镜池的《周易通义》（中华书局 1981 年版）、刘大钧的《周易概
论》（齐鲁书社 1986 年版；巴蜀书社 2004 年版）、唐明邦等编著的《周易
评注》（中华书局 1995 年版）、朱伯崑的《易学哲学史》（北京大学出版
社，上册，1986 年版；中册，1988 年版，全 4 册。蓝灯事业股份有限公
司 1991 年版；昆仑出版社 2005 年版）、萧汉明的《船山易学研究》（华夏
出版社 1987 年版）、董光璧的《易图的数学结构》（上海人民出版社 1987
年版）、金景芳的《周易全解》（吉林大学出版社 1989 年版）、《周易讲
座》（吉林大学出版社 1987 年版）以及蔡尚思主编的《中华易学大辞典》
（上海古籍出版社 2008 年版）等诸多学术力作。

　　《尚书》研究也有很大的进展，陈梦家的《尚书通论》（商务印书馆
1957 年版；中华书局 1985 年增订版）、张西堂的《尚书引论》（陕西人民
出版社 1958 年版）尤为著称，为学者所注重。"三礼"研究方面，几代学
人辛勤耕耘，同样硕果累累，既有前辈大师的精深考证之作，更有学术新
锐以新的方法，结合新发现的考古材料，以思想内涵、文化意蕴为世所
称，沈文倬的《略论礼典的实行和〈仪礼〉书本的撰作》（《文史》第15、
16 辑，中华书局 1982 年版）、杨向奎的《宗周社会与礼乐文明》（人民出
版社 1992 年版，1997 年修订版）、李学勤的《古文献论丛》（上海远东出
版社 1996 年版）、《走出疑古时代》（辽宁大学出版社 1994 年版）和《东
周与秦代文明》（文物出版社 1984 年版，1991 年增订本）、钱玄的《三礼
通论》（南京师范大学出版社 1996 年版）与《三礼辞典》（南京师范大学
出版社 1996 年版），可谓众所周知的代表之作。同样值得一提的还有杨伯
峻 60 年代先后出版的《论语译注》（中华书局 1962 年版）与《孟子译
注》（中华书局 1962 年版）。这两部著作，综合吸收了前人的成果，将两
大儒家经典释译为现代汉语，并精心编撰出全书语词词典。尽管其中的译
解不免过于直白，但对于传播儒家文化和促进研究的深入还是发挥了重要

---

　　①　高亨《周易古经通说》一书，贵阳文通书局 1944 年出版，1958 年中华书局出修订本。
《周易古经今注》一书，1945 年西北大学石印出版，开明书局 1946 年排印出版，中华书局 1957 年
出修订本。后中华书局把《周易古经通说》和《周易古经今注》合为一编，1984 年重加修订出
版，仍取名《周易古经今注》。

作用，已成为一般学者研习孔子与孟子思想的常用参考书目。

在儒家文献的整理、编纂与建设方面，最令世人关注的无疑是北京大学发起并主持的《儒藏》编纂工程。该工程从 2003 年开始启动，计划用 10 多年时间，将儒家经典及其各个时代的注疏和历代儒家学者的著述，以及体现儒家思想的各种文献编纂汇集成一部儒家思想文化的文库大全，其中涵盖儒家所有经典和历代的绝大部分注疏及学者研究文献，为人们系统、全面、深入地研究儒家思想提供可信的资料。整个工程分为"编纂"和"研究"两种方式，即一方面编纂、校勘所有儒家著述与诠释性文献，分别出版包括近 500 部儒家典籍的《儒藏》精华编和包括 5000 余部儒家典籍的《儒藏》大全本，以及著录万余部儒家典籍的《儒藏总目》；另一方面，以新的时代精神来诠释和解读儒家经典，从中发掘出适合现代社会的思想资源，以更好地弘扬儒家思想文化，造福于民族与人类，为此撰写系统总结儒学整个发展历程的《中国儒学史》，以"儒家思想研究"和"儒家经典研究"两个系列，编撰反映当前国内外最新研究成果的《儒家思想与儒家经典研究丛书》。对于儒家研究来说，这一浩大工程的重要意义毋庸置疑。它既是对以往历史成果的系统积累和传承，也为今后的更大发展奠定了切实的基础。

三　当代儒家研究的多元化格局

改革开放之后，随着中外文明交流与对话的不断深入，研究视野的不断拓展，新的研究方法的引入，以及大量原始文献的相继出土和被发现，儒家研究也迎来了其空前的繁荣时期，在很多方面发生了突飞猛进的飞跃，呈现出全方位的、多元化的发展格局。这突出地体现在：

其一，通过积极的对话、互释，积极推进儒家思想的创造性转化。当今中国正以不可阻挡之势日益融入世界。经济与社会交往的背后，必然蕴涵着文化价值上的碰撞和对话。这既使儒家文化面临着新的挑战，更为其发展提供了极大的动力和广阔的空间。广大儒学研究者深刻地意识到并自觉地担当起这一使命，积极地投身于这一事业之中，从不同的维度展开了各具特色、卓有成效的探索。学者们不再是孤立狭隘地局限于儒家哲学本身，而是将儒家哲学思想置于更广阔的中西文化的整体背景之中加以考察，通过对儒家哲学思想的创造性解释，使其与现代价值形成动态的对话、互释和交融，从而对时代潮流作出有效的回应，由此既深化了对儒家哲学思想实质及其意义和局限性的认识，也使儒家哲学思想焕发出所应有的生机与活力。这一方面的各种成果可谓不胜枚举，在某种意义上甚至可以说，当今关于儒家的研究几乎最终都不可能背离这一趋势。

其二，研究视野日益开阔，研究方法不断更新。西方哲学与文化思潮如潮水般涌入在给儒家研究形成强烈冲击的同时，更有着积极的影响作用。学者们自觉地借鉴和运用西方哲学的各种理论与方法，特别是现象学或哲学解释学之类的新的视阈和方法，对儒家哲学思想展开新的更深入的透视，洞察出前人所不能见的更深的内涵，由此对儒家文献进行创造性阐释，着力发掘其中所蕴涵的合乎现代社会的趋势和倾向，最终激发解释者所期望的积极意义。

其三，研究领域不断拓展，关于儒家哲学思想的认识更趋全面而深入。学者们打破以往只是局限于对孔子与孟子哲学思想研究的片面性，增强了对许多以前薄弱方面的研究，填补了诸多研究上的空白，丰富或更新了对儒家的认识。在人物研究方面，由于被斥为"不醇之儒"，关于先秦儒家重要代表人物甚至奠基者之一荀子思想的研究一直非常薄弱，且存在着太多的认识上的混乱和误解。现在，已有越来越多的学者认识到这一点，试图从荀子这一理路寻求儒家的转化之道，对荀子思想的研究大有成为新的热点之势。陈来关于儒学前史的研究则更新了人们对原始儒家的认识。在《古代宗教与伦理——儒家思想的根源》（北京三联书店1996年版）一书中，陈来在批判继承章太炎、胡适、郭沫若、冯友兰及徐中舒等前贤关于"儒"之起源的诸种论说的基础上，就儒家的起源与形成基础问题进行了系统深入的考究，提出从巫觋文化、祭祀文化发展演变而来的西周礼乐文化乃是儒家诞生的土壤所在，从原始宗教、经自然宗教而发展出的伦理宗教则是孔子和原始儒家形成的世界观和伦理德行的深厚基础，其时间也相应地上推至西周时期。除此之外，学者们同时还开拓出许多新的研究层面和主题，例如关于儒家社会政治哲学思想、文化哲学思想以及管理哲学思想等的研究。这些研究在大力发掘儒家哲学的现代意义方面各有突破，作出了重要的贡献。

其四，通过对新出土文献的考证探究，消除了以往认识上的盲区，澄清了误区，对儒家获得了更准确的认识。如果说，对儒家研究的上述三个方面的发展可能还见仁见智的话，那么，由历史文献的出土所导致的研究的进展则确凿有据，成效卓著。长期以来，对先秦儒家中子思子的思想及其影响缺乏足够的重视，形成了认识上的盲区，更严重的是，对整个思孟学派及其思想主张的认识有失模糊乃至错误，一直是认识上的误区，古史辨派甚至否认思孟学派的存在。而马王堆帛书《五行篇》，特别是郭店楚简《鲁穆公问子思》、《五行》及《缁衣》等篇的出土，则彻底澄清、矫正了这一失误。庞朴在多篇文章中对思孟学派的"五行"概念进行了详尽深入的考证，指出思孟学派的"五行"既不是指的金、木、水、火、土，也不是指的仁、义、礼、智、诚，而是仁、义、礼、智、圣。① 另一些学者如廖名春、魏启鹏等则进一步辨明了这一思想与孟子、荀子之间的不同关系。作为对这一系列研究成果的总结，郭齐勇在其新编的《中国哲学史》（高等教育出版社 2006 年版）中，专辟"子思子"一章，以新出土史料为依据，对子思子关于道德的"五行"等思想及其地位与影响进行了全面的评介，由此将以往认识中所存在的这一缺陷彻底纠正过来。

　　与此相应的，通过对新出土的文献的考证，学者们还对先秦儒家与道家之间的关系问题，以及儒家中荀子与思孟学派及孟子之间的关系问题进行了深入细致的梳理和辨析，发现它们彼此之间并非像以前所以为的那样截然对立，而是既相互差异，又相互吸收、相互渗透，有着多层面的复杂联系。这对于人们更全面准确地认识儒家思想的实质，把握整个先秦时期思想的整体图景，无疑具有重要的促进作用。

第二节　道家

　　作为中国文化的重要源流和标志之一，先秦道家思想也一直是新中国成立后重要的研究热点所在。随着时代的变迁，关于先秦道家的研究也不例外地经历了研究范式的转变，由于没有像儒家思想那样被过分地政治化，因而相对来说无论是与前贤传统的研究之间，还是整个这一阶段研究的发展过程本身，都具有一定的内在连续性，没有出现儒家研究那样剧烈的起伏。在关于道家代表人物的考据和关于其经典《道德经》和《庄子》的文献学研究层面，基本上与整个传统的研究一脉相承，对历史上既有的研究成果多有继承和吸收；真正具有时代色彩、变化最大的主要是关于道

---

① 参见庞朴《思孟五行新考》，《文史》第 7 辑，中华书局 1979 年版；《帛书五行篇研究》，齐鲁书社 1980 年版，1988 年增订版。

家义理的研究层面。改革开放前，主要以马克思主义为范式研究评价道家的思想义理，改革开放后也呈现出多元化的研究格局。

一　老子研究

（一）关于老子的"道"及其哲学的性质之争

新中国成立以来，关于先秦道家创始人老子的研究先后经过了三次高潮：其一是作为马克思主义哲学研究范式的贯彻和体现的关于老子的阶级属性和哲学性质之争，这场论争以对老子思想本身的分析评价为主，以关于老子其人其书的考据为辅；其二是由长沙马王堆汉墓帛书《道德经》出土而掀起的老子研究热潮，这是由文本的更新而展开的新的义理之辩；其三是郭店楚简道家文献出土所激起的新的研究高潮，其重心既包括对老子文本的分析阐释，更深入到关于儒道之间关系的再认识问题。

20世纪50年代初兴起的关于老子哲学思想的大论争由冯友兰与任继愈的讨论文章所引起，随后大批学者先后加入其中，形成了一场持久而热烈的老子研究热潮。讨论的焦点集中在关于老子的"道"究竟是物质实体和事物运动发展的规律，还是精神实体的问题上，由此直接导向对老子哲学思想的性质及其意义的不同判断和评价。围绕着这一问题，形成了两大阵营之下的各种不同的观点和结论。冯友兰、汤一介、詹剑峰、胡曲园等学者坚持认为，老子的"道"尽管在表达上确有矛盾之处，但本质上乃是物质实体，同时具有事物运动法则之意。所谓"道法自然"就是指一切事物运动变化都必然具有或遵循其内在法则，这种从自然出发来解释自然现象显然是一种唯物主义立场，是老子和道家对充满宗教神秘色彩的"天"、"命"、"神"等观念改造的思想成果。冯友兰在《先秦道家哲学主要名词通释》（《北京大学学报》1959年第4期）长文中，总结出老子的"道"的五大本质特征：其一是"无"，即"无形"和"无名"；其二是"常"，永远长存而又"非在于常"；其三是"其大无外、其小无内"；其四是"周行"，即不断循环往复；其五是"无"与"有"的统一。通过这种分析，再针对不同层面的含义加以性质判定，使其具有很强的说服力。同时，冯友兰也指出，老子的这种唯物主义带有其时代和认识的局限性，是不彻底的，在认识论上则转向了唯心主义。而以关锋、林聿时、杨荣国、周建人等人为代表的另一阵营则着重强调老子的"道"的超感性、超时空和神秘特征，由此将"道"归为精神实体，老子以此作为万物产生之根源，来解释世界万物的生灭变化，这决定了其哲学是唯心主义的。对于老子的辩证法思想，争论各方都充分肯定其积极意义，所不同的是"唯物派"认为老子的辩证法是自然界和人类社会运动变化规律的反映，而"唯心派"则将其归为精神实体演变的法则。任继愈的观点前后有着很大的变化，最初坚持将老子的哲学性质判定为唯物主义，因而属于前一阵营，后来则转而将老子哲学完全归为唯心主义，成为后一阵营的代表。这场讨论就其缘起而言，可谓马克思主义哲学范式在老子研究中的积极尝试，而最终也正是通过这场讨论，使马克思主义哲学范式在老子以及道家研究中确立下来，这在任继愈《老子新译》（上海古籍出版社 1985 年版）一书中有着充分的体现。通过这种讨论和研究，在一定意义上促进了对老子哲学思想特别是其中辩证法思想认识的深化，但同时也不乏教条化之嫌。无视中西哲学的本质差异，机械地用物质实体和精神实体的概念为老子有着无限丰富的多层次含义的"道"定性，可谓方枘圆凿，不可能得出令人信服的结论。这种争论之所以最终无功而返，其教训应在于此。

（二）关于帛书《老子》的研究热潮

自秦汉以降，关于《道德经》的考据与注释，一直是老子研究的重要内容，也是其基本的研究方式。关于这一层面的研究也是 20 世纪 50 年代以来老子研究的重要内容，且取得了诸多新的成就，先后有马叙伦的《老子校诂》（古籍出版社 1956 年版，中华书局 1974 年版）、高亨的《重订老子正诂》（《老子正诂》，开明书店 1943 年版。《重订老子正诂》，古籍出版社 1956 年版）、朱谦之的《老子校释》（中华书局 1984 年版）等一大批精品力作问世。这些著作认真传承吸收了前人的成果，各自进行了新的考据注疏，为人们更好地理解老子文本提供了重要的参考。

1973 年长沙马王堆三号汉墓甲、乙两种《老子》帛书的出土，为关于老子的文献学研究提供了新的论据，由此开启出一个全新的局面。学者们依据这一新发掘的文本，对《老子》展开新的校订、注译和疏证。围绕着帛书《老子》的价值、《道经》与《德经》之间的关系等问题，各家以不同的论据得出了不同的论断，很快形成了一系列全面研究帛书《老子》的研究成果，先有许抗生的《帛书老子注译与研究》（浙江人民出版社 1982 年版），随之詹剑峰的《老子其人其书及其道论》（湖北人民出版社 1982 年版），张松如的《老子校读》（吉林人民出版社 1981 年版）和《老子说解》（齐鲁书社 1987 年版、1998 年版）、张舜徽的《周秦道论发微》

（中华书局 1982 年版）等相继面世，其中高明的《帛书老子校注》（中华书局 1996 年版）尤为人注重。该著详尽地将甲、乙两种帛书的文字，与王弼注本、河上公本及其他历代刊本一一相互参校、互训，以此为参照，并借鉴吸收其他成果来解读整个帛书甲、乙本《老子》，其资料之丰富周全，考据注解之精细，立论之严谨，都堪称关于《老子》帛书研究的最高水平。

（三）郭店楚简与关于《老子》及儒道之间关系的再认识

1993 年 10 月，湖北荆门市沙洋区郭店村楚墓甲、乙、丙三组《老子》竹简的出土，使老子研究掀起了一个新的浪潮，并由此进入到一个更高的阶段。这种深化和发展突出体现在：其一，确定了《老子》的成书过程，破解了历史疑难问题。关于《老子》的成书年代与真伪问题，自古以来众说纷纭，对郭店楚简文献的研究为这一论争画上了句号。通过将这一历史文献与以前的各种版本进行对比考证，学者们一致认为，"晚出论"的观点显然不能成立，而传统的关于《老子》成书于春秋末或战国初的"早期说"获得了有力的证明，由此形成了关于《老子》一书成书过程的基本共识，即"四阶段论"——郭店楚简为形成期，战国末西汉初之帛书《老子》为成型期，汉、魏之际的王弼本、河上公本及唐代的傅奕本等为定型期，以及此后的流传期。这一老子研究中一直悬而未决的难题从此基本得以解决。只是在关于郭店楚简《老子》与今本《老子》的关系问题上，存在着一定的分歧。以张岱年、唐明邦、裴锡圭等为代表的一些学者认为是节选本，其他学者则各自提出了不同的说法。[①]

其二，纠正了片面的、错误的认识，还原了历史真相。随着对这一文献的解读工作的展开和深入，引出了一个新的更大的理论问题，即如何认识儒家与道家之间的关系问题。学者们通过对楚简与帛书《老子》进行认真细致的对比分析，发现有多达 50 余处文本表述存在显著差异，其中楚简与《老子》通行本第十九章相对应的内容中两个重大差异尤其令人瞩目：与通行本的"绝圣弃智"、"绝仁弃义"的表述截然不同，楚简的表述是"绝智弃辩"、"绝伪弃诈"。以负责《郭店楚墓竹简》文字

---

① 参见王博《张岱年先生谈荆门郭店竹简〈老子〉》，《道家文化研究》第 17 辑，三联书店 1999 年版；唐明邦《竹简〈老子〉与通行本〈老子〉比较研究》，《郭店楚简国际学术讨论会论文集》，湖北人民出版社 2000 年版；裴锡圭《郭店〈老子〉简初探》，《道家文化研究》第 17 辑，三联书店 1999 年版。

审定工作的裘锡圭以及任继愈等为代表的一派,以楚简《老子》中既不"绝圣弃智"也不"绝仁弃义"的文本为依据,认为老子只是反对智辩、巧利和诈伪,而并不反对仁义,因而传统的关于原始儒家与道家思想水火不容、截然对立的观点并不成立,楚简之后的版本之所以将"绝智弃辩"、"绝伪弃诈"改为"绝圣弃智"、"绝仁弃义",很可能是某些传授者基于反儒墨的用心而刻意篡改的,是学派之争所导致的结果。张立文更进一步提出,楚简本表明,老子不仅与孔子一样具有入世的关怀和担当意识,而且蕴涵着一种形式上不同于儒家而实质上与儒家相通的人类之爱的精神,因此其不是对儒家思想的批判和否定,而是对儒家思想的负面补充。基于这一判断,他们主张应该以此为契机,矫正以往的错误认识,重新认识老子思想及先秦时儒道之间的关系问题,还思想史以本来面目。

而以张岱年、许抗生等代表的另外一些学者则对此提出了质疑,作出了不同的解释。他们提醒人们,竹简《老子》中同样还有"大道废,安有仁义"之说,这显然是对仁义的贬斥;而且简本中的"绝学无忧"、"绝为弃虑"等也是与儒家思想相对立的。吕绍纲还通过考证指出,《老子》讲"绝伪弃诈"的伪诈,指的其实就是儒家鼓吹的义,仁义在道家眼里与伪诈同义。① 这些学者认为,单纯以竹简《老子》中无"绝圣弃智"、"绝仁弃义"之语为据,并不足以得出儒道两家早期相互融通统一的结论,简本《老子》的整个思想与孔子所代表的儒家思想本质上是两个不同的思想体系,双方的立场和宗旨有着根本的歧异,甚至背道而驰。如果抹去二者之间的本质差异,就无法对整个先秦时期的整个思想格局作出合理的解释。

在由出土楚简所引发的这一热潮上演的同时,一些学者则致力于为老子研究的发展进行铺路奠基工作。熊铁基等的《中国老学史》(福建人民出版社 1995 年版)意在对先秦以来关于老子的所有研究成果进行全面系统的追溯和梳理,总结其发展演进的历史线索与逻辑脉络,分析其中所蕴涵的经验与教训。这一工作既是对老子研究历史成就的传承和积累,也为今后的老子研究提供了很好的参鉴,有益于老子研究的未来发展。

---

① 吕绍纲:《〈郭店楚墓竹简〉辨疑两题》,《史学集刊》2000 年第 1 期。

二　庄子研究

关于先秦道家的另一位奠基性的代表人物庄子哲学思想的研究，大致遵循着与老子研究同样的演进模式，即在关于庄子其人其书的考据上，基本沿袭传统的路径，在关于其义理的解释评判上则随着时代的变化而不断变换着研究范式。在具体过程中，也曾先后出现过两次研究高潮，即"文化大革命"之前的关于庄子哲学性质之辩和"文化大革命"后的多元化研究浪潮。

（一）关于《庄子》的文献学研究

一直以来，关于庄子的考据工作都主要是针对《庄子》一书进行文献考辨，而其中心又集中于关于《庄子》中内外篇与杂篇的甄别、对各篇形成时间的考证及归属判定上。关于这一问题的探究也同样是这一时期庄子研究的重要内容，学者们在继承前人观点的基础上，从新的思路发掘新的论据，进行了很多有益的探索，取得了一系列积极的成果。

在这一问题上，大多数学者致力于为传统的论断寻求新的论据，证明内篇最能代表庄子自身的思想、外（杂）篇为后人所附的后期庄学思想。高亨从历史事件时序、思想深度和题旨等角度列举出六条不同的论据，以证明庄子的主要思想都体现于内七篇中，而外（杂）篇皆内篇之余论。①张恒寿则从思想内容、名物制度、文体风格三个层面结合起来对《庄子》内、外、杂各篇加以分析考察，在判别其相互差异、思想归属和形成时间的同时，揭示其中所蕴涵的庄子思想的发展线索。② 沿着这一思路，刘笑敢进一步从语言的演变、思想的继承、文章的体例、词汇的使用等方面展开新的考辨，其中以先秦时期语词形成演变线索为据所进行的考证尤有新意。该著认为，在《庄子》书中，内篇虽有道、德、命、精、神这样的概念，却没有道德、性命、精神这样的复合词，而在外篇和杂篇中，道德、性命、精神这三个复合词都出现了，而古代汉语的词汇发展规律是单音词在前、复音词在后，这说明《庄子》书中只有内篇才可能总体上是战国中期的作品，即早于外篇、杂篇，因而研究庄子思想应以内篇为主要依据。而外篇、杂篇中虽可能含有可供研究庄子思想的资料，但从总体上看则不

---

① 高亨：《庄子新笺》，载高亨《诸子新笺》，山东人民出版社1962年版。
② 参见张恒寿《庄子新探》，湖北人民出版社1983年版。

可能是庄子本人的作品。①

与此截然相反,任继愈在题为《庄子探源》的系列论文中,以司马迁的记载、荀子的评价、篇名的特征,特别是立场原则的差异等为论据,提出外篇才代表着庄子自身的思想,体现出庄子以及道家所特有的思想原则和主张,而内篇恰恰是庄周后学的思想之汇集,具有相对主义和不可知论的倾向。② 对于任继愈的这一特异之见,从提出之日起,就少有赞同,更多的则是持质疑态度。

以冯友兰与严北溟等为代表的一派则提出应突破这种传统的界限,撇开这种形式之争,着重就思想义理本身进行探究。冯友兰认为,《庄子》内篇未必全为庄子所著,外篇、杂篇亦未必全无庄子之作;庄子之所以为庄子者,突出地体现于《逍遥游》和《齐物论》两篇之中,因此,研究庄子哲学应以这两篇为标准,鉴别他篇,打破郭象本所谓内外篇的界限,以思想本身为中心。严北溟的判断是,《庄子》本质上就非一人所著,是以庄子思想为主的、包括庄子及其后学的著作总集,是先秦道家各派的集大成者。因此研究分析庄子思想应从整部《庄子》出发,反对片面割裂开来,只根据内篇或外篇、杂篇,甚或限定某一思想原则、某一种文章风格作为评判庄学的标准。偏离这一原则,而执著于考证各篇先后、轻重之别,反而有误入歧途之虞。

尽管分歧并未完全消失,但这一研究终究取得了显著的成果,基本上形成了一系列共识:《庄子》是庄子本人及其后学思想的汇集,内篇成书时间应早于外篇、杂篇,最能代表庄子的思想;外篇、杂篇中除极少数篇章外,亦应为庄子及庄子后学中的嫡派所撰写,基本上属于《庄子》思想的范畴。其中有一些在继承庄子思想的同时又有发展和改造,其中融合了老子、儒家、法家的一些思想成分,研究时宜加以辨析。

(二) 庄子哲学思想研究

与文献考据相比,对庄子哲学思想本身的研究就显示出更鲜明的时代色彩。在马克思主义哲学范式的统一指导下,对庄子哲学性质的具体评判却相互歧异,争议一直不断。

---

① 刘笑敢:《庄子哲学及其演变》,中国社会科学出版社1988年版,第20页。

② 任继愈:《庄子探源——从唯物主义的庄周到唯心主义的"后期庄学"》,《北京大学学报》1961年第2期。

　　任继愈对庄子哲学的认识与其前期关于老子哲学的观点基本一致，将庄子哲学视为对老子唯物主义哲学的继承和发展。根据他的研究，与老子一样，庄子也认为宇宙万物有其固有的、独立于人的意识之外的客观秩序和规律，这种规律即是"道"。作为物质实体，"道"是万物形成、变化的最终根源，是人与万物的物质基础；在认识论上，庄子也吸收了古代朴素唯物主义的反映论观点，将人的认识喻为照镜子，主张在认识过程中务必使心保持"静"、"虚"，不杂有主观的成见或偏见，而且将认识过程理解为感性认识与理性认识的统一。

　　冯友兰对庄子哲学性质的认识前后也有一个演变过程。20 世纪 50 年代初，他先是认为庄子在宇宙论方面是唯物主义，人生观方面具有唯心主义倾向。随着他对庄子"道"的研究的深入，而转而将庄子哲学归为彻底的主观唯心主义。根据他的分析，庄子的"道"的概念既是对老子的"道"的思想的继承，更有变化和发展，它具有四大特征：其一是"无有"，而不止是老子的"无名"；其二是"非物"；其三是不可知；其四是"抽象的全"。老子的"道"也有"全"的含义，但是一种具体的"全"，其中既包括"无"，也包括"有"，即精、气和天地万物，而庄子的"道"不包括"有"，因而是一种抽象的"全"，一种逻辑的概念。它作为一种绝对，超越于自然界之上。冯友兰据此将庄子的"道"定性为一种主观意境和逻辑虚构。而庄子将这样的"道"作为万物的根本，即"物物者"，而"物物者非物"，这意味着庄子哲学是一种彻底的虚无主义，因而属于典型的主观唯心主义；同样，其"道"的本质特征也决定了庄子在认识论方面必然走向相对主义和不可知论。

　　与冯友兰的论断不同，严北溟提出，庄子的真正失足之处，在于由唯物主义陷入客观唯心主义，而不是由客观唯心主义转化为主观唯心主义。他的论据是，庄子始终崇尚无为之道，贬低人的主体能动性；其对生死的超脱态度以及"无己"和"忘我"的思想，同"唯我论"的主观唯心主义恰恰是直接对立的；且从哲学史和内在逻辑上说，相对主义与不可知论并不与主观唯心主义具有内在联系。[①]虽然严北溟后来对自己的观点有所修正，但这一论证本身的确有令人深思之处，因而为一些学者所响应。

　　这种由于基点与视角的差异所造成的观点分歧或争议，正如庄子早就

---

① 严北溟：《应对庄子重新评价》，《哲学研究》1980 年第 1 期。

警示过的那样，就它们本身而言，不可能自觉地相互融合、统一起来，而是各自坚持自己的合理性，又不能令对方信服。这一进程及其所造成的僵持局面在促进关于庄子的认识深化的同时，更启示后来的研究者必须克服这种片面性认识的局限，用更全面的眼光来审视庄子哲学及其意义。

新一代研究者认真总结吸取了这一历史教训，在对庄子哲学思想的内在矛盾性的深刻认识基础上，开始区分问题的不同层次，进行具体分析。刘笑敢认为，正确理解庄子之"道"的关键在于辨明其"道"的两种不同意义，即自然观意义上的"道"和认识论意义上的"道"。二者之间当然有很多共同的特点，如抽象性、绝对性、神秘性、无差别性，等等，这一切使人常常忽视"道"的两种意义之别，将二者等同起来，以为生天生地的"道"就是主观的认识状态或精神境界，因而导致很多混乱和自相矛盾。同样，庄子的"天"也有两层含义，一是指自然界，另一是指天然。《庄子》中之所以既有天人相对，又有天人一致，乃是就不同意义上的"天"而言的。这种差异决定了庄子哲学乃是一个融会了安命与逍遥、"无己"与重生、自由与必然等对立面的矛盾综合体，既有至高无上的道，又有通于万物的气，其中充满着内在矛盾。就其整体性质而言，由于庄子以观念性的道作为世界的本原，所以可以说他是客观唯心主义者，庄子哲学虽有强调主观精神的作用的一面，但他并没有否认客观世界的独立性和实在性，所以我们不能说庄子是主观唯心主义者。对庄子哲学的意义也应该一分为二地加以评价，任何片面的简单化的做法都不可能令人信服。这种分清问题层次进行探索评价的方法，在很大程度上的确有助于澄清一些认识的含混错误，促进了庄子研究的深化，对后来的研究者具有很强的启迪意义。① 熊铁基等的《中国庄学史》（湖南人民出版社2008年版），对此前庄学研究的情况有全面的总结。

三　道家研究的新趋势

随着关于老子与庄子哲学研究的不断拓展和深入，更加上对中国传统文化认识的深化，引发出一系列新的问题和理论主张，成为道家研究的新的内容，其中最引人关注的便是关于道家在中国文化形成发展过程中的作用、地位以及对未来发展的意义的重新认识和评价问题。

---

① 参见刘笑敢《庄子哲学及其演变》，中国社会科学出版社1987年版。

　　李泽厚在《美的历程》中，通过对中华民族文化—心理结构的形成过程和内在结构的总结分析，提出了所谓"儒道互补"之说。根据他的研究，庄子的泛神论实质上也源自于孔子世界观中的怀疑论因素和积极的人生态度，孔子对个体人格的弘扬，既发展出孟子的伟大人格理想，也孕育出庄子的遗世绝俗的独立人格理想。"表面看起来，儒、道是离异而对立的，一个入世，一个出世；一个乐观进取，一个消极退避；但实际上它们刚好相互补充而协调"，二者共同奠定了汉民族的文化—心理结构。"儒道互补是两千年来中国思想的一条基本线索。"①

　　包括台湾学者陈鼓应及大陆学者在内的另一些学者一反传统的"儒家主导说"，针锋相对地提出"道家主干说"——认为中国传统文化的形成发展过程实质上是以道家为主干的。② 他们一方面深入到先秦思想形成演变的浩瀚史料中发掘、考证道家影响和启示儒家的历史资料，如孔子曾问道于老子、庄子对荀子的启迪等，以此作为史实依据；另一方面，从逻辑上分析道家哲学对儒家哲学的深刻影响，如奠定儒家哲学本体论基础的《易传》思想，就源于原始道家。陈鼓应明确提出了整个中国哲学始于老子的论断。其依据是，老子道论不仅建立了中国哲学史上第一个系统的、完整的本体论与宇宙论体系，而且构成中国哲学内在联系的一条主线，这足以说明"中国哲学的概念、范畴以及哲学体系的建立，始于老子"。与这一主张相呼应，很多学者也都认定道家学说对中华民族的文化—心理结构及思维方式有着极其深刻的影响，它与儒家学说共同构成了中国传统文化的主干。为了更好地弘扬和交流这一主张，当然更是为了促进道家研究，传播道家文化，他们创办了《道家文化研究》系列丛刊。持之不懈地努力，使该丛刊积累至今，已蔚为大观，俨然已成为道家研究的主流园地，对繁荣和拓展道家研究确实发挥了重要的作用，这一意义也许已远超于"道家主干说"之上。

　　其实，所谓"道家主干说"与其说是对历史事实的澄清和还原，不如更确切地说是表达了一种主张，是一种重构道家的尝试。前者只是一种前导和方式，后者才是其实质所在。沿着这一方向，一些学者更鲜明地亮出

---

　　① 李泽厚：《美的历程》，文物出版社1981年版，第51、47页。

　　② 参见干春松《道家是中国哲学史的主干——访陈鼓应先生》，《哲学动态》1994年第11期。陈鼓应《老庄新论》，上海古籍出版社1992年版，商务印书馆2008年版；《易传与道家思想》，商务印书馆2008年版。

了其旗帜，提出了建立新道家的主张。董光璧的《当代新道家》（华夏出版社 1991 年版）算是这方面的代表作。他们坚信，经过积极的发掘、改造和发展，道家宝贵的思想资源能够为人类文明的健全发展作出自己独特的贡献。

同时，我们还要看到，除了老庄之外，稷下黄老学派也是先秦道家的主流，郭沫若《十批判书》（重庆群益出版社 1945 年版，人民出版社 1954 年版）就有《稷下黄老学派的批判》，此后特别值得注意的是白奚的研究，其专著《稷下学研究——中国古代的思想自由与百家争鸣》（三联书店 1998 年版），对此前稷下学派的研究，有总结推进之功。

更值得重视的一种全新趋势是，越来越多的学者开始积极借鉴运用包括现象学、解释学在内的现代西方哲学的视阈或方法，在中西哲学的对比互释中挖掘道家思想的更深层内涵，为道家研究开启出全新的生面，涌现出包括崔大华的《庄学研究》（人民出版社 1992 年版）、张祥龙的《海德格尔思想与中国天道》（三联书店 1996 年版，2007 年修订重版）、刘笑敢的《老子古今》（中国社会科学出版社 2006 年版）、陈少明的《〈齐物论〉及其影响》（北京大学出版社 2004 年版）、王博的《庄子哲学》（北京大学出版社 2004 年版）等在内的诸多优秀成果，且这种研究已呈现燎原发展之势，正在成为一种新的范式。同样值得关注的还有从生态哲学角度对道家思想的探索，即基于对当今人类发展模式根本缺陷的反省，着力阐发道家关于人与自然和谐发展的哲学思想，从中发掘有益于未来价值重构的思想资源，以促进人类的健全而可持续的发展。

第三节　墨家

先秦时期曾是显学的墨家，秦汉之后却迅速衰微，以至完全陷入沉寂。直到近代，随着时代对科学、论理精神的日益推崇，墨家思想特别是其逻辑学思想才重新为人们所注重，踏上复兴之途。同样由于这一原因，加上阶级归属上的认同，从 20 世纪 50 年代到“文化大革命”之前，关于墨家的研究也相当兴盛。很多学术大家都针对墨子思想的不同主题发表了专著或论文，足以显示出新时代对墨家的重视。这一研究尽管也不可能完全超然于阶级分析和哲学党性判别之外，但相对而言受到的影响较小，大体上是沿着梁启超、胡适所确立的方向和开启的研究路径而进行的，研究的重心主要放在对墨家逻辑思想的发掘和探究方面。

　　这一时期的墨家研究不仅规模和成果数量呈现出繁荣之势，而且在研究的广度和深度上，也在前人的基础上获得了一系列显著的进展，整个研究水平比起30年代有了质的飞跃。除了各种关于墨经逻辑思想的研究论著之外，先后出版了众多整体研究墨家的重要著作。任继愈的《墨子》（上海人民出版社1956年版），是第一部用马克思主义的观点和方法来研究墨子的专著，该书全面论述了墨学产生的社会历史条件、墨学的阶级性及墨子的历史地位，对其思想及其价值进行了具体的评析；詹剑峰的《墨子的哲学与科学》（人民出版社1981年版）着重对墨家的哲学和科学思想进行了详尽的探究；著名逻辑学家、墨学研究专家孙中原先后出版了系统全面地研究墨家思想的《墨学通论》（辽宁教育出版社1993年版）、《墨者的智慧》（三联书店1995年版）和从文化学的视野透视墨学及其现代意义的《墨学与现代文化》（中国广播电视出版社1998年版）等多部论著；此外，还有邢兆良的《墨子评传》（南京大学出版社1993年版）、徐希燕的《墨学研究》（商务印书馆2001年版）、杨俊光的《墨子新论》（江苏教育出版社1992年版），等等。其中，任继愈主编的《墨子大全》（北京图书馆出版社2000年版）尤令人关注，该书共100册，汇集两岸墨学研究成果数百种，可谓近代墨家研究之大全。

一　墨子哲学研究

　　自近代复兴以来，作为下层民众思想要求的反映，墨子哲学所具有的鲜明的民本、求实精神，为广大学者所一致推崇。新中国成立以后，这一倾向尤为明显。这首先体现在对于墨子的"兼爱"、"非攻"、"尚贤"与"尚同"的价值追求的充分肯定上。在《墨子》（上海人民出版社1956年版）及《中国哲学史》（四卷，人民出版社1963年版）中，任继愈指出，这些思想不仅在当时具有进步意义，超越了其他学派的局限性，而且具有相当的普遍意义。在认识论方面，墨子肯定人的认识来源于感官所感觉到的客观实际，正确地把握了"名"与"实"的关系，并以"三表"作为判断是非真假的准则，无疑是先秦时期最彻底的唯物主义反映论。张岱年也认为墨子的"兼爱"思想堪称中国古代人道主义的典型代表之一，同时肯定了墨子所提出的系统的逻辑学和科学研究方法论理论的积极意义，认为整个墨子哲学体现了积极救世的人道主义与"摹物论言"、严谨求实的科学精神的统一。蔡尚思在《大同主义与墨家》（《文汇报》1949 年 11 月 5 日），陈正炎、林其锬在《中国古代大同思想研究》（上海人民出版社 1986 年版）中，则将墨子的这一系列主张视为中国古代大同思想的突出代表。在关于墨子哲学性质与意义问题上，这种立场和观点一直占主流地位，具有很强的代表性。

分歧主要体现在关于墨子"天志"、"明鬼"等思想的评价上，一些学者认为这是墨子思想的糟粕所在，以任继愈为代表的多数学者则主张进行具体分析，认为墨子的这种相信有意志之天和鬼神的思想在某种程度上确实有所倒退，但其最终的目的还是为了民众的利益。郭齐勇将墨子宗教观与前代宗教观、儒家宗教观进行了深入的对比分析，指出其与前代宗教观的相近之处在于把宗教政治化与道德化，把高贵而全知的"天"作为"义政"或"善政"的根源。在这一方面，就"天"的意志就是"民"的意志，"天"能主宰天子、赏善罚恶而言，它与早期儒家思想基本上是一致的，其目的也在于以"天"作为宇宙和人类社会的主宰，以"天志"作为衡量为政者的最高准则和尺度，来警戒和规范其行为，不同之处在于，墨子的"天志"是平民意志的外化，反映了民众的普遍利益和要求，且其论证方式是以"利"为枢纽的。[1] 通过这一对比分析，深刻揭示了墨子宗教思想的实质，由此对其意义与局限性进行了更为准确合理的评判。

二   关于后期墨家逻辑思想的研究

（一）对《墨经》思想的阐释

在中国哲学史上，墨家的最大特色和最突出的贡献在于，后期墨家提出了一整套系统的逻辑学思想，因而对墨家逻辑学思想的发掘、阐发和评判理所当然地成为这一时期墨家研究的最重要的主题。学者们从不同层面围绕这一主题进行了全方位的研究，出版、发表了大量有分量的成果。著名墨学研究大师谭戒甫对旧著《墨经易解》进一步加以充实和完善，形成了《墨辩发微》（中华书局 1964 年版）一书。该书前两个部分包括正名、释例和校释，在此基础上第三部分专论墨辩之学，数十年来一直不断补充修订，对《墨经》之疑难歧义多有精辟之解，为研究者必读之书；他撰写的《墨经分类译注》（中华书局 1981 年版）亦是上乘之作。詹剑峰的

---

[1] 郭齐勇：《中国哲学史》，高等教育出版社 2006 年版，第 57 页。

《墨家的形式逻辑》（湖北人民出版社 1956 年版）也是专论墨子的逻辑思想；高亨《墨经校诠》（科学出版社 1958 年版）继承了孙诒让《经说表》的成果，在墨家思想的校勘释义等方面多有创见和贡献。改革开放之后，关于墨家逻辑思想的研究进入一个全新的阶段，整个研究更趋系统、全面而细致，视野更为开阔。学者们借鉴运用新的哲学与逻辑方法如符号学、现代语言分析方法、数理逻辑方法等，对墨家逻辑思想展开更深入的发掘。孙中原在对墨家整体思想作出全面研究的基础上，更着重探讨了墨家逻辑，先后出版了《墨子及其后学》（新华出版社 1991 年版）、《墨学通论》（辽宁教育出版社 1993 年版）等专题论著，同时在其《中国逻辑学》（台湾水牛出版社 1993 年版）中对《墨经》的概念、判断、推理、思维规律、谬误和范畴理论进行了全面的阐述，对其性质与现代价值问题作出了精辟的评析。杨向奎的《墨经数理研究》（山东大学出版社 1993 年版）集中探讨了墨经中所蕴涵的数理逻辑思想。另一墨学研究专家崔清田也相继出版有《显学重光》（辽宁教育出版社 1997 年版）、《名学与辩学》（山西教育出版社 1997 年版）及《墨家逻辑与亚里士多德逻辑比较研究》（人民出版社 2004 年版）等著作。此外，诸如张斌峰的《近代〈墨辩〉复兴之路》（山西教育出版社 1999 年版）、杨武金的《墨经逻辑研究》（中国社会科学出版社 2004 年版）、周云之的《墨经注释、今译及研究——墨经逻辑学》（甘肃人民出版社 1993 年版）、陈孟麟的《墨辩逻辑学》（齐鲁书社 1983 年版）、张纯一的《墨子集解》（成都古籍书店 1988 年版）、姜宝昌的《墨经训释》（齐鲁书社 1993 年版）、方孝博的《墨经中的数学和物理学》（中国社会科学出版社 1983 年版）、朱世凯的《墨经中的逻辑学说》（四川人民出版社 1988 年版）等著作，也或以角度、方法见长，或以专论占优。除了这些专论之外，包括杨百顺的《比较逻辑史》（四川人民出版社 1989 年版）等在内的一些比较逻辑研究方面的专著，也通过对比分析的方法，对墨学逻辑思想研究多有助益。

在关于墨家逻辑思想的研究方面，首屈一指的当推沈有鼎。沈有鼎以其深厚的国学基础和精深的西方语言、逻辑素养，通过对墨家逻辑的几十年不懈探索，将墨家逻辑研究推进到一个全新的高度。沈有鼎的《墨辩的逻辑学》一文于 1954—1955 年在《光明日报》上连载 6 期，其后扩展为《墨经的逻辑学》一书。该著对《墨经》逻辑的基本内容进行了全面准确的解读，对墨家的逻辑思想进行了系统透彻的分析阐释，被公认为首次全面准确解读《墨经》逻辑体系的经典之作，在中国逻辑史上具有里程碑式的地位。沈有鼎的研究一改以往"任意改窜《墨经》的文字来适合自己的成见"的做法，而是还《墨经》以真实面貌，"让《墨经》自己来注释自己"。① 根据这一诠释原则，该书对墨家认识论的功用以及对"指"、"名"、"辞"等特殊的逻辑概念和方法展开缜密的探究，并对墨家"说"、"辩"的原则与方式进行了精辟而深入的阐发，不仅对前人所无法解释的墨家逻辑的许多条目都给出了确解，例如对"止"式推论问题及其他诸多疑难问题都给予了确当的解释，也矫正了不少同时代著名学者在校勘、训诂上的失误。这一系列重大突破不仅对墨家研究，而且对整个中国逻辑史研究都有着极其广泛而深远的影响，以至于业界认为，正是沈有鼎在《墨经的逻辑学》一书中对墨家逻辑的确解，才使得墨家逻辑得以获得新生，使中国古代这一原创性的逻辑思想资源得以焕发出新的活力；否则，人们至今可能仍不知墨家逻辑为何物，因而这一研究的价值其实不亚于墨家逻辑本身。

（二）关于墨家逻辑思想性质与意义的争辩

在对《墨经》的解读过程中，必然面临着一个如何认识和评判其性质与意义的问题。在这一方面，分歧不仅始终存在，而且日趋尖锐。沈有鼎在揭示出墨家逻辑奥秘的基础上，深入分析了儒、墨两家在认识论上的重大差异，从更广阔的视角、通过中西对比对墨家逻辑的成就与科学价值作出了积极的评价。他认为，墨家逻辑"代表了中国古代逻辑学的光辉成就"，《墨经》是中国古代逻辑学思想发展的高峰，是探索科学真理的有效方法，"明是非之分"的必要工具。《墨经》既是对古代科学所使用的一些方法的系统总结和概括，反过来又有效地推动了科学的发展，至今依然具有不可磨灭的重要价值。沿着这一理路，沈有鼎进一步对比分析了中外逻辑之异同问题。他以充分确凿的论据证明以墨家逻辑为代表的中国古代逻辑与西方逻辑传统以及印度因明之间本质上具有内在相通之处，三者共同构成了并驾齐驱的三大逻辑之源，同时尖锐驳斥了那种认为"中国一向无逻辑"或"中国人的思维遵循着一种从人类学术康庄大道游离出来的特殊逻辑"的荒谬观点，指出正如中国古代语言中有其"表现方式上的特质"一样，中国古代逻辑"在表达方面具有一定的民族形式"，但本质上

---

① 沈有鼎：《墨经的逻辑学》，中国社会科学出版社 1980 年版，第 2 页。

与西方逻辑与印度因明在某些方面具有惊人的相似之处，同样揭示了"人类共同具有的思维规律和形式"。[①] 这一立场和观点为诸多大家所赞同。冯友兰同样认定《墨经》的逻辑体系对于中国古代逻辑学的发展具有重要意义，是中国哲学史上光辉的一页；任继愈也认为后期墨家的逻辑理论相当完整严谨，代表着先秦时代逻辑学理论的最高水平，在中国逻辑史上占有非常重要的地位。

周礼全在《中国大百科全书·哲学·逻辑卷》中，对沈有鼎的这一立场作出了进一步的辩护和阐发，将以《墨经》为代表的中国古代逻辑思想、印度因明和古希腊逻辑并列为"三个不同的逻辑传统"，肯定《墨经》中有"应用元语言来表述的逻辑规律"，"《墨经》中的逻辑已开始进入形式逻辑的阶段"。他从名、辞、说入手，具体分析了《墨经》逻辑思想的特质，指出《墨经》的逻辑以辩为主题，大部分内容都是关于名、辞和说的逻辑理论。虽然其中没有应用对象语言来表示的命题形式和推理形式，而只有应用典型的具体推理来体现的推理方式，但这决不意味着《墨经》的思想不属于逻辑学思想，更不能由此得出所谓中国古代不存在逻辑传统的结论。因为中国古代逻辑与希腊的形式逻辑、印度的因明本来就是三个不同的逻辑传统，它们一方面不可避免地要带有所在时代、民族和个人的特点，另一方面，其中所包含的逻辑学实质则是全人类共通的。以墨家逻辑为代表，并与儒家、名家等共同构成的中国古代逻辑传统同样是人类逻辑思想宝库的重要组成部分，应该得到弘扬光大。[②]

孙中原从中国古代逻辑学演进角度阐明了墨家逻辑思想的地位与意义：墨子最先提出"辩"、"名"、"类"、"故"、"法"等逻辑概念和富有特色的"三表法"，初步总结出矛盾律的思想和归谬式的类比推理，成为中国古代逻辑思想的基点。先后经过庄子、惠施以及公孙龙和荀子的发展，最后在后期墨家的《墨经》那里达到了其发展的高峰。作为这一进程的终结，《墨经》乃是中国古代逻辑思想精华的结晶，代表了中国古代逻辑发展的最高水平。它既有中国古代逻辑传统所特有的本质特征，更具有人类逻辑思维的普遍共性，在人类的理论思维发展史上具有其独特的地位和意义。墨家逻辑与墨家的特殊政治伦理主张之间并没有直接的关系，不

---

① 沈有鼎：《沈有鼎文集》，人民出版社1992年版，第376、437页。
② 周礼全：《中国大百科全书·哲学卷》，中国大百科全书出版社1987年版，第537页。

能以所谓墨家有特殊的政治伦理主张为依据，而否认墨家逻辑思想本身的普遍性。

而以崔清田、曾祥云、张斌峰等为代表的另一部分学者则对此提出了质疑。崔清田在《显学重光》、《名学与辩学》和《墨家逻辑与亚里士多德逻辑比较研究》及其他论著中，提出墨家辩学只是墨家推行自家的理想，以及与这种理想相对应的政治主张的一种手段，其目的只是为了宣传、论证和推广该学派的主张，解决当时所面临的伦理和政治问题。确切地说，只是为了论证其"兼爱"、"尚同"的正当合理性，而不是致力于探究科学真理。它实质上只是墨家推行政治理想的特殊工具，而不是探究与认识科学真理的普遍性工具。因此，墨家辩学不具备逻辑所应有的本质特性，而是一种完全不同的学术思想，本质上"不是逻辑"，充其量只能属于"前逻辑状态"。在以关于近代以来墨家辩学研究的回顾与反思为主题的系列论文中，崔清田与张斌峰更明确地指出，西方逻辑与墨家辩学乃是两种不同类型的思维结构与思维方法，将墨家辩学攀比西方逻辑，实质上只是使其沦为西方传统逻辑的中国式摹本，同时割裂了墨家辩学与其得以产生的文化本原之间的统一，忽略了对墨辩自身内容及其生成根据的分析，造成了其本有的文化承载中的意义失落，因而既扭曲了墨辩的固有意义，也导致了对西方逻辑的片面理解，最终导致了双重的曲解。在这种分歧和论争的背后，其实蕴涵着关于《墨经》思想研究中的立场和视角上的根本差异，而这种差异最终将促进《墨经》研究不断趋向全面和深化，有助于避免出现片面化的倾向。

三　关于墨学现代化的探索

如何在继承批判前人成果的基础上，顺应新的时代要求，在更为广阔的人类精神背景中，进一步推进墨学的复兴，实现墨学的现代化，这是当今广大墨学研究者最为关切的重要主题，学者们从不同的维度展开了积极有效的探索，进行了有益的尝试。

张斌峰基于对近、当代墨学研究经验与教训的总结，提出了关于建立新墨学的主张。他的设想是，现代化的新墨学既必须突破将墨学比附于西方逻辑的近代墨学研究模式，也必须超越当代墨学研究中依然占主导地位的文字校勘、校注、白话今译和分类辨析的"传统汉学"的老路，而转向以对墨家文献的文化上的整体把握和语义上的深层透视为基础，展开创造性解释。这意味着，首先，将墨学作为一个客观整体的精神文化形态而探明其内在结构与相互关系，通过对墨家的各种基本概念与学说的意义解析而厘清其原意、文字意义与精神意义；其次，以此为基点，借鉴现代西方哲学中与之相应的有价值的理论，阐发、引申、激发出其所蕴涵的现代意义，将墨学中潜存的抽象的和普遍的文化价值和具体的文化价值转化为现实价值，最终实现科学精神与人文价值、价值理性与工具理性的有机统一，在更新、更高的层面上达到古代墨学与现代社会价值追求的"视阈融合"。

孙中原在《墨学与现代文化》等一系列论著中，则提出了关于墨学现代转化的更简明的思路，描述了建立新墨学的具体的方法论路径。他明确提出，所谓墨学现代化的实质，就是要实现墨学研究范式的现代转型。墨学研究者的使命就在于，在认识把握墨学原典的基础上，将其原用的古代汉语创造性地转化为作为当今人类思维工具和知识载体的现代语言，继之以现代哲学和现代科学为工具性元理论，对其展开现代诠释、引申和发挥，超越其局限性，发掘其所隐含的积极的启示意义，并最终使之融入现代文明体系之中，服务于当今社会。

这些设想目前更多的还只是一种目标或蓝图，所规划的路径也难免有笼统、空泛之嫌，但它们标示出墨学研究发展的方向，预示着墨学研究的一种新的趋势。

第四节　名家、法家与兵家

新中国成立后，对先秦时期其他各个学派的研究虽然不是热点或重点，规模也远不及前述三大学派研究，但通过一些有志于此的学者的不懈探索，同样也取得了很大的进展。

一　名家研究

在先秦哲学中，名家与墨家乃是思想联系最为密切的两大学派，一些学者往往将墨家辩学与名家并称，归为一体。与此相对应的是，很多在墨学研究上卓有建树的学者，也同时有志于名学研究，并作出了重要的贡献。

在整个名学研究中，关于邓析和惠施思想的研究相对较少，其重心始终集中在关于名家的最重要代表人物和集大成者公孙龙子的研究上，民国时期有不少学者研究；20 世纪 50 年代后，先后有谭戒甫的《公孙龙子形名发微》（中华书局 1963 年版）、庞朴的《公孙龙子研究》（中华书局 1979 年版）和《公孙龙子今译》（巴蜀书社 1989 年版）、陈宪猷的《公孙龙子求真》（中华书局 1990 年版）、周昌忠的《公孙龙子新论》（上海社会科学院出版社 1991 年版）、杨俊光的《惠施、公孙龙评传》（南京大学出版社 1992 年版）和谭业谦的《公孙龙子译注》（中华书局 1997 年版）等诸多专题论著问世。在诸如周昌忠的《先秦名辩学及其科学思想》（科学出版社 2005 年版）和朱前鸿的《先秦名家四子研究》（中央编译出版社 2005 年版）之类的综论先秦名家的著作中，探讨的重心亦在于此。

（一）关于公孙龙子其人其书的考证

自古以来，关于公孙龙子其人问题一直是学术界不断争论的对象，人们基于不同的论据作出了各种不同的推断，但始终未能获得普遍认可。沈有鼎在深入研究《墨经》的同时，也对这一问题展开了系统的探究。他历时 25 年，前后撰写了包括《〈公孙龙子〉的评价问题》（《逻辑学文集》，1978 年版）及《〈公孙龙子〉考》（《中国哲学史研究》1989 年第 3 期）、《现行〈公孙龙子〉六篇的时代和作者考》（《沈有鼎文集》，人民出版社 1992 年版）等在内的 8 篇关于公孙龙子考证与评价的专题论文，经过详尽缜密的考证，不断修正，步步深入，最终破解了这一难题。在《〈公孙龙子〉的评价问题》一文中，沈有鼎最先得出的是两个公孙龙，即战国末期的公孙龙与晋代人改造的公孙龙的论断。其后，经过进一步的考证，沈有鼎从史料中又发现了另一位活动于春秋末期和战国初期、作为孔子亲炙弟子的公孙龙，最终形成所谓"三个公孙龙"的结论。由此，对《公孙龙子》一书也作出了准确的判定，指出今本《公孙龙子》六篇并非公孙龙子的原著，而是晋代人根据原书残简，同时参考《墨经》、《庄子》等其他文献的有关记载集体编纂而成，并假托公孙龙子之名而流传至今的。

（二）关于名家逻辑思想及其意义的研究

新中国成立以来，关于名家逻辑思想的研究也大体经历了两个阶段。自 20 世纪 50 年代到改革开放前为第一阶段，主要是以唯物辩证法为指导分析评判名家的各种逻辑命题和主张。应该说，与关于其他学派的研究相比，在对名家逻辑思想的分析上，唯物辩证法研究范式的积极意义体现得更为充分。高亨在其《试谈晚周名家的逻辑》（《山东大学学报》1963 年第 2 期）的长篇论文中，以辩证法为指导对邓析、惠施和公孙龙的逻辑命题的合理性和失误所在作出了深入确当的总结评析，指出名家学说的主要特点就在于运用一种逻辑法则去分析事物，得出与一般常识不同的新概念，进而以新概念为基础，又提出与一般常识不同的新判断。在这些命题当中，或区分事物的总体概念、部分概念与个体概念来判断事物；或从特定的时间、空间和条件出发来判断事物，其出发点是正确的，而错误则在于割裂了概念之间、运动与静止之间、局部与整体之间的统一性，将它们分离乃至对立起来。其结果是，一方面，有助于概念的澄清，并发展了逻辑规则；另一方面，又走向极端，从而陷入谬误。冯友兰的《中国哲学史新编》也运用唯物辩证法对名学逻辑进行了更清晰透彻的阐述，摆脱了此前版本中关于这一主题论述的缺陷。当然，后来随着政治形势的变化，这一范式也不可避免地显现出某种偏差，那就是在如何评价名家逻辑命题的性质与意义时，简单化地将其归为诡辩，进而斥之为统治阶级愚弄人民的思想工具。

　　改革开放之后，进入名家研究的第二阶段，在继承前一阶段成果的基础上，很多方面又有显著的进展。首先，清除了前一阶段后期出现的政治化的错误倾向，更充分地认识到名家逻辑特别是公孙龙思想的重要意义。学者们认为，如果说，在邓析和惠施那里，还有将逻辑服务于政治伦理的倾向的话，那么，到公孙龙那里，则已经完全将逻辑与社会政治伦理的现实需要分离开来，使逻辑拥有了自己的独立地位。公孙龙的逻辑学思想是一种不带有任何现实功利目的、纯粹的关于名的问题的研究，《公孙龙子》一书堪称我国古代第一部、也是唯一一部专门探讨名的问题的哲学专著，在中国文化史上具有非常独特的地位。其次，更具体深入地探究了公孙龙逻辑思想的本质特征及理论意义。曾祥云从研究内容、立论方式和论说方法三个层面将公孙龙哲学理论的最基本特征概括为"专决于名"、"超越常识"和"假物取譬"，并以此作为深入研究、正确认识和客观评价公孙龙哲学思想的前提和条件。① 再次，研究视野更为开阔，研究方法更加新颖多元。新时期的名学研究已不再是单纯就名家论名家，停留于传统的注译或校释，而是运用新的逻辑与语言分析方法，在各种不同学派以及中西逻

---

① 参见曾祥云《论公孙龙哲学的理论贡献》，《学术界》2009 年第 5 期；《论公孙龙哲学的特征》，《湖南大学学报》2003 年第 1 期。

辑思想的对比互释中多层面展开。通过这种研究，一方面能够更深入地发掘名学逻辑的内蕴，把握其精髓和特质，洞察名家思想与西方古代逻辑学传统之间的本质差异以及形成差异的原因，明确中国古代逻辑思想在何种意义上对人类逻辑发展具有积极意义；另一方面，也将更清醒地认识到名家思想以及中国逻辑传统本身所固有的某些缺陷和不足，总结其中所蕴涵的经验与教训，从而为建构发展中国的逻辑学思想体系提供应有的借鉴和启示。

二　法家、兵家

（一）法家研究

自秦之后，法家由于"专决于名而失人情"而为历代思想家所申斥，始终被排斥于中国传统文化的主流位置之外。而新中国成立之后，伴随研究范式及其所包含的评判准则的转变，法家开始引起人们的重视，一些译注、阐释法家文献的作品陆续问世，其中具有一定代表性的有高亨的《商君书译注》（中华书局 1974 年版）、蒋礼鸿《商君书锥指》（中华书局 1996 年版）、梁启雄的《韩子浅解》（中华书局 1982 年版）等。更重要的是，学者们以新的范式为指导，对法家思想的各个层面展开新的分析与评判，从中发现出更多的积极意义，并予以肯定。冯友兰和任继愈对法家思想的集大成者韩非就有很高的评价，认为他不仅继承发展了此前的法家思想，将"法、术、势"融为一体，而且总结吸收了老子、稷下学派以及荀子的唯物主义思想，从而为法家的政治思想奠定了坚实的哲学基础。[①] 冯友兰提出，韩非的"道"与"理"概念虽然源于老子，但更彻底地贯彻了唯物主义原则，是对老子"道"的重要发展。将普遍的"道"与作为事物的本质、使事物成其为该事物的具体的"理"统一起来。任继愈也认为，就自然观而言，韩非的"道"破除了老子"道"的神秘性和超验特征，不再是有意志的主宰，而是创生万物的源泉，万物运动所遵循的根本规律以及万物的总和。当它体现于具体事物之中时，便是使万物得以区分开来的"理"。这标志着其克服了老子"道"论的唯心主义的缺陷，实现了向唯物主义的转化。

---

① 参见冯友兰《中国哲学史》的相关章节及任继愈《韩非的社会政治思想的几个问题》（《文史哲》1955 年第 4 期）等。

从这一立场出发，学者们对法家的政治哲学思想进行了重新认识和评价。在《韩非的社会政治思想的几个问题》（《文史哲》1955 年第 4 期）一文中，任继愈运用唯物史观与辩证法的观点对韩非关于社会关系的认识、历史观以及"道"与"法"的思想进行了全面的考察，分析出韩非关于君民之间矛盾、君臣之间矛盾、父母子女之间矛盾、君王与各种势力之间矛盾、一般人与人之间矛盾以及各种学说之间矛盾关系思想所蕴涵的辩证法因素，肯定其历史观中重视物质基础与利益的合理性，并深刻地揭示出韩非改造、利用老子思想的真正意图和效应在于使"道"成为政治上统治的原则，即作为"是非之纪"的"法"。更确切地说，是将"道"作为人君专制独裁和所谓法令的哲学根据。就这个层面而言，韩非最终抛弃了其自然观中的唯物主义的科学精神，使"道"沦为统治者意志的体现。

众所周知，"文化大革命"期间，由于政治的原因，法家曾经一度受到极端的热捧，甚至被推崇为"正确路线"的代表。不过，那更多的是一种政治宣传，而不属于真正的学术研究。直到改革开放之后，人们才重新思考如何克服以往的两种片面性或极端态度，以一种理性的精神来全面地、客观地审视法家思想，由此开始以一种新的眼光来对其加以认识和评价。这种转变突出地体现在，不再只是孤立地探讨韩非或法家思想，而是将其置于中国传统文化整体之中进行透视和评判。李泽厚的《孙、老、韩合说》（《哲学研究》1984 年第 4 期）一文堪称这一方面的代表性成果。与以往的研究不同，该文提出无论是从思想的逻辑过程来说，还是就社会的发展过程而言，韩非不仅是法家思想的集大成者，而且是先秦思想中由兵家到道家发展演变过程的结果：从总体上讲，法家是接过了《老子》政治层面的"无为"含义上的人君南面术，将其加以极端的发展，最终改造成为主张赤裸裸的统治压迫的政治理论。而这种演变的基础与实质，就在于中国传统文化所特有的实用理性的思维方式。

20 世纪 90 年代以来，一些学者进一步从中西政治哲学对比的广阔视野中对法家思想展开研究，试图以此找出中国封建专制集权制度的更深层的原因，并探索将其转化改造成为对当今社会有益的政治哲学资源的可能途径，这已逐渐成为法家研究的一种新的趋势。

（二）兵家研究

先秦时期博大精深的兵家思想，作为中国文化的一大瑰宝，20 世纪 50 年代后也一如既往地为人们所关注，并得到了更全面的研究。在文献考证、校释方面，学者们根据新出土的文献史料，对孙武、孙膑的身世、军事与著述活动情况，以及《孙子兵法》、《孙膑兵法》等文献的形成过程与理论构成进行了仔细的考释，出版、发表了以郭化若的《孙子译注》（上海古籍出版社 2006 年版）、李零《孙子兵法译注》（河北人民出版社 1992 年版）、《孙子十三篇综合研究》（中华书局 2006 年版）等为代表的一批研究成果；在思想义理研究方面，学者们尤其重视《孙子兵法》与《孙膑兵法》中所蕴涵的丰富的军事辩证法思想，对其进行了集中而深入的发掘和总结。任继愈将其定性为唯物主义世界观与朴素辩证法的有机统一，对二者进行了全面而具体的对比研究。

沿着与关于韩非政治哲学的探究同样的思路，李泽厚从中国文化的整体视野中，将兵家思想置于与老子及法家的联系之中加以考察，认为兵家哲学思想的精髓在于其所体现出来的特定的理性态度：其一，撇开主观情感，破除所谓鬼神"天意"，一切以现实利害为依据进行理知判断和谋划；其二，注重经验，不迷信理论和教条，重视具体观察和分析；其三，强调透过现象抓住问题的实质或关键；其四，坚持认识与现实实践活动的有机统一。基于这一系列总结分析，李泽厚的结论是，要真正了解中国古代辩证法，了解为什么中国古代的辩证观念具有自己特定的形态，应该追溯到先秦兵家。兵家不仅将把原始社会的模糊、简单而神秘的对立观念多样化和世俗化了，更重要的是其所具有的既注重整体而又讲究具体实用，既主张人的能动性而又强调冷静理知的根本特征。这正是中国辩证思维的独特灵魂，构成了中国实用理性的一个重要方面。从这个意义上说，老子哲学的基本观念实际上可以从这里找到渊源。

当今兵家思想研究中所出现的另外一种趋势或现象是，很多国内外人文社会科学特别是应用性科学的研究者越来越重视兵家思想，从经济哲学、管理哲学、政治研究角度展开探究，试图借鉴兵家思想智慧破解现代管理过程中所面临的难题，以求达到更高的境界。这种探索既繁荣了兵家思想研究，同时也为其进一步发展拓展出广阔的空间。

第五章　秦汉隋唐哲学研究

第一节　秦与汉代哲学思想

秦汉在中国文化史上有其特别的重要性，但其在哲学史上的地位不甚突出，相对于其前后的先秦、魏晋，秦汉哲学的思想深度与哲学意味似乎不够。不过从新中国成立以来的哲学史研究看，秦汉哲学实有其重要价值，在某一特定历史阶段，对其研究、探讨甚至成为学界的热点、焦点。

一　新中国成立后十七年（1949—1966 年）间的研究

新中国成立后，中国哲学史研究的范式及指导原则均有重大转变，唯物主义与唯心主义之争作为一条主线贯穿于哲学史研究中。侯外庐主编的《中国思想史》第 2 卷（人民出版社 1950 年版）出版最早，该书自觉将中国社会史研究与思想史研究相结合，对秦汉思想内容、演进、特色进行了系统分析、论述。① 总体而言，秦汉哲学研究的热点是人物研究，主要集中于董仲舒、司马迁、王充三人。董仲舒是汉代大儒，研究秦汉哲学无论如何是绕不过去的。关于董氏的专著主要有周辅成的《论董仲舒思想》（上海人民出版社 1961 年版）。对于董氏的定位，虽然学界也有争论，有些也认为其是唯物主义者，但学者们基本上指认其为唯心主义思想家，不过在评价他的思想时候还是予以一定程度的肯定，如杨宪邦的《怎样分析董仲舒哲学思想的社会历史作用》（《新建设》1964 年第 7 期）。可见在当时，对思想家身份的判定与对其思想价值的评价并不完全对应，即便是唯心主义思想家，其学说仍有其价值。需要指出的是，任继愈在《中国哲学史》（人民出版社 1966 年版）中，基于哲学史即为认识论史的观点，突出

---

① 参见周天游、孙福喜《二十世纪的中国秦汉史研究》，《历史研究》2003 年第 2 期。

了唯物/唯心、辩证法/形而上学的斗争，将董仲舒的目的论的唯心主义哲学界定为宗教唯心主义更为精巧的形式，是欺骗民众的意识形态，基本未予其以正面评价。虽然如此，任氏将宗教与唯心主义联系起来，这一理解与其后来提出的儒教说有内在的逻辑关联，值得注意。除董仲舒外，司马迁也是研究较多的人物。司马氏是一名历史哲学家，其所著《史记》蕴涵了丰富的历史思想，但学界对司马氏思想的研究主要集中于《史记》写作的"人民性"，如侯外庐的《司马迁著作中的思想性和人民性——为纪念司马迁诞生二千一百周年而作》（《人民日报》1955 年 12 月 31 日）。人民性是一个阶级立场的问题，突出史学著作中人民性的意义，也就意味着对人民作为历史主体身份的强调，这无疑是配合了对新政权合法性的意识形态宣传。至于王充，由于其反谶纬与自然主义的理论立场，几无疑义地被认定为汉代唯物主义思想大家，对其的研究论文最多，专著也有好几部，如关锋《王充思想研究》（上海人民出版社 1957 年版）、田昌五《王充及其〈论衡〉》（三联书店 1958 年版）等。

二 "文化大革命"十年（1966—1976 年）的儒法之争

"文化大革命"开始，中国哲学史研究进一步政治化、工具化。尤其是随着"文化大革命"后期政治形势的变化，儒法之争的研究模式特别突出，秦汉哲学就此成为中国哲学史研究的显学。在此背景下，被认定具有法家身份的思想家得到了特别的关注，秦代的李斯与汉代的桑弘羊即是典型。李斯在前十七年的研究中默默无闻，仅有俞超的一篇《秦代伟大的政治家李斯》（《山东大学学报》1959 年第 3 期）论及他。与之相比，"文化大革命"后期发表了大量关于李斯的文章，主要是论述他对"封建制"的批判，不过论者多为非专业研究人员，故文章带有很浓的现实政治意味。较诸李斯，桑弘羊的情形是有过之而无不及，由于其与贤良文学的论辩，桑弘羊被视为西汉儒法之争的法家代表，故论述桑弘羊及《盐铁论》的文章特别多，甚至在数量上可与论述王充者媲美，其中的代表性之作有笔名梁效的《读盐铁论——西汉中期儒法两家的一场大论战》（《红旗》1974 年第 5 期）。与之形成鲜明对照的是，此一时期对司马迁的研究寥寥无几。至于董仲舒、王充，仍然是关注的重点，但前者被指认为"复辟之道"而完全成为被批判的对象，而王充对孔孟之学的批判则被突出强调，这显然也是对当时政治形势的配合。

不过需要指出的是，在秦汉哲学笼罩于儒法之争的模式下且成为政治斗争的工具的同时，也有学术亮点的出现，这就是围绕汉代帛书展开的黄老之学研究。20 世纪 70 年代初，长沙马王堆汉墓出土大批珍贵文物，其中包括帛书《老子》甲乙本、《经法》等。帛书《老子》甲乙本内容与现在通行的王弼本在文本结构、文字上均颇有差异，其对研究《老子》文本的形成及汉代黄老学具有重要意义，故立刻引起了学界的极大兴趣。考古文字学家唐兰很快撰写了《马王堆出土〈老子〉乙本卷前佚书研究——兼论其与汉初儒法斗争的关系》（《考古学报》1975 年第 1 期）。1976 年 3 月，经过帛书整理小组的释文、标点和注释，《马王堆汉墓帛书〈老子〉》（文物出版社 1976 年版）出版。该书还同时收入了翟青、高亨和池曦朝的两篇论文，其中高亨与池曦朝所撰之《试谈马王堆汉墓中的帛书〈老子〉》对帛书《老子》的抄写年代予以确认，根据文字的避讳情况，判定甲本在刘邦称帝前抄写，乙本则在刘邦称帝后至刘盈、刘恒为帝前抄写。在帛书《老子》的编次问题上，作者以为帛书两本"德经"在前，"道经"在后的编法属于法家传本，反映了西汉前期法家与《老子》的关系。这样的观点虽是基于学术的角度给出，但多少受到当时学界盛行的"儒法之争"的影响。作者还对《老子》的分章以及帛书甲、乙本之不同来源等问题予以了论述。联系汉代前期黄老之学的兴盛，对出土帛书《老子》的考释有助于我们研究战国后期到秦汉间道家思想的转化，更细致地把握西汉早期的思想状况。

除帛书《老子》外，帛书《经法》也被较多关注。主要有：康立等《法家路线和黄老思想——读帛书〈经法〉》（《红旗》1975 年第 7 期）、汤新《法家对黄老之学的吸收和改造——读马王堆帛书〈经法〉》（《文物》1975 年第 8 期）、俊奎《黄老思想和道法关系——读帛书〈经法〉》（《破与立》1976 年第 3 期）。田昌武亦有《再谈黄老思想和法家路线——读长沙马王堆三号汉墓出土帛书札记》（《文物》1976 年第 4 期）。

三　20 世纪 70 年代末至 80 年代中后期的反思哲学

"文化大革命"结束后，中国哲学史研究重新走上正轨，结合哲学史研究方法论的探讨和对"文化大革命"十年的批判，对中国哲学传统的反思成为当时学者的主要努力方向。由于秦汉哲学研究在"文化大革命"期间的极度意识形态化，这种反思首先在此领域中展开。

（一）任继愈的儒教说与汉代思想研究

任继愈对新中国的中国哲学史研究作出巨大贡献，其晚年提出的"儒教"说是其最具个人独创性的见解，在学界引起巨大反响。儒教说与任氏对以董仲舒为代表的汉代儒学思想本质的判定有着密切关系，反映了其对中国封建意识形态遗存的反思。

任氏乃是以汉代儒学为儒教形成的第一阶段，以对应于宋儒之儒教的第二阶段。"文化大革命"结束后不久，配合当时"四化"建设的形势，任氏指出"无神论"学术讨论的现实意义。① 在此基础上，任氏据1979 年访日所作学术报告——《儒家与儒教》补充、改写而成《论儒教的形成》（《中国社会科学》1980 年第 1 期）一文，正式系统地提出了儒教说。相对于其 60 年代的观点，儒教说突出的不是"唯心"论，而是"宗教"性。文章的写作明显反映了任氏试图通过对中国传统思想的思考来反思社会停止、倒退的思想根源，但其批判是宗教化的儒学——儒教。依据历史唯物主义的社会形态学说，任氏确认了封建社会乃中国经历的主要社会形态，而秦汉时期乃中央集权的封建专制制度建立时期。对应于此的是以儒教为中心的封建意识形态的形成，其表现在董仲舒及《白虎通》对孔子学说的改造。对比汉代儒学的宗教化，宋代理学是儒学的第二次改造，是更为精致的禁欲主义、僧侣主义的形成。由于任氏是以隋唐作为中国封建社会前/后、上升期/下降期的转折点，故同样是儒学的宗教化。任氏对二者总体持批判态度，但具体的评价实有区别，其以为汉代第一次对孔子的改造之积极作用大于消极作用，而宋代第二次对孔子的改造，其消极作用则是主要的。②

任氏对汉代儒教一定程度上的肯定是源于汉代儒学宗教化程度的有限，形式尚粗糙，不似宋明理学精致的禁欲主义、僧侣主义对人的束缚、压制，这反映了任氏的哲学史观已从原有的唯心/唯物之意识形态斗争转向宗教/哲学（信仰/理性）之认识论之争。任氏的儒教说看似平实而内涵深刻，是其对中国哲学史研究的重要理论贡献。李申的《中国儒教史》（上海人民出版社 2000 年版）是对任氏儒教说的进一步阐扬。

---

① 任氏参加了 1978 年 12 月在南京举办的中国无神论学术讨论会，提交了论文《开展无神论研究，促进社会主义现代化》。《中国无神论思想论文集》，江苏人民出版社 1980 年版。
② 参见《任继愈自选集》，北京师范大学出版社 1991 年版，第 131 页。

（二）李泽厚、金春峰的秦汉思想研究

1. 系统论与李泽厚的秦汉思想研究

20 世纪 80 年代初，随着现代西方学术思潮大量涌入，运用西方现代科学理论来重新解读中国传统思想的做法一时颇为盛行，李泽厚的《秦汉思想简议》（原载《中国社会科学》1984 年第 2 期，后收入《中国思想史论》，安徽人民出版社 2002 年版）即是运用系统论研究秦汉思想的典型之作。书分四部分：一、道、法、阴阳、儒家的合流；二、天人宇宙论图式；三、阴阳五行的系统论；四、五行图式的历史影响。李氏的观点主要是：针对学界对以董仲舒为重要代表的秦汉思想的贬低与漠视，或被斥为唯心主义、形而上学，或被视为"儒学一大没落"，其认为："以阴阳五行来构建系统论宇宙图式为其特色的秦汉思想，是中国哲学发展的重要新阶段。正如秦汉在事功、疆域和物质文明上为统一国家和中华民族奠定了巩固基础一样，秦汉思想在构成中国的文化心理结构方面起了几乎同样的作用。"李氏也提到，秦汉确立的官僚政治体制和相适应的意识形态，确保了中国文化对外来宗教之抗拒，士人对非理性的拒绝。显然，李氏突出了汉代系统思维的合法性，故对汉代儒学给予正面肯定的评价，这一立场既不同于港台新儒学对道德心性论的坚持，也有异于任继愈对理性/信仰对立的理解。

2. 主体性与金春峰的《汉代思想史》

金春峰的《汉代思想史》（中国社会科学出版社，此书初版于 1987 年，其后相继于 1997 年再版、2008 年增补第三版），可见此作的学术价值。不过从学术史的角度看，《汉代思想史》一书的思想意义要大于其学术意义，因为该书虽然只是一部断代思想史之作，但借此实证性专题研究，其在特定的反思历史时期对中国哲学史研究的既有方法论予以了检讨，对关涉中国哲学的一些重要问题，如中国哲学的思维形态、儒教概念、知识与权力关系等作了理论上的反思。这些思考的结果在现在看来或有商榷之余地，但其打破思想禁锢的开拓性不容否认。在初版序言中，丁伟志、李泽厚分别以"是一次有意义的新尝试，是一次富有启发性的新探索"和不因循守旧的"开荒"之作来评价此书，可谓恰当。

《汉代思想史》的开拓性体现在：写作形式上"不再囿于那种学案式或评传式的格局中"，而内容上亦有创新，即把哲学史研究的任务定为"再现"思想运动的发展与演变，从而将主体性原则与社会存在论原则——历史唯物主义结合起来。突出主体性是反思时期中国学术的重要表现，这一问题落实到中国哲学史界，就是摆脱传统的唯心/唯物的评价体系，正面肯定所谓的"唯心"主义思想的价值。就此书而言，即是对董仲舒的"天人合一"思想予以新的诠释与肯定评价，以为汉代的文治武功展示了一个人格张扬的英雄时代。这样，汉代的天人哲学其实表现的是人的强大有力和对天的征服。肯定人支配天，也就肯定了人的价值尺度，这就引出了目的论的概念。作者对董仲舒哲学的分析着重于"目的论"，以为目的论是对自然论的否定，正因为确立了人的价值尺度，人的道德实践、文化创造便具有了积极意义，故作者认为董氏在宣扬神权中重视与强调的是人的力量、作用、地位。

作者既抛弃了传统的唯心/唯物模式，对唯心论给予肯定，这似乎与作者所声明的历史唯物主义相矛盾，故需要加以说明。实际上，作者肯定唯心论并非是在认识论意义上，而是在价值论意义上，故其所说的唯心论实乃指主体性哲学。作者认同的主体性哲学也不是指向自我意志论，从反思时期这一特定历史背景看，当时的中国哲学史界正是要开展对自我意志论的批判，重申社会存在对思想的优先性。考虑到"文化大革命"中儒法之争的突出，作者对法家的评论显然隐喻着对"文化大革命"唯意志论的批判，对客观性原则的确认。而吊诡的是，在意识形态领域盛行唯意志论的同时，在哲学史界强调的正是唯心/唯物之分，对所谓的唯物主义思想家的肯定。实际上，对唯物主义的确认并不必然否定唯意志论，原因在于，在思想领域真正实施的是唯意志论，而要实现此点，必须否定人的价值与目的论地位，这样，所谓对唯物主义的肯定只是在价值论上把"物"/自然置于"人"之上，即物要"优先"于人，而在认识论上则是将"人"置于"物"之上。相对于这种处理，《汉代思想史》的反思结果表现在，对"人"/"物"关系重新予以颠倒性的处理：在价值论上突出人的地位，将人置于物之上；在认识论上突出物的优先性，正视人在认识上的有限性。故作者肯定了汉代以董氏为代表的天人合一说的主体性哲学价值，但对这一学说体系中的认识论局限同样予以批评。

这样，基于主体性原则与理性精神的尺度，作者对整个汉代思想进行了系统化的分析、评价，体现了主体性原则，适应了社会发展之需求的哲学体系得到肯定，同样，诉求理性原则的学说被认同。作者对汉代诸多思想学说评析的旨归最终落实为对汉代神学/宗教的批判，这就契合了反思哲学的主题，呼应了其对唯意志论的批判。谶纬神学化儒学并没有成功，因为谶纬与宗教的相似仅在外表，而在实质上谶纬与真正宗教的性格是恰恰相反的。因为谶纬只是以极其粗糙的世俗形式为现实政治服务，缺乏真正的思想长久性。作者这样的论述具有极强的现实针对性，也充分展示了作者的思想能力，即独具匠心地将神学批判以思想史的形式表达出来。联系当下学界热议的"儒教"问题，作者的这一思考是深刻的。

《汉代思想史》一书初版于1987年，在当时学界产生了很大影响。现在看来，此书给人的最大感受还是充满批判性的反思精神。在这点上，金氏的研究与同期的李泽厚先生有相似之处，反映了那个年代学人的精神风貌。

值得注意的是，汉代黄老之学也成为这一时期的研究重点，主要论著有：熊铁基《秦汉新道家略论稿》（上海人民出版社1984年版）、吴光《黄老之学通论》（浙江人民出版社1985年版）、余明光《〈皇帝四经〉与黄老思想》（黑龙江人民出版社1989年版）。此一时期重要的汉代思想研究成果还有：张舜徽《周秦道论发微》（中华书局1982年版）、周桂钿《王充哲学思想新探》（河北人民出版社1984年版）及《董学探微》（北京师范大学出版社1989年版）、祝瑞开《两汉思想史》（上海古籍出版社1989年版）、于首奎《两汉哲学新探》（四川人民出版社1988年版）。特别是周桂钿在《董学探微》中将董仲舒与孔子、朱熹列为中国历史上的三大思想家，倡议系统的"董学"研究。

四　20世纪90年代至今的多元化研究

（一）谶纬

进入20世纪90年代后，随着经学研究的兴起，谶纬的思想意义开始被学者关注。重要论著有：钟肇鹏《谶纬略论》（辽宁教育出版社1991年版）、冷德熙《超越神话——纬书政治神话研究》（东方出版社1996年版）。钟氏研究有开拓之功，但描述性成分更多，值得注意的是冷氏之作。冷氏于书中提出政治神话概念，以为真正系统的创始神话产生于汉代纬书，"纬书以其圣王创始的神话观填补了中国古代神话中创始神话的空白，反映了中国古代文化的政治类型特征"。就神话与哲学的关系来说，则是春秋至秦汉，经历了道家哲学本体论到汉代宇宙生成论，再到纬书政治神话之创始神话。其特别提到以孔子神话作为宗教神话的儒教，体现了先秦两汉社会士大夫的社会批判传统与历史使命，在佛教传入前，中国文化自身开始的创立儒家宗教文化的努力。作者还指出，汉儒在内圣外王的基础上，提出圣/王相分，但其具有人间性而非超越性。另外，张广保的《纬书对经书的阐释》（姜广辉主编：《经学今诠初编》，辽宁教育出版社2000年版）将纬书认定为天人之学的一种具体表现形态，是要通过对经书的解读，体察出上天的意志，以实现其论证汉王朝合法性的意识形态目的。

（二）公羊学与制度儒学

《春秋》公羊学是热点问题。除有关董仲舒的研究外，何休得到更多关注，代表性作品有黄朴民《何休评传》（南京大学出版社1998年版）。余治平的《唯天为大——建基于信念本体的董仲舒哲学研究》（商务印书馆2003年版）基于本体论的理论构架，探讨了董仲舒如何能够在继承公羊学外王传统的同时，又开出信念本体之天的内圣心路，以及信念本体对生活世界、历史世界的渗透。余氏就此将董氏之学称为公羊新学。伴随着公羊学的研究，并在徐复观汉代思想史研究的刺激下，也出现了基于汉代儒学而展开的制度儒学研究，如干春松《制度儒学》（上海人民出版社2006年版）。

（三）秦汉简帛出土与秦汉思想研究

20世纪50年代以来，陆续出土了大批战国秦汉简帛文献，如马王堆汉墓帛书、山东临沂银雀山汉简等，在一定程度上刺激了当时学界的研究。随着20世纪90年代以来湖北荆州郭店楚简以及上博简的整理公布，进一步丰富了我们对战国秦汉思想的认识，促使简帛学与中国哲学史研究的更紧密的结合。[1] 其中涉及秦汉思想研究的主要有两个方面：一是"民间"思想研究。结合云梦秦简《日书》等探讨秦汉的日常思维形式，如刘乐贤《楚秦选择术的异同及影响——以出土文献为中心》（《历史研究》2006第6期），结合与月令有关的秦汉简牍材料，探讨月令在汉代的逐渐制度化，如杨振江《月令与秦汉政治再探讨——兼论月令源流》（《历史研究》2004年第3期）、李零的《中国方术考》依据出土的简帛等器物，分析了流行于战国至秦汉"数术方技"知识系统中内蕴的观念形式如"式"思维等，以此说明在中国文化的人文主义线索之外的另一线索，即以数术方技为代表，上承原始思维，下启阴阳家和道家，以及道教文化的

---

[1]　参见郭齐勇《近50年出土简帛与中国哲学史研究》，《深圳特区报》2000年5月28日。

线索。① 二是基于传世文献，结合八角廊竹简、阜阳汉简、银雀山汉简等中的子学材料，进一步探讨黄老学等汉代诸子之学。

第二节　魏晋玄学思潮

魏晋玄学是中国哲学史上思辨色彩较浓的哲学形态，其上承两汉经学，下启晋宋佛学，是中印思想融会整合的前奏。民国时期，随着西方哲学的译介和中国哲学史学科的逐渐建立，玄学的哲学价值得到学界相当的关注，对玄学的研究一时蔚然成风。其中汤用彤于此有开拓之功，其在1938 年至 1947 年间有关玄学的论著奠定了此后魏晋玄学研究的基本框架和方向，即将玄学看成是一"纯哲学"之形态，玄学的主题乃是对有无、本末问题的哲学本体论探讨。

一　新中国成立后十七年间的玄学研究

新中国成立后，受大的政治环境的影响，魏晋玄学研究从"纯哲学"性探讨转向基于历史唯物主义立场的思想来源分析，有"政治化"倾向。虽然由于魏晋玄学本身的思辨性以及民国时期玄学研究所达到的高度，相对于某些学科，玄学研究的政治化程度还是有限的，但还是受到相当的影响。这主要表现在两个方面：一是对玄学哲学形上学的讨论转向对玄学的社会政治史研究。如侯外庐撰文《魏晋玄学的历史背景与阶级根源》（《新建设》1950 年第 2 卷第 5 期），汤用彤也发表了《魏晋玄学中社会政治思想和它的政治背景》（《历史研究》1954 年第 3 期），陈寅恪：《书〈世说新语〉文学类钟会撰四本论始华条论》（《中山大学学报》1956 年第3 期），还有范宁的《论魏晋时代知识分子的思想分化及其社会根源》（《历史研究》1955 年第 4 期）。二是对魏晋玄学思想全面系统的研究转向对某些个别人物的关注。由于反名教的形象，玄学中的激进派嵇康、阮籍等人受到更多的重视，论述他们的文章较多，如汤一介的《嵇康和阮籍的哲学思想》（《新建设》1962 年第 9 期）。相较之下，对魏晋玄学的重要思

① 李零：《中国方术考》，东方出版社 2000 年版；《中国方术考（修订本）》，东方出版社 2001 年版；《中国方术续考》，东方出版社 2001 年版。《中国方术考》后改名为《中国方术正考》，和《中国方术续考》一起，2006 年由中华书局出版。

想家王弼、郭象的研究很少，其中有关王弼的只有汤一介《略论王弼与魏晋玄学》（《学术月刊》1963 年第 1 期）、任继愈《王弼"贵无"的唯心主义本体论》（《北京大学学报》1963 年第 3 期）。而关于郭象，则更仅有汤一介的《略论郭象的唯心主义哲学体系》（《北京大学学报》1962 年第 2 期）。显然，这样一种研究格局与魏晋玄学的历史事实是不协调的。事实上，即便任、汤二人仅有的对王、郭的研究也是建立在北京大学汤用彤的研究基础上，反映了当时玄学研究的曲高和寡。除专题论文之外，从 1949 年至"文化大革命"前，涉及魏晋玄学的通论、通史还有：专论还是汤用彤重版的《魏晋玄学论稿》（中华书局 1962 年版），其他便是通过专题性的形式展开的，隶属于思想通史或断代史的写作格局之下的论著，如侯外庐主编《中国思想通史》第 3 卷（人民出版社 1957 年版）、任继愈主编《中国哲学史新编》第 2 册（人民出版社 1963 年版）以及唐长孺的《魏晋南北朝史论丛》（三联书店 1955 年版）中的几篇论文。其中侯氏的《中国思想通史》对竹林七贤的代表人物嵇康进行了全面系统的研究，发前人所未发。①

　　"文化大革命"十年期间，魏晋玄学的研究基本处于停滞状态，除陆金兰等作的《故弄玄虚的魏晋玄学》（《文汇报》1974 年 4 月 22 日）这样的批判之文外，罕见这一方面的研究文章。个中原因在于，"文化大革命"时期的中国哲学史研究基本上处于"古为今用"、"影射史学"状态中，研究对象、专题的选择是基于政治而非学术思想价值的考虑。这样，过于幽深玄远的玄学由于缺乏服务于当时意识形态斗争的价值而被学界冷落。而与之形成鲜明对照的是，由于可以关联到儒法之争，学界趋向于对魏晋时期曹操、诸葛亮这样的政治人物的思想的研究，甚至关于对曹操的历史评价一时也成为学术热点问题，由此不难看出当时中国学术研究对于政治的依附性。

二　20 世纪 80 年代的玄学范畴研究

　　"文化大革命"结束后，学术研究逐渐走向正常，学界恢复了对魏晋玄学的关注，相关的研究成果不断涌现。细究其因，这除了有魏晋玄学研究在长期压抑后的自然反弹以外，还在于魏晋玄学有其思想价值，值得研究。玄学的这一思想价值可以从两个层面上理解：一是玄学的哲学

---

　　①　参见王晓毅《魏晋玄学研究的回顾与瞻望》，《哲学研究》2000 年第 2 期。

本体论契合了 20 世纪 80 年代学界对中国哲学史研究方法论的反思，对哲学范畴的关注，对西方哲学的回应；二是玄学与魏晋士人的人格风度紧密关联，玄学虽然是玄远抽象的，但其与士人的生存状态、当时的政治环境息息相关，可以说玄学一定意义上乃是魏晋士人的"自我表达"。故对玄学的思考，其实也是学者在经历"文化大革命"之后，对作为当代士人的知识分子自身的自我意识的反思。大致来说，在 80 年代早期，玄学研究主要围绕玄学的性质、评价、演变等问题展开。关于前者，学界基本上还是沿袭民国时期汤用彤的观点，强调玄学精致的哲学本体论对两汉粗鄙神学的进步意义。顺此思路，学者认为玄学思想的演变逻辑体现了对玄学体系内部的本体论与宇宙生成论因素的调和。至 80 年代中期以后，对玄学哲学范畴的讨论将魏晋玄学研究推进到了一个相当的高度。大体来说，对魏晋玄学的研究主要有两个路径：一是以儒学研究为主的学者对玄学范畴的讨论，二是有佛学背景的学者对以玄佛互动为主的三教关系的思考。

（一）玄学范畴的讨论

名教与自然之辨是 20 世纪 70 年代末 80 年代初开启的玄学范畴研究的核心，郭象哲学则成为讨论的中心。庞朴的《名教与自然之辨的辩证进展》（《中国哲学》第 1 辑，三联书店 1979 年版）较早指出名教与自然之辨乃玄学的核心，庞氏从思想史的角度指出玄学的历史使命在于：以精巧尖滑的形式，把名教与自然这两种相互对立的思想，这样或那样地结合起来，给门阀士族提供世界观的依据。楼宇烈《郭象哲学思想剖析》（《中国哲学》第 1 辑，三联书店 1979 年版）在分析郭象哲学的哲学体系之后，指出了其哲学实质在于愚民道德说教，论证士族统治的合理性。汤一介则接续了张岱年在 50 年代提出的重视哲学范畴研究的思路，在 80 年代初期撰文《论中国传统哲学范畴体系的诸问题》（《中国社会科学》，1981 年第 5 期），最早系统提出哲学范畴研究对哲学史研究的意义，还特别指出先秦诸子学、魏晋玄学与宋明理学三个时期哲学具有较高的理论思维水平。基于此，汤氏展开了对玄学范畴的系统研究，《郭象与魏晋玄学》（湖北人民出版社 1983 年版）可以说是这一时期玄学研究的代表作。汤氏以郭象为中心探讨魏晋玄学的逻辑演进，突出了玄学思维的新的哲学方法的意义，并从比较哲学的角度点出了研究魏晋中印思想融合的价值。汤氏之作有哲学方法论上的启发，但其对郭象哲学的评价还是落实于对士族政治合法性的论证。直至陈来的《不可知论与魏晋哲学的中间路线——郭象哲学思想述评》（《中国哲学》第 11 辑，人民出版社 1984 年版），则从哲学形态角度论及了玄学与士族的自主性诉求间的关系。总体而言，这些研究对魏晋玄学作了哲学/政治的区分，确认前者的价值而否认后者的意义。

　　相对于上述的研究，李泽厚关注的是支配范畴的人。在《魏晋风度》（《中国哲学》第 2 辑，三联书店 1980 年版）论述了魏晋思想的解放意义，指出其时的"纯"哲学、"纯"文艺指向人的"觉醒"。这一思路延续于其名作《美的历程》（中国社会科学出版社 1984 年版）中，此书实是一部中国美学史，李氏从人的精神自觉角度探讨魏晋玄学，以为有无之辩正揭示了外在功业的有限与内在精神的根本、无限的对立，有后者方有前者。李氏之说呼应了海外学者余英时先生关于魏晋士人自我意识觉醒的说法，但其将余氏之说由思想史层面提升到哲学层面，故有其深刻意义。

　　进入 20 世纪 80 年代中期后，玄学研究有了进一步发展。余敦康对魏晋玄学展开了较全面的深入研究。在 80 年代中后期，余氏发表了一系列有关魏晋玄学的论文，对魏晋玄学研究有相当的推动作用。在《论王弼的谋略思想与贵无论玄学的关系》（《孔子研究》1986 年第 3 期）、《论中国思维发展史上的一次大变革——玄学思潮怎样代替了经学思潮》（《孔子研究》1986 年 3 月创刊号）等论文中，余氏对有无、本末等哲学范畴予以探讨，指出玄学范畴之间的有机结合关系，认为这些范畴存在着各种可能的结合方式，以此来解释魏晋玄学思潮中学派的频繁更替。另外，余氏还将玄学的哲学性与其政治性联系起来，以为玄学的范畴体系主要应用于政治领域，是对政治谋略体系的构建，其与儒家的纲常制度建设并不冲突。这一见解自然是颇有新意的，不过余氏后来在《阮籍、嵇康玄学思想的演变》（《文史哲》1987 年第 3 期）中对儒家与名教概念予以甄别，认为二人后期对名教的否定指向的是对纲常制度的否定，这导致他们的自我意识失去依据，从而退回自身，在纯粹意识中建立新的精神支柱，从而陷入一系列的理论矛盾中。[①] 这一见解触及玄学的核心，很有理论深度，对学界进一步探讨晋宋佛学的兴起颇有启发意义。王葆玄《正始玄学》（齐鲁书社 1987 年版）与许抗生《魏晋玄学史》（陕西师范大学出版社 1989 年

---

① 参见中国社会科学院哲学所编《中国哲学年鉴》（1988），中国大百科全书出版社 1988 年版，第 132 页。

版）也是此一时期重要的研究。

由于玄学范畴的思辨性，学界对以有无为核心的玄学范畴的理解也出现一些争论。如冯友兰《魏晋玄学贵无论关于有无的理论》（《北京大学学报》1986 年第 1 期）从殊相、共相关系角度理解玄学之有无，以为玄学之"无"就是无任何规定性或内涵的一般、共相，玄学的缺点即在于混同了本体论与宇宙论的界限。陈来则撰文《魏晋玄学的"有""无"范畴新探》（《哲学研究》1986 年第 9 期）不同意以共相、殊相理解玄学之有无，其区分了"规定了的无"与"无规定的无"，故玄学之无为、无名等乃是"规定了的无"，贵无派之旨乃是要由无规定的纯无落实为有规定的无为。①

（二）玄儒佛道相互关系下的玄学研究

学界基本的共识是，玄学乃是儒道思想整合之结果，而其与佛学（佛教般若学）亦有着密切关系。玄学置身的这一思想格局决定了玄学思想本身具有复杂性和多维性，对玄学的研究也就从对纯哲学范畴的探讨扩展到基于玄儒佛道相互关系下的一般思想史的探讨。其中，余敦康、李学勤、王晓毅、那薇、任继愈、牟钟鉴等对此颇有著述。比较而言，玄佛关系是探讨的中心，其中石峻、方立天、汤一介、许抗生、洪修平等贡献尤多。

玄佛之间自有其内在联系，民国时期玄学研究的开创者汤用彤正是在完成其《汉魏两晋南北朝佛教史》之后转入玄学研究，这一转向显然有其内在理路。不过我们注意到，汤氏在面对同一时期的佛学与玄学时，似乎有意区别两者，采取了大相径庭的处理方式：从历史文献学角度探讨佛学，从纯哲学的立场把握玄学。这样一种处理方式在客观上将玄学置于相对独立于佛学的状态，对二者关系的探讨不能深入展开。20 世纪 50 年代后，由于佛学研究从历史文献学转向哲学、政治，客观上为玄佛哲学关系的探讨提出了要求。尤其是 80 年代以来中国哲学史对认识论的转向，玄佛关系可以纳入到玄学发展史的框架中处理。

首先是关于玄学产生与佛学关系的问题。石峻、方立天曾合著《论魏晋与玄学的异同》（《哲学研究》1980 年第 10 期），从四个方面辨析了玄佛的异同，强调是魏晋玄学先影响佛学，然后佛学反过来对玄学有所影

---

① 参见中国社会科学院哲学所编《中国哲学年鉴》（1988），中国大百科全书出版社 1988 年版，第 136 页。

响。基于佛教中国化的理论立场，他们指出佛学与玄学前后有一依附/独立之关系，在佛学的依附期，玄学乃是独立起源与发展，并对佛学有一单向度影响，故玄学的产生不是佛学影响的产物，而是中国传统思想演变的结果，有其深刻的社会经济、政治根源与思想根源。与之相应的则是，由于佛学对玄学的依附，在东晋前期佛学家道安、支遁等佛学理论结构存有一"玄学"性。洪修平在《也论两晋时代的玄佛合流问题》（《中国哲学史研究》1987 年第 2 期）一文中则从玄佛互动角度理解玄学的产生，认为在汉末般若经典翻译期，佛学受到老庄思想影响，但老庄化的佛学反过来对玄学的产生也起了一定的促进作用。

其次是玄佛更替的问题。汤一介在 20 世纪 80 年代初连续发文《从向、郭〈庄子注〉看魏晋玄学的发展》（《中国哲学》第 4 辑，三联书店 1980 年版）、《略论魏晋玄学发展的四个阶段》（《中国哲学史研究集刊》第 2 辑，人民出版社 1982 年版），从玄学发展角度指出东晋张湛玄学的生死学主题之异于西晋玄学之名教/自然问题，以此说明继之而起的佛学取代玄学的内在逻辑性。尤其是汤氏的《从印度佛教传入中国看研究比较哲学、比较宗教学的意义》（《中国哲学》第 8 辑，三联书店 1982 年版）从比较哲学、宗教学的角度处理玄佛更替的问题，具有重要的方法论指导意义。

90 年代的玄学研究是在 80 年代研究基础上的一种综合集成，从总体上说没有超出原有的研究水平。主要论著有：余敦康《何晏王弼玄学新探》（齐鲁书社 1991 年版）、孔繁《魏晋玄谈》（辽宁教育出版社 1991 年版）、王晓毅《王弼评传》（南京大学出版社 1996 年版）、许抗生《僧肇评传》（南京大学出版社 1998 年版）、高晨阳《阮籍评传》（南京大学出版社 1994 年版）、张节末《嵇康美学》（浙江人民出版社 1996 年版）等，玄学文献整理作品有楼宇烈的《王弼集校释》（中华书局 1980 年版）。

三　20 世纪 90 年代至今的玄学多元化、专题化研究

进入 90 年代以来，玄学研究朝多元化方向发展，其中对魏晋玄学的主体——士人人格心态的研究令人瞩目。相对于传统玄学研究中突出有无本体范畴的做法，一些学者凸显了作为魏晋玄学主体——士人的精神世界。

罗宗强《玄学与魏晋士人心态》（天津教育出版社 1990 年版）以古代文学史家的身份涉足玄学领域，指出随着社会变迁，汉末士人心态转向自

我，对由个性觉醒引发的问题的理论阐释即是玄学的产生。宁稼雨《魏晋士人格精神：〈世说新语〉的士人精神史研究》（南开大学出版社 2003 年版）围绕《世说新语》探讨士人的精神人格。高晨阳的《儒道会通与正始玄学》（齐鲁书社 2000 年版）则结合汤用彤本体之学与牟宗三境界形上学的观点，将玄学本体论与"无"的心灵境界问题结合起来，由此突出玄学主题乃是名教自然之辨，至于有无问题乃是隶属前者。王晓毅《儒释道与魏晋玄学的形成》（中华书局 2003 年版）在既有研究基础上，对玄学的形成进行了更为复杂的考察，强调了佛教在其中所起的作用。余敦康在进入 20 世纪 90 年代后继续其玄学探讨，其 20 年来玄学研究系列论文最近结集为《魏晋玄学史》（北京大学出版社 2004 年版）。在此书代序中，余氏突出了玄学主题名教自然之辨与玄学对君主专制的批判，亦在后记中结合个人心路历程对玄学研究的路径予以了归纳：一是知识论的理智分析，冯友兰先生所谓的"辨名析理"；二是投入其中，涵养体察，即汤用彤先生所云"得意忘语"。此外则是陈寅恪先生开创的文化史学路径。余氏以为，玄学研究至今并未超出前两条基本路径。这一看法是中肯的，反映了老一辈学者的反思。不过值得关注的是，21 世纪以来，魏晋玄学研究方法在一定程度上有了一些新进展。这特别体现在，一些中青年学者开始尝试将传统的玄学范畴论研究与新的问题意识、论题相结合。其中的代表性研究有：

康中乾的《有无之辨——魏晋玄学本体思想再解读》（人民出版社 2003 年版）。康氏此作是对传统范畴论研究的一个推进，其将王弼"无"范畴置于魏晋玄学思想的中心地位，通过对"无"的五个含义的分析，将玄学思潮的历史演进与"无"之逻辑要求联系起来。而借用现象学理论对郭象"独化"论予以解读，也颇有新意。许建良的《魏晋玄学伦理思想研究》（人民出版社 2003 年版）以自然主义伦理学界定魏晋玄学的伦理品格，尤其对学界甚少关注的高诱、韩康伯、王坦之予以了研究。何善蒙的《魏晋情论》（光明日报出版社 2007 年版）基于对中国哲学中"情"概念重要性的认识，考察了魏晋士人重情的精神特征，并以"情即自然"作为魏晋玄学理论对情的基本理解，由此沟通了情论与传统论题名教自然之辨的关系。

第三节 佛教典籍的整理与中国佛教史

一 佛教典籍的整理

中国佛教文献极为浩博，不仅有传世的各种版本的《大藏经》，还有近代以来陆续发现的新材料，如敦煌文献、赵城金藏、房山石经等。[①] 佛教文献的不断增长丰富了佛教典籍的内容，也在客观上要求对现有文献予以现代学术意义上的整理、校勘，以推动了佛教学术研究的发展。新中国成立以来，佛教典籍整理工作主要体现在《中华大藏经》（汉文部分正编）的编撰、敦煌佛教文献的整理以及《中国佛教典籍选刊》等的编辑。

（一）关于《中华大藏经》

中国自宋代开始即刊印《大藏经》，以后历代不绝，现存古代藏经版本达 17 种之多。近代以来，亦有铅印《大藏经》出版。50 年代后，有佛教学者提议重修《大藏经》。1962 年，中国科学院哲学所曾经集会，决定重编《中华大藏经》，此计划后因故未能实施。1964 年，任继愈受命组建中国社会科学院世界宗教研究所，将"积累资料"作为办所的方针之一，[②] 已开始关注佛教文献的整理工作。"文化大革命"之后的 1982 年，在任继愈的提议下，重编《中华大藏经》（汉文部分）被国务院古籍整理出版规划小组列为国家重点项目，此项目从 1982 年正式启动，至 1994 年完成，前后历时近 13 年。[③]

同中国历代刊印《大藏经》不同，《中华大藏经》的编辑宗旨没有宗教意图，而是基于学术上的考虑，为中国文化、历史的研究服务，所以其在编纂思想上坚持学术的原则：尽可能收罗已有藏经中的佛教文献，使其成为真正的佛教全集；对文献进行校勘，为学术研究提供真实可靠的材料。基于此，《中华大藏经》分正编、续编两部分。其中正编收录历代藏经中有千字文的部分，续编则收录历代藏经中无千字文的部分。就《中华大藏经》正编来说，在版本校勘上，为避免现有各种版本《大藏经》"收录不全，排印错漏等缺点"，求选用版本"精"，内容"全"，故以 20 世

---

① 《房山石经》由中国佛教协会编辑，中国佛教图书文物馆自 1986 年起陆续影印出版。
② 参见李富华、何梅《汉文佛教大藏经研究》，宗教文化出版社 2003 年版，第 8 页。
③ 同上书，第 563 页。

纪30年代发现的《赵城金藏》作为底本，以《房山云居寺石经》、《资福藏》等8种版本与之对校，至于《金藏》缺佚部分，则以《高丽藏》补入，因为二者同属《开宝藏》的复刻本，版式完全一样。①《中华大藏经》校勘上的目的不在于勘误而在于会同，其采取的方法是：底本与校本对勘，"逐句校对，只勘出各种版本的文字异同，不加案断"，故虽以《金藏》为底本，并不以之作为取舍标准，而是保留不同版本文字之差异。这样，《中华大藏经》实际上等同于9种版本的大藏经，为研究提供了方便。从收经情况看，《中华大藏经》正编共106册，收录的经籍总数达1937部，10230卷，包罗了历代藏经"正藏"的全部内容。《中华大藏经》正编的学术价值主要在于：作为集历代《大藏经》大成的一部《大藏经》，为学界提供了最具研究价值的《大藏经》版本。

在《中华大藏经》正编工作结束后，续编工作于2002年正式启动，续编的完成将使《中华大藏经》成为真正意义上的佛教全书。需要特别说明的是由方广锠先生主编的《藏外佛教文献》的价值，该刊的编辑是以收集整理藏外佛教文献，即历代大藏经中未收入而又比较重要的佛教典籍为主要目的，同时为《中华大藏经》续编做前期的文献准备，故其工作既是独立的，又可看成是对《中华大藏经》续编的配合。该刊自1995年发行，已出版十多辑，特别关注对仪礼佛教资料如云南阿吒力教文献的整理，这对理解宋代以后的佛教仪式形态具有重要意义。相应于《中华大藏经》的编撰，方广锠的《中国写本大藏经研究》（增补修订本，上海古籍出版社2006年版）与李富华、何梅《汉文佛教大藏经研究》（宗教文化出版社2003年版）对《大藏经》本身的研究具有重要的学术价值。

（二）关于敦煌佛教文献

20世纪初敦煌佛教文献的发现曾有力地推动了民国时期的佛学研究，但敦煌文献的系统整理工作是在50年代后尤其是近十几年才开展的。

1. 敦煌藏

由《敦煌大藏经》编辑委员会编辑，中国星星出版公司与台北前景出版社于1989年起汇编影印出版《敦煌大藏经》，该藏是一部以敦煌遗书中的佛教典籍为素材，经整理、选编而成的写本大藏经。方广锠的《敦煌佛

---

① 参见任继愈《关于编辑〈中华大藏经〉（汉文部分）的意义》，《任继愈自选集》，北京师范大学出版社1991年版，第381—382页。

教经录辑校》（上、下，江苏古籍出版社1979年版）属于周绍良主编的
《敦煌文献分类录校丛刊》的一种，方氏将分散世界各地的佛教经录搜集
起来，予以分类录文，极大地方便了研究者的查索、检阅，也有助于佛教
经录学向更深方向发展。由林世田、申国美编写的《敦煌密宗文献集成》
（上、中、下）（中华全国图书馆文献缩微复制中心2000年版）将流行于
宋代之前的敦煌密教写本文献收集一处，择其精要，影印出版。这对促进
国内的密教研究起到了积极的推动作用。

　　2. 敦煌禅宗文献整理

　　从20世纪50年代到70年代，国内的禅宗文献的发现、整理几无进
展，至80年代，则有大的突破。首先是关于敦煌本《坛经》的研究。郭
朋基于敦煌本对《坛经》的整理和校释代表了新时期禅宗文献研究的开
始，其分别出版了《坛经对勘》（齐鲁书社1981年版）、《坛经校释》
（中华书局1983年版）等，为禅宗研究提供了一个可信的《坛经》原
典。对1986年新发现的敦煌博物馆本（敦博本）《坛经》的整理是这一
时期最有价值的学术成果，杨曾文《敦煌新本六祖坛经》（上海古籍出版
社1993年版）、周绍良《敦煌写本坛经原本》（文物出版社1997年版）
于此贡献最大。其次是敦博本《神会语录》的整理。杨曾文《神会和尚
语录》（中华书局1996年版）对神会禅学原始资料汇集最全，最完整地
恢复了《定是非论》的本来面目。敦煌禅宗文献之外的禅宗文献整理也
有新进展，特别是禅宗最早灯史《祖堂集》（上海古籍出版社1994年
版）的出版。①

　　3. 佛典校释与选辑

　　除《中华大藏经》（汉文部分）的编撰外，由中华书局在20世纪80
年代推出的《中国佛教典籍选刊》（以下简称《选刊》）也是非常重要的
佛教典籍整理工作。同《中华大藏经》编撰主要以资料积累为目的不同，
《选刊》编辑旨在佛教典籍的"导读"，在学者现有研究基础上，选择与
中国佛教哲学相关的重要典籍，通过校释或点校，整理出一个便于研读的
定本，以为系统地展开佛学研究提供基本资料。为此，中华书局编辑部在
广泛征求意见的基础上，拟订了一个《中国佛教典籍选刊》（第1辑）的

---

　　① 参见邢东风《当代禅宗文献研究述评》，曹中建主编《1999—2000中国宗教研究年鉴》，
宗教文化出版社2001年版。

整理出版计划，《中国佛教典籍选刊》编辑缘起的内容包括"有几部重要的佛教史籍，有中国佛教几个重要宗派（天台宗、三论宗、唯识宗、华严宗、禅宗）的代表性著作，也有少数与中国佛学渊源关系较深的佛教译籍"。《选刊》自 1982 年以来陆续出版了《华严金师子章校释》、《童蒙止观校释》、《古尊宿语录》（点校）、《神会和尚禅话录》（编校）等十多种。由于这些校释或校勘系在整理者多年研究的基础上推出，故具有较高的学术价值。与此同时，中华书局自 1982 年开始推出由石峻等多位学者主编的多卷本的《中国佛教思想史资料选辑》（下称《选辑》）。《选辑》主要是从研究中国佛教思想的角度选编历代中国僧人、学者的重要的佛教文献，时间从中国佛教著述开始至 50 年代之前，收集的文献不限于《大藏经》的材料，还包括历代未入藏的重要文献和近代以来的重要著述。《选辑》与《选刊》适成配套，相得益彰，对推动 80 年代以来中国佛教思想的研究起到了重要作用。需要提及的是，由法尊法师翻译的藏传佛教格鲁派的重要文献《宗喀巴大师集》（五卷本）于 2001 年由民族出版社出版。

二　20 世纪 50 年代至 60 年代中国佛教史的研究

民国时期以历史文献学为主导的中国佛教史研究曾达到很高的学术水平。50 年代后，佛教研究转向哲学与政治，中国佛教史的研究主要体现在中国佛教思想史的写作上。大致说来，新中国成立后中国佛教史研究主要集中于 50 年代至 60 年代与 80 年代两个阶段。

（一）50 年代至 60 年代吕澂的中国佛学史研究

吕澂是中国近现代著名的佛教学者，是近代重要居士道场南京支那内学院的主要成员。从 1943 年（是年欧阳竟无先生去世）起，吕澂作为内学院院长，全面主持院务，除授课外，同时主持校勘、刻写经典的工作，维持着内学院的运转。1952 年，内学院解散，吕氏返回南京，继续从事佛学研究。面对新的政治形势，吕氏的研究工作也有较大调整，其根本表现在：试图在中印佛学比较的视野下，重点思考中国佛学的思想特质。他于 1954 年提出的研究课题"印度大乘佛学发展到晚期一个阶段的中心思想"显示了此点。不过吕氏这一高度专业化的研究计划后并未实现，这部分源于吕氏研究中所感受的文献、义理的冲突："另外，我一向做研究工作，都很重视文献的考据，又随时注意考据必须和义理联系，避免走上'为考据而考据'的歧路。"① 考据、义理间的冲突实际上反映了其既有佛学研究路径与理念与新的学术规范间的紧张。

吕氏在 20 世纪 60 年代初又迎来了其研究生涯的第二个高峰，通过受托在佛学班为研究生讲授"中国佛学"一课这一形式，吕氏将其对中国佛学的成熟思考表达出来。《中国佛学源流略讲》（中华书局 1979 年版）一书即是谈壮飞根据其在"中国佛学"一课上的听课笔记整理而成，故其主要反映了吕氏 60 年代的学术研究。据吕氏自己的叙述，《中国佛学源流略讲》一书的主要观点是：中国佛学与印度佛学有根本差别，就心性论言，印度讲心性本寂，中国佛学讲心性本觉。这一观点很重要，根本上反映了吕氏对中国佛学的理解，也与其新中国成立前的学术见解保持着逻辑上的关联。因为内学院时期的吕澂基于纯佛学立场的考虑，对传统汉语佛学中的伪经——以《起信论》为代表予以批驳，以此反思传统汉语佛学形态的合法性。而一旦理论立场由纯佛学转为"民族思想"本身，则中国佛学虽异于印度佛学，而不妨其成立的合法性。正是基于这样的立场，吕氏考察了中国佛学的发展演化，强调《起信论》的"本觉"思想对中国佛学思维的构造意义。在处理《起信论》问题时，吕氏已不着眼于文献学上的辨伪，而注重义理逻辑分析，强调其乃是融会地论、摄论而成，故"其后各家常用其说法来做对慈恩宗新译立异的依据"，其也正适合贤首宗的要求。② 当然，吕氏并不隐讳他的观点，其以为《起信论》由于是融会而成，故存有矛盾，如"心真如"既可指理也可指心，这就引起异议，天台宗、贤首宗乃至禅宗的理论发展很大程度上可看成是对《起信论》主题的回应，后来宋代天台宗内部的争论也与此有关。吕氏对《起信论》的处理表明，其所感受的考据、义理紧张感已减弱，纯佛学的知识论反思转为对中国佛学自身思想理路的思考。虽然如此，《中国佛学源流略讲》至今仍是中国佛学研究领域内最重要的研究文献之一。

吕氏对"中国佛学"的探讨有着很深的现实意味，联系马克思主义理论在中国的传播、发展，进而成为对主导意识形态这一事实，则其乃是在逻辑上配合着思考当时的中国社会主义建设和马克思主义的中国化问题，

---

① 《一年来我的佛学研究——从 1954 年 7 月到 1955 年 6 月的工作报告》，黄夏年主编《近现代著名学者佛学文集·吕澂集》，中国社会科学出版社 1995 年版，第 309—310 页。

② 吕澂：《中国佛学源流略讲》，中华书局 1995 年版，第 200 页。

这就将研究中国佛学的"思想"意义表示出来。不过即便如此，我们依然可以看到吕氏对学术本位的恪守：严格遵从学术研究的程序规范，更多通过思想分析本身得出结论。

（二）任继愈的佛教思想史研究

任继愈系当代著名学者，是 20 世纪 50 年代后中国哲学史与佛教研究领域的领导者和开拓者，其中国佛教史研究对学界有着深远影响。同其对中国哲学史的研究一样，任氏的中国佛教史研究同样是整体性的、系统性的。一方面，任氏是一个具有通贯眼光的中国哲学史专家，其将中国佛教看做中国哲学史的重要组成部分，故其中国佛教研究具有很浓的中国哲学史意味；另一方面，任氏又有着宏大的世界宗教视野，中国佛教是放在这样一个背景下处理，故其佛教史研究又有着比较的意涵和理论的趣味。大体来说，任氏的中国佛教史研究可分为两个阶段：第一阶段为 50 年代后期至 60 年代初期，其代表性研究为《汉唐佛教论稿》；第二阶段从 60 年代中期主持中国社会科学院世界宗教研究所开始至 20 世纪 80 年代后期，其标志性成果为主编《中国佛教史》（前三卷）。

《汉—唐中国佛教思想论集》（三联书店 1963 年版）。该书除收集了任氏从 1955 年到 1962 年发表的关于佛教宗派思想的 5 篇论文外，还收录了《汉唐时期佛教哲学思想在中国的传播和发展》、《南朝晋宋间佛教"般若"、"涅槃"学说的政治作用》（与汤用彤先生合写）两篇文章，另外在附录部分列《汉—唐佛教简明年表》。基于历史唯物主义的立场，作者对东汉至隋唐近千年来佛教在中国的传播、发展予以研究，指出佛教"一直是按照中国当时封建地主阶级社会的解释和需要来传播其宗教学说的"，这样，中国佛教哲学就构成了中国哲学史的有机组成部分，"研究中国佛教哲学思想史，也就是研究中国哲学史"。任氏还特别指出了"今天研究佛教哲学思想的现实意义"，尤其强调佛教的输入和传播体现了外来思想与当时社会历史具体情况的结合，其隐含了对马克思主义在中国传播的反思。任氏此作后来得到毛泽东的首肯，被视为运用马克思主义原则、方法研究佛教思想的少有之作。

同时期，范文澜以历史学家的身份展开唐代佛教研究，其中《〈唐代佛教〉引言》（《新建设》1965 年第 10 期），以及《中国通史简编》修订本第三编第二册（人民出版社 1965 年版）佛教部分，以《唐代佛教》为名出版（人民出版社 1979 年版）。范氏基本是在站在批判的立场，将佛教视为唯心主义的认识论和麻痹民众的精神鸦片。不过由其助手张遵骝所编写的附录：《隋唐五代佛教大事年表》还是有一定的学术价值。另外，周叔迦在民国时期所著《中国佛学史》的基础上撰写了《中国佛教史》（《周叔迦佛学论著集》上集，中华书局1991年版）。

三　20 世纪 80 年代的中国佛教史研究

（一）任继愈与《中国佛教史》的编写

任继愈自1964年受命组建世界宗教研究所后，其对佛教的研究也转入新的阶段。虽然历史唯物主义仍然是任氏恪守的研究原则，但其已不止拘束于中国哲学史的研究框架，而更从世界宗教的比较视野来把握中国佛教。由于这样一个背景，经过十多年的学术积累，在"文化大革命"结束后不久，由任氏主编，杜继文、杨曾文等参与写作的多卷本《中国佛教史》陆续推出。任氏计划是要写一部详尽的中国佛教通史，时间截止到中华人民共和国成立前，这一庞大计划后因故没有实现，只完成了东汉三国（一卷）、魏晋南北朝（二卷）部分，三卷出版时间分别是1981年、1985年、1988年。虽然作为通史的《中国佛教史》乃是未竟之作，但前三卷的内容已充分表达了任氏对中国佛教史的总体见解和处理原则与方法，其学术价值得到海内外学界的高度评价。

首先，基于马克思主义的宗教观，任氏认为佛教是一定社会历史条件下的产物，既然社会在变，那么佛教也在变，故"在印度事实上并不存在一个标准的佛教样板"。依此，任氏强调中国佛教的变化意义不在于脱离印度佛教原旨，使印度佛教走了样，而在于对中国社会发展的直接、间接反映。故此，研究中国佛教史乃是要探究佛教之发展变化之规律，"我们应当通过考察佛教在中国这块土地上初传、滋长、兴盛、衰微的全部过程，从中找出规律性的东西"。[①] 这样，任氏要考察的主要是佛教与所处社会制度、阶级利益的关系，其将马克思的"我们不把世俗问题化为神学问题，我们要把神学问题化为世俗问题"作为佛教史的研究方法。由于任氏将佛教在中国的传播、发展与中国封建社会的政治、经济状况联系起来，确认佛教对封建社会的意识形态支持，所以其特别指出对中国佛教历史地位与影响的评价问题，将佛教放在"中国本土传统文化的附属地位"。任

---

① 任继愈：《中国佛教史》第 1 卷，中国社会科学出版社 1981 年版，第 2 页。

氏对佛教的定位乃是基于对儒教主导意识形态地位的确认，其认为即便在佛教鼎盛的隋唐，佛教也只是三教之一，未能凌驾于儒教之上，至于宋明以后，儒家吸收了佛、道宗教精神，佛、道形式上衰落了。任氏对佛教命运的如是理解隐含了马克思的宗教再生产理论，"理论在一个民族中实现的程度，决定了理论满足这个民族的需要的程度"，佛教的精神内涵既已为儒教吸收，则佛教存在的合法性即不复存在。故此，任氏将佛教的衰败看成是社会历史发展之规律是必然的。

其次，同中国哲学史学科研究的科学性一样，任氏也提出了中国佛教史学科研究的科学性问题。任氏认为辩证唯物主义和历史唯物主义乃是最犀利的工具，这是指导研究的基本原则，其还批判了佛教史研究中的"以经解经"和任意发挥两种做法，以为缺乏科学性，"如何用科学的语言，把佛教思想中不科学的，但又结构严密的宗教哲学体系讲清楚"。为保证研究的科学性，任氏对文献极端重视，其主持编撰《中华大藏经》正说明了此点。

(二) 郭朋的中国佛教史研究

郭朋早年曾随太虚法师学习，新中国成立后长期在世界宗教研究所从事佛教史研究。在80年代，其推出了中国佛教断代史系列：《隋唐佛教》(齐鲁书社1980年版)、《宋元佛教》(福建人民出版社1981年版)、《明清佛教》(福建人民出版社1982年版)、《汉魏两晋南北朝佛教》(齐鲁书社1986年版)，后来这一系列汇总结集成三卷本《中国佛教思想史》(福建人民出版社1994年版)。郭氏以一己之力，完成了当时篇幅最大的一部佛教通史性著作。

(三) 方立天的魏晋南北朝佛教史研究

方立天是在新中国成长起来的少数有成就的佛教学者。如果说吕澂在50—60年代开启了中国佛学研究的新方向，任继愈继之而起，以历史唯物主义为指导开展中国佛学研究的话，那么方立天则是自觉地遵循此指导原则进行佛学研究的典型。从20世纪60年代初至80年代初，方氏主要从事中国佛教思想史研究，《魏晋南北朝佛教论丛》(中华书局1982年版)汇集了其20年来的10篇重要佛学论文，集中反映了他对魏晋南北朝佛教史的处理。

方氏求学于北京大学，在学术上继承了北京大学重视佛教史的传统，其佛教研究始于魏晋南北朝佛教史，显然可以看出汤用彤等老一辈佛教学者对其研究的影响。不过，由于方氏有很深的中国哲学史背景，故既有魏晋南北朝佛教史研究，其关注点仍在佛教思想，尤其是配合魏晋玄学，基于中国哲学史的线索来处理佛教思想的问题。方氏研究的是断代佛教思想史，其研究乃是围绕人物展开，具有很浓的实证性，这是其研究的一大特色。论丛论文主要围绕道安、支遁、慧远、僧肇、竺道生、梁武帝等人物展开，这一事实也说明，方氏对人物的关注还是有其研究方法上的考量：既然一般性的中国哲学史写作乃是围绕重要思想家展开，则佛教思想史的研究不可例外，将不同时期的重要佛教人物串联起来，也就将佛教思想的主要发展线索揭示出来。不过在具体的研究中，我们看到，方氏关注的主要还是魏晋南北朝佛教史的前半段——魏晋佛学，而对后半段着墨不多，这就使得他的魏晋南北朝佛教史有着非常强的玄佛对比的意味：既要联系玄学来谈佛学，同时又要注意区别二者，突出佛学的本质，这就涉及佛教中国化的问题。

方氏对佛教中国化的认定源于其历史唯物主义的理论立场，以为宗教思想乃某种社会条件的产物，印度佛教传入中国后，既脱离了其原有印度之社会历史条件，必然要受到中国的社会历史条件的限制，故与当时的主流思想——玄学协调、配合，这样，印度佛学中国化就成为必然。至于东晋后期佛学脱离玄学化状态而独立发展，同样是适应新的历史条件的产物。中国佛学既是印度佛学在中国社会历史条件下的产物，也就意味着其与印度佛学的差异，但基于对玄佛的对比，这种差异性似乎又不是根本的。因为既然是说"印度佛学中国化"，也就意味着中国佛学乃是由印度佛学"变异"而来，其"根"还是在印度，如此就为玄佛既同又异的处理提供可能，也就客观上将佛学纳入中国哲学史的脉络中。不过如此一来，中国佛学的合法性也就在于以佛学的形式回应了中国哲学的问题，中国佛学自身的逻辑也就还原为中国哲学的逻辑。这样看来，方氏的"中国化"说的历史唯物主义原则下面还是有一"中国哲学"的立场。与之相比，吕澂先生的"中国佛学的根子在中国而不在印度"的论断似乎突出了中印佛学之差异，但其在哲学层面予中国佛学以"本觉"之判释，客观上维护了中国佛学的独立性，显示了吕氏研究的佛教立场。

（四）严北溟的《中国佛教哲学简史》

基于"空"作为佛教哲学的核心思想，严氏展开对中国佛教哲学史的叙述，尤其突出了禅宗对"空"原则的最彻底的实施，使否定辩证法达至极至。相对于当时学界一般性的佛教中国化论点，严著的哲学意味有其特别的价值。

需要说明的是，50 年代中国佛教学者为英文佛教百科全书而撰写的中国佛教词条（四百余篇、二百余万字）经过编辑整理，从 1980 年开始以《中国佛教》之名，分四卷陆续由东方出版中心出版，其中第一卷大致可以看成是一部非严格意义上的中国佛教史。除此之外，我们有必要提及汉语系之外的中国佛教史研究，主要有：史金波的《西夏佛教史略》（宁夏人民出版社 1988 年版）有填补空白之功，王森的《西藏佛教发展史略》（中国社会科学出版社 1983 年版）则是关于藏传佛教史的重要成果。

四　20 世纪 90 年代以来至今的中国佛教史研究

从 90 年代开始，佛教史研究走向地域化、比较化、专题化，相继出版了韩溥《江西佛教史》（光明日报出版社 1995 年版），严耀中《江南佛教史》（上海人民出版社 2000 年版）等区域佛教史，杜继文主编、杨曾文等撰写的《佛教史》（中国社会科学出版社 1991 年版），潘桂明《中国居士佛教史》（中国社会科学出版社 2000 年版），葛兆光《中国思想史》（第 2 卷，复旦大学出版社 2000 年版）还对 8—10 世纪中国佛教转型予以形态学的考察。这些研究表明了佛教史研究的深入。在此基础上，又产生了新的宏大结构的佛教通史写作。潘桂明在既有研究基础上，以一己之力完成了《中国佛教思想史稿》（江苏人民出版社 2009 年版）。该书 3 卷 6 册，合计 226 万字，对汉至晚清佛教思想予以了自成系统的论述，突出了以理性批判意识把握中国佛教思想的立场。其主要思想建树有：强调以天台宗佛学为代表的理性、知识论色彩的佛教义学的思想意义，对禅宗的思想价值予以有限度的承认；肯定六朝佛学的贵族品格，对宋以后佛教的仪式化形态予以反思；在学养上融通了儒、释、道三教思想，故从动态性的交互作用角度多层次地处理了佛教思想与其他学说体系的关系。此书自成一家，对当代中国佛学研究具有重要贡献。

从总体上研究佛教的，还有赖永海的《佛学与儒学》（浙江人民出版社 1992 年版）、《中国佛教文化论》（中国青年出版社 1999 年版）等。赖氏主编了海内外第一部完整的《中国佛教通史》（总 15 卷，650 万字），于 2010 年由江苏凤凰出版集团、江苏人民出版社推出。晚清佛学兴盛，从断代史上研究佛教的，还有麻天祥的《晚清佛学与近代社会思潮》（河南大学出版社 2005 年版）与《20 世纪中国佛学问题》（武汉大学出版社 2007 年版），对此有精到的研究。

第四节　佛教各大宗派

隋唐宗派佛学是中国佛教哲学的顶峰，但相对于佛教史的研究，对佛教宗派的研究在 20 世纪 80 年代之前较为消沉。从 80 年代中后期开始至现在，以禅宗、天台宗为代表的佛教宗派研究极为兴盛，出现了一大批学术成果，其中不乏具有较高思想意义与学术价值的学术精品。可以说，改革开放 30 年来中国佛学研究的主要成绩体现在宗派研究上。

一　60 年代佛教宗派研究概述

宗派研究虽然兴起于 20 世纪 80 年代，但在 20 世纪 50 年代至 60 年代吕澂、汤用彤、任继愈等的佛教史研究中，对宗派佛学的问题已有涉及。随着研究重心转向中国佛学，吕澂从 50 年代中期以后发表了一系列关于宗派佛学研究论文，包括：《天台宗》（《现代佛学》1955 年第 6、8 期）、《三论宗》（《现代佛学》1955 年第 4、5 期）、《玄奘法师略传》（《现代佛学》1956 年第 3 期）、《〈起信〉与禅宗——对于〈大乘起信论〉来历的探讨》（《学术月刊》1962 年第 4 期），对隋唐佛教各宗派思想予以宏观的把握。此间，巨赞法师对宗派佛学也有相当的论述。汤用彤虽未专论某一宗派思想，但在 1961 年和 1963 年连续撰文《论中国佛教无"十宗"》、《中国佛教宗派问题补论》，对中国佛教宗派的概念予以系统阐发。汤氏基于既有的六朝佛教史的研究，区分了"宗"的宗旨/教派义，指出六朝学派之"宗"从义理说，而隋唐教派之"宗"则是就人众而言，是有创始，有传授，有信徒，有教义，有教规的一个宗教集团。[①] 于此，汤氏指出学派之"宗"属于佛学史，教派之"宗"归于佛教史。经此辨析，汤氏肯定了天台宗、禅宗、三阶教、华严宗、法相宗、真言宗、律宗的教派地位，至于三论宗与净土宗，或因其传世甚短，或因其法门的普遍性，其教派地位不甚突出。这样，汤氏之说既不同于日本学者混同学派/教派二宗的观点，也与学界现在流行的"八宗"说有异。需要指出的是，在说明教派的兴起

---

① 黄夏年主编：《近现代著名学者佛学文集·汤用彤集》，中国社会科学出版社 1995 年版。

时，汤氏特别关注天台宗，并将之与三论宗作比较。汤氏的研究明显反映了其对旧著《两汉魏晋南北朝佛教史》的拓展，即通过设置学派/教派的对比，将六朝佛学与隋唐佛学予以形态学上的对置，以说明宗派的形成乃是顺应国家统一之形势，建立大的佛教系统。汤氏对宗派的如是处理，更多是基于对佛教形态演化与外在政治情形关系的思考，也隐含了对那个时代下学术命运与政治关系的反思，具有其深刻意义。

相对于老一辈学者，当年的中年学者任继愈对宗派佛学的研究是有计划、有系统的，从 50 年代中后期开始，任氏自觉认同唯物主义的立场，对宗派佛学陆续予以了评析，撰写了《禅宗思想略论》（《哲学研究》1957 年第 4 期）、《天台宗思想略论》（《哲学研究》1960 年第 2 期）、《华严宗思想略论》（《哲学研究》1961 年第 1 期）、《法相宗哲学思想略论》（《哲学研究》1962 年第 2 期）。并撰文《论胡适在禅宗研究中的谬误》，对胡适的禅宗研究方法予以批评。上述文章后结集成书《汉—唐中国佛教思想论集》（三联书店 1963 年版）。值得一提的是，在这一时期的宗派佛学研究中，中国化色彩较浓的天台宗、华严宗及禅宗等宗派虽然得到了重视，但玄奘与唯识宗仍然是宗派研究最多的方面。总体来说，学者对玄奘其人基本予以正面评价，承认其人格伟大与文化沟通的作用，但对唯识宗思想的理解则存有差异，也有一定程度的讨论。田光烈为著名佛学家吕澂先生的弟子，其 50 年代在云南大学任教，出版了专著《玄奘哲学思想中之辩证法因素》（云南人民出版社 1958 年版）。此书乃是顺应 50 年代后佛教研究的哲学化倾向，试图用辩证唯物主义和历史唯物主义的观点、方法阐发玄奘思想中的辩证法因素，尤其关注玄奘哲学的认识论意义。另外，老一辈学者熊十力发表《唐世佛学旧派反对玄奘之暗流》（《中国哲学史论文初集》，科学出版社 1959 年版）、华山有《法相宗和玄奘的唯识思想批判》（《山东大学学报》1962 年第 4 期）、张德钧撰文《法相唯识宗的哲学思想管见——与任继愈同志商榷》（《哲学研究》1964 年第 4、5 期），对任氏之见提出异议。这样一种讨论其实间接反映了民国时期唯识学研究的影响。

由于时代政治的原因，1966 年"文化大革命"开始至 1976 年十年间，学界对宗派佛学的研究基本停止。对宗派佛学的重新探讨在 20 世纪 80 年代中期勃然兴起，禅宗首先成为热点问题，尔后天台宗也逐渐被较多关注。对禅宗、天台宗的研究带动了对整个佛教宗派的研究，江苏古籍出版

社及凤凰出版集团推出的"中国佛教宗派史丛书"集中展示了其中的代表
性研究成果。以下，我们将按宗派的不同，对 80 年代至今的宗派佛学研
究情况分别论述。

二　禅宗研究

80 年代中期宗派佛学研究的兴起与"佛教中国化"的议题有关。随
着中国以改革开放为主导的现代化建设的展开，传统文化与现代社会的关
系成为 80 年代学界思考的核心问题。但困惑的是，一方面，传统文化在
"文化大革命"十年遭到很大破坏，亟待恢复，另一方面，现代化建设要
求与之匹配的新的价值观，而这需要建设，并非拿来即得。这样，传统文
化在理论上似乎处于尴尬角色。为摆脱此窘境，传统文化的现代诠释、转
化也就成为当时学界的普遍理论致思。就佛学研究而言，相对于吕澂、汤
用彤等的"纯"佛学研究，80 年代以来的佛学研究者乃是将中国佛学视
为传统文化的重要组成部分，故佛学有其价值。佛学的这种价值不是其作
为宗教的价值，而是其作为传统文化的价值，这体现在中国佛学所包含的
价值观、思维方式上。如此，中国佛学虽然是有着"佛学"这一宗教的身
份，但"中国文化"的"文化"身份更加凸显出来。基于这样一种思路，
研究中国佛学也就是研究中国文化，故对佛学的"中国化"问题的思考成
为学界主导，宗派佛学的重要性就此突出。作为最中国化色彩的佛教宗
派，禅宗首先获得了极大的关注。

在 80 年代文化热的背景下，禅宗研究一开始兴起于文史界，作为
《中国文化史》丛书的一种，葛兆光的《禅宗与中国文化》（上海人民出
版社 1986 年版）推出伊始，即以其清新流畅的风格而颇受欢迎。不过，
虽然文史学者在叙述手法上有其优势，但真正对禅宗这一宗派做系统、实
证研究的还是来自于哲学界、宗教学界。作为王志远主编的"宗教文化丛
书"的一种，潘桂明的《中国禅宗思想历程》（今日中国出版社 1992 年
版）是学界最早推出的一部系统的、全面的禅宗思想史，该书在前辈学者
研究的基础上，"描绘中国禅宗思想的封建时代形成、发展、变质和衰落
的基本线索，探索这一全过程的历史规律和内在原因"，尤其是对学者较
少关注的宋以后禅宗思想的演变予以了重点介绍与分析。作者对禅宗的态
度是理性的分析，一方面肯定了唐五代禅宗的思想解放意义，另一方面也
对宋以后禅宗的意识形态化予以了批评，以为"它的直观内省思维方式和

'成佛作祖'宗教理想容易为统治阶级所利用，成为巩固和加强统治的工具"。正是基于对禅宗思维方式的反思，作者对禅宗思想的肯定是"部分"的，这为其后来转向更具思辨色彩的天台宗佛学研究埋下了伏笔。现在看来，潘氏之著是有其相当的思想与学术价值的，但本书的出版发行渠道似乎限制了其对当时学术界的影响。紧随《中国禅宗思想历程》出版的是杜继文、魏道儒合著的《中国禅宗通史》（江苏古籍出版社1993年版），该书在当时即产生了重要影响，现在也仍然是禅宗研究方面的重要参考文献。《中国禅宗通史》（下简称《通史》）的出版虽稍后于《中国禅宗思想历程》，但其对禅宗思想的反思更为系统、彻底，同时也更具有宏大的视野。《通史》作者思考在中国现代化进程下，在现代西方禅宗热的情形下，作为传统思想的禅宗的意义，这决定了其同潘著一样，关注的核心也是"禅宗思维方式"。《通史》指出，禅宗不崇拜任何偶像，不信仰任何外在之神与天国，唯一信仰的是"自心"，这在世界文明史上是极为罕见的。如何理解禅宗这样一种思维呢？《通史》还是基于历史唯物主义的立场来思考，以为此乃是社会形态的产物，尤其是其很特别地将之与流民——失去土地的流动农民联系起来。流民制造了游僧，"北方的游僧即是禅宗先驱者的社会基础"，后来游僧南下，逐渐分化为农禅、官禅，南宗的胜利即标志着农禅的胜利。在作者看来，禅宗自由、独立的气质与批判品格都是基于农禅形态而生的。至于两宋禅宗，则有着士大夫的精神气质。元代之后禅宗的衰弱的社会根源在于农民、士大夫阶层失去人身自由。显然，《通史》将禅宗的发展与某一社会阶层联系起来的做法是大家手笔，有很大的解释力，相对于学界普遍的的口号式表白，《通史》真正将神学问题落实为人学问题。基于此，《通史》在考察禅宗思想时，否定了胡适先生的"神会革命"说，通过调停《金刚》与《楞伽》的空、有之争，强调《大乘起信论》的"一心二门"论实为禅宗的理论基础，禅宗的诸派均由《起信论》的构造体系演绎出来。至于禅宗的思维方式，在其哲学的理性思考之外，还有非理性，这也牵涉到禅宗对神异的态度。《通史》对禅宗精神取向的总体理解是：内省式的深邃与清谈的消沉。故对禅宗的价值定位是：禅宗是非理性主义的，是中国主静文化的代表，不无其积极意义，但"禅宗不能代表中国的全部文化，主静也成不了文化的主流"。显然，这样的断语代表了作者对禅宗思维方式的评价。

这一时期重要的禅宗研究著作还有：洪修平《禅宗思想的形成与发

展》（江苏古籍出版社 1992 年版）、洪修平、孙亦平《惠能评传》（南京大学出版社 1998 年版）、邢东风《禅悟之道——南宗禅学研究》（中国人民大学出版社 1992 年版）、麻天祥《中国禅宗思想发展史》（湖南教育出版社 1997 年版；武汉大学出版社 2007 年修订版）、葛兆光《中国禅思想史》（北京大学出版社 1998 年版）、吴立民主编《禅宗宗派源流》（中国社会科学出版社 1998 年版）等。

在对禅宗思维方式的反思之热消退之后，实证性的禅宗史研究成为学界主导。杨曾文的《唐五代禅宗史》（中国社会科学出版社 1999 年版）与《宋元禅宗史》（中国社会科学出版社 2006 年版）以系列"断代史"的形式将禅宗史的实证性研究深入推进。作者禅宗研究的一个基本立场是，禅宗的兴起是佛教中国化深入的表现，禅宗实乃佛教玄学，这样的理解主要基于禅宗人士对禅法之旨的表述。而具体的研究框架的设置则体现在对禅宗地理分布及其外护与禅宗发展关系的考察上。在考察唐五代禅宗时，作者以为，"禅宗在形成与发展过程中得到藩镇节度使、中央委派的流动性的观察使、州刺史为首的地方军政官员的支持，五代时得到某些割据王国的优遇"。故其对禅宗地理分布的研究不是独立的，而是指向禅宗的"政治"性——作为供养阶层的"外护"。如果说《通史》的"历史唯物主义"突出的是禅宗人士自身的"阶层"分析，那么《唐五代禅宗史》强调的乃是"外护"的地理分布。这样一种外缘性的处理乃是符合作者的意旨，即将禅宗置于广阔的社会历史背景之中。需要说明的是，作者通晓日文，对日本佛学颇有研究，故能较大程度上吸收日本学界的成果，使得其研究具有较大的学术意义。与此同时，也有学者对禅宗研究理论方法进行探讨。龚隽的《禅史发微——以问题为中心的思想史论述》（三联书店 2006 年版）注重借鉴西方学者的研究成果与理论框架，力图给出一套新的禅思想史的叙述，虽其所论不限于作为宗派的禅宗，但对禅宗研究很有方法论上的启发意义。其《中国禅学研究入门》（复旦大学出版社 2009 年版）也值得重视。

三　天台宗研究

天台宗是继禅宗之后，宗派佛学研究的又一个热点。作为中国僧人所创立的第一个佛教宗派，天台佛学有其特别重要的意义，如果说禅宗是佛教中国化的深入，那么天台宗可以理解成佛教中国化体系的形成。较诸禅宗，天台宗有其完备的教义体系，同时也有一套系统化的观行仪轨，故以教观双美著称。所以由"简约"的禅宗再往上追溯"复杂"的天台宗，反映了学界对佛教中国化问题思考的深入，对中国佛学创造性的反思。

　　赖永海在国内较早从哲学范畴角度对宗派佛学予以研究，其博士论文《中国佛性论》（中国青年出版社 1988 年版）为其成名之作。此后，赖永海又完成了《湛然》（台湾东大图书公司 1993 年版），基于天台宗、贤首宗的性具、性起之争，其对唐代天台佛学的核心人物湛然的哲学予以了细致的剖析，并据此理解宋代天台佛学之争的起源。王志远《宋初天台佛学窥豹》（今日中国出版社 1989 年版）虽非探讨隋唐天台佛学，但作为较早的天台学专著，其对学界后来的天台宗研究有一定的影响。曾其海为天台佛学专家，长期致力于天台宗的研究，其所著《天台宗佛学导论》（今日中国出版社 1993 年版）是较早出版的一部天台宗纲要性著作。潘桂明在禅宗研究结束后转向天台宗研究，有力推动了天台佛学的研究。作为南京大学思想家研究中心推出的"中国思想家评传丛书"的一种，潘著《智顗评传》（南京大学出版社 1996 年版）对天台宗的实际创始人天台智顗的思想作了系统而深入的阐述，并在谈壮飞已有研究基础上，[①] 对天台宗与陈隋政治的关系予以了说明。尤其是潘氏专列一章"智顗在佛教思想史上的地位"，对智顗思想的价值予以充分的肯定。其以为，智顗通过《法华经》"会三归一"之说，对南北朝地域差异性佛学予以了综合，建立了中国佛教第一个宗派，这"意味着真正意义上的'中国佛教'的出现"，是中国佛教史上的大事，以后的宗派佛学都必须正视智顗的理论体系，故智顗在中国哲学史上有其重要地位。潘氏还认同国际学界的一些观点，将智顗放在世界哲学史中，视其为世界上最伟大的哲学家之一。在潘氏看来，智顗学说的中国佛教性在于对中印思想的整合，即将传统文化融入佛教哲学，"实际上起到了肯定民族文化、增强民族自信的作用"。这样的论断实是说明，智顗乃是以宗教哲学体系的构建形式重新肯定了本土思想的价值。显然，潘氏的思路其实还是佛教中国化的问题，只是更多从哲学体系而非单纯的"思想"层面来处理这一问题。在此之后，潘氏还与吴忠伟合著《中国天台宗通史》（江苏古籍出版社 2001 年版），该书从思想史的角度对天台宗的成立、发展予以了系统梳理、深入分析，其特点有二：一是兼顾了

---

　　① 参见谈壮飞《智顗》，《中国古代著名哲学家评传》第 2 卷，齐鲁书社 1980 年版。

天台宗不同的发展阶段，对学界较少涉及的唐宋天台宗予以了较深入的理论阐述；二是对天台宗的佛教理论与仪轨制度并行探讨，进而揭示了宋以后天台宗的礼忏化。

在以《中国天台宗通史》为代表的一系列天台宗通史专著出版后，天台佛学的研究在 21 世纪初又进入到一个"专题化"的研究阶段。如李四龙《天台智者研究——兼论宗派佛教的兴起》（北京大学出版社 2003 年版）、韩焕忠《天台判教论》（巴蜀书社 2005 年版）、程群《〈摩诃止观〉修道次第解读》（上海古籍出版社 2008 年版）。其中李氏之作基于"宗派佛教"的概念，对智顗的思想予以新的探讨。李氏将以往学界普遍认同的"佛教中国化"思路替换为一个宗教传播的概念，即"佛教在中国社会传播过程中的生存方式"，这样，天台宗的创立乃是基于对佛教生存现实境域的考虑，宗派对"正统性"的吁求实是对生存合法性的诉求。为此，作者从思想史/学术史与宗派史/社会史两个方面同时展开对智顗思想的论述，落实在宗派成立上，也就是讨论"宗派佛教的思想资源与社会动力"。显然，李氏同样关注到天台宗的哲学、礼忏构成，但不将其视为天台宗本有之元素，而是看成是天台宗自身宗派化的诉求。需要说明的是，李氏之作对国际天台宗学界的研究成果吸收较多，亦注重理论体系的构建，反映了新时期天台佛学研究的风格。

重要的天台佛学研究还有：张风雷《智顗评传》（京华出版社 1995 年版）、董平《天台宗研究》（上海古籍出版社 2002 年版）、余学明《湛然研究》（中国社会科学出版社 2007 年版）、陈坚《烦恼即菩提——天台"性恶"思想研究》（宗教文化出版社 2007 年版）等。

四　唯识学与其他宗派的研究

（一）唯识学研究

"文化大革命"结束后，随着现代西方思潮的涌入，学界对唯识学的兴趣也在增长，并表现出以现代西方哲学流派如现象学"格义"唯识学的倾向。

80 年代的唯识学研究总体上与玄奘关联在一起。田光烈对 60 年代旧作予以修订并增加附录部分后，更名为《玄奘哲学研究》（学林出版社 1986 年版），已显示出作者对唯识学与现象学关系有所关注，这一新的思路对后来的现象学家倪良康的唯识学研究有着直接的影响。杨廷福则有

《玄奘论集》（齐鲁书社 1986 年版）、《玄奘年谱》（中华书局 1988 年版）。至 90 年代，围绕玄奘先后举行了两次大规模的会议，会议论文集后均正式出版，即黄心川主编《玄奘研究》（陕西师范大学出版社 1999 年版）、《玄奘精神与西部文化》（三秦出版社 2002 年版）。另外还有，"三时学会"创办人韩清净的法相唯识系列著作的出版，如《大乘阿毗达摩集论科文》（香港中国佛教文化出版有限公司 1998 年版）。

21 世纪以来，随着认知科学在国内的迅猛发展，唯识哲学研究也有了突破性的发展，涌现了一批专研唯识学的学者，并出版了几部重要的唯识学著作。周贵华先后出版了《唯心与了别——根本唯识思想研究》（中国社会科学出版社 2004 年版）、《唯识心性与如来藏》（中国社会科学出版社 2006 年版），其中前者为其博士论文。周氏基于对印度根本唯识思想的探讨，区别了有为依唯识与无为依唯识两种唯识形态，以为后者正是根本唯识所在。作者指出，如来藏学乃是无为依唯识思想的进一步发展，而汉语佛学的"真常唯心"思想正是如来藏思想在中国的变异性发展。这样，周氏实通过对根本唯识思想的研究，确证了汉语"真常唯心"系统的合法性，正回应了批判佛教对待汉语佛教思想形态的态度。需要指出的是，作者的研究乃是建立在对汉、藏、梵基本文献掌握的基础上，反映了新一代佛教学者在研究方法方面与国际学界的接轨。吴学国的《境界与言诠——唯识的存有论向语言层面的转化》（上海人民出版社 2003 年版）以探讨印度唯识学为主，但也涉及对中国唯识学的处理，其开阔的印度哲学背景与语言哲学的视角令此书创获良多。相对于偏重印度唯识学研究，傅新毅的《玄奘评传》（南京大学出版社 2006 年版）对玄奘思想有较深入的哲学阐释。杨维中的《中国唯识宗通史》（江苏人民出版社 2008 年版）则是国内首部唯识宗通史，全书系统考察了唯识宗的成立、发展和衰微历程，并展现了唯识宗由"学派"到"宗派"再到"唯识学"的形态演化。

最近的研究还有：杭州佛学院编《吴越佛教》（第 4 卷，九州出版社 2009 年版）。这是 2008 年杭州佛学院举行的"第六届吴越佛教文化与社会学术研讨会暨唯识学研讨会"的论文集，汇集了国内重要的中青年唯识学专家的成果，反映了近年唯识学研究的新进展。

（二）华严宗、三论宗、密宗、净土宗、律宗的研究

华严宗的重要研究有：魏道儒《中国华严宗通史》（江苏古籍出版社 1998 年版）区分了华严经学与华严宗学，将华严宗史描绘为从华严经学

到华严宗学、再到"禅宗的华严学"的过程，体现了作者很强的思辨性与理论反思意识。董群的《融合的佛教——圭峰宗密的佛学思想研究》（宗教文化出版社 2000 年版）是研究华严大师宗密的专著。另外，方立天的《华严金狮子章校释》虽是华严宗经典校释之作，有很高的学术价值。陈永革《法藏评传》（南京大学出版社 2006 年版）则对法藏思想进行了深入分析。

三论宗的重要研究有：李勇《三论宗佛学思想研究》（宗教文化出版社 2007 年版）、董群《中国三论宗通史》（凤凰出版社 2008 年版）。李氏之作力图总体把握吉藏佛学，揭示其思想中各概念、命题之间的内在关联；而董氏之作则对作为宗派的三论宗思想进行了思想史的描述，尤其是对吉藏之后三论宗的发展予以相当篇幅的论述。

密宗的研究成果较少，主要研究是吕建福的《中国密教史》（中国社会科学出版社 1995 年版），该书对中国密教的历史、理论等予以了较为系统、深入的研究。另外还有严耀中的《汉传密教》（上海学林出版社 1999 年版）。

净土宗的研究成果很多，重要的有陈扬炯《中国净土宗通史》（江苏古籍出版社 2000 年版）、刘长东《晋唐弥陀净土信仰研究》（巴蜀书社 2000 年版）。律宗的主要研究则有王建光《中国律宗思想研究》（巴蜀书社 2004 年版）及《中国律宗通史》（凤凰出版社 2008 年版）。关于藏传佛教格鲁派哲学的重要研究有：王尧、褚俊杰《宗喀巴评传》（南京大学出版社 1995 年版）。

在隋唐宗派佛学研究的基础上，近年来学界对宋代宗派佛学尤其是天台宗、华严宗的研究也成为热点，主要论著有：吴忠伟《圆教的危机与谱系的再生——宋代天台宗山家山外之争》（吉林人民出版社 2007 年版）、王颂《宋代华严思想研究》（宗教文化出版社 2008 年版）等。这些研究突出了宋代宗派佛学的形态，有助于在对比的视野下把握隋唐宗派佛学的特质。

第五节　道教典籍的整理与中国道教史

道教是中国本土宗教，具有鲜明的中国文化特色。同儒家、佛教一样，道教是中国传统哲学的重要组成部分，蕴涵了极为丰富的思想内容。

道教虽是中国本土宗教，但"现代学术意义上的道教研究，是从外国开始的"。① 民国时期，伴随着海外汉学的刺激，中国学界的道教研究有了一定程度的开展，并在 20 世纪 30—40 年代达到了一个相当的高度，陈寅恪、汤用彤、陈垣、许地山、胡适等著名学者的道教研究代表了当时的最高水平。虽然如此，相对佛教研究而言，民国时期道教研究的专业性、系统性还不够。新中国成立以后，学界对道教的全面研究得以展开，特别在道教典籍的整理与道教史的研究方面取得了突出成绩。

一　道教典籍的整理

（一）新中国成立十七年间的情况

50 年代后，道教研究总体趋向政治化。由于道教典籍的整理乃是隶属于道教史研究，所以十七年间的道教文献的整理没有其独立性，而是与具体的道教史研究密不可分。可以说，前者是因后者而发展的。故此，这一时期的道教文献工作主要还是由民国时期已成名的一些学者来承担的，其中王明与陈国符的贡献最大。

王明的道教文献校注《太平经合校》（中华书局 1960 年版）乃是建立在其 20 世纪 40 年代的历史学与文献学的道教研究基础上。② 此作对道教文献的整理作出了前所未有的贡献，并推动了大陆地区学者对太平道、五斗米道等原始道教与农民起义关系的探讨热潮。其后，王氏还撰写了《〈太平经〉目录考》（《文史》第 4 辑，中华书局 1965 年版）。陈国符也是民国时期道教研究的著名学者，其《道藏源流考》（中华书局 1949 年版、1963 年增订版，1985 年第二版）对道教历史、经典和内外丹方术有卓越的研究考证，显示了前辈学者扎实的学术功力。③ 其间还有汤用彤的《读〈道藏〉札记》（《历史研究》1964 年第 3 期）、饶宗颐的《老子想尔注校笺》（香港大学出版社 1956 年版）。

"文化大革命"期间，道教研究基本停顿，仅有的一些研究也是紧密配合政治斗争的需要。与之相应，道教典籍的整理未有进展。比较之下，

① 葛兆光：《道教研究的历史和方法——在清华大学研究生课上的讲稿》，《屈服史及其他：六朝隋唐道教的思想史研究》，三联书店 2003 年版，第 149 页。

② 葛兆光：《一个学者与一个时代的道教史研究——关于王明及其道教研究》，《屈服史及其他：六朝隋唐道教的思想史研究》，三联书店 2003 年版。

③ 参见王卡《道教研究》，卓新平主编《中国宗教学》，中国社会科学出版社 2009 年版。

台湾学者在这一段时间的道教研究成果骄人，尤其是对道教典籍的整理作出了贡献，如台湾学者萧天石主编《道藏精华》，（自由出版社 1965—1977 年版），所收道书大约 800 余种，共 17 集，另加外集 2 部。美国学者苏海涵（MichaelSaso）曾到台湾当道士，利用其师的数据编有《庄林续道藏》（25 册，分为 4 部，成文出版社 1974 年版）。

（二）20 世纪 80 年代至今的情况

改革开放后，随着道教研究的大规模开展，道教典籍整理工作也有很大的进展，并逐渐脱离直接依附于道教专题研究的状态，相继出版的重要文献有《道藏提要》、《藏外道书》、《中华道藏》等。大体来说，这些文献整理工作可分为以下几类：

1．对道教子书的校释

如王明《抱朴子内篇校释》（中华书局 1977 年版）在前人校勘的基础上，首次给出一个《抱朴子内篇》的集校与注释本，故有重要的学术价值。其后，王氏又出《抱朴子内篇校释》增订本（中华书局 1984 年版），除增加了两个校勘本外，还部分吸收了学界新的研究成果，包括：殷甫的《抱朴子内篇校释举正》（《中华文史论丛》1982 年第 1 辑）、杨明照的《抱朴子内篇校释补正》（《文史》第 16、17 辑，中华书局 1982、1983 年版）。杨明照则有《抱朴子外篇校笺》上、下册（中华书局 1991 年版）。此书初稿成于 20 世纪 40 年代，后经作者增补完善，遂成集大成之作。另外还有蒙文通"文化大革命"前的作品《道书辑校十种》（巴蜀书社 2001 年版）、饶宗颐的《老子想尔注校证》（上海古籍出版社 1991 年版）。

2．道藏系列

陈国符有新作《道藏源流续考》（台湾明文书局 1983 年版，香港里仁书局 1983 年版）。由任继愈主编、钟肇鹏实际主持的《道藏提要》（中国社会科学出版社 1991 年版）是中国社会科学院世界宗教研究所道教研究室的集体成果，该提要扼要介绍了明代《道藏》所收 1476 种经书的成书年代、作者和内容，并附录《索引》以便读者检索经书。朱越利《道经总论》（辽宁教育出版社 1991 年版）对道经予以了系统研究，陈耀庭改编施舟人原作而成《道藏索引：五种版本道藏通检》（上海书店出版社 1996 年版）。在此基础上，出版了规模不等的道教文献集成。胡道静、陈耀庭等编辑了《藏外道书》（巴蜀书社 1989—1994 年版），收集了明代正续《道藏》未收之书（包括成书于明以前的《道藏》未收道书）以及明万历以后至 1949 年以前的各种道书，共计 10 类、1042 种。这些道书中有些还是稀世孤本和海内珍本，对推动道教研究尤其是明清道教及社会思想文化研究有重要意义。汤一介主编《道书集成》（60 册，九洲图书出版社 1999 年版），收书包含《道藏》全部，并新增散佚在各图书馆、寺庙、民间等未经整理的散篇孤本，散见于古代丛书中的道书及海外道书。继之而起，张继禹主编的《中华道藏》（华夏出版社 2003—2007 年版）以明《正统道藏》、《万历续道藏》为底本，保持"三洞四辅"的基本框架，对"三洞四辅"以外的经书又根据不同的内容进行了相应的归类。该藏收入经书1526 种，49 册，约 6000 万字，是新时期道教古籍整理方面取得的最大成果。

3. 敦煌道教文献

李德范辑《敦煌道藏》（5 册，中华全国图书馆文献缩微复制中心1999 年版）在刊布敦煌道经图版方面取得重要成果，较日本学者大渊忍尔的《图录编》只刊布了 300 多件写本的图版，本书则影印了 500 多件道教相关文献的图版，大大方便学者对敦煌道经的使用。王卡的《敦煌道教文献研究：综述、目录、索引》（中国社会科学出版社 2004 年版），"著录的敦煌道教文献增至 800 多件，不仅数量超过大渊（大渊忍尔的《敦煌道经目录编》）目录，在文献分类、经名考订、内容提要、缀合残片、核查《道藏》文本等方面，也较以往更为完善"。李斌城对敦煌道经有深入研究，在 80 年代中后期连续发文，[①] 对敦煌写本唐玄宗《道德经》注疏残卷的"官本"性予以探讨，并与历史学家陈智超就此议题展开了辩论。[②] 另外，《道家文化研究》第 13 辑还出版了"敦煌道教文献"专号。

4. 考古资料

主要有：陈智超在陈垣《道家金石略》稿本基础上编成《道家金石略》（文物出版社 1988 年版），该书收录汉魏六朝至明代有关道教碑文1538 篇，有很高的史料价值。另外，与早期道教起源有关的文献资料还有：《马王堆汉墓帛书》（文物出版社 1980 年版）、《郭店楚墓竹简》（文物出版社 1998 年版）等。

---

① 李斌城：《敦煌写本唐玄宗〈道德经〉注疏残卷研究》，《世界宗教研究》1987 年第 1 期。

② 陈智超：《唐玄宗〈道德经〉注诸问题——与李斌城同志磋商》，《世界宗教研究》1988年第 3 期。

二 中国道教史的研究

(一) 新中国成立十七年间的道教史研究

同佛教史研究一样，民国时期道教史的研究也是历史文献学的路子，重视对道教文献的考证、分析。50 年代后，由于政治环境的改变，道教史研究有一转变，即转向哲学与政治取向，[①] 也就是从唯物/唯心之争、阶级斗争、农民起义角度处理道教史，这种情况一直延续到 20 世纪 80 年代。与同期的佛教史研究相比，这一阶段的道教史研究无论是选题还是学术水平都要低一个层次。如前面章节所述，佛教史的研究虽然也倾向于哲学化、政治化，但由于佛教思想的思辨性以及民国时期佛教史研究已达到相当的高度，这一转向似乎还有着一学术内在理路的支持，这在吕澂、汤用彤等先生 50 年代后的研究中都能体现出来，故这种转向指导下的佛教研究仍有其一定的学术、思想意义。比较而言，道教的哲学思辨性要略逊佛教一筹，且民国道教史研究多少有依傍佛教史的情形，其总体研究水平不及佛教史研究。缘于此，同样是哲学、政治转向，佛教偏于哲学转向，专注于对"中国佛学思想"形态的思考，而道教则偏于政治转向，关注道教与农民起义的关系，其中《太平经》的政治性质与黄巾起义尤其成为热点。当然，这一期间也有值得关注的成果，如陈寅恪：《崔浩与寇谦之》（《岭南学报》1950 年 12 月第 11 卷第 1 期），汤用彤、汤一介的《寇谦之的著作与思想——道教史杂论之一》（《历史研究》1961 年第 5 期）、《康复札记四则》（《新建设》1961 年 6 月号），对寇谦之、陶弘景的哲学思想与政治思想予以了剖析，并比较了佛、道二教教义之别。在 60 年代初一度宽松的学术氛围下，陈垣也曾倡议在收集道教资料的基础上写一部较完整的道教通史。[②]虽然如此，道教史的系统研究仍没有展开。至"文化大革命"十年期间，道教史研究更是成为政治的附庸，完全失去了学术立场。

(二) 20 世纪 80 年代至 90 年代的道教史研究

道教史研究的新格局是在 20 世纪 80 年代后逐渐形成的，其体现在卿希泰主编的《中国道教思想史纲》和任继愈主编的《中国道教史》这样标

---

① 葛兆光：《道教研究的历史和方法——在清华大学研究生课上的讲稿》，《屈服史及其他：六朝隋唐道教的思想史研究》，三联书店 2003 年版，第 149 页。

② 陈垣：《谈谈宗教史研究的问题》，《中国哲学》第六辑，三联书店 1981 年版。

志性的研究成果的推出。置身于 80 年代文化热之氛围中，道教同佛教一样，被纳入中国文化范畴中考察：其一是谈道教在中国文化中的地位，其二是谈道教的文化内涵。① 这样，道教思想的内涵逐渐获得了正面的评价。

1. 通史性研究

四川大学宗教研究所在国内较早开展了系统性的道教史研究。卿希泰主编《中国道教思想史纲》（第 1 卷）（四川人民出版社 1980 年版）出版后，立即引起一定反响。此卷分四章，基于马克思主义宗教观探讨了早期道教的起源、道教由民间宗教演化为官方宗教以及道教在汉魏晋南北朝时期与儒、佛二教之关系。此书乃改革开放后第一部系统阐发道教思想的著作，故有其重要意义。其后，《中国道教思想史纲》（第 2 卷）（四川人民出版社 1985 年版）对隋唐五代北宋道教思想予以了梳理，对重要道教人物的思想予以了分析。在此基础上，卿希泰又主编了《中国道教史》4 卷（四川人民出版社 1988—1995 年版），本书为国内第一部系统全面的道教通史著作，王明在该书第 1 卷的序言中称之为"开拓性的科研新成果"。王明在该书第 1 卷"汉魏晋南北朝道教史"的序言中，也谈了对此阶段道教史的看法，以为汉魏为民间道教，在遭到封建统治者镇压后，道教转向上层，晋南北朝道教史基本是在神仙道教这个方向上发展，直至唐代，则达到最高峰。可以看出，卿希泰等人的工作对于新时期道教史的研究具有开拓之功，但不可避免还带有当时意识形态的色彩。任继愈主编的《中国道教史》（上海人民出版社 1990 年版）是中国社会科学院世界宗教研究所道教研究室在完成《道藏提要》之后推出的一部完整的中国道教史，全书按历史顺序分成五编，其中隋唐编对学界关注较少的重玄学、内丹学有深入阐述。该书各编均由相关领域的专家撰写，具有较高的学术价值。重要的道教史研究还有：詹石窗《道教文学史》（上海文艺出版社 1992 年版）、卿希泰、唐大潮《道教史》（中国社会科学出版社 1994 年版）、柳存仁《道教史探源》（北京大学出版社 2000 年版）、潘雨廷《道教史发微》（上海社会科学院出版社 2003 年版）。

2. 通论性研究

在 80 年代道教史研究的基础上，一些道教通论性研究也相继推出。

---

① 参见孙正聿主编：《中国高校哲学社会科学发展报告》（1978—2008）哲学卷，广西师范大学出版社 2008 年版。

牟钟鉴、胡孚琛《道教通论——兼论道家学说》（齐鲁书社 1991 年版）是一部较全面介绍道教的著作，书三编，对道教的发生、演化予以了历时性的叙述。胡孚琛、吕锡琛《道学通论——道家·道教·仙学》（社会科学文献出版社 1999 年版）在道学范畴下对道教予以了系统考察。胡氏在书中提出一个新的道学概念，其指以老子《道德经》为理论基础和基本经典而发展出学术系统，包括道家、道教、仙学三个分支，故以老子为道学之宗。其中作为道学的道教乃属"宗教文化"，道家则为哲学文化，仙学则是生命科学文化。在此分类界定体系下，三者的关系表述为：道家是道教的哲学支柱，道教是道家的宗教形式，这很好理解，关键是道教与仙学的关系。胡氏以为，仙学概念源出先秦神仙家，而仙学之名则为近代著名道教人士陈撄宁先生首倡，即指炼丹之学，有内、外丹之别。据此，胡氏所说仙学主要指内丹之学，其包括在道学的大范畴下，但不隶属作为宗教信仰的道教，而是与之并列为道学之分支。胡氏的这样一种处理，实际上是对"道教"的既有范围予以一定限制，突出了作为仙学的内丹学的独立性，其意在挖掘道教思想中的合理因素，以应对全球化时代对道教的挑战。另外葛兆光有《道教与中国文化》（上海人民出版社 1987 年版），全书分三编，主要结合中国文化探讨了道教的成型、发展，并对道教与文学的关系予以特别的论述。李大华《道教思想》（广东人民出版社 1996 年版）则是更有深度的宗教思想史著作。

　　3. 断代史与地方史研究

　　在通史、通论研究基础上，道教断代史、地方史的研究也开始展开。断代史研究主要集中于六朝隋唐。首先是汤一介的《魏晋南北朝时期的道教》（陕西师范大学出版社 1988 年版）。此书的价值在于：一是基于宗教理论，说明道教作为一种宗教如何发展成"完备化"的宗教；二是能结合佛道论衡来论述当时道教的发展；三是在史料运用方面有所扩展，利用了其他一些道教史较少注意的材料。此书对于后来北京大学哲学系开展的道教史研究具有相当的指导意义，汤氏指导的多名博士生的道教史研究均注重对宗教学理论方法的引入。汤氏此书后出修订本，更名为《早期道教史》（昆仑出版社 2005 年版），除修正错漏以外，主要是补充了《为道教创立哲学理论的思想家成玄英》一章。胡孚琛的《魏晋神仙道教》（人民出版社 1989 年版）也是一部重要的道教断代史之作，该书主要围绕葛洪及《抱朴子》内篇探讨了魏晋道教神学、哲学与科学。此外，李刚《汉代道教哲学》（巴蜀书社 1994 年版）对汉代道教哲学的思想渊源、内容及特征予以了论述，并具体分析了此一时期重要的道经思想。姜生《汉魏两晋南北朝道教伦理论稿》（四川大学出版社 1995 年版）、汤其领《汉魏两晋南北朝道教史研究》（河南大学出版社 1994 年版）分别从不同角度探讨了汉魏两晋南北朝道教。李大华、李刚、何建明的《隋唐道家与道教》（广东人民出版社 2003 年版）探讨隋唐断代道学史。另外，王家祐的《道教论稿》（巴蜀书社 1987 年版）收入作者有关四川道教的论文 16 篇，从地方思想的角度丰富了我们对道教史的认识。

4. 20 世纪 90 年代之后道教史研究的新进展

90 年代之后，道教史研究进入一个新的阶段。新的理论方法的引入、对海外汉学研究成果的吸纳使得道教史研究获得了新的"形式"。其中，葛兆光的思想史研究最为突出。

葛兆光的《屈服史——六朝隋唐道教的思想史研究》（三联书店 2003 年版）为葛氏有关道教研究的一本论文集，收录了其从 90 年代以来有关道教的研究文章，全书分内、外编。延续其在《中国思想史》第 1 卷的思路，葛氏在内编"屈服史"中对六朝隋唐道教的仪式、方法、技术予以思想史的考察。相对于主流的思想史解读，葛氏基于知识/权力的关系，提出"屈服史"的概念和"减法"的做法，以此说明道教的知识、思想和信仰如何被"边缘化"、"秘密化"。在外编"道教史研究的思考与评论"中，葛氏对既有道教研究予以评论，具有重要的方法论启发意义。另外，基于多元化角度审视中国哲学史的考虑，部分学者基于道家与道教的立场来考察道家与道教理论与中国哲学之关系，这对传统的基于儒家立场而展开的中国哲学史写作是一个修正，这一方面的代表作是由孙以楷主编的多卷本《道家与中国哲学》（人民出版社 2004 年版）。该套书的汉代卷（陈广忠、梁宗华著）、魏晋南北朝卷（陆建华、沈顺福、陈宇宏、夏当英著）、隋唐五代卷（张成权著）对道教理论的形成、重要流派均有详尽论述，尤其是对道教与黄老道家的关系、道教理论与中国哲学中的其他学说体系的关系有一特别的说明。除思想史的论述外，还有与敦煌学相结合的道教史研究：王承文《敦煌古灵宝经与晋唐道教》（中华书局 2002 年版）结合出土文献、碑刻资料与传世文献，极为深入地研究了古灵宝经，展示了晋唐道教整合与中古道教统一的经教体系确立的具体过程。王氏之作是对姜伯勤等前辈学者敦煌道教研究的推进，堪称近年来道教史研究的一部力作。刘屹《敬天与崇道:中古经教道教形成的思想史背景》(中华书局2005年版)分为上、中、下三篇,以"敬天与崇道"为线索,力图揭示道教历史上早期的一次重大转折,既强调"对天的礼敬"和"对道的崇拜"是两种信仰基础和核心,又揭示出二者间并存与递进关系,即道教是在"敬天"的基础上更强调"崇道"。

第六节　道教各大宗派

民国时期的道教宗派研究主要集中于天师道与外丹学,故研究基础较为薄弱。新中国成立后,在道教史研究的基础上,学界对道教宗派的研究予以了更多的投入。从新中国成立以来的历史看,关于道教宗派的研究大致可分为两个阶段:20世纪50年代至"文化大革命"的十七年时间里对太平道、五斗米道的研究,20世纪80年代至今的道教重玄学、内丹学等的研究。

一　新中国成立十七年间的宗派研究

新中国成立后,道教宗派研究有一政治化转向,这主要表现在道教研究对宗派教义的阶级属性的甄别。其中,与农民运动关系紧密的,体现所谓人民性的早期道教派别太平道与五斗米道得到特别的关注。

（一）太平道研究

这一时期对早期道教形态太平道的研究主要与汉末农民起义有关。李光璧《汉代太平道与黄巾大起义》(《历史教学》1951年第6期)指出了黄巾大起义浓郁的宗教色彩。郭人民《太平道五斗米道哪个在先?张修张道陵是一个人或两个人?》(《史学月刊》1953年第11期)则对太平道、五斗米道的起源进行了分析。杨宽《论〈太平经〉——我国第一部农民革命的理论著作》(《学术月刊》1959年第9期),指出了宗教乃是农民起义的组织形式与革命理论外衣。万绳楠在《"太平道"与"五斗米道"》(《历史教学》1964年第6期)中对《太平经》的思想性质及与黄巾、太平道的关系,五斗米道与张鲁汉中政权的性质等问题,提出一些自己的看法。

（二）五斗米道研究

相较太平道,此一时期学界对五斗米道的研究则更为关注张氏政权的性质问题。张炳耀《试论张鲁及其政权性质》（《江汉论坛》1961 年第 1 期）对张鲁政权的人民性表示异议。杨柄则在《汉中农民政权与张鲁其人——与张炳耀等同志商榷》中指出早期道教有其两面性，不可否认其有反映农民要求的一面。黄惠贤的《试论张鲁政权的性质》（《武汉大学学报》1964 年第 3 期）则支持张炳耀的观点，以为张鲁政权实乃封建割据政权。

"文化大革命"十年间，道教宗派研究的意识形态化达到顶峰，太平道研究更是一枝独秀，且基本上是围绕农民起义展开的。

二 20 世纪 80 年代至今的宗派思想研究

正如汤用彤对佛教学派/教派的区分一样，六朝道教与隋唐道教在"宗派"形态上也是存有差别的。故此，我们的论述是基于广义的宗派概念而展开的。

（一）《太平经》与太平道的研究

由于一定程度上摆脱了意识形态的束缚，围绕《太平经》的研究在 80 年代初期形成了一个讨论的小高潮。相对于此前对《太平经》农民阶级属性的普遍认定，这一时期学界对《太平经》思想倾向的判定存有差异。刘琳在《论〈太平经〉的政治思想》（《社会科学研究》，1981 年第 4 期）对卿希泰发表的《试论〈太平经〉的乌托邦思想》（《社会科学研究》1980 年第 2 期）一文提出商榷，否认该书有所谓反映农民愿望的乌托邦思想。卿希泰则在《〈太平经〉中反映农民愿望的思想不容抹杀》（《社会科学研究》1981 年第 5 期）对《论〈太平经〉的政治思想》一文予以回应。刘琳则以《再谈〈太平经〉的政治倾向——答卿希泰同志》（《社会科学研究》1982 年第 2 期）再次重申：对《太平经》政治思想的把握，必须抓住它的思想体系的核心和总的倾向，进行马克思主义的科学分析。对早期道教经典政治属性的判定乃是要说明道教的社会政治功能，这显示了当时的学者对道教本身的宗教思想内涵的关注还不够，但争论的出现又表明：用简单的阶级斗争模式来套道教学说及其经典是缺乏有效性的。所以王明在《论〈太平经〉的思想》（《道家与道教思想研究》，中国社会科学出版社 1984 年版）一文中指出，《太平经》思想复杂，兼具农民的思想言论与落后反动的思想。需要说明的是，著名学者蒙文通作于 1958 年的未刊之文《道教史琐谈》经蒙默整理，在《中国哲学》第 4 辑（三联书店 1980

年版)上发表。作者提出的重要观点是:道教之始为太平道,而太平道似出于儒、墨二家,非与道家不可分。同时,太平道与五斗米道原有区别,后者乃是西南少数民族之宗教。蒙氏的这一论述颇有启发意义。进入 90 年代以来,学界对《太平经》与太平道的研究虽有所减少,但随着道教研究整体水平的提高,对《太平经》的研究也逐渐走向综合性,并有新的论题的开辟。如姜守诚《〈太平经〉研究——以生命为中心的综合考察》(社会科学文献出版社 2007 年版)即以"生命"为中心,探讨了《太平经》的命论、房中术等,并剖析了《太平经》的"死后世界"。

(二)葛洪与魏晋神仙派

葛洪是早期道教史上的重要人物,神仙道教派的创始人,由于"左"的路线的影响,葛洪在道教史上的应有地位在前些年没有得到承认。20 世纪 80 年代以来,随着道教研究的去意识形态化,对葛洪及其《抱朴子》的研究明显增加。许抗生《葛洪道教思想研究》(《北京大学学报》1981 年第 5 期)指出了葛洪对早期道教的改造。卿希泰《葛洪的神仙不死思想》(《中国无神论集》,湖北人民出版社 1984 年版)将葛洪定位为道教开创之初,官方的神仙道教理论的奠基人,但仍强调其学说的阶级属性。老一辈学者王明的《论葛洪》(《道家和道教思想研究》,中国社会科学出版社 1984 年版),对葛洪思想予以全面论述,指出其内在的复杂性和差异性,特别是结合对《抱朴子》内篇的分析,指出其皈依神仙道教源于其舍儒入道的志向改变。而汤一介的《魏晋南北朝时期的道教》(陕西师范大学出版社 1988 年版)从道教形成史的角度将葛洪明确定位为"为道教建立理论体系的思想",完全摆脱了以意识形态的眼光看待葛洪的做法。此后,胡孚琛的《魏晋神仙道教——〈抱朴子内篇〉研究》(人民出版社 1990 年版)对葛洪进行了系统专题的研究,尤其突出了其神仙思想对庄学及玄学的批判。金正耀《道教与科学》(中国社会科学出版社 1991 年版)从科学与宗教并存关系探讨道教发展,尤其关注道教由"救世"的宗教转化为"度世"的宗教过程中,道教"为什么"和"怎样"同科学发生关联。这样,葛洪的"丹鼎派"成为考察的核心。由刘固盛、刘玲娣合编的《葛洪研究论集》(华中师范大学出版社 2006 年版)收录了 20 世纪葛洪研究的重要文献 15 篇,并附录 20 世纪以来葛洪研究主要论著目录。

(三)上清派研究

上清派是魏晋道教分化后士族化的产物,其以奉《上清经》而得名。

20 世纪 50 年代至 70 年代，学界对上清派的研究很少，进入 80 年代后，对上清派重要人物如陶弘景及其经典《真诰》的研究显著增加。如曾召南《道教学者陶弘景评介》（《宗教学研究》1985 年第 1 期）指出陶弘景在道教史上的两大贡献，一是神仙谱系的制定，二是编造仙真授经故事。汤一介在《魏晋南北朝时期的道教》（陕西师范大学出版社 1988 年版）亦专列一章论述陶弘景，亦持类似观点。钟来因《长生不死的探求：道经〈真诰〉之谜》（文汇出版社 1992 年版）则对《真诰》进行了专题性研究，孙述圻《六朝思想史》（南京出版社 1992 年版）对茅山道教（上清派）历史有较详细的论述。但相对于重玄学与内丹学而言，上清派的思想研究尚非系统。进入 21 世纪，随着道教研究的进一步推进，上清派的研究有了较大突破，出现了一些系统、专门之作。张崇富《上清派修道思想研究》（巴蜀书社 2004 年版）基于上清派思想史的背景，探讨了上清派的修道思想，以为其是道教从外丹到内丹的漫长演变历程中的重要里程碑。作者指出，上清派在对灵宝斋法和雷法思想的吸收后，其修道思想由一己圆满的小乘思想转变为济人利物的大乘精神，而重玄学思想和心性论的成分汇入，也使上清派思想由偏于炼形到性命双修并重，理论思想空前提升。钟国发《陶弘景评传》（附寇谦之、陆修静评传，南京大学出版社 2005 年版）对陶弘景思想进行了系统的研究，并论及了与上清派密切相关的灵宝派人物陆修静。赵益《六朝南方神仙道教与文学》（上海古籍出版社 2006 年版）从宗教与文学角度对以上清派为代表的南方新神仙道教思想进行了考察，颇有学术价值。宇汝松《六朝道教上清派研究》（山东文艺出版社 2009 年版）是一部系统探讨上清派的专著，论述的内容包括创建上清派的时代背景、上清派的创建与发展、六朝上清派要典研究、教义内容的理论化、修正形式的规制化、六朝上清派与其他道派的关系等。在六朝上清派研究之基础上，对唐代上清派如司马承祯等的思想也有了进一步的研究。另外，王家葵《陶弘景丛考》（齐鲁书社 2003 年版）在考证上清派史实上也很有价值。

六朝时期其他的道派研究主要还有：张继禹《天师道史略》（华文出版社 1990 年版）、王士伟《楼观道源流考》（陕西人民出版社 1993 年版）等。

（四）道教重玄学

唐代道教哲学的形态之一乃是重玄学，40 年代著名学者蒙文通先生曾校理成玄英诸人《老子》注疏，并作研究，开重玄学研究之端绪。此后虽有学者间或涉足此领域，但无有系统研究之作。

　　进入20世纪80年代以来，学界开始关注道教重玄学。赵宗诚《试论成玄英的"重玄"之道》（《宗教学研究》1982年第1期）指出：曹魏时孙登始"以重玄为宗"，继之为道教学者陆续阐发，成为注释《道德经》的重要流派，重玄之道的突出代表为唐初道士成玄英。詹石窗也较早对道教重玄学进行探讨，其于《"老学重玄宗"简论》（《世界宗教研究》1987年第3期）以"逆向思维"界定重玄宗的思想特征，将魏晋已出现的"重玄"之说与唐代重玄学联系起来，分析了三教会通以及政治权力的支持与唐代重玄学兴盛的关系。其后，卢国龙对道教重玄学研究作出了特别的贡献，其所著的《中国重玄学——理想与现实的殊途同归》（人民中国出版社1993年版）与《道教哲学》（华夏出版社1997年版）有力地推动了重玄学研究的深入的开展。《中国重玄学》基于"老学"的思路，将道教重玄学定位为：玄学通过对《老子》的注释克服玄学的有无矛盾。其将重玄学的发展描述为四个阶段、三次宗趣转向。作者指出重玄之道在于"在超越中的回归"，肯定其在中国思想史上的重要地位。《道教哲学》则分三篇，其中中篇"'从玄道'到'重玄之道'"以魏晋玄学作为"重玄学"的开端，但相对《中国重玄学》以东晋孙登为重玄宗源，本书则突出了郭象、支遁重玄的开端义，指出重玄学的本质在于佛学与玄学的融合，故隋唐重玄学实乃此融合进程的顶峰。作者基于隋唐重玄学的内在矛盾和其理论应对，将其界定为精神哲学，这一观点是对《中国重玄学》一书的发展。

　　强昱《从魏晋玄学到初唐重玄学》（上海文化出版社2002年版）专论重玄学的成立，书分上下篇。在上篇中，基于对初唐重玄学形成的反思，强氏在魏晋玄学与唐初重玄学之间建立起历史发展的内在逻辑关系，将后者判为老庄学的第三期发展。为此，强氏以玄学化、三一论作为重玄学成立的必要环节，视《本际经》的出现为重玄学形成的标志之一。在下卷中，强氏重点论述成玄英的重玄学，并指出了其在促进玄学向理学发展过程中所起到的承前启后的作用，故其在隋唐哲学乃至整个中国哲学史上应有重要地位。强氏还特别提到了近20年来隋唐五代道教哲学研究的价值，反映了作者学术自觉的学术理念。强氏此作具有相当的学术价值与理论意义。随着重玄学研究的升温，陈鼓应主编的《道家文化研究》第19辑

（三联书店2002年版）推出"玄学与重玄学"专号。此专号的主体部分是1996年8月在北京举行的"道家文化国际学术研讨会"上所提交的有关重玄学的论文，同时收录了汤一介所指导的几篇博士论文中的有关部分，反映了近年来道教重玄学的最新进展。本专号的出版不仅确认了重玄学对玄学的推动、发展，而且认同了其对理学建立的启发、引导，同时希望更加关注后期重玄学的研究。

（五）道教内丹学

道教内丹学是相对于外丹学而言，乃是唐朝末期兴盛起来的道教哲学形态，宋以后的道教不同宗派的理论与实践基本上都是建立在内丹学的基础上。所以可以说，内丹学的兴盛是唐宋道教形态的转折点。

胡孚琛《道教史上的内丹学》（《世界宗教研究》1989年第2期）从哲学、人体科学等多学科角度探讨了内丹学的形成、演化。可以看出，80年代后期兴起的内丹学研究与当时学界对新兴科学的探讨有密切关系，故偏重于内丹学的"实践"价值。从20世纪90年代以来，随着道教研究的深入，道教内丹学的研究成为热点，涌现出一批高质量的学术成果。这些研究的一个特点在于：自觉地将内丹学研究与对中国哲学史的形态演进的思考结合起来。卢国龙在《道教哲学》一书的下篇"从方仙道到内丹道"中结合《参同契》讨论了唐宋道教的内丹理论。作者基于修炼体验的考虑，分疏了内丹之道与术两个层面，从《参同契》之道/《黄庭经》之术二者的结合角度考察隋唐内丹道的形成。卢氏的这一论述有其相当的理论价值。张广保在其博士论文《金元全真道及其内丹心性学》（三联书店1995年版）发表之后，更深入思考作为道教哲学的内丹学与其基础——道教形态学意义上的内丹道教之关系，集中探讨内丹道教形态在唐宋的发展、完善，《唐宋内丹道教》（上海文化出版社2001年版）即是这一研究的成果。

重要的内丹学著作还有：戈国龙的《道教内丹学探微》（巴蜀书社2001年版）及《道教内丹学溯源》（宗教文化出版社2004年版）、杨立华《匿名的拼接——内丹观念下道教长生技术的开展》（北京大学出版社2002年版）等。

此外，学界对于介于重玄学与内丹学之间的唐代道教也有新的研究，其中杜光庭是研究重点。主要论著有：孙亦平《杜光庭思想与唐宋道教的转型》（南京大学出版社2004年版）与《杜光庭评传》（南京大学出版社

2005 年版)、金兑勇《杜光庭〈道德真经广圣义〉的道教哲学研究》（巴蜀书社 2005 年版)。

第七节　隋唐儒学与经学

在中国儒学史上，隋唐儒学是一个较为暗淡的时代，尤其是相对于隋唐佛教宗派鼎盛与道教宗派哲学的发展，儒学思想更显其不振之势。不过，由于隋唐儒学上承六朝儒学，下启宋代新儒学，具有一"转折"性，故学界对隋唐儒学的研究亦予以了一定程度的重视。

一　新中国成立后十七年与"文化大革命"十年间的隋唐儒学研究

这一时期的儒学研究主要围绕韩愈、李翱、柳宗元、刘禹锡展开。除了陈寅恪较早发表的《论韩愈》(《历史研究》1954 年第 2 期) 以外，大多数的研究都是围绕唯物/唯心之争展开的，代表性的论文有：杨荣国《韩愈思想批判》(《理论与实践》1958 年第 11、12 期)、《李翱思想批判》(《哲学研究》1959 年第 9 期)。侯外庐《柳宗元的唯物主义思想》(《新建设》1959 年第 7 期)、《柳宗元〈天对〉在中国唯物主义史上的科学地位——兼看哲学党性原理的具体表现》(《历史研究》1963 年第 2 期) 等。当然，对于柳宗元的唯物主义、无神论者的身份，学界也有不同的意见，如陈扬炯《柳宗元是很彻底的无神论者吗?》(《文汇报》1964 年 1 月 21 日)，这样一种讨论、商榷反映了在十七年间尤其是 60 年代初的调整时期，学术仍有一定的自由空间。其实，即便学术研究是基于唯物/唯心之争的视角展开，当时的有些研究仍注重从学术的立场来展开论证，这方面的代表便是侯外庐先生。侯氏对唐代儒学的唯物/唯心之争的处理乃是建立在对马克思主义理论系统、扎实把握的基础上，是与其对唐代社会形态的细致深入研究联系在一起的，故仍具有相当之学术价值。以侯氏主编《中国思想通史》(第 4 卷上，人民出版社 1959 年版) 为例，本卷分上、下两册，内容包括隋、唐、宋、元、明思想，其中隋唐思想在上册。遵循马克思主义理论与中国历史相结合的原则，侯氏将中国思想史的研究奠定于对中国封建生产关系——核心是封建土地所有制的考察上，唐代封建土地所有制的变化是理解唐代阶级关系、士庶等级制度的调整、农民人格隶属关系等的改变以及党争的基础。由此出发，本卷将唐代儒学的发展看成是庶族地主阶级在思想上的反映，其中又分成唯心、唯物两大阵营：韩愈、李翱为排斥佛老的政治理论与唯心主义的天命观，柳宗元、刘禹锡则为唯物主义、无神论。尽管本卷对隋唐佛学部分予以相当论述，但基本上没有从三教关系角度处理唐代儒学内具的多元性思想因素。侯氏具有很高的马克思主义理论素养，其基于社会史前提的思想分析自成一派，① 有理有据，史论结合，体现了大家手笔。当然，从当代学术角度看，社会史的基础与思想史的逻辑分析如何联系起来，仍是一个亟待解决的问题，需要中层理论的介入。值得注意的是，任继愈主编的《中国哲学史新编》第 3 册（人民出版社 1964 年版）是从三教关系角度把握隋唐哲学，指出隋唐时期的唯心主义占有绝对优势，此一期的唯物主义总体未超出前人水平，但在个别问题上，柳、刘等人的认识则有推进。任氏的观点对其后来主编《中国哲学发展史（隋唐卷）》有很大影响。另外，史学家范文澜的《中国通史简编》修订本第 3 编第 2 册（人民出版社 1965 年版）在承认韩愈思想唯心、唯物二元性的同时，肯定了其反佛教的立场，理由是：佛学是更为发达的唯心主义。这样一种评述体现了范氏对隋唐儒学思想复杂性的处理。

　　“文化大革命”十年间，由于中国哲学史研究的指导原则由唯物/唯心之争转化为儒法之争，隋唐儒学的研究趋于政治功利化，一时间也与秦汉哲学一起成为中国哲学史研究中的热点。这一时期隋唐儒学研究的特点表现在：由于学术研究极度的政治化与现实化，学术研究完全成为政治斗争的工具，由学者主控的学术研究也就大众化，学术研究就此成为了论战。从研究对象看，韩愈仍得到相当的关注，但相对于作为法家代表的柳宗元，韩愈乃是作为儒家代表来陪衬柳宗元，如袁行霈《唐代中叶思想文化领域内两条路线的斗争——韩柳之争》（《北京大学学报》1974 年第 1 期）。至于柳宗元，由于被定位为法家，得到了学界异乎寻常的极大关注，如冯友兰《柳宗元与唐代的儒法之争》（《教育革命通讯》1974 年第 4 期）。尤其是柳宗元所著《封建论》被当时的学界广泛解读为一篇法家的历史哲学论文，是对儒家复辟与分裂的反对，故论述《封建论》的文章极多，如著名学者周一良的《读柳宗元的〈封建论〉》（《北京大学学报》

　　① 张岂之谈到侯外庐将历史唯物论的指导称为社会史与思想史相结合的研究，也指出二者联结的中介问题。见张岂之《历史唯物论与中国思想史研究》，《历史研究》2007 年第 1 期。

1973 年第 4 期）。显然，对《封建论》的解读是配合着当时轰轰烈烈开展的"批林批孔"运动，完全是出于政治上的考虑，并无有学术的价值。

二 20世纪80年代的调停性唐代儒学研究

80 年代的隋唐儒学研究仍未完全摆脱两个对子的思路，但学者已普遍注意到这一模式的局限，无法有效解释隋唐儒学的复杂性——特别是所谓唯物主义者与佛教之密切关系，故着力于一种调停性的解说。孙叔平《中国哲学史稿》（上海人民出版社 1980 年版）已论及了唐代哲学的复杂性以及作为唯物主义者的儒家的理论薄弱。孙昌武《试论柳宗元的"统合儒释"思想》（《中国哲学史研究集刊》第 1 辑，上海人民出版社1980 年版）正视柳宗元的好佛这一事实，其站在批判柳宗元"统合儒释"的立场上，指出了柳宗元思想的时代与阶级局限性。孙以楷《韩愈、柳宗元与佛教的关系》（《中国哲学》第 7 辑，三联书店 1982 年版）比较了韩、柳二人对待佛教的态度，指出了作为唯心主义者的韩愈乃是反佛，而作为唯物主义者的柳宗元则是好佛，其解释是：必须区分世界观与人生观，柳宗元在世界观上是唯物，人生观上是佛教，不可混为一谈。刘知渐《韩愈、柳宗元哲学思想的异同》（《重庆师范学院学报》1982 年第 1 期）则从天道观、鬼神宗教观和人生观三个方面比较韩、柳，指出柳宗元的天道观的唯物主义性也不能过高评价，而鬼神观上是唯心主义，至于人生观则是更接近唯物主义。这样一种平衡思路甚至延续到 90 年代初期，如贾顺先《论柳宗元哲学体系的矛盾》（《中国哲学》第 15 辑，1992 年）指出柳氏哲学是一个唯物/唯心、有神/无神、好佛/抑佛并存的矛盾体系。但贾氏的思考还是有推进的方面，其指出柳氏是要将上述三种思想融会成一种，实为以后宋明理学的产生试探着道路。另外，这一时期出版了几部重要的中国哲学史著作，如萧萐父、李锦全主编《中国哲学史》（上下册，人民出版社 1982 年版）等，已注意到对哲学史料本身的分析和基于历史与逻辑的统一原则对中国哲学史内在联系的把握，以此处理唐代儒学的复杂性。

三 20世纪90年代三教关系模式下的隋唐儒学研究

随着 80 年代哲学范畴研究的升温，客观上影响到对哲学思辨性较差的隋唐儒学的研究，故学界也在思考如何有效推进这一领域的研究问题。

1982 年 6 月 21—24 日,《中国哲学史研究》编辑部主持召开了新中国成立以来的第一次汉唐哲学史专题讨论会,指出了汉唐哲学的特点和历史地位,提出了研究汉唐哲学的方法,即要宏观把握汉唐哲学,将其放在中国哲学史的发展链条中考察,同时要与宗教等研究结合。就儒学研究而言,这一会议产生的理论成果首先影响到当时的汉代儒学研究,而对隋唐儒学研究的效应则要进入 90 年代,个中原因在于:相对于汉代儒学,隋唐儒学处于一个更为复杂与多元化的思想格局下,没有对其时佛教、道教的专题性的深入探讨,很难推进对隋唐儒学的研究。经过近十年的积累,隋唐儒学有了突破性的进展,其突出表现便是《中国哲学发展史(隋唐卷)》的出版。

任继愈主编的《中国哲学发展史(隋唐卷)》(人民出版社 1994 年版)是一部有关隋唐哲学的重要著作,该书不因循传统的以儒家为嫡传的看法,而是按历史实际全面考察隋唐哲学,对佛、道哲学在隋唐的地位予以了更高的肯定。也正因为基于这样一种实事求是的做法,该书可以从三教关系的互动角度对隋唐经学、儒学予以更为全面的把握,对韩、柳等人物思想价值的评价也更为客观公允。全书分儒教、佛教、道教、会通四编,涉及儒学与经学部分的撰写情况如下:阎韬撰写了《王通的哲学与新经学》,陈克明在牟钟鉴初稿的基础上撰写了《隋唐儒教经学》,张跃撰写了《韩、柳、刘、李的天道观与性情论》。阎韬对学界罕有介绍的王通的儒家经学与哲学思想作了全面的论述,说明其新经学之旨在于王道政治,为新帝国的长治久安服务。至于其哲学思想中对儒家普遍之道、性情论的探讨,则使其无意中成为理学的先导。当然阎氏也指出,由于王通对佛、道哲学吸收有限,其理学之路才刚刚起步。结合这一论述,我们对唐末儒学转向的理解也就有一历史的维度。陈克明综述了隋唐儒教经学,以为隋代经学处于经学史的转折阶段,尚未充分发展,迨至唐代,经学始盛,其理论成果首先表现在陆德明的《经典释文》与孔颖达的《五经正义》。陈氏将《经典释文》对经典音义的训释与《五经正义》对经籍疏注的订正并置,以为二者相辅而成,反映了经学思想对唐代统一政治格局的配合,也有对抗佛、道二教之用意。对于唐代经学的重要著述,如李鼎祚的《周易集解》、啖助等人的《春秋学》以及韩愈、李翱的《论语笔解》,陈氏也予以了论述。尤其是,陈氏指出韩、李的《论语笔解》开始摆脱章句之学,开始进行义理阐释,实开宋人注疏之先河。显然,经学的这一形态转向与晚唐儒学的心性论倾向是一致的。张跃所撰写的《韩、柳、刘、李的天道观与性情论》是放在《会通编》中，原因在于，张氏以为唐代儒学已是三教融合的产物，故既讲儒家的政治伦理，也讲心性理论，"这一中心主题构成了唐代儒学的特色"。这样一种判断是颇为精当的，正反映了唐代儒学思想体系的二元化倾向。基于此，张氏对晚唐的韩愈、柳宗元、刘禹锡、李翱思想的把握突破了传统的唯心/唯物之争的论述格局，而集中于三个议题：天人关系、三教关系、性情修养。张氏很敏锐地指出，唐之天人关系关注的是社会治乱与天道关系，不同于先秦之人与自然关系。关于三教关系争论下的儒学，张氏不单叙述韩愈的辟佛，而特别区别了儒学内部排斥佛老与融合佛老的两种态度，这是尤有启发意义的，有助于消除唐代儒学与佛老势不两立的成见。至于心性论，对应于三教关系争论，也有着刘柳、韩、李三种形态，表现出唐代儒学走向的多元化。李申《隋唐三教哲学》（巴蜀书社 2007 年版）进一步重申了隋唐哲学的多元格局，并指出隋唐儒学研究当注重经义研究。

四　唐宋转型下的隋唐儒学研究

早在 20 世纪 80 年代，余英时在《中国近世宗教伦理与商人精神》（《士与中国文化》，上海人民出版社 1987 年版）一文中，已基于对马克斯·韦伯"新教伦理"命题的回应，探讨唐宋思想形态"入世化"与社会转型的关系，将韩愈道统说、李翱心性说的相继而生视为新禅宗对儒学形上体系构建的刺激产物。近十几年来，更有论者从唐宋转型背景下展开隋唐儒学研究。张跃《唐代后期的儒学》（上海人民出版社 1994 年版）是对唐代后期儒学的系统、专门之论，作者区别了唐代前后期儒学，一扫学界对其"粗浅"的定位，对唐代后期儒学予以了较高评价。作者指出，"评价一种理论的意义，有时并不在于它的高明和完整的程度，而在于它是否有力地推动了整个思想的发展"。对比唐代佛、道二教的离世脱俗，作者指出后期儒学有责任感，是在思考、探索适合时代需要的新体系，这对后来宋代道学的兴起有重要的作用。此作具有较高的学术价值。杨立华《论宋学禁欲取向的根源及其在思想史上的结果——从韩、李异同说起》（《中国哲学史》2002 年第 2 期）基于对宋学产生的思考，提出儒学复兴的核心在于排斥佛老，在政俗两方面清除宗教迷狂和重塑儒家的身份认同，确立儒之为儒的根据。为此，杨氏分别了韩、柳之圣人观，以为前者持神道设教的功能化圣人观，后者则关注作为世俗秩序伦理生活的先觉者的形象，二者学说并无明确之师承。这样一种处理对于我们理解唐宋儒学转型的不同取向颇有启发意义。

五　20世纪90年代以来的隋唐经学研究

隋唐经学研究在90年代之前几乎是一片空白，仅有的主要有杨向奎在50年代至60年代的一些研究工作，如《唐宋时代的经学思想——经典释文、十三经正义等书所表现的思想体系》（《文史哲》1958年第5期）、[1]朱伯崑在《易学哲学史》（北京大学出版社1986年版）中对唐代易学哲学的研究。90年代以来，经学研究升温，渐成显学。程方平《隋唐五代的儒学》（云南教育出版社1991年版）提出，必须以经学研究为主展开隋唐儒学研究。重要的研究成果有：杨荫楼《唐代经学论略》（《求是学刊》1992年第4期）、章权才《魏晋南北朝隋唐经学史》（广东人民出版社1996年版）、姜广辉主编《中国经学思想史》第2卷（中国社会科学出版社2003年版）等。《中国经学思想史》第2卷即是汉唐经学部分。论者以为唐代经学是建立在南北朝义疏之学的基础上，孔颖达的《五经正义》乃是对南北朝以来的义疏之学的规范和统一。接续对孔颖达易学之研究，论者将李鼎祚与《周易集解》的意义理解为完成了唐代易学由专崇王学玄学向义理象数兼重的转变，再次确立了象数易学在易学史上的地位。尤其值得注意的是，论者关注到中唐以后思想界的变化，将由啖助、赵匡、陆淳倡导的春秋学理解为新经学，其正处在经学向理学转变的时期。这样，我们在理解唐宋之际儒学的转型时，不单考虑韩愈、李翱这一道统系统，还要联系《春秋》新学的线索，从而深化了我们的认识。

除经学研究专著外，《中国哲学》杂志在近几年还连续推出了几期"经学"专刊，对隋唐经学也多有涉及。

---

① 参见李斌城等主编《二十世纪唐研究》，中国社会科学出版社2002年版。

第六章　宋明理学研究

第一节　程朱理学

宋明理学作为儒、释、道三教长期碰撞、融合而重建的哲学，代表了中国传统哲学最高的理论思维水平，其在中国哲学的研究中有着极为重要的地位，然而，对宋明理学的研究，伴随着 50 年代以来所经历的风风雨雨，却走过了一条坎坷而又曲折的道路，作为宋明理学研究中的一个重要领域的程朱理学研究也同样如此。在这期间中国大陆地区程朱理学的研究大致可分为五个阶段。

改革开放之前分为两个阶段，1949 年至 1966 年即所谓的"十七年"为第一阶段；1966 年至 1976 年即"文化大革命"十年为第二阶段。在第一阶段，有关二程的论文有 2 篇，有关朱熹的论文大致有 14 篇。此外，侯外庐主编的《中国思想通史》（人民出版社 1947—1965 年版）、任继愈主编的《中国哲学史》（人民出版社 1963—1966 年版）、杨荣国的《中国古代思想史》（人民出版社 1954 年版）以及北京大学哲学系编写的《中国哲学史》（中华书局 1962 年版）等著作中都有专门章节对程朱理学作了论说。以上有关对程朱理学的研究大致都力图将程朱理学与宋代的政治、经济、文化、制度、阶级等联系起来，以分析和揭示程朱理学发生、发展与存在的时代背景、社会根源和历史特质，这在侯外庐、邱汉生、张岂之等所撰写的《中国思想通史》第 4 卷上册有关程朱理学部分表现得最为典型。论者不仅梳理了华严"理事"说与程朱理学的内在关联，而且从思想史与社会史结合的视阈分析了程朱理学的产生、发展和思想特征，可谓马克思主义理论范式研究程朱理学的典范。任继愈主编的《中国哲学史》中有关程朱理学部分也可以说是用马克思主义理论范式来研究程朱理学的重要成果。然而，随着对哲学史上唯物主义与唯心主义、辩证法与形而上学的两条路线的斗争的强调，以及"唯物主义＝辩证法＝代表进步阶级的利益"、"唯心主义＝形而上学＝代表反动阶级的利益"的公式的推出，程朱理学研究中的教条化与泛政治化显然也就无可避免，于是，程朱理学便被贴上了"客观唯心主义"的政治标签而遭到批判。

在第二阶段，有《程颢程颐及其思想批判》（河南人民出版社 1974 年版）一本，《程颢程颐言论选批》（河南人民出版社 1975 年版）一本，有关朱熹的批判论文有 54 篇。"文化大革命"十年极"左"思潮可谓登峰造极，为了"批林批孔"、"评法批儒"的需要，程朱理学作为法家思想的对立面，被戴上了唯心主义、形而上学、反动、保守、代表封建大官僚和大地主阶级利益等帽子，遭到否定、批判和横扫。因此，对程朱理学的真正学术研究完全中断。

改革开放 30 多年来，大陆地区程朱理学的研究大致经历了两个阶段：第一阶段约为 1977 年至 1990 年。1981 年在杭州召开的新中国成立以来首次宋明理学国际学术研讨会标志着宋明理学的研究进入复苏期，在此复苏期，大陆地区程朱理学的研究也进入了一个迅速发展的新阶段。首先，有关程朱理学的文献资料得到了整理和出版。1981 年中华书局出版了《二程集》，1983 年中华书局出版了朱熹的《四书章句集注》，1986 年中华书局又出版了《朱子语类》，此外，一些与程朱理学相关联的理学家的著作和资料也被收入《理学丛书》而相继面世。其次，对二程与朱熹的个案研究取得了一批专门的研究成果，而与程朱理学相关的中国哲学史、宋明理学断代哲学史的研究也更加深入。

在研究二程与朱熹的专著中比较有代表性的有：潘富恩、徐余庆的《程颢程颐理学思想研究》（复旦大学出版社 1988 年版）、刘象彬的《二程理学基本范畴研究》（河南大学出版社 1987 年版）、卢连章的《二程学谱》（中州古籍出版社 1988 年版）、张立文的《朱熹思想研究》（中国社会科学出版社 1981 年版）、杨天石的《朱熹及其哲学》（中华书局 1982 年版）、范寿康的《朱子及其哲学》（中华书局 1983 年版）、高令印和陈其芳的《福建朱子学》（福建人民出版社 1986 年版）、陈来的《朱熹哲学研究》（中国社会科学出版社 1988 年版）、邓艾民的《朱熹王守仁哲学研究》（华东师范大学出版社 1989 年版）等。《程颢程颐理学思想研究》一书尽管仍使用唯物、唯心的标签和一些意识形态话语，但作为新中国成立以来第一部较为系统地研究二程思想的专著，不仅对二程的生平事迹、二程与当时各学派之间的关系作了介绍和考察，而且对二程的理学思想进行了较为全面的分析和说明，是二程理学研究中一部继往开来之作。张立文的《朱熹思想研究》也是一本比较全面、系统地研究朱熹政治、经济、哲学、历史、伦理、鬼神等思想的专著，作者一方面宣称要用辩证唯物主义和历史唯物主义的方法来研究朱熹的思想资料，另一方面又已初步具备了摆脱教条主义框框的自觉意识，力图通过逻辑结构的方法来分析朱熹思想中的概念、范畴之间的结合与关联来揭示朱熹思想自身脉络、结构和体系，这反映了拨乱反正的复苏期作者在研究朱熹思想时面临的冲突与艰难。陈来的《朱熹哲学研究》一书则被海内学者推许为那一时期中国大陆地区宋明理学研究的典范之作，这主要是陈来在朱子学的研究中不仅尽力排除政治的、意识形态的干预，而且他对朱子大量的原始材料作了全面的精详的梳理、考证和解读，正是在此史实和文献的基础上，陈来对朱子哲学思想的发展脉络、不同时期的特点和核心命题等作了非常详尽的考辨和深刻的剖析。陈来《朱熹哲学研究》中的这种文献考证与义理辨析相结合的方法将程朱理学的研究推进到了一个崭新的阶段。陈来在研究朱熹哲学过程中有《朱子书信编年考证》(上海人民出版社 1989 年版) 一书，此书将朱熹的两千多封书信一一加以考辨，按年编次，并辨前人研究之误，陈来的这种治学方法不仅为新时期的程朱理学研究树立一个典范，而且预示了程朱理学研究的新方向。

与程朱理学相关的中国哲学史、宋明理学断代哲学史等著作中比较有代表性的有：冯友兰《中国哲学史新编》第 5 卷 (人民出版社 1988 年版)，侯外庐、邱汉生、张岂之主编的《宋明理学史》上下卷 (人民出版社 1984 年版)，蒙培元的《理学的演变》(福建人民出版社 1984 年版) 和《理学范畴系统》(人民出版社 1989 年版)，张立文的《宋明理学研究》(中国人民大学出版社 1985 年版)，徐远和的《洛学源流》(齐鲁书社 1987 年版) 等。冯友兰《中国哲学史新编》第 5 卷中有几章涉及程朱理学，他在运用一些马克思主义理论与方法的同时还融入了传统的文献解读方法和西方新实在论观点，提出了不少独特的见解，但他在运用这些理论与方法来诠释程朱理学时又显然难以达至一种圆融之境。侯外庐、邱汉生、张岂之主编的《宋明理学史》上卷中有多章涉及程朱理学，这部迄今为止最为全面与详赡的宋明理学史研究专著立足于程朱理学文献材料的搜集、整理，对二程在北宋理学初创时期的作用、朱熹集理学之大成的作用作了详细的论述，其所提供的翔实文献材料对程朱理学研究者有着重要的参考价值。蒙培元的《理学的演变》和《理学范畴系统》、张立文的《宋明理学研究》、徐远和的《洛学源流》中有关对程朱理学的概念、范畴、逻辑结构、思想脉络的分析与探讨，表现出作者力图挣脱政治化与教条主义的束缚来对程朱理学的研究进行新的探索，故体现了那一时期程朱理学研究的特点与水准。

　　第二阶段约为 1990 年至 2009 年。这一时期是摆脱了教条化与泛政治化影响的程朱理学研究呈现出多元化发展的时期，在一时期对程朱理学不仅在研究上更加精细与深入，而且还表现出研究方法的多样化以及扩展对其各个不同层面、领域与后学的研究。一方面，有关程朱理学的文献资料特别是朱熹与程朱后学的思想资料得到了进一步的搜集、整理和出版。例如，四川教育出版社 1996 年出版了由郭齐、尹波点校的《朱熹集》；陈俊民校订的《朱子文集》于 2000 年由台北财团法人德富文教基金会出版；上海古籍出版社与安徽教育出版社 2002 年联合出版了华东师范大学古籍所校勘的《朱子全书》，搜罗了朱熹的所有著作，这是现今最为完备的朱子著作的汇集，等等。另一方面，正是在这些文献资料的基础上，这一时期的程朱理学的研究取得了极为丰硕的成果。其中比较有代表性的有：潘富恩、徐洪兴主编的四卷《中国理学》（东方出版中心 2002 年版）、庞万里的《二程哲学体系》（北京航空航天大学出版社 1992 年版）、徐洪兴的《思想的转型——理学发生过程研究》（上海人民出版社 1996 年版）、徐洪兴的《旷世大儒——二程》（河北人民出版社 2000 年版）、周晋的《道学与佛教》（北京大学出版社 1999 年版）、郭晓东的《识仁与定性》（复旦大学出版社 2006 年版）、高全喜的《理心之间》（三联书店 1992 年版）、冯达文的《宋明新儒学略论》（广东人民出版社 1997 年版）、彭永捷的《朱陆之辩——朱熹陆九渊哲学比较研究》（人民出版社 2002 年版）、束景南的《朱子大传》（福建教育出版社 1992 年版）与《朱子年谱长编》（上下卷，华东师范大学出版社 2001 年版）、陈代湘的《现代新儒家与朱子学》（湖南人民出版社 2003 版）、莫砺锋的《朱熹文学研究》（南京大学出版社 2000 年版）、潘立勇的《朱子理学美学》（东方出版社 1999 年版）、汤勤福的《朱熹的史学思想》（齐鲁书社 2000 年版）、徐刚的《朱熹自然哲学思想论稿》（福建教育出版社 2002 年版）、赵峰的《朱熹的终极关怀》（华东师范大学出版社 2004 年版）、张立文的《朱熹评传》（南京大学出版社1998年版)、蔡方鹿的《朱熹经学与中国经学》(人民出版社2004年版)、张加才的《诠释与建构——陈淳与朱子学》(人民出版社2004年版)、张立文的《朱熹与退溪思想比较研究》(台北文津出版社1995年版)、洪军的《朱熹与栗谷哲学比较研究》(中国社会科学出版社2003年版)、朱杰人主编的《迈入21世纪的朱子学-——纪念朱熹诞辰870周年、逝世800周年论文集》(华东师范大学出版社2001年版)、吴震主编的《宋代新儒学的精神世界——以朱子学为中心》(华东师范大学出版社2009年版)、刘固盛的《宋元时期的老学与理学》(陕西人民出版社2002年版)等。

　　庞万里《二程哲学体系》作为系统地研究二程哲学体系的专著,不仅对二程异同的种种方面作了考察和分析,而且对《程氏遗书》等著作中何者为大程语、何者为小程语作了细致的考辨,故有助于二程思想的进一步研究。周晋的《道学与佛教》采取哲学史的内在径路,从概念、义理、思想的传接变化等方面对二程与佛教特别是禅宗的思想、理论、教法、工夫的复杂关系作了较为细致的梳理和探讨,弥补了在二程与佛教关系方面研究上的不足。郭晓东的《识仁与定性》作为对程颢思想的专题研究,以工夫论为基本视角将大程思想中的本体论、心性论与工夫论视之为一个相互关联的整体进行了分析与解读,认为大程的"学者须先识仁"工夫论是其思想的最大特色,也是大程与小程朱子之学的差异之所在。冯达文的《宋明新儒学略论》认为程朱理学是在理本论的基础上由主知论架构的成德学(大程有所不同),这种成德学立足于社会生活的公共性、规范性,是先秦以来各派儒学为其成德学寻找普遍有效性及其依据的努力的继续,但排拒人的主体性和主体在德性上独有的创生性。这种看法可谓颇具创意。彭永捷的《朱陆之辩——朱熹陆九渊哲学比较研究》一书在朱陆之辩的探讨中,通过对朱子思想体系之严密和逻辑层次之一贯与清晰地揭示与说明,认为朱熹思想的这种思辨性使得儒家的规范伦理学得到了哲学上的论证,从而上升到了哲学伦理学。这种见解无疑是以西方哲学的相关理论和观念为参照与借鉴的结果。束景南的《朱子大传》从文化学的视角对朱子思想形成的氛围、背景、内涵、性质作了全面的论述,使朱熹的文化个性、文化心态得以还原,使朱熹的人品、修养、道德、思想的风格和精神得以凸显。陈代湘的《现代新儒家与朱子学》对现代新儒家学者的朱子学研究作了较为全面与深入的分析和考察,表明现代新儒家学者皆对朱子学有着精深的研究和独到的看法与见解。莫砺锋、潘立勇、汤勤福、徐刚、赵峰的专著，从不同的角度以朱子思想的某一方面为重点而展开了深入的研究，这些研究成果表明对朱子思想的研究已从其哲学思想延伸到了宗教、教育、美学、文学、史学等各个不同的领域与层面，这些专门化与精深性的研究使得朱子学成为了一门蔚为大观的显学。张加才的著作则将朱子学的研究延伸到了其高足，通过对以恪守师说而著称的陈淳的《北溪字义》的梳理与分析，揭示和说明了陈淳从朱子门人转变为朱子学传人的心路历程和原因以及其"辨析字义"之旨趣，尤其是对《北溪字义》各种版本的收集、对勘与校注，为朱子学的研究提供了一个完备的文本。

朱子学于高丽时代末期（约 13 世纪后期）传入朝鲜半岛，在朝鲜时代则已取得了绝对的权威地位，朱子所确立的义理之旨、话语系统和思想范式被朝鲜时代的士人奉为圭臬，并且朱子学在经过朝鲜朝儒者几百年的吸收、研究、探讨与推阐后也日趋成熟，故朱子学已不再是仅属于中国的思想学说，而形成了一个以中国、韩国为主，包括日本等其他地区的广义朱子学的传统。从 80 年代开始，陈来、张立文、徐远和、李甦平等中国大陆地区学者开始对朝鲜与日本的朱子学加以关注和着手研究，自 90 年代以来，随着大量韩国、日本留学生来中国大陆地区留学且大陆地区学生与学者到韩国、日本留学和访问研究，使朝鲜与日本的朱子学的研究呈现了一种蓬勃发展的势头，张立文的《朱熹与退溪思想比较研究》、洪军的《朱熹与栗谷哲学比较研究》是大陆地区学者对朱熹与朝鲜时代的儒者进行比较研究的成果。李退溪（名滉，1501—1570 年）与李栗谷（名珥，1536—1584 年）是朝鲜性理学的双璧，退溪被誉为"朝鲜之朱子"，栗谷被誉为"东国大儒"，故他们俩可谓朝鲜时期性理学家中最为杰出的代表。《朱熹与退溪思想比较研究》一书认为：退溪李滉作为朝鲜朝朱子学大家，不仅接纳了中国朱子性理学的思想，对朱子性理学中的概念、命题有着深入的了解、把握，而且他在与同时期的朝鲜朝朱子学学者之间所展开的"四端七情"之辩中提出的"四端发于理，七情发于气"的观点，对朱子的思想作了创造性的发挥，从而发展了朱子学。《朱熹与栗谷哲学比较研究》一书认为：栗谷思想与朱子思想一脉相承，作为"东国大儒"的栗谷则对朱子性理学有着极为深刻而恰当的理解与把握，他所谓的"理气之妙合"、"理通气局"、"气发理乘一途"等说法是对朱子思想的精到的概括和说明。

　　程朱理学的研究作为一个国际性学术社群的一项共业，海内外学者之间的交流、对话与互动不可或缺、必不可少。朱杰人主编的《迈入 21 世纪的朱子学——纪念朱熹诞辰 870 周年、逝世 800 周年论文集》与吴震主编的《宋代新儒学的精神世界——以朱子学为中心》作为国际程朱理学特别是国际朱子学会议论文的结集，正是海内外学者之间在程朱理学研究上交流、对话与互动的产物和结晶。

　　通观新中国成立以来的中国大陆地区的程朱理学研究，从 1949 年至 1976 年由于教条化与泛政治化的背景，大陆地区的程朱理学研究走过了一条曲折的弯路，不仅其研究成果乏善可陈，其所造成的恶劣影响、思维定式在后来的很长一段时间内都无法彻底泯除。改革开放以来，大陆地区的程朱理学的研究取得了长足的进步，大陆地区的程朱理学研究者既有对有关程朱理学原始文献材料的精细解读和深度分析，也有在中西比较的广阔视阈中对西方哲学的理论资源的广泛吸收，从而使大陆地区的程朱理学研究建立起了真正符合学术规范的研究范式，得到国际学术界的认可，这无疑亦与港台、海外程朱理学研究者的交流与互动分不开。改革开放之前，港台、海外的学者乃程朱理学研究的主导力量，特别是陈荣捷、牟宗三、钱穆、刘述先、狄百瑞、楠本正继及其弟子等的程朱理学研究居于前沿，处于主导地位。改革开放后，随着大陆地区学界对那种闭门造车、自说自话的狭隘研究方式的摒弃和对港台、海外这些程朱理学研究大家的重视，大陆地区的程朱理学研究步入全盛期，并开始进入国际性的学术共同体中。当然，如何面对港台、海外的程朱理学研究，如何充分吸收他们长期以来积累的各类研究成果，如何在程朱理学的研究上既立足于国际学术界的整体脉络，又不失我们研究的内在性和主体性，如何在程朱理学的研究上具备一种世界性的学术眼光并树立我们的主导地位，仍是今日大陆地区的程朱理学研究必须直面的重要课题。

第二节　陆王心学

　　在宋明理学中，程朱理学与陆王心学无疑是两个最为重要的领域。伴随着 60 年来的风风雨雨，这两个领域的研究同样走过了一条坎坷而又曲折的道路，下面主要就陆王心学的研究历程和代表性成果作一概要式的展示和回顾。

改革开放之前分为两个阶段，1949 年至 1966 年即所谓的"十七年"为第一阶段；1966 年至 1976 年即"文化大革命"十年为第二阶段。20 世纪初，中国哲学作为一门学科不仅是在一片反传统、全盘西化的声浪之中诞生，而且其学科建制完全是比照西方哲学的范式而创立。在这种氛围与背景下，中国哲学的研究一方面饱受了一次次反传统浪潮的冲击，而宋明理学研究所受的冲击尤甚；另一方面大部分中国哲学的研究只是袭取西方哲学某家、某派作为诠释框架来对中国哲学或哲学家作一重构与诠释，宋明理学的研究同样如此。从新中国成立至改革开放之前，尽管宋明理学的研究有着新的时代特点，但可以说基本上仍然是在这种反传统氛围下延续着这一研究模式。以下主要就这一时期的陆王心学的研究作一回顾与说明。在这一时期的第一个阶段，通过多次对知识分子的思想改造和马克思主义理论的学习运动，大陆地区学术界开始普遍运用马克思主义的立场、观点与方法来研究陆王心学，在侯外庐主编的《中国思想通史》（人民出版社 1947—1965 年版）、任继愈主编的《中国哲学史》（人民出版社 1963—1966 年版）、杨荣国的《中国古代思想史》（人民出版社 1954 年版）以及北京大学哲学系编写的《中国哲学史》（中华书局 1962 年版）等著作中，都有专门章节对陆王心学作了论说，这些章节显然试图用马克思主义理论范式来研究陆王心学的成果，但又不免受教条化与泛政治化的干扰。随着对哲学史研究中阶级分析法的采用和唯物主义与唯心主义、辩证法与形而上学的两条路线、两个阵营的斗争的强调，陆王心学被戴上了主观唯心主义的帽子并被贴上了封建地主阶级的反动思想的政治标签。

这一阶段最为可贵的是，在政治空气比较缓和的 60 年代初，陆王心学的研究偶尔出现过较为平和的分析和讨论。例如，1962 年江西赣州地区历史学会主办了大陆地区改革开放前唯一的有关陆王心学的"王阳明学术讨论会"，就王阳明政治军事思想与实践作了较为学术化的讨论。当时相关的较为平和的分析和讨论陆王心学的文章大致有：朱谦之《阳明学在日本的传播——中外思想交流史话》（《文汇报》1962 年 4 月 16 日）、钟兆麟《谈王守仁思想》（《光明日报》1962 年 7 月 9 日）、史前宽的《王阳明和王心斋的辩难》（《河南日报》1962 年 8 月 31 日）、华山的《从陆象山到王阳明》（《文史哲》1962 年第 4 期）、王明的《王阳明》（《教学与研究》1962 年第 4 期）、孔繁的《王阳明的主观唯心主义哲学思想》（《教学与研究》1962 年第 4 期）、宋哲的《王阳明的思想方法》（《新建设》

1962 年第 10 卷第 9 期）、罗炳之的《王守仁的教育思想评介》（《江海学刊》1962 年第 9 期）、伍占芝的《关于王阳明政治思想及其哲学思想的讨论》（《文汇报》1963 年 1 月 20 日）、成晚的《对明末清初学术思想的探讨》（《光明日报》1963 年 7 月 23 日）、阎长贵的《关于王阳明的"知行合一"》（《光明日报》1965 年 10 月 22 日），等等。但好景不长，随着杨寿堪《"知行合一"说帮不了美化海瑞的忙》一文在 1965 年 12 月 31 日《光明日报》上纲上线的炮轰和"文化大革命"的爆发，对陆王心学在这一阶段所进行的那种和风细雨式的讨论被第二阶段狂风骤雨、横扫一切的大批判所代替。在"文化大革命"十年阶段，除杨天石写过一本《王阳明》（中华书局 1972 年版）的小册子外，其余都是些口号式的批判文章，皆千篇一律以"革命"与"进步"的名义视陆九渊、王阳明为封建统治阶级的代言人或镇压农民运动的刽子手，视陆王心学为代表封建大官僚、大地主阶级利益的反动思想，从而对陆九渊、王阳明及其心学思想进行了充满荒诞的批判和全盘的否定。因此，对陆王心学的真正学术研究在这一时期可以说完全中断。

改革开放 30 年来，大陆地区陆王心学的研究大致经历了三个阶段：第一阶段约为 1977 年至 1990 年。1981 年在杭州召开的新中国成立以来首次宋明理学国际学术研讨会标志着宋明理学的研究进入复苏期。在此复苏期，大陆地区陆王心学的研究也进入了一个正本清源、迅速恢复的新阶段。首先，有关陆王心学的文献资料得到了整理和出版。中华书局于 1980 年出版了《陆九渊集》，于 1985 年出版了《明儒学案》，于 1987 年出版了《陈献章集》。其次，对陆王心学的个案研究出现了一批专门性的研究成果，而与陆王心学相关的中国哲学史、宋明理学断代哲学史的研究也迅速发展。

在研究陆王心学的专著中比较有代表性的有：沈善洪、王凤贤的《王阳明哲学研究》（浙江人民出版社 1980 年版），张锡勤、霍方雷的《陆王心学初探》（黑龙江人民出版社 1982 年版），邓艾民《朱熹王守仁哲学研究》（华东师范大学出版社 1989 年版），崔大华的《南宋陆学》（中国社会科学出版社 1984 年版），李之鉴的《陆九渊哲学思想研究》（河南人民出版社 1985 年版），方尔加的《王阳明心学研究》（湖南教育出版社 1989 年版），章沛的《陈白沙哲学思想研究》（广东人民出版社 1984 年版），杨天石的《泰州学派》（中华书局 1980 年版），等等。在这些研究陆王心学的代表性专著中，虽仍采用一些唯物、唯心的标签与说法，但已能在文献材料的基础上或将陆九渊、王阳明等的思想置于传统的理学话语背景下来加以讨论；或将陆九渊、王阳明等的思想作为一个完整的思想体系来分析其各部分的思想；或对陆九渊、王阳明等的思想的产生、发展、传播与衰微的演变过程进行考察与探讨，这些皆表明当时的陆王心学研究正在摆脱教条主义的束缚而逐渐走向了客观的学理分析与学脉梳理之途。

　　与陆王心学相关的中国哲学史、宋明理学断代哲学史等著作中比较有代表性的著作有：冯友兰《中国哲学史新编》第 5 卷（人民出版社 1988 年版）、侯外庐、邱汉生、张岂之主编的《宋明理学史》（上下卷，人民出版社 1984 年版）、蒙培元的《理学的演变》（福建人民出版社 1984 年版）和《理学范畴系统》（人民出版社 1989 年版）、张立文的《宋明理学研究》（中国人民大学出版社 1985 年版）等。侯外庐、邱汉生、张岂之主编的《宋明理学史》上卷中有多章涉及陆王心学，这部迄今为止最为全面与详赡的宋明理学史研究专著，立足于陆王心学文献材料的搜集、整理，以整个理学的形成和发展为背景，展示了心学产生和演变的历史过程，对陆王心学形成、发展过程中的中介人物和阳明后学各派的思想特色的介绍以及其文献材料的搜集尤为着力。该书在陆王心学基本文献的搜集、整理与提示等方面所做的工作为后来陆王心学的进一步研究奠定了基础。蒙培元的《理学的演变》、《理学范畴系统》，张立文的《宋明理学研究》中有关对陆王心学的概念、范畴、逻辑结构、思想脉络的分析与探讨，表现出作者力图挣脱政治化与教条主义的束缚来揭示陆王心学内在固有的逻辑规律与思想特征，他们的这种新探索体现了那一时期陆王心学研究的特点与水准。

　　第二阶段为 1990 年至 2000 年。在这一阶段中，摆脱了教条主义化束缚的陆王心学研究经过前一阶段的过渡与积蓄后，步入了最为活跃与繁荣的全盛期。在这一全盛期里，大陆地区的陆王心学的研究者既有着对有关陆王心学原始文献材料的细致梳理、解读和深度分析、诠释，亦有着在中西比较的广阔视阈中对西方哲学的理论资源的广泛吸收和借鉴，从而使这一时期大陆地区的陆王心学研究不仅取得了极为丰硕的成果，而且也建立起比较符合学术规范的研究范式。这一时期，大陆地区陆王心学研究方面的成果中比较有代表性的有：张立文的《走向心学之路——陆象山思想的足迹》（中华书局 1992 年版）、丁为祥的《实践与超越：王阳明哲学的阐释、解析与评价》（陕西人民出版社 1994 年版）、徐梵澄的《陆王学述——一系精神哲学》（远东出版社 1994 年版）、郭齐家、顾春的《陆九渊教育思想研究》（江西教育出版社 1996 年版）、吴宣德的《江右王门与明中后期江西教育发展》（江西教育出版社 1996 年版）、赵士林的《心灵学问——王阳明心学》（云南人民出版社 1997 年版）、刘宗贤的《陆王心学研究》（山东人民出版社 1997 年版）、冯达文的《宋明新儒学略论》（广东人民出版社 1997 年版）、东方朔的《刘蕺山哲学研究》（上海人民出版社 1995 年版）、陈来的《有无之境——王阳明哲学的精神》（人民出版社 1991 年版）和《宋明理学》（辽宁教育出版社 1991 年版）、杨国荣的《王学通论——从王阳明到熊十力》（上海三联书店 1990 年版）和《心学之思——王阳明哲学的阐释》（三联书店 1997 年版），等等。张立文的《走向心学之路——陆象山思想的足迹》作为研究陆九渊的专著，既对陆九渊的家世、著作、社会政治思想等方面作了考察和分析，同时又对陆九渊的心学以及其之前的心学思想作了梳理和探讨，该书在对陆九渊心学的概念、范畴与命题进行分析时，也充分体现了作者所重视的逻辑结构分析法的研究特色。刘宗贤的《陆王心学研究》是一本系统地研究陆王心学思想的著作，该书以陆王心学的理论演进为线索，对陆王心学孕育、萌发、形成、发展、集大成的过程中的重要思想家的心学思想以及他们之间的渊源关系与内在联系作了较为详细的分析和探讨。当然，以上这两本专著仍不免带有一些以往的痕迹。冯达文在《宋明新儒学略论》一书中将陆王心学分成：以陆象山、王阳明为代表的由主志论确立的成德论和以陈白沙、王心斋、泰州学派与晚明思潮为代表的由主情论开示的境界论，可谓是在以往宋明理学流派划分的基础上的一种颇具创意的独到见解。毫无疑问，陈来的《有无之境——王阳明哲学的精神》和杨国荣的《心学之思——王阳明哲学的阐释》最能反映那一阶段陆王心学研究的特点与研究水准，堪称陆王心学研究上的扛鼎之作。陈来与杨国荣是新中国培养的中国哲学领域最早的博士，有着较好的中西方哲学的训练和世界性的学术眼光，故他们两人皆能立足于中西哲学比较与对话的宽广脉络来展开他们富有创见的陆王心学研究。当然，他们两人的研究又各有自己的创见与特点。陈来在《有无之境——王阳明哲学的精神》一书中不仅对有关王阳明的史实与史料作了细致严谨的考证与分梳，而且能真正内在地理解与把握王阳明的问题意识和解决之道，故他能对王阳明哲学的内在意蕴与精神作一种鞭辟入里的发掘和阐发。杨国荣在《心学之思——王阳明哲学的阐释》一书中通过对王阳明心学的深入剖析与严密的逻辑推演，力图诠释出王阳明哲学中具有普遍意义的理论内涵，极具思辨的力度和纵横比较的广阔视野。

第三阶段2000年至2009年。迈入新的世纪，随着大陆地区学者与中国港台、日、美、韩等海外学者的学术交流与互动的频繁，大陆地区学者特别是一大批中青年学者逐渐认识到港台、日、美、韩等海外业已积累的陆王心学研究成果的重要性，在吸收港台、日、美、韩等海外陆王心学研究成果的同时，自觉地将自身的陆王心学研究定位在"国际陆王心学研究"脉络之内，从而使大陆地区的陆王心学研究不仅在研究视野与研究主题上得到了进一步的拓展，而且在研究方法与研究取径上亦呈现出丰富性与多样性。这一阶段大陆地区的陆王心学研究可以说已进入"国际陆王心学研究"的时代。此外，该阶段大陆地区的陆王心学特别是阳明后学的研究之所以能蓬蓬勃勃、全面深入地展开，在其研究广度与深度上超过以往，无疑与陆王心学特别是阳明后学的文献的整理出版分不开。自1995年开始，大陆地区出版界陆续完成了《四库全书存目丛书》、《续修四库全书》、《四库禁毁书丛刊》、《四库未收书丛刊》等大型文献数据的影印出版工程，2007年凤凰出版传媒集团与凤凰出版社出版了《阳明后学文献丛书》，等等，不仅为该阶段大陆地区的陆王心学的研究创造了最基本的条件，而且还有力地推动了大陆地区的陆王心学研究特别是阳明后学研究的发展，这一阶段可以说是大陆地区的陆王心学研究特别是阳明后学研究的高峰期。

在这一阶段，大陆地区陆王心学研究成果中比较有代表性的作品有：张学智的《明代哲学史》（北京大学出版社2000年版）、吴光主编的《阳明学研究》（上海古籍出版社2000年版）、李振纲的《证人之境——刘宗周哲学的宗旨》（人民出版社2000年版）、左东岭的《王学与中晚明士人心态》（人民文学出版社2000年版）、方祖猷的《王畿评传》（南京大学出版社2001年版）、陈来的《中国近世思想史研究》（商务印书馆2003年版）、郑晓江主编的《江右思想家研究》（中国社会科学出版社2003年版）、钱明的《阳明学的形成与发展》（江苏古籍出版社2002年版）、吴震的《聂豹·罗洪先评传》（南京大学出版社2001年版）、《阳明后学研究》（上海人民出版社2003年版）、《明代知识界讲学活动系年：1522—1602》（学林出版社2003年版）、《王阳明著述选评》（上海古籍出版社

2004 年版)与《罗汝芳评传》(南京大学出版社 2005 年版)、鲍世斌的
《明代王学研究》(巴蜀书社 2004 年版)、邓志峰的《王学与晚明的师道
复兴运动》(社会科学文献出版社 2004 年版)、程志华的《困境与转型
——黄宗羲哲学文本的一种解读》(人民出版社 2005 年版)、朱承的《治
心与治世——王阳明哲学的政治向度》(上海人民出版社 2008 年版)、任
文利的《心学的形上学问题探本》(中州古籍出版社 2005 年版)、彭国翔
的《良知学的展开——王龙溪与中晚明的阳明学》(三联书店 2005 年版)、
陈立胜的《王阳明"万物一体"论——从"身—体"的立场看》(华东师
范大学出版社 2008 年版)、张卫红的《罗念庵的生命历程与思想世界》
(三联书店 2009 年版),等等。张学智的《明代哲学史》作为新中国成立
60 年来大陆地区第一部也是唯一一部明代哲学断代史著作,尽管涉及明代
哲学的方方面面,但仍然是以阳明学为重点,该书在充分占有材料的基础
上,分别对阳明及其后学各自的问题、中心概念与范畴、解决问题的方
式,以及他们思想之间的逻辑关联等进行了梳理、讨论与重构。方祖猷的
《王畿评传》不仅对王畿一生的讲学、论战等活动进行了极为详尽的考察
与讨论,同时也对阳明后学的分化、演变作了深入的探究与揭示,是一部
系统研究王畿生平与思想的力作。陈来的《中国近世思想史研究》中有几
章是关于阳明及其后学的研究,在这几章中不仅充分体现了重视文献史料
考证与新材料之发现的研究特色,而且他对王学知识人的会讲活动进行研
究时所采用的那种社会文化学的方法亦堪称一大亮点。李振纲的《证人之
境——刘宗周哲学的宗旨》是一部研究刘宗周思想的专著,刘宗周对阳明
之学"始而学,中而信,终而辩难不遗余力,而新建之旨复显"(《子刘
子行状》,《全书》卷三十九),故可以说刘宗周之学是围绕阳明之学而展
开的。该书认为刘宗周之学乃理气生生以立极、以心著性以显极、即体即
用以证极、化念归心以复极,这一看法可以说是一种较为契合刘宗周之学
内在理路的现代诠释。任文利的《心学的形上学问题探本》是一部研究阳
明及其后学的心学问题的著作,该书以一种强烈的问题意识既对阳明心学
产生形成发展的内在脉络、阳明心学的"良知"、"致良知"、"心即理"
等核心概念与命题作了颇具深度的分析与探究,又对阳明后学于传承中所
面对的各种问题、各自思考与解决问题的独特方式与贡献作了考察与揭
示,该书对阳明及其后学的一些独特见解耐人寻味、启人深思。

　　在这一阶段,吴震的阳明及其后学研究颇令人瞩目。他的《阳明后学

研究》是根据他在日本京都大学的博士学位论文的基础上修订而成，他对阳明及其后学的研究所体现的正是日本学术界那种严谨而扎实的学风。在吴震所撰写的上述五本研究阳明及其后学的专著中，其研究的对象除阳明本人外，还涵盖了其后学中最为重要的王畿、钱德洪、聂豹、罗洪先、陈九川、欧阳德、王艮、耿定向、罗汝芳等著名人物，其采取的研究取径有思想史、哲学史、学术史、考证学、社会文化史等多种研究进路，其研究最显著的特色就是通过文献途径来进行研究，不仅尽量收集和掌握了与研究对象相关的一切原始文献资料，而且其对研究对象的思想与概念的义理分析也是奠定在文献资料的细致爬梳上。此外，吴震以佛、道对阳明及其后学的影响为切入点的研究视角也是他研究中的一大特色。钱明的《阳明学的形成与发展》是他在向日本九州大学所提交的博士学位论文的基础上修订而成，钱明曾是《黄宗羲全集》与《王阳明全集》的编辑、整理与点校的参与者，也是六次"中日联合王阳明遗迹考察"活动的组织者与参加者，特别是他曾承担过《阳明全书成书经过考》与《〈王阳明全集〉未刊散佚语录诗文汇编及考释》的工作，为《王阳明全集》提供了十多万字的新增史料，这一成果即部分地收录在他的《阳明学的形成与发展》一书的"附录"之中。

在这一阶段，彭国翔、陈立胜、张卫红在阳明及其后学研究上所取得的成果可谓是这一领域最为重要的研究成果之一，有力地推进了大陆地区学术界在这一领域的研究，深受学界的重视与称道。彭国翔的《良知学的展开——王龙溪与中晚明的阳明学》是他在北京大学哲学系博士论文的基础上修订而成，该论文是大陆地区首篇以"宋明理学"为题材的"全国优秀博士论文"。彭国翔以中晚明阳明学的核心人物王龙溪为透视的焦点，对王龙溪哲学思想和王龙溪与中晚明思想界的互动进行了探讨，其分析与探讨深刻而细致，颇具理论的深度与广度，堪称阳明后学研究领域的力作。

陈立胜的《王阳明"万物一体"论——从"身—体"的立场看》与张卫红的《罗念庵的生命历程与思想世界》是在各自的博士论文的基础上修订而成。陈立胜该书是从"仁"与"乐"的角度以"身心互渗"的立场对阳明的万物一体观所作的探讨，全书所涉及的内容主要有以下几个方面：对阳明"一体之仁"思想中所涵盖的六个面向进行了阐发与展示，通过对"恶与牺牲结构"问题的探讨揭示了阳明一体论说中的内在紧张与儒家"爱有差等"的思想，描述和探讨了阳明的"乐"的本质与"乐"的类型学以及儒家的宗教性性格，等等。张卫红的《罗念庵的生命历程与思想世界》一书分为上、下两篇，上篇通过回到念庵的生活—历史世界中来把握念庵的思想学说与其相关的地域文化、生活际遇、时代背景之间的内在关联与互动，下篇以阳明学的工夫—体知之维度与视角探讨了念庵早、中、晚三个不同时期的本体论、工夫论、所臻境界的动态变化，以展现念庵之学作为为己之学、实践之学的活的精神。该书以"生活—历史脉络"与"工夫—体知脉络"作为研究的取径与出发点，可见其并非只是一种单向的概念分析、逻辑推演的哲学研究，而是一项把文史哲结合在一起的综合研究。黎业明的《湛若水年谱》（上海古籍出版社2009年版）和一般的年谱不同，是一本注重思想史研究的专著，有较高的学术价值。同时，以《船山学刊》为平台的湘学研究，例如王立新对胡宏的研究也值得重视。

今后中国大陆地区的陆王心学研究如何更上一层楼，如何使大陆地区的陆王心学的研究在"国际陆王心学研究"时代具备一种世界性的学术眼光并树立我们的主导地位，这是中国大陆地区陆王心学研究者必须思考的一个问题。毫无疑问，首先必须对国内外现有的陆王心学研究成果有着全面与深入的了解和把握，只有在真正充分吸收和消化这些现有成果的基础上才能使大陆地区的陆王心学研究水准超越以往而有所提升。当然，如何在陆王心学的研究上既立足于国际学术界的整体脉络又不失我们研究的内在性和主体性，仍是今日中国大陆地区的陆王心学研究必须直面的重要课题。其次，对陆王心学的文献材料读熟吃透，对陆王心学自身固有特质、内在脉络了然如心。在陆王心学的研究与诠释中，若只一味强调所谓"客观冷静"的科学的态度、将陆王心学的文字仅视之为一些历史或考据的材料而忽视其活生生的体验与实践层面，甚至对研究对象充满了漠然与鄙视，而无身心浸润于其中的真诚对话与体知，这将无以理解与把握陆王心学学者思想的精髓，故对陆王心学的文献典籍所营造的意义世界、精神世界有所领会和同情理解，这也是提升今后陆王心学研究水准的前提和必要条件。再次，中国哲学史学科建制原本就是比照西方哲学的范式创立起来的，可以说中国哲学自始至终都处于与西方哲学的关系与纠结中，如果因为历史上曾有过削中国史料之足以适西方哲学之履的失误，就极力拒斥现代思想特别是西方思想对中国哲学的研究与诠释的介入，追求一种完全纯粹的中文语境与传统理解，显然既不可能也无必要，因此，在中西传统互动与交融的当今之世，一方面，我们要摒弃那种只是袭取西方哲学某家、某派来裁剪中国哲学思想材料的简单做法，另一方面要以西方哲学、宗教学、社会学等作为诠释、建构与发展中国哲学的丰富资源。有鉴于此，在今后的陆王心学研究中，我们必须自觉地去吸收西方哲学、宗教学、社会学等有关理论资源作为参照、借鉴与诠释的资源，以便拓展在陆王心学研究上的新的学术视野、新的问题意识、新的研究方法，从而使大陆地区的陆王心学研究在当今这个"国际陆王心学研究"时代真正处于主导地位。

第三节　气学传统及早期启蒙思潮

宋明理学的分系是一个古老的学术议题，传统上主要是程朱理学、陆王心学二系说。1949 年以后，我国大陆地区学界流行理学、心学、气学三分说。三分说和气学的提法首倡于著名学者张岱年，后来得到国内研究者们的普遍响应。影响所及，海外学术界如日本也出现了关于气学的研究和论述。[①] 此所谓三分说，是在传统的程朱理学、陆王心学二系之外增加一个性格迥异的"唯气的潮流亦即唯物的潮流"——气学（或称为气本论、气一元论）。这种三分说与传统二系说的差异，绝非单纯的名相称呼之异，而是更多地表现在研究者对于宋明理学的学术旨趣、涵括范围的理解上产生了本质的变化。例如，就学术旨趣而言，气学的问题意识可概括如下：气是中国古典思想的核心范畴之一，在文学、中医、书画、风水、武术等领域都具有重要地位，在哲学思想领域更形成了悠久的气学传统。这一传统在宋明理学思潮中有无表现？传统上所谓程朱理学、陆王心学二分的架构是否足以充分反映宋明时代理学思想的内涵？我们应该如何合理评价那些"以气作为首出的概念"的思想家？就涵括范围而言，中国大陆地区的气学研究者们所整理和构建的气学谱系跨越宋元明清时代；相应的，理学研究也就从对传统的宋元明时代儒学思潮的研究进一步扩展成为宋元明清时代儒学思潮研究。50 年代以来的宋明气学研究，与程朱理学、陆王心学研究一样，也经历了一条曲折的发展道路。大陆地区的宋元明清气学研究大致可分为两个阶段。改革开放之

---

① 相关成果，如［日本］小野泽精一等编、李庆译：《气的思想——中国自然观和人的观念的发展》，上海人民出版社 1992 年版。

前为第一阶段，1977年至今为第二阶段。

第一阶段主要是理学、心学、气学三系法和气学研究的奠基期。张岱年早在1936年完成的《中国哲学大纲·序论》（商务印书馆1958年版，收于《张岱年全集》第2卷，河北人民出版社1998年版）中，就对中国哲学自宋代以后的发展作出独特的总结："自宋至明的哲学思想，可以说有三个主要潮流。第一是唯理的潮流。……第二是主观唯心论的潮流。……第三是唯气的潮流亦即唯物的潮流，始于张载，张载卒后其学不传，直到明代的王廷相和清初王夫之才加以发扬，颜元、戴震的思想也是同一方向的发展。"这是现代学术史上关于宋明理学三系说的最早论述，正式把"气学"确立为与"程朱理学"、"陆王心学"相抗衡的学术流派。1949年以后，张岱年对《中国哲学大纲》中的这一论断作出了进一步的拓展和论证。这些拓展和论证可分为"点"的阐述和"线"的梳理。1954年，张岱年在《光明日报》上发表《王船山的唯物论思想》一文（《光明日报·哲学研究专刊》，1954年10月6日）。1955年，全国性的"宣传马克思主义、唯物主义，批判资产阶级唯心主义的思想斗争"正蓬勃开展，张岱年在《哲学研究》创刊号上发表了《张横渠的哲学》一文（《哲学研究》1955年第1期）。两篇论文皆确定"气"是中国古代唯物论的基本概念，而船山、横渠正是以一切存在都是气；从而分别判定"张横渠是北宋时代最伟大的唯物论者，他在与佛家唯心论的斗争中，建立了卓越的唯物论哲学体系"；"（王船山）从唯物论的观点，给宋明哲学思想作了一个总结。其中总结了北宋以来的哲学的发展，总结了北宋以来的哲学的唯物论与唯心论的斗争，恢复并推进了北宋中期的唯物论世界观。"此后，张岱年出版《张载——十一世纪中国唯物主义哲学家》（湖北人民出版社1956年版），以"张载唯物宇宙论的主要内容"、"张载的辩证观念"、"张载的认识论"、"张载的伦理学说"、"张载的政治思想"等为章节，为气本论思想家的个案哲学史研究树立了一个典范。上述三篇论著皆可视为张先生在"点"的阐述方面的努力。就"线"的梳理而言，张岱年在1957年出版的《中国唯物主义思想简史》（中国青年出版社1957年版）和发表于1957年至1958年的《宋元明清哲学史提纲》（此文后收入《求真集》，湖南人民出版社1985年版）重点研究"气本论"（中国唯物论）的发展历程。在这两部著作中，关于宋元明清气学思想家的思想学说都被张先生严格作为中国唯物论思想发展的一个环节来处理。

　　张岱年是在"唯物—唯心"两军对垒的架构下建构宋元明清气学谱系的，其时所认定的气学谱系中的人物大致有张载、罗钦顺、王廷相、王夫之、黄宗羲、顾炎武、颜元、李塨、戴震等思想家。张先生所建构的宋元明清气学谱系，可说是1949年之后学术界用马克思主义理论范式[①]来研究宋元明清儒学思想的第一批和最重要的成果之一。不过，在"点"的阐述方面，仍然有一些反对意见。就张载思想阐释而言，张岱年《张横渠的哲学》一文在《哲学研究》发表之后，马上有学者站在同样的唯物论立场反对张先生的观点，认为张载是唯心论者（《哲学研究》1955年第3期发表的吕世骧《张横渠的哲学究竟是唯物论还是唯心论》和邓冰夷《〈张横渠的哲学〉一文读后感》），以及《哲学研究》1956年第4期发表的陈玉森《张横渠是一个唯心论者——张岱年〈张横渠的哲学〉一文读后感》）。当然，这种阐释上的差异，主要根源还是在于"唯物—唯心"的评价框架与张载哲学之间的不相应。例如张岱年即便盛赞张载为北宋最伟大的唯物论者，仍然认为"张横渠的自然观基本上是唯物的，但在某些观点上还存在着唯心的渣滓"（见《张横渠的哲学》一文）。侯外庐在这一点上便与张岱年遥相呼应。侯外庐在1959年出版的《中国思想通史》第4卷上册论及张载思想，认为张载在宇宙论方面的命题是符合以"物质为第一性"的原则的唯物主义理论的，但在涉及思维与存在关系时，却从唯物主义堕落下来，走向二元论：一面承认客观的物质实体之存在；一面又承认另有精神实体的存在（按：侯先生作出的二元论之判定虽然与张先生所谓的一元论的唯物论有异，但这两种判定不过是在同一种判定标准下的具体执行程度之差异而已，此可谓"遥相呼应"）。嵇文甫对王夫之思想中的唯物主义与唯心主义因素的分析也是同样的路数（见《王船山学术论丛》，中华书局1962年版）。嵇文甫在同一时期对"明清时代反理气二元论思想"的研究引人注目，嵇先生认为"道学家解释宇宙间一切现象，不外理气二字。理气二元论和气一元论的对立，构成中国近古哲学史上的两大营垒"，从

---

　　① 这种研究范式主要是采取《联共（布）党史简明教程》中斯大林写的第四章第二节关于辩证唯物主义与历史唯物主义的观点、毛泽东《辩证唯物主义论纲》和日丹诺夫关于哲学史的定义，同时也根据恩格斯《路德维希·费尔巴哈和德国古典哲学的终结》一书关于唯物主义与唯心主义划分的标准。这样便认为唯物主义代表进步阶级利益，要求发展，提倡辩证法；唯心主义总是代表反动落后阶级，提倡形而上学。并以物质与精神、思维与存在何者为第一性作为划分唯心、唯物的标准。

而在"唯物—唯心"构架下讨论罗钦顺、王廷相、刘宗周、黄宗羲、颜元、李塨、戴震的气学思想（见《明清时代反理气二元论思想的发展概述》，《新建设》1961年4月号）。此外，嵇文甫还对高拱作出了开创性的研究，他通过对高拱的理气之辨、心性之辨、经权之辨、义利之辨、公私之辨、义理之辨、时势之辨的论述，认为"高拱是满可以配得上王廷相的一位唯物主义思想家"（《论高拱的学术思想》，《哲学研究》1962年第3期；《再论高拱的学术思想》，《光明日报》1963年4月5日）。容肇祖《吴廷翰的哲学思想概述》一文（哲学研究编辑部编：《中国哲学史论文集》二集，中华书局1965年版）也是从同样角度研究明清气一元论思想家的论著。

在气学研究之"线"的梳理方面，同时期的哲学思想史论著，如侯外庐主编的《中国思想通史》在讨论宋明理学时也同样贯穿了对传统的"理学、心学"二分之外的气学（或气本论、唯物论）思想家的关注；特别值得注意的是，前述气学谱系中的人物如王廷相、王夫之、黄宗羲、顾炎武、颜元、李塨、戴震等思想家，侯外庐均从明清之际早期启蒙思想思潮的独特角度展开分析。侯先生的研究主要从阶级关系的分析入手，用马克思主义的一套历史学理论和方法来剖析中国社会的结构及明清三百年学术变化的特质。侯先生认为明清之际是中国近代启蒙思潮开始（市民社会、资本主义萌芽）的时代，而中国早期启蒙学者在自然哲学方面大多数具有唯物论倾向，而在社会哲学层面则比较倾向于将个人的道德实践看做善恶的绝对标准，因而人性论问题往往成为他们讨论社会问题的出发点，从而走向了唯心主义。

总的说来，这一阶段的气学研究基于辩证唯物论的研究方法，在传统的程朱理学、陆王心学二分法之外，注重确立气学的地位，在哲学史、思想史研究上很有意义；但由于学术受到政治的干扰，教条主义的态度大大削弱了这一时期的宋明理学的学术性研究，而马克思主义"唯物—唯心"框架也终究难以深入宋明理学的内在讨论。①

1977年至今，是宋元明清气学研究的第二阶段。该阶段的主要特征是，既有对前一阶段观点的承接、发挥和靠拢，又有对前一阶段经验教训的反思，以及对研究新范式、新路径的开拓。如果说上一阶段的宋元明清

---

① 参见陈来《宋明理学·序》，华东师范大学出版社2004年版，第4—5页。

气学研究尚处于教条主义笼罩之下，强调哲学史研究要为辩证唯物主义体系作论证，研究方法难免单一，那么这一阶段的气学研究则经由 70 年代末以来的"去教条化"的努力，以及对海外学界资源的引进与吸收，逐渐走向研究方法的多元化和研究方向的多样化。这种多元化和多样化可以总结为三个基本面相：

第一个、第二个面相都是学术界对于前一阶段研究成果的整体扩展。亦即在"教条化"和"去教条化"纠缠的背景下，加强自然唯物论和早期启蒙这两个维度的论述和研究。因此，所谓第一个面相，是指侧重于第一阶段所奠立的气学范式之自然唯物论维度；而第二个面相则是侧重于早期启蒙维度。

就第一个面相而言，张岱年在第一阶段建立的宋元明清气学谱系论述模式在这一阶段的学术界得到普遍认同，即理学思潮中的气学流派由北宋张载所开创并成为其理论代表，中间经过南宋、元代的沉寂，至明代又重新崛起，影响直至清代。这一阶段的气学研究还发掘了过去较少注意的许多学者，至此，张载、罗钦顺、王廷相、韩邦奇、黄绾、杨慎、吴廷翰、高拱、刘宗周、黄宗羲、顾炎武、王夫之、颜元、戴震、焦循、阮元等人（还可以加上周敦颐）都被归入为"气学谱系"，成为宋元明清理学中倾向唯物主义的一个流派。姜国柱《张载的哲学思想》（辽宁人民出版社1982 年版）和《吴廷翰哲学思想探索》（安徽人民出版社 1990 年版）、程宜山《张载哲学的系统分析》（学林出版社 1989 年版）、葛荣晋《王廷相和明代气学》（中华书局 1990 年版）、衷尔矩《吴廷翰哲学思想》（人民出版社 1988 年版）和《蕺山学派哲学思想》（山东教育出版社 1993 年版）以及《王夫之》（吉林文史出版社 1997 年版）、李存山《中国气论探源与发微》（中国社会科学出版社 1990 年版）等著作都是在第一阶段气学研究成果基础上的进一步推进。值得注意的是，冯友兰在这一阶段的著作中，运用"唯物—唯心"的方法模式分析张载哲学，提出"张载的一派是气学"、"气学是道学中的唯物主义"的观点；同时，冯先生还根据《西铭》和《正蒙》批判张载唯物主义和辩证法思想的不彻底性（《中国哲学史新编》第 5 册，人民出版社 1988 年版）。同样采用"理学—心学—气学"三系法来讨论宋明理学的哲学史论著，还有张立文《宋明理学研究》（中国人民大学出版社 1985 年版）、张立文主编的《中国哲学范畴精粹丛书——气》（中国人民大学出版社 1996 年版）、蒙培元《理学的演变》

（福建人民出版社 1984 年版）和《理学范畴系统》（人民出版社 1989 年版）等。曾振宇《中国气论哲学研究》（山东大学出版社 2001 年版）从中国古典气论哲学发展史的角度论述了张载、王廷相、王夫之等宋元明清思想家，也可以看到张岱年先生所奠立的气学研究范式的影响。

　　就第二个面相而言，侯外庐和邱汉生共同主编的《宋明理学史》（人民出版社 1987 年版）是以宋明理学的整体为对象的第一部全面性研究著作。相对于第一阶段的《中国思想通史》，这部书体现出摆脱“教条化”束缚、谋求“客观的理解”的转变，同时又发展出“理学与反理学”的模式，继续表彰反理学的思想家，以高扬启蒙思潮和批判思潮的意义。与此同时，学术界有种观点认为气本论的唯物主义不包括在理学之内；因为唯物主义者不代表宋明大官僚大地主阶级的利益，所以王廷相、吴廷翰、王夫之等思想家就不能被视为理学家，而是作为反理学的思想家。此所谓反理学的思想家又称为实学家；并认为中国在明朝中叶以后逐渐形成一个实学思潮；而宋明理学就只有程朱道学和陆王心学两派。① 如魏宗禹认为，“明代以来，我国封建社会形态内部滋长着一种自我否定因素，经济上表现为资本主义萌芽的存在和发展，社会意识领域出现了一股批评思潮”，即实学思潮；罗钦顺、王廷相、吴廷翰、刘宗周以及后来的王夫之等认为，元气之上无物，太虚即气，反对理学、心学，“具有人民性、民主性的合理因素，无疑是市民意识的一种表现。”（魏宗禹：《明清“实学”思潮的三个发展阶段》，《晋阳学刊》1988 年第 1 期）陈鼓应、辛冠洁、葛荣晋主编的《明清实学简史》（社会科学文献出版社 1994 年版）、葛荣晋主编的《中国实学思想史》（首都师范大学出版社 1996 年版）、李甦平《中国·日本·朝鲜实学比较》（安徽人民出版社 1995 年版）等都是从实学的角度出发论述气本论思想家的“经世致用”儒学思想的论著。以反理学视角研究前述气学谱系中的思想家的论著还有姜广辉《颜李学派》（中国社会科学出版社 1987 年版）、《走出理学——清代思想发展的内在理路》（辽宁教育出版社 1997 年版）等。

　　萧萐父先生等则从另一个角度发展了早期启蒙论述。萧先生的《船山哲学引论》（江西人民出版社 1993 年版）、《明清启蒙学术流变》（辽宁教

---

① 参见张立文《中国八十年代宋明理学研究的分析与思考》，《宋明理学逻辑结构的演化》，台北万卷楼图书公司 1993 年版。

育出版社 1995 年版，与许苏民合著）、《王夫之评传》（南京大学出版社 2002 年版，与许苏民合著）、许苏民《顾炎武评传》（南京大学出版社 2006 年版）等著作重在研究明末清初的思想异动。萧先生与许先生认为，这一时期科学、文艺、政治、伦理、哲学思潮的变化，特别是颜钧、何心隐、李贽、顾炎武、王船山、方以智、黄宗羲、李二曲、傅山、唐甄、梅文鼎、王锡阐，乃至李光地的思想中，都透显了裂解、疏离程朱理学，重铸时代精魂的新的价值取向。萧先生等的研究接续了梁启超、侯外庐等前辈的传统而发扬光大。他们着力于明清文化史的不同侧面考察如下问题：随着经济生活背景的变化和在传教士文化的撞击下，明清之际的哲人对中国哲学与中国文化的内在自我反省与批判是如何进行的？比起他们的前辈到底有什么新的贡献？他们是如何从本土资源中重新开发新的生面的？这种具有思想启蒙和文艺复兴情结的涌动，给予我们当代人什么启迪？① 萧萐父、许苏民先生有关明清哲学史与中国文化史的一系列著作，除前述诸书外，还有萧先生的《吹沙集》、《吹沙二集》、《吹沙三集》（巴蜀书社 2007 年版）等，许苏民的《李贽的真与奇》、《李光地传论》、《戴震与中国文化》、《朴学与长江文化》、《比较文化研究史》、《中华民族文化心理简论》、《人文精神论》等，都有很精深的学理基础，有创发式的解读，不仅仅限于气论，包括明清哲学、中国哲学乃至中华文化的创造性转化。

　　萧萐父先生倡导启蒙精神，致力于"明清之际早期启蒙思潮"的研究，成就斐然。萧先生对中国哲学与文化的解读中包含了"启蒙反思"的意蕴，他的"人论"超越了启蒙时代的"人的重新发现"。他的启蒙观包含了两重含义：既走出中世纪，又走出现代性。他对于西方近代以来的原子式个人主义、工具理性、唯科学主义、西方中心主义、人类中心主义等给予了系统的批判，系统地论证了中华人文精神、中国哲学的特性与优长。萧先生通过对"文化大革命"的反省，针对国家、民族文化（特别是政治文化）建设的现实、紧迫问题，着力于西方启蒙理性与启蒙价值的引入，特别是发掘中国传统中与之相契合、相接植的因素（例如他下过功夫的明清之际思想家们的新思想萌芽等）。萧先生又是一位有底蕴的中国知识人，其论说启蒙的时代又是 20 世纪 80 年代至 21 世纪的开端，在现代性

---

① 参见郭齐勇《中国大陆地区近五年来（1993—1997）的儒学研究》，收入刘述先主编《儒家思想在现代东亚：中国大陆与台湾篇》，台北"中央研究院"中国文哲研究所筹备处 2000 年版。

的弊病暴露无遗之际。在这种背景下，由这样一位中国杰出的诗人哲学家，一位生命体验特别敏锐的思想家来论说启蒙，其启蒙意涵已不是西方近代启蒙主义的内容，而恰恰超越了启蒙时代的启蒙精神，包含了诸多反思启蒙或启蒙反思的内容。他实际上有着双向的扬弃，意在重建中华文化的主体性。① 有关明清之际文化思想史研究的还有陈卫平，他著有《第一页与胚胎——明清之际的中西文化比较》（上海人民出版社1992年版）、他与李春友合著《徐光启评传》（南京大学出版社2006年版）等。

蒋国保《方以智哲学思想研究》（安徽人民出版社1987年版）、蒋国保与周可真合著《方以智与明清哲学》、《顾炎武与中国文化》（黄山书店2009年版）、罗炽《方以智评传》（南京大学出版社1998年版）、魏宗禹《傅山评传》（南京大学出版社1995年版）、马涛《吕坤思想研究》（当代中国出版社1993年版）、李明友《一本万殊：黄宗羲的哲学与哲学史观》（人民出版社1994年版）、吴根友《中国现代价值观的初生历程——从李贽到戴震》（武汉大学出版社2004年版）基本上是按这一思路发展的，均注意发掘新的理念。陈赟《回归真实的存在——王船山哲学的阐释》（复旦大学出版社2002年版）一书从传统形上学的演化以及王夫之对传统形上学的批评等方面深入考察王夫之思想，在研究路数上显然也与上述思路相关。此外，还有王茂、蒋国保等合著的《清代哲学》（安徽人民出版社1992年版）、周兆茂《戴震哲学新探》（安徽人民出版社1997年版）。

第二阶段宋元明清气学研究方法的多元化和研究方向的多样化的第三个面相，主要在于对前一阶段经验教训的反思，以及对海外学术界相关研究成果的引进与吸收，使得气学研究日趋活跃。不可否认，所谓辩证唯物论以及启蒙思潮等理论范式，都是从西方哲学的问题意识或社会变革的要求出发而提出的；它们与中国古典思想之间还存在着一个是否契合的问题。在20世纪50、60、70年代提出这些理论范式来处理相关议题，显然是着眼于其与现实政治关联的方便性。但在"去教条化"的80年代的中国大陆地区，这些理论范式的有效性和正当性问题便开始凸显。事实上，熊十力在1954年对中国古典思想中的"气"概念的分析，以及日本著名学者荒木见悟在80年代针对当时的中国学者习用"气学"范式来讨论明

---

① 详见郭齐勇《萧萐父先生启蒙论说的双重涵义》，《哲学动态》2009年第1期。

清思想家的论述模式提出的商榷意见，都值得参考。例如，熊十力虽然也承认中国哲学有如张载、王船山那样的唯物论系统，但他同时指出，儒学唯物论的"气"是灵妙有理且生生不息的物，具有泛神论之意，这与近代辩证唯物论之"物"差距甚远。[①] 日本著名学者荒木见悟在 80 年代针对我国同时期的明清气学研究成果撰写了一系列的商榷文章。在荒木先生看来，"气学"虽然在自然科学的领域可能有所贡献，但在心学、理学之外能否独树一帜是大可怀疑的；荒木先生认为，因思想家重"气"甚于"心"、"理"，故而视其为唯物论先驱，这种公式化的说法乃偏离思想史历史事实的牵强手法。荒木先生通过分析朱子后学思想，发现朱子学内部有一股抑制"理"独高一切的倾向；进而梳理王廷相、高拱等思想家的文本，认为这些所谓的"气学家"实际上属于修正形态的程朱理学派，其基本性格在于主张通达人情以使朱子学说当中"凸出的理"务归平实。更重要的是，荒木先生认为在社会伦理方面，这些"气学家"毋宁都属于保守的地主资产阶级，与中国气学研究者所着力建构的"唯物＝进步"形象大相径庭。（荒木见悟：《气学商兑——以王廷相为中心》、《郝敬的立场——兼论其气学结构》，均收于氏著《明末清初的思想与佛教》，廖肇亨译，台北联经出版事业股份有限公司 2006 年版）。

由于荒木先生上述论著的中文译文主要局限于港台地区，其观点在中国大陆地区学术界影响不大。相比之下，港台新儒家学者牟宗三、唐君毅继承和发展了乃师熊十力的观点，在 80 年代以来的中国大陆地区学术界拥有不可忽视的影响力。以张载气论为例，牟宗三与唐君毅虽然在对张载哲学中的"气"之诠释上有不同观点，但毫无疑问都否认了大陆地区学者所谓的"张载气学"之存在[②]：唐君毅认为张载所说之"气"只是一流行的存在或存在的流行，是形上之真实存在，不是今人所谓的物质或精神；牟宗三则以之为形而下者，但他对张载所说的"虚空即气"有独特的诠释，亦即认为"虚空"是太虚神体，"即"是"通一无二"之意，因此牟

---

① 参见熊十力《与郭沫若》，收于萧萐父主编、郭齐勇副主编《熊十力全集》第 8 卷，湖北教育出版社 2001 年版，第 692—693 页。

② 唐、牟的观点和大陆地区气学研究者的观点差异，虽然与张载哲学当中的"虚"与"气"之复杂关系有关；但在诠释刘宗周思想中的"气"概念时，唐、牟两位先生亦是持同样的观点（详见后引唐君毅、牟宗三论著，以及牟宗三《从陆象山到刘蕺山》，上海古籍出版社 2001 年版）。

先生认为张载所谓的"虚空即气"是指"虚体即气"，完全是道德理想主义的圆融词语，而非自然主义唯气论之实然的陈述（唐君毅：《中国哲学原论·原性篇》，中国社会科学出版社 2005 年版；《中国哲学原论·原教篇》，中国社会科学出版社 2008 年版；牟宗三：《心体与性体》，上海古籍出版社 1999 年版）。自 80 年代中期开始，港台的学术著作开始流传到大陆地区学术界，随着 1988 年台湾开放两岸探亲，乃至 1992 年开放大陆地区学者访台，两岸学术交流日益密切，港台的学术著作渐渐为人们所熟悉，成为重要的学术资源，港台新儒家的著作以其体系完整、论述丰富，对青年学者尤具影响。

自"文化大革命"结束以来，大陆地区学者"去教条化"的努力亦使传统意识形态在学术研究领域渐渐隐退。这些多方面的因素结合在一起，以质疑上一阶段的气学研究范式和论述模式为突破口，共同促进了大陆地区对宋元明清气学研究的日趋活跃。例如，丁伟志在《中国社会科学》杂志 1980 年第 4 期上发表了《张载理气观析疑》长文，丁先生不同意将张载视为"气一元论"的唯物主义哲学家这一主流观点，并尖锐地批评了长期以来在张载哲学研究中套用"两军对战"模式的简单化偏向。再如，刘学智在《哲学研究》1991 年第 12 期上发表《关于张载哲学研究的几点思考》一文，指出张载哲学的旨趣并非在"气本论"，而在"心性论"，亦即论证"心与天道合一"；他认为近年来每每用现代认识论的范畴和逻辑认知的方法研究张载乃至理学的心性论，有以西方之学套用中国之学的嫌疑，是不可取的。丁文在学术界引起了广泛的关注，不少学者或撰文评议，或为文商榷，一时间出现了难得的学术争鸣局面，直至近年仍有回响，如林乐昌《张载理观探微——兼论朱熹理气论与张载虚气观的关系问题》（《哲学研究》2005 年第 8 期）。

不过，不同于港台新儒家学者原本要取消"气学"的存在，大陆地区学者在这一阶段的质疑和反省主要是以承认气学为前提，从宋明理学的历史发展和问题意识出发，把气学一脉置于整个宋明思想史的发展中来考察。而港台的学术界也逐渐抛弃意识形态纠葛，开始以另一种方式认同和论证宋元明清"气学"一系的存在（参见刘又铭《理在气中：罗钦顺、王廷相、顾炎武、戴震气本论研究》，台湾五南图书出版公司 2000 年版。杨儒宾、祝平次主编：《儒学的气论与工夫论》，台湾大学出版中心 2005 年版。杨儒宾：《两种气学，两种儒学》，《台湾东亚文明研究学刊》第 3 卷第 2 期。

《检证气学——理学史脉络下的观点》，《汉学研究》第 25 卷第 1 期）。还是以张载研究为例。中文学术界对张载哲学有两种典型的诠释进路，即大陆地区气学研究所开创的气本气化说（所谓宇宙论的研究进路）与港台新儒家牟宗三开创的太虚神体说（所谓本体论的研究进路），在这一阶段已经有渐渐合一的趋势：牟宗三后学已经非常坦率地承认，如果一定要套用实体的概念，则只有气这一种实体（朱建民：《张载思想研究》，台湾文津出版社 1989 年版）；而大陆地区学者在秉持气本论基本诠释理路的同时，也对"太虚"有了更为细致的分疏（陈来：《宋明理学》，辽宁教育出版社 1991年版。张立文：《宋明理学研究》，人民出版社 2002 年版）。在这一研究背景下，对宋元明清气学展开多元化研究的著作还有陈俊民《张载哲学思想及关学学派》（人民出版社 1986 年版）、陕西省哲学学会编《气化之道——张载哲学新论》（陕西人民教育出版社 1992 年版）、龚杰《张载评传》（南京大学出版社 1996 年版）、丁为祥《虚气相即——张载哲学体系及其定位》（人民出版社 2001 年版）、杨立华《气本与神化：张载哲学述论》（北京大学出版社 2008 年版）、冯达文《宋明新儒学略论》（广东人民出版社 1997年版）和《中国古典哲学略述》（广东人民出版社 2009 年版）、严寿澂《近世中国学术思想抉微》（上海人民出版社 2008 年版）、赵吉惠、刘学智主编《张载关学与南冥学研究》（社会科学文献出版社 2004 年版）、宋义霞主编《张载关学与东亚文明研究》（陕西人民出版社 2008 年版），等等。

　　陈来《元明理学的"去实体化"转向及其理论后果——重回"哲学史"诠释的一个例子》（《中国文化研究》2003 年第 2 期），可视为对荒木见悟所发现的"朱子学内部亦有一股抑制理独高一切的倾向"现象的另一种解释。陈来从"朱子以后，元明理学思维的内在理路"的角度来阐释这一现象，认为明代思想中"气"的观念越来越受重视，无论理学、心学都是如此；从理论思维来说，在经历了元明理学在"理"的理解上"去实体化"转向之后，理不再是首出的第一实体，而变成气的条理，因此人性的善和理本身的善，需要在"气为首出"的体系下来重新定义，"气善论"在这个意义上正是为人性和理的善提供一个新的终极的保证。这使得北宋前期以来发展的气本论作为儒家思想的体系，终于获得了其完整的意义；而事实上，这也是清初许多思想家的共同主张。陈来在 2004 年出版了研究王夫之哲学的专著：《诠释与重建——王船山的哲学精神》（北京大学出版社 2004 年版）。该书以"经典与解释"为研究进路，阐明王夫之思想与宋明道学运动的关联；在新阶段树立了"气学"研究回归"内在研究"的典范，对于学界拓展气学谱系研究意义重大。例如，传统上的程朱理学、陆王心学之二分法，尽管有其有效性、方便性及正当性，但这样一种范式区分在处理宋元明清哲学思想史中自明代以后的新动向时，便无法如实反映当时这一领域思想变动的多样性：在将这些新动向全面纳入研究视野、将其理论可能性更广泛地提炼出来并加以定位等方面均遇到难题。以贯穿明清两代的思想史现象——气本论与情欲解放的关联为例，一方面，随着清代以后思想史主题的变迁，"理学—心学"二分法的分析框架在考察上述思想史现象时也就丧失了其有效性。换言之，在通时性地考察宋元明清思想史之变迁与发展时，传统的心学与理学对垒范式就不能作为一个完整无缺的理论框架加以运用。另一方面，以往讨论明清气学思想的论著，多把思想家对气的重视与理欲之辨相联系，主张这一现象反映了资本主义的萌芽从而具有启蒙思想的意义。但台湾学者王汎森《明末清初的一种严格的道德主义》（收入王汎森《晚明清初思想十论》，复旦大学出版社 2004年版）注意到明代气论不一定与情欲解放有必然联系；相反，强调只有气质之性而无义理之性的学者，却可能通过继续坚持"存理遏欲"而导向更严格的道德主义。正如陈来指出的，这一事实的被关注，暴露出以往的主流的思想史解释的局限性和片面性，以及以往思想史研究方法中在确定思想和社会间关联时常常具有的推测性质和思辨倾向（见前引《元明理学的"去实体化"转向及其理论后果——重回"哲学史"诠释的一个例子》）。这两方面都表明，切实加强宋元明清气学研究的确有其必要性。

　　纵观 60 年来的宋元明清气学研究，谓之为"一个刚刚起步的研究领域"实不为过。不论中西方，哲学思想、哲学典范的都呈现出不同的形态，宋元明清气学被看做中国古典思想体系中的重要一环。然而，正如陈来所说，"关于气论哲学本身，近二十年来，由于我们厌倦了单纯以唯物主义了解气论的范式，于是气论的研究渐渐衰弱，这其实也是片面的，我们需要新的研究范式和哲学视野复兴对气论哲学的宏观与微观研究"。[1] 60年来，学术界在对程朱理学和陆王心学的研究上，研究方法和研究范式在不断转变和更新；但气学的研究，就哲学史层面来讲，还停留在张岱年、

---

① 陈来：《〈气本与神化：张载哲学述论〉序》，收于杨立华《气本与神化》，北京大学出版社 2008 年版，第 4 页。

侯外庐等开创的范式上，没有重大的突破。今后中国大陆地区的宋元明清气学研究如果要更上一个台阶，毫无疑问必须在研究范式上取得新进展。这也要求研究者们从中国哲学自身的特征出发，把气学研究和当下的哲学语境以及世界哲学密切结合起来，为阐发气学所蕴涵的独特智慧作出新贡献。

第七章　近现代哲学研究

第一节　近代哲学

1840 年之后，随着西方军事和经济的强势，西方的思想文化也进入了中国，并对中国的政治、社会、生活方式及思维和世界观都产生了很大的影响。然而，西方思想文化对中国哲学产生实质性的影响则相对较晚。大概在 19 世纪 70 年代之后，以康有为、梁启超、谭嗣同、孙中山为代表的近代哲学家际会而生。康有为、梁启超、谭嗣同、孙中山等人的哲学，为了应对当时中国严酷的政治社会及世界意义问题，在传统哲学深深的熏染中，融进了西方哲学的某些因子创新而成，它们代表了中国近代哲学的最高水平，在中国哲学史上占有重要的地位。因此，新中国成立 60 年来，学术界一直对其给予了很大的关注和研究。对于康有为、梁启超、谭嗣同、孙中山哲学的研究，以 1980 年为界，大致可分为前后两个阶段：从 1949 年至 1980 年为前一阶段，而 1980 年至今为后一阶段。前一阶段，除去"文化大革命"时期的耽搁和荒芜，其研究成果主要在 50、60 年代。兹以前、后两阶段的顺序，对康有为、梁启超、谭嗣同、孙中山的研究分别论述之。

众所周知，由于康有为、梁启超、谭嗣同、孙中山等人不仅是重要的哲学家，而且是著名的政治家、社会活动家，对中国近现代史产生过极为重要的影响。60 年来，学术界对他们进行了广泛的研究，产生了一大批重要的成果，但这些成果大部分是从历史学、政治学的角度进行研究，这里只截取哲学层面进行论述。前一阶段对康有为哲学的研究成果主要有：李泽厚的《康有为谭嗣同思想研究》（上海人民出版社 1958 年版）、何双生的《康有为》（中华书局 1959 年版）、宋云彬的《康有为》（三联书店 1955 年版）、沈云龙的《康有为评传》（传记文学出版社 1978 年版）等。

在这些著作中，何双生的《康有为》、宋云彬的《康有为》及沈云龙的《康有为评传》等书，主要记述康有为的生平事迹，只是间接谈及康有为的哲学思想。而对康有为哲学展开较系统、深入研究的是李泽厚。1957 年前后，李泽厚分别在《哲学研究》、《文史哲》、《新建设》等杂志上发表多篇关于康有为哲学思想的论文，并在这些论文的基础上写成了《康有为谭嗣同思想研究》一书，该书对康有为的"元气"论、自然人性论、"公羊三世"的历史哲学，以及"大同"空想和"托古改制"政治思想进行了较全面的研究，指出康有为的"元气"（不仅是电、以太，而且是魂、知、仁）是唯物主义与唯心主义的混合物；他在肯定其人性论、历史哲学和政治哲学具有反封建主义的同时，指出了资产阶级思想的空想性和不彻底性。现在看来，李泽厚研究康有为哲学也是运用了唯物/唯心对立及阶级分析的方法，但他能对之灵活运用，并融合入史料的考证和分析过程中，给人以较强的说服力。可以这样说，李泽厚对康有为的研究，反映了那个时代的研究水平。此外，侯外庐主编的《中国思想通史》（人民出版社 1947—1965 年版），任继愈主编的《中国哲学史》（人民出版社 1963—1966 年版），以及北京大学哲学系编写的《中国哲学史》（中华书局 1962 年版）等著作都有专门章节对康有为哲学作了讨论。这些讨论，大都把康有为的哲学与近代中国的政治、经济、制度、阶级等联系起来，以分析和揭示康有为哲学的时代背景、社会根源及阶级属性。任继愈主编的《中国哲学史》中有关康有为哲学的部分，分析了康有为的"以太"论，认为"以太"论是唯物主义和唯心主义的混合，它缺乏唯物主义的彻底性；并指出他的历史进化论、大同思想的历史和阶级局限性。以上成果可以说是用马克思主义理论范式来研究康有为哲学的重要成果。

从总体上全面研究这一特殊时段哲学史的著作有蒋国保等合著的《晚清哲学》（安徽人民出版社 2002 年版）。后一阶段康有为哲学的研究成果主要有：邝柏林的《康有为哲学思想研究》（中国社会科学出版社 1980 年版）、汤志钧的《康有为与戊戌变法》（中华书局 1984 年版）、钟贤培的《康有为思想研究》（广东高等教育出版社 1988 年版）、刘善章、刘忠世主编的《康有为研究论集》（青岛出版社 1998 年版）、何金彝的《康有为》（吉林文史出版社 1997 年版）、童强的《康有为传》（团结出版社 1998 年版）、陶瀛涛的《维新之梦——康有为传》（四川人民出版社 1995 年版）等著作。邝柏林的《康有为哲学思想研究》和钟贤培的《康有为思想研究》二书，篇幅较大，内容充实，详细讨论了康有为的哲学思想。然而除部分观点有创新外，或许是由于作者未跳出唯物/唯心对立及阶级分析的思维框架，或许是受李泽厚、任继愈和侯外庐等人的影响，其中的结论与他们的观点大致相当。可以这样说，80 年代的这些成果，是前一阶段向后的进一步延伸。而汤志钧的《康有为与戊戌变法》、何金彝的《康有为》、陶瀛涛的《维新之梦——康有为传》、童强的《康有为传》、《康有为研究论集》等这些著作，虽然从历史和人物传记的角度论述康有为，但其中所涉及康有为哲学思想的部分，对康有为哲学研究在广度甚至深度上有一定的开拓，其成果值得关注。值得一提的是，关于康有为哲学思想资料的整理在这时期有所收获。上海市文物保管委员会编的《康有为遗稿：戊戌变法前后》（上海人民出版社 1986 年版），楼宇烈整理的《康有为学术著作选：孟子微·礼运注·中庸注》（中华书局 1987 年版）及《康有为学术著作选：论语注》（中华书局 1986 年版），都是研究康有为哲学的重要资料。另外，海外学者对康有为思想也颇为关注。其中美籍华裔学者萧公权的《康有为思想研究》（台湾联经出版事业公司 1988 年版）及汪荣祖的《从传统中求变——晚清思想史研究》（百花洲文艺出版社 2002 年版），以新颖的视角、丰富的资料和令人信服的识见，把康有为哲学思想的研究提高到一个新水平，大陆地区学者如果要深化对康有为的研究，这些成果不可忽视。

在中国近代史上，康、梁是并提的，然而就纯哲学论说看，梁启超比康有为受到的关注少，他的兴趣则在思想启蒙上。因此，学术界对梁启超哲学研究的论著不多，其研究成果大都集中在启蒙思想方面。前一阶段，对梁启超哲学思想进行研究的论著很少，主要有吴泽的《康有为与梁启超》（华夏书店 1949 年版）、李泽厚的《梁启超王国维简论》（载《中国近代思想史论》）等著作。如李泽厚认为，梁启超是影响最大的资产阶级启蒙思想家，他的人生观、历史观、文艺观起到了反封建的进步作用，这算是该时期对梁启超哲学思想研究的代表性观点之一。另外侯外庐主编的《中国思想通史》、任继愈主编的《中国哲学史》等著作都有专门章节对梁启超哲学进行讨论，其结论与李泽厚的观点大同小异。在 1980 年后的第二阶段，对梁启超研究的成果则层出不穷，主要有：孟祥才的《梁启超传》（北京出版社 1980 年版）、钟珍维、万发云的《梁启超思想研究》（海南人民出版社 1986 年版）、连燕堂的《梁启超与文学革命》（漓江出版社 1991 年版）、申松欣的《康有为梁启超思想研究》（河南美术出版社 1996 年版）、耿云志的《梁启超》（广东人民出版社 1994 年版）、李喜所的《梁启超传》（人民出版社 1993 年版）、易新鼎的《梁启超与中国学术思想史》（中州古籍出版社 1992 年版）、李喜所编的《梁启超与近代中国社会文化》（天津古籍出版社 2004 年版）、宋仁编著的《梁启超政治法律思想研究》（学苑出版社 1990 年版）、吕滨的《新民伦理与新国家：梁启超伦理思想研究》（江西教育出版社 2000 年版）、麻天祥的《梁启超说佛》（湖北人民出版社 2007 年版）、黄克武的《一个被放弃的选择：梁启超胡适思想研究》（新星出版社 2006 年版）、朱俊瑞的《梁启超经济思想研究》（中国社会科学出版社 2004 年版）、金雅的《梁启超美学思想研究》（商务印书馆 2005 年版）、董德福的《梁启超与胡适：两代知识分子学思历程的比较研究》（吉林人民出版社 2004 年版）等著作。其中孟祥才的《梁启超传》，钟珍维、万发云的《梁启超思想研究》是 80 年代的著作，基本是从"反封建—启蒙—改良—革命"的评价梯度及阶级分析的框架来讨论梁启超的思想，这些著作除资料充实及部分创新外，其思想论断大致相当于前一阶段的水平。耿云志的《梁启超》、李喜所的《梁启超传》等历史及人物传记著作中所涉及梁启超思想的讨论有一定的新颖之处。1990 年之后的相关著作，对梁启超的政治思想、法律思想、宗教思想、伦理思想、美学思想、经济思想、学术思想，以及文学观、历史观、调和观等展开了研究，挖掘了梁启超研究的深度、开拓了梁启超研究的范围，使梁启超哲学思想的研究上了新台阶。

相对于梁启超，谭嗣同更重视哲学的论说，因此，学术界对谭嗣同哲学的研究兴趣颇大。前一阶段对谭嗣同哲学研究的主要著作有：杨正典的《谭嗣同：近代中国启蒙思想家》（湖北人民出版社 1955 年版）、李泽厚的《康有为谭嗣同思想研究》（上海人民出版社 1958 年版）、杨荣国的《谭嗣同哲学思想》（人民出版社 1957 年版）、王克骏的《谭嗣同》（中华书局 1962 年版）等，同时还有张德钧、张玉田等人在《历史研究》、《光明日报》、《教学与研究》、《新建设》等杂志上发表的论文多篇。这些著作大多除肯定谭嗣同激烈的反封建主义精神光辉外，重点对他的"以太"、"心力"、"仁"概念展开讨论，追问其哲学是唯物主义抑或唯心主义、辩证法抑或诡辩论、改良论抑或革命论的问题。当然，侯外庐主编的《中国思想通史》、任继愈主编的《中国哲学史》等著作都有专门章节对谭嗣同哲学作了追问。其中李泽厚的观点值得注意，即他认为谭嗣同是资产阶级改良派的"左"翼，其哲学体现了唯物论与唯心论、辩证法与诡辩论、科学与宗教、改良与革命等一系列悲剧性的矛盾。另外，杨廷福的《谭嗣同年谱》（人民出版社 1957 年版）、三联出版社编辑的《谭嗣同全集》（三联出版社 1954 年版）等文献资料，为谭嗣同哲学的研究打下基础，也印证了当时谭嗣同研究的活跃。后一阶段对谭嗣同哲学研究的主要著作有：徐义君的《谭嗣同思想研究》（湖南人民出版社 1981 年版）、李喜所的《谭嗣同评传》（河南教育出版社 1986 年版）、王建华的《谭嗣同传》（安徽人民出版社 1997 年版）、蔡尚思《谭嗣同全集增订本》（上下册，中华书局 1981 年版）。其中徐义君的《谭嗣同思想研究》，基本上是前一阶段谭嗣同哲学研究的余波，而李喜所的《谭嗣同评传》和王建华的《谭嗣同传》则在写其生平事迹时涉及哲学讨论。蔡尚思的《谭嗣同全集增订本》为研究谭嗣同提供了完备的文献。相对于康有为、梁启超，对谭嗣同哲学的研究在 90 年代之后显得较为沉寂。这应引起学界的注意。

　　孙中山是我国民主革命的先行者，是中国近现代伟大的革命家和政治领袖，他的哲学创见也引起人们的关注。孙中山哲学曾是民国时期学术研究的热点，出现了一批重要的研究成果。新中国成立以后，孙中山哲学的研究一直受到关注。前一阶段的论著主要有：王学华的《孙中山的哲学思想》（上海人民出版社 1960 年版）等专著，侯外庐主编的《中国思想通史》、任继愈主编的《中国哲学史》等著作都有专门章节对孙中山哲学作了讨论，另外还有几十篇论文。这些论著，除了对三民主义革命思想进行讨论外，还重点论及了三民主义的哲学基础，即"生元论"、"知难行易"说及进化论，讨论了其哲学的历史进步性和阶级局限性。如李泽厚、张磊在《科学通讯》（1956 年第 12 期）上指出，孙中山的进化论是建立在自然科学知识的基础上，他的"生元"论与康有为的"元气"及谭嗣同的"以太"相比，有更强烈的唯物主义色彩，而他的"知难行易"强调科学知识和理性认识的重要及实践的重要，具有强烈的唯物主义和辩证法色彩。80 年代之后，对孙中山哲学的研究热情依然不减。这一时期的主要著作有：肖万源的《孙中山哲学思想》（中国社会科学出版社 1981 年版）、韦杰延的《孙中山哲学思想研究》（湖南人民出版社 1981 年版）、张磊的《孙中山思想研究》（中华书局 1981 年版）和《孙中山：愈挫愈奋的伟大先行者》（广东人民出版社 1996 年版）、朱一智、隋启仁的《孙中山思想和道路》（江苏人民出版社 1987 年版）、吴剑杰等的《孙中山及其思想》（武汉大学出版社 2001 年版）、胡钢主编的《孙中山思想概论》（天津人民出版社 2006 年版）等。这些著作虽然没有绕过前面所提到的基本主题，但是内容更加翔实全面，在广度和深度上都有一定的开拓，特别是超越了唯物/唯心对立及阶级分析的僵化方法，使对孙中山哲学思想的评价更加客观公允。另外，这一时期召开了几次大型的孙中山国际研讨会，出版了几部论文集，其中涉及孙中山哲学思想。如中国孙中山研究学会编的《孙中山和他的时代——孙中山研究国际学术讨论会文集》（中华书局 1989 年版）、中国国民党革命委员会云南委员会主编的《孙中山思想与当代中国社会国际学术研讨会论文集》（云南大学出版社 2007 年版）等，收录了一些学者讨论孙中山哲学与儒学、孙中山与西方哲学关系的文章，其成果值得关注。

综观新中国成立 60 年来康有为、梁启超、谭嗣同、孙中山等近代哲学家的研究，1949 年至 1979 年的研究，基本上是用马克思主义理论范式来研究近代哲学的重要成果，它强调唯物主义与唯心主义、辩证法与诡辩论、资产阶级改良派与资产阶级革命派的对立，并形成了唯物主义＝辩证法＝革命派与唯心主义＝诡辩论＝改良派的僵化公式，体现了相当浓厚的教条主义色彩。1980 年至 80 年代中期的研究，一方面是前一阶段研究范式、主题的延续和余波，另一方面则力图在观点与方法做出一些突破和创新，可以说是近代哲学研究短暂的“过渡时期”。90 年代之后不仅研究的主题和内容大大拓展，而且唯物/唯心对立及阶级分析的方法开始淡化，这使得近代哲学思想研究更加客观公允。然而，这一时期的研究，除了在细致、充实和全面上进步外，在深度和高度方面还比较欠缺。今后中国大陆地区近代哲学的研究，如果要在前 60 年的基础上更上一个台阶，必须对国内外现有的近代哲学研究成果有全面与深入的了解，进一步发掘新资料，特别是要把近代哲学放在中国传统哲学与西方哲学互动的关系中，放在传统哲学现代化与西方哲学中国化对照的视阈中，梳理儒学与近代哲学、西方哲学与近代中国哲学之间的理路，进而反思新时期哲学建构的经验和规律，推动近代哲学研究的新局面。

第二节　马克思主义哲学的中国化

　　马克思主义哲学传入中国，便有一个中国化的问题。马克思主义中国化，就是把马克思主义理论与中国的具体实际相结合，形成能满足中国实际需要、具有中国作风和中国气派的思想理论。马克思主义哲学的中国化，应包括具体化、民族化、大众化三方面的内容。所谓具体化，就是使马克思主义哲学与中国革命和建设的具体实践活动相结合，使之满足中国社会需要，反对教条主义、本本主义和抽象主义。所谓民族化，就是使马克思主义哲学批判性地继承和吸收中国传统哲学的因素，使之能上接本民族的哲学史，并用本民族熟悉的语言来言说。所谓大众化，就是把马克思主义哲学通俗化，用老百姓日常熟悉的语言和喜闻乐见的形式来宣传马克思主义，使马克思主义哲学走出书斋和书本，走进工农大众的生活。有两个层面的马克思主义中国化，即形式层面和实质层面。形式层面的"马克思主义中国化"，就是从纯哲学的范畴、命题和思维架构出发，用中国化的语言和上接中国哲学史来传播马克思主义哲学。而马克思主义中国化的实质层面，就是把马克思主义的基本原理与当时中国政治、经济、社会的具体问题相结合，形成有中国特色的社会主义革命和建设理论，即毛泽东思想、邓小平理论、"三个代表"、以人为本、和谐社会及科学发展观等。对毛泽东思想、邓小平理论、"三个代表"、以人为本、和谐社会及科学发展观的研究，以及对马克思主义中国化原理本身的研究，其成果可谓汗牛充栋，而且有专门的著作加以回顾，这里不再讨论。兹主要从形式层面，对马克思主义哲学中国化和传播过程作出重要贡献的哲学家，如陈独秀、李大钊、李达、张申府、张岱年、冯契等人进行讨论。

　　陈独秀是马克思主义的早期接受者、传播者，是马克思主义哲学中国化的重要人物。然而，50年代之后，由于政治和意识形态斗争的原因，陈独秀处于被批判、被否定的地位，因此，他的哲学思想难以被公允客观地研究。对陈独秀哲学思想真正学术意义上的研究，则在1980年之后。最近20多年，对陈独秀哲学思想的研究产生了一批成果，其中主要著作有：魏知信的《陈独秀思想研究》（南京大学出版社1987年版）、曾乐山的《五四时期陈独秀思想研究》（福建人民出版社1983年版）、《陈独秀评论选编》（河南人民出版社1982年版）、《陈独秀文章选编》（三联书店1984

年版)、吴晓明编选的《德赛二先生与社会主义：陈独秀文选》（上海远东出版社 1994 年版）、童富勇、张天乐的《陈独秀李大钊教育思想研究》（辽宁教育出版社 1997 年版）、刘长林的《中国人生哲学的重建：陈独秀、胡适、梁漱溟人生哲学研究》（华东师范大学出版社 2001 年版）、金焕玲的《陈独秀伦理思想研究》（中国社会科学出版社 2009 年版）等。关于陈独秀思想研究的专著相对较少，《陈独秀思想研究》与《五四时期陈独秀思想研究》两书写于 80 年代，该书虽能对陈独秀思想启蒙及马克思主义中国化的功过作一分为二的看待，但还未完全摆脱意识形态和阶级分析方法的限制。90 年代之后，对陈独秀思想的研究在主题和内容上大大拓展，学术界开始关注他的人生哲学、伦理思想、教育思想、宗教思想。《陈独秀李大钊教育思想研究》、《中国人生哲学的重建：陈独秀、胡适、梁漱溟人生哲学研究》、《陈独秀伦理思想研究》等著作就是这方面研究的收获。当然，在有关中国现代思想史、哲学史及中国马克思主义发展史的著作里，一般都有专门的章节来讨论陈独秀的哲学思想。如李泽厚的《中国现代思想史论》（东方出版社 1987 年版）、冯友兰的《中国现代哲学史》（广东人民出版社 1999 年版）、郭齐勇的《中国哲学史》（高等教育出版社 2006 年版）、何萍、李维武的《马克思主义中国化探论》（人民出版社 2002 年版）、曾乐山的《马克思主义哲学的中国化及其历程》（华北师范大学出版社 1991 年版）、林代照、潘国华编的《马克思主义在中国——从影响的传入到传播》（清华大学出版社 1983 年版）、李其驹等编的《马克思主义哲学在中国》（上海人民出版社 1991 年版）、陶德麟、何萍主编的《马克思主义哲学中国化 历史与反思》（北京师范大学出版社 2007 年版）等著作，都花了相当的篇幅论述了陈独秀的哲学思想。其中，冯友兰在《中国现代哲学史》中讨论了陈独秀的新人生态度和新伦理观在"五四"新文化运动中的作用贡献，强调了陈独秀在国民革命的阶级动力（即以资产阶级与无产阶级为骨干，联合社会上其他革命阶级组成统一战线）与国民革命的前途（即认为国民革命后中国应进入民主主义而不是直接进入社会主义）论述中的合理性。李泽厚在《中国现代思想史论》中讨论陈独秀在民主政治思想启蒙的价值以及"救亡与启蒙的双重矛盾"，还指出他接受了唯物史观、剩余价值论、无产阶级专政和建党理论后便转变成一个马列主义者，放弃了早期的民主政治的信仰。郭齐勇在《中国哲学史》中则从纯哲学层面论述了陈独秀的进化宇宙论。《马克思主义哲学中国化 历史与反思》一书则论述了陈独秀的唯物史观及其晚年民主思想特点和局限性。

李大钊是马克思主义哲学的早期接受者、传播者，是马克思主义理论的早期代表。与陈独秀一样，50 年代后，李大钊受到不公正批判，严肃的学术研究未能开展。1979 年以来，学术界开始重视李大钊的哲学思想，并产生了一批研究成果，重要的有：许全兴的《李大钊哲学思想研究》（北京大学出版社 1989 年版）、晋荣东的《李大钊哲学研究》（华东师范大学出版社 2000 年版）、韩一德、王树棣编的《李大钊研究论文集》（河北人民出版社 1984 年版）、吴汉全的《李大钊与中国现代学术》（河北教育出版社 2002 年版）、朱成甲的《李大钊早期思想与近代中国》（人民出版社 1999 年版）、高瑞泉编的《向着新的理想社会：李大钊文选》（上海远东出版社 1995 年版）、张文生的《李大钊史学思想研究》（中国社会科学出版社 2006 年版）等。其中许全兴的《李大钊哲学思想研究》将李大钊思想分为前后两期，认为前期哲学以青春宇宙论、民彝史观和民主主义为主，后期哲学则强调了唯物史观及认识论，该书研究较全面客观，能代表 80 年代李大钊哲学研究的水平。而晋荣东的《李大钊哲学研究》则深入考察了李大钊的历史进化论、唯物史观及理想社会问题，是一部研究李大钊历史哲学的重要著作。90 年代之后，李大钊哲学思想在主题和视野上进一步拓展。人们力图以中国近现代社会和学术为大背景，讨论李大钊哲学思想的历史地位及对中国学术、社会的影响。吴汉全的《李大钊与中国现代学术》、朱成甲的《李大钊早期思想与近代中国》则是这方面的成果。《李大钊史学思想研究》则研究了李大钊的史学观，为拓宽李大钊思想研究进行尝试。

此外，关于中国现代思想史、哲学史及中国马克思主义发展史的著作，如李泽厚的《中国现代思想史论》、冯友兰的《中国现代哲学史》、郭齐勇的《中国哲学史》、丁祖豪等的《20 世纪中国哲学的历程》（中国社会科学出版社 2006 年版）、何萍、李维武的《马克思主义中国化探论》、曾乐山的《马克思主义哲学的中国化及其历程》、林代照、潘国华编的《马克思主义在中国——从影响的传入到传播》、丁祯彦的《哲学的变革——马克思主义哲学中国化问题初探》（上海人民出版社 1999 年版）；陶德麟、何萍主编的《马克思主义哲学中国化　历史与反思》等著作，都有章节论述李大钊的哲学思想。其中，冯友兰在《中国现代哲学史》中论述李大钊新旧进化的宇宙观非常接近辩证唯物主义宇宙论，肯定了其历史唯物主义阐述的重要性。李泽厚在《中国现代思想史论》中指出，李大钊所传播的马克思主义具有民粹主义和道德主义两大特征。曾乐山、丁祯彦及陶德麟、何萍等人的著作，则围绕着《再论问题与主义》和《我的马克思主义观》等文献分析，从唯物史观和唯物主义认识论来肯定李大钊向马克思主义者的真正转变。

李达也是重要的马克思主义理论家，20世纪初，他对马克思主义哲学的研究有重要影响。近20多年，李达哲学思想越来越受到学术界的关注，并产生了一些研究论著，主要有：李达文集编辑组编的《李达文集》（人民出版社1980年版）、丁晓强、李立志的《李达学术思想评传》（书目文献出版社1999年版）、宋镜明的《李达》（河北人民出版社1997年版），苏志宏的《李达思想研究》（西南交通大学出版社2004年版），王炯华等人的《李达评传》（人民出版社2004年版）等。1980年出版的《李达文集》为李达研究提供了翔实的文献资料。在此基础上，李达研究渐次开展，出现了《李达》、《李达学术思想评传》、《李达评传》等著作，这些著作在叙述李达生平事迹的同时，讨论了他对马克思主义的阐释及马克思主义中国化方面的贡献。而苏志宏的《李达思想研究》则较深入地讨论了李达的唯物辩证法、唯物史观、农业社会主义、社会历史观及法学观等问题，较全面翔实地研究了李达的哲学思想。还有关于中国哲学史及中国马克思主义发展史的著作，如郭齐勇的《中国哲学史》、丁祖豪等的《20世纪中国哲学的历程》、何萍、李维武的《马克思主义中国化探论》、曾乐山的《马克思主义哲学的中国化及其历程》、安启念的《马克思主义哲学中国化研究》（中国人民大学出版社2006年版）、丁祯彦的《哲学的变革——马克思主义哲学中国化问题初探》，陶德麟、何萍主编的《马克思主义哲学中国化、历史与反思》等著作，都有章节论述了李达哲学。这些论述一般都肯定李达在介绍、阐释唯物史观及唯物辩证法方面的重要影响和贡献。其中《马克思主义哲学中国化的历史与反思》一书认为，李达强调"实践唯物论"，强调实践在认识论中的突出地位，重视马克思主义与中国国情的关系，是他对马克思主义哲学的创造性阐释，也是他对马克思主义哲学中国化所作的重要贡献。

张申府是20世纪中国哲学界的代表人物，他是把逻辑分析哲学与马克思主义哲学结合起来的第一人，由于他传播和阐释辩证唯物论，堪称20

世纪 30 年代辩证唯物论思潮的代表人物之一。由于政治意识形态等方面的原因，新中国成立后 30 年来张申府的哲学思想很少被学术界提及。直到 1979 年，美国学者舒衡哲（Vera Schwarza）到中国采访了许德珩、俞平伯、叶圣陶、朱光潜、冯友兰、金岳霖、张申府和梁漱溟等八位学者，并在其专著《中国启蒙运动——知识分子和 1919 五四运动》中提到张申府是当时颇为活跃的思想家。1997 年，舒衡哲还根据她与张申府的谈话录音整理成《时光流逝——张申府对话录》（后由李绍明译为《张申府访谈录》，北京图书馆出版社 2001 年版）一书，成为当时研究张申府的唯一专著。大概是由于受到舒衡哲的激发，也由于学术思想环境的宽松，1979 年之后，中国学术界开始渐次关注张申府的哲学。首先是重新出版了张申府的学术著作，如张申府的《所思》（三联书店 1986 年版）、《张申府学术论文集》（齐鲁书社 1985 年版）等书，使人们得以了解和研究他的哲学。

后来，张申府的胞弟张岱年在其所编著的《文化的冲突与融合》（北京大学出版社 1997 年版）中的《张申府的哲学思想》一文中，认为张申府的"解析的辩证唯物论"哲学构想经得起时间的考验。而李维武的博士论文《二十世纪中国哲学本体论问题》（湖南教育出版社 1998 年版）关于张申府哲学的部分，算是国内较深入触及张申府哲学的著作。他认为，张申府哲学精神的基本点是在"解析"与"唯物"之间、西学与中学之间、逻辑与诗之间寻求一种结合点，以创造体现新的时代精神和民族精神的现代形态中国哲学。20 世纪末至今，张申府的哲学日益受到关注和研究，出现了一些成果，其中郭一曲的《现代中国新文化的探索——张申府思想研究》（广东人民出版社 2002 年版）一书，是较全面而深入研究张申府哲学思想的著作，反映了该时期张申府哲学研究的水平。另外，丁祖豪等的《20 世纪中国哲学的历程》、郭庆堂等编著的《20 世纪中国哲学导论》（中国矿业大学出版社 2002 年版）、方克立、王其水主编的《二十世纪中国哲学》（华夏出版社 1996 年版）等书的相关章节都论及了张申府哲学。总之，近 20 多年的张申府研究多集中在其逻辑分析主义和辩证唯物论方面，然而对其辩证唯物论的内在逻辑理路、所体现的中国传统哲学（如《易经》）和西方逻辑分析哲学与辩证唯物论的交互影响等方面挖掘较少。

张岱年受张申府的影响，在 20 世纪 30、40 年代介绍和阐释辩证唯物论思想，并把儒学与马克思主义哲学融会创新并形成新唯物论哲学体系，对现代中国哲学影响颇大。80 年代以来，学术界开始对张岱年哲学展开研究。范学德的《综合与创造——论张岱年的哲学思想》（教育科学出版社 1989 年版）是一部较早研究张岱年哲学的专著。这部著作讨论了张岱年对马克思主义辩证唯物论的宣传及对中国传统唯物论思想的梳理，指出其"分析的新唯物论"在中国哲学史上的创新和贡献，其对张岱年哲学的研究具有开创之功。世纪之交，张岱年哲学越来越受到关注，产生了一些研究成果，主要有刘鄂培和衷尔钜编的《张岱年研究》（清华大学出版社 2004 年版）、刘鄂培主编的《综合创新　张岱年先生学记》（清华大学出版社 2002 年版）、黄楠森的《张岱年先生与马克思主义哲学》（《北京大学学报》2005 年第 3 期）、方克立的《张岱年在 20 世纪中国哲学史中应有之地位》（《学术探索》2005 年第 3 期）等，都讨论了张岱年的新唯物论哲学。而刘军平的《传统的守望者：张岱年哲学思想研究》（人民出版社 2007 年版）则是一部全面而系统地论述张岱年哲学的专著，强调中国传统哲学的思想源头及其对新唯物论和伦理思想的影响是此书的特点，该书使张岱年哲学研究达到新的水平。

与张岱年一样，冯契也从哲学层面探索了马克思主义哲学中国化的问题，他的哲学近年来引起学术界的关注，产生了一些研究成果。主要有彭漪涟的《冯契辩证逻辑思想研究》（华东师范大学出版社 1999 年版）、杨国荣主编的《知识与智慧　冯契哲学研究论文集 1996—2005》（华东师范大学出版社 2005 年版）、杨国荣主编的《追寻智慧 冯契哲学思想研究》（上海古籍出版社 2007 年版）、王向清的《冯契与马克思主义哲学中国化》（湘潭大学出版社 2008 年版）、彭漪涟的《化理论为方法 化理论为德性》（上海人民出版社 2008 年版）等著作。其中，《冯契辩证逻辑思想研究》是较早对冯契哲学展开研究的著作，它侧重于讨论形式逻辑与辩证逻辑的关系及他对辩证法的阐释和创新。而《知识与智慧 冯契哲学研究论文集，1996—2005》和《追寻智慧 冯契哲学思想研究》二书，是探究冯契思想的论文集，收录了最近十几年研究冯契哲学的论文 50 多篇，讨论了冯契的知识论、智慧说、人学及其与马克思主义哲学的关系。而王向清的《冯契与马克思主义哲学中国化》则重点从知识论、人的本质、人格论及对毛泽东思想的阐释等方面，论述了他对马克思主义哲学中国化的贡献。

综观新中国成立 60 年来对陈独秀、李大钊、李达、张申府、张岱年、冯契等人的研究，其中对陈独秀、李大钊、李达的研究侧重于马克思主义哲学中国化方面，而对他们与中国传统哲学及西方哲学的关系研究显得不足。而对张申府、张岱年、冯契的研究则侧重于他们与中国传统哲学及西方哲学的关系方面，但对他们在马克思主义哲学中国化的贡献方面研究不足。

第三节　现代新儒学

现代新儒学是在承继传统儒学的基础上，吸收、融会西方哲学理论以促进儒学的现代化而兴起的哲学思潮。现代新儒学人物一般是指梁漱溟、熊十力、张君劢、马一浮、冯友兰、贺麟、钱穆、方东美、唐君毅、牟宗三、徐复观、杜维明、成中英、刘述先等人。50 年代之后的前 30 年，现代新儒学基本上处于被压抑、被忽视的状态。80 年代以来，随着思想解放的深入和传统文化讨论的开展，现代新儒学受到人们越来越多的关注，现代新儒学的学术研究越来越活跃，成果也越来越多。近 20 多年来，中国学人对现代新儒学的研究大体可分为整体绍述、个案人物两方面来描述。①

一　整体绍述性研究

80 年代的前几年，中国大陆地区的学术界已开始了对现代新儒学的研究。在 1986 年 11 月召开的全国哲学社会科学"七五"规划会议上，"现代新儒家思潮研究"被列为国家社会科学基金重点课题，并由方克立、李锦全担任该课题负责人。之后，方克立、李锦全联络了高校和科研院所十多家单位的相关人员组成课题组，对现代新儒学展开研究。而方克立、李锦全主编的《现代新儒学研究论集》（全 2 辑，中国社会科学出版社 1989 年、1991 年版）便是其成果之一。这两部著作对现代新儒学进行鸟瞰式的绍述。此外，课题组等单位于 1991 年初在广州举行的"现代新儒学与当代中国"讨论会。受这些研究的激发，许多学者投入到现代新儒学的研究中，相继产生了一批研究成果。其中主要有：罗义俊编的《评新儒家》（上海人民出版社 1989 年版）、封祖盛（实为景海峰）编的《当代新儒家》（三联书店 1989 年版）、郑家栋的《现代新儒学概论》（广西人民出

---

① 以下参见郭齐勇《近二十年中国内地学人有关当代新儒学研究之述评》，《人文论丛》2001 年卷，武汉大学出版社 2002 年版；胡治洪《近 20 年我国大陆现代新儒家研究的回顾与展望》，载徐洪兴主编《鉴往瞻来——儒学文化研究的回顾与展望》，复旦大学出版社 2006 年版。

版社 1990 年版）、宋志明的《现代新儒家研究》（中国人民大学出版社 1991 年版）、陈少明的《儒学的现代转折》（辽宁大学出版社 1992 年版）、韩强的《现代新儒学心性理论评述》（辽宁大学出版社 1992 年版）、胡伟希的《传统与人文：对港台新儒家的考察》（中华书局 1992 年版）、黄克剑、周勤的《寂寞中的复兴 论当代新儒家》（江西人民出版社 1993 年版）、陈来的《哲学与传统 现代儒家哲学与现代中国文化》（台湾允晨文化公司 1994 年版）、方克立的《现代新儒学与中国现代化》（天津人民出版社 1997 年版）、郑家栋、叶海烟主编的《新儒家评论》（全 2 辑，中国广播电视出版社 1994 年、1995 年版）、武东生的《现代新儒家人生哲学研究》（辽宁大学出版社 1994 年版）、李毅的《中国马克思主义与现代新儒学》（辽宁大学出版社 1994 年版）、李道湘的《现代新儒学与宋明理学》（辽宁大学出版社 1998 年版）、卢升法的《佛学与现代新儒家》（辽宁大学出版社 1994 年版）、施忠连的《现代新儒学在美国》（辽宁大学出版社 1994 年版）、赵德志的《现代新儒家与西方哲学》（辽宁大学出版社 1994 年版）、方克立、李锦全主编的《现代新儒家学案》（全 3 册）（中国社会科学出版社 1995 年版）、郑家栋的《当代新儒学论衡》（台湾桂冠图书公司 1995 年版）、启良的《新儒学批判》（上海三联书店 1995 年版）、陈代湘的《现代新儒学与朱子学》（湖南人民出版社 2002 年版）等。

　　这些著作中，罗义俊、景海峰、郑家栋、宋志明、陈少明、叶海烟、方克立、李锦全等学者的书基本上都是对现代新儒学进行概要式介绍和论述，折射出当时学术界对现代新儒学还处于了解和整理阶段。而韩强、武东生等人的书则是以人生论为视镜来考察新儒学。至于陈来、李毅、卢升法、李道湘、陈代湘、施忠连、赵德志等人的著作则考察了现代新儒学与现代中国文化、佛学、宋明理学、马克思主义、西方哲学的互动和影响。这些成果都力图从一定的横断面上来把握现代新儒学，可以说是对现代新儒学较深入的研究。然而，与上面所列诸书一样，这些以"现代新儒学"为题名的研究，基本上都是对现代新儒学整体绍述性的研究，目的是为了对现代新儒学进行宏观把握和脉络的梳理，其深度和细致不够，但基本反映了这个时期的研究水平。

　　罗义俊 20 余年研究现代新儒家的 17 篇论文，辑为《生命存在与文化意识：当代新儒家史论》（上海学术出版社 2009 年版），颇有深度。《郭齐勇自选集》（广西师范大学出版社 1999 年版）集中了作者在 80 年代中期至 90 年代中期发表的有关现代新儒家总体与个案研究的论文，其中有 3 篇论文通论这一思潮，有 11 篇论文分论梁漱溟、熊十力、马一浮、钱穆、贺麟、唐君毅、牟宗三、徐复观。颜炳罡的《当代新儒学引论》（北京图书馆出版社 1998 年版）、黄克剑的《百年新儒林——当代新儒学八大家论略》（中国青年出版社 2000 年版）、陈来的《现代中国哲学的追寻——新理学与新心学》（人民出版社 2001 年版）、景海峰的《中国哲学的现代诠释》（人民出版社 2004 年版）及《新儒学与二十世纪中国思想》（中州古籍出版社 2005 年版）、李翔海的《民族性与时代性：现代新儒学与后现代主义比较研究》（人民出版社 2005 年版）等从更广阔的视阈深入地研究这一思潮。郑大华的《民国思想家论》（中华书局 2006 年版）、《民国思想史论》（社会科学文献出版社 2006 年版）、《民国思想史论（续集）》（社会科学文献出版社 2010 年版）从民国诸思潮及相互关系着眼，对现代新儒学思潮及梁漱溟、张君劢等思想家作了深入研究。2005 年 9 月，武汉大学主办了盛大的第七届当代新儒学国际学术研讨会，该会会议论文集由郭齐勇、胡治洪编为《人文论丛》2006 年卷，由武汉大学出版社于 2007 年出版，共 134 万字，代表了当时的最高水平。

二 个案人物研究

梁漱溟是现代新儒家的早期代表人物，他在"五四"反孔潮流中力挺儒学，对现代新儒学形成有重要的影响，他的哲学在 50 年代后曾遭受批评。如李达的《梁漱溟政治思想批判》（湖北人民出版社 1956 年版）、艾思奇的《批判梁漱溟的哲学思想》（人民出版社 1956 年版），都用马克思主义的观点和方法对梁漱溟思想进行批判。而《梁漱溟思想批判》第 1、2 辑（三联书店 1955 年、1956 年版）则是当时哲学界批判梁漱溟思想的论文集，基本上也是用马克思主义的观点和方法对梁漱溟进行批判。80 年代中期之后，以同情、理解的方式来研究梁漱溟哲学的工作得以开展，并且产生的一批成果，其中有关梁漱溟研究的主要著作有：艾恺的《最后一个儒家》（湖南人民出版社 1989 年版）、马勇的《梁漱溟文化理论研究》（上海人民出版社 1991 年版）和《梁漱溟教育思想研究》（辽宁教育出版社 1994 年版）、郑大华的《梁漱溟与现代新儒学》（台湾文津出版社 1993 年版）、曹耀明的《梁漱溟思想研究》（天津人民出版社 1994 年版）、郑大华的《梁漱溟与胡适：文化保守主义与西化思潮的比较》（中华书局

1994 年版）、郭齐勇、龚建平的《梁漱溟哲学思想》（湖北人民出版社 1996 年版）、李善峰的《梁漱溟社会改造构想研究》（山东大学出版社 1996 年版）、景海峰、黎业明的《梁漱溟评传》（人民出版社 1999 年版）、郑大华的《梁漱溟传》（人民出版社 2001 年版）、李宁琪的《梁漱溟伦理思想研究》（湖南人民出版社 2002 年版）、刘长林的《生命与人生：儒学与梁漱溟的人生哲学》（开明出版社 2000 年版）、麻天祥、李璐的《梁漱溟说佛》（湖北人民出版社 2006 年版）、柳友荣的《梁漱溟心理学思想研究》（安徽人民出版社 2004 年版）等。郑大华是较早关注梁漱溟研究的学者之一，美国学者艾恺的《最后一个儒家》是对梁漱溟评传性的著作，此书被郑大华翻译过来，一定程度上激发了中国学者对梁漱溟哲学思想的研究。郑大华的梁漱溟研究，则在文化思潮的大视野下讨论梁漱溟与现代新儒学及西化思潮的关系。而曹耀明、郭齐勇、龚建平的著作则对梁漱溟的本体论、理性观、非理性主义、人生哲学、文化观等方面进行全面的讨论，算是较深入研究梁漱溟哲学的专著。其他学者的作品则围绕着伦理思想、佛学思想、心理学思想、社会改造思想、教育思想、文化思想等某一主题展开深入研究。另外，《梁漱溟全集》（中国文化书院编，山东人民出版社 1989—1993 年版）、《梁漱溟先生年谱》（李渊庭、阎秉华编著，广西师范大学出版社 2003 年版）等文献著作的编成，为梁漱溟哲学研究打下了坚实的基础。

　　熊十力是现代最具有原创性的哲学家，他的形上学为现代新儒学提供了基本的理论架构，对后期新儒学人物影响深远。近 30 年来，学术界非常重视对熊十力哲学的研究，产生了一批成果，其中主要有：郭齐勇的《熊十力及其哲学》（中国展望出版社 1985 年版）及《熊十力与中国传统文化》（香港天地图书公司 1988 年版；台湾远流出版公司 1990 年版），黄冈县政协编的《回忆熊十力》（湖北人民出版社 1989 年版）、萧萐父、郭齐勇编的《玄圃论学集——熊十力生平与学术》（三联书店 1990 年版）、杨国荣的《王学通论——从王阳明到熊十力》（上海三联书店 1990 年版）、郑家栋的《本体与方法——从熊十力到牟宗三》（辽宁大学出版社 1992 年版）、郭齐勇的《熊十力思想研究》（天津人民出版社 1993 年版）、张庆熊的《熊十力的新唯识论与胡塞尔的现象学》（上海人民出版社 1995 年版）、景海峰的《熊十力》（台湾东大图书出版公司 1991 年版）、宋志明的《熊十力评传》（百花洲文艺出版社 1993 年版）、郭齐勇的《天地间一

个读书人 熊十力传》（上海文艺出版社、台湾业强出版社 1994 年版）、丁为祥的《熊十力学术思想评传》（北京图书馆出版社 1999 年版）、张光成的《中国现代哲学的创生原点 熊十力体用思想研究》（上海人民出版社 2002 年版）、郭美华的《熊十力本体论哲学研究》（巴蜀书社 2004 年版）。郭齐勇是较早关注熊十力研究的学者之一，他对熊十力本体论哲学的范畴体系，对"境论"（本体—宇宙论）、"量论"（认识—方法论）、"佛学"（儒佛心性论）、经学（政治—历史哲学）、易学观及熊十力与现代学人的比较等方面进行系统而细致的讨论。景海峰、宋志明、丁为祥等人则对熊十力的生平和学术思想作了深入的发掘，他们的著作都围绕熊十力哲学最重要的范畴——本体论、体用论为核心来展开，对于人们了解并深入研究熊十力哲学提供了有利条件。2001 年 9 月，武汉大学主办了"熊十力与中国传统文化国际学术研讨会"，其论文集《玄圃论学续集》由郭齐勇主编，湖北教育出版社于 2003 年出版，是书集中了当时有关熊学的重要成果。

另外，熊十力的著述得以整理出版，主要有汤一介、萧萐父主编《熊十力论著集》（《新唯识论》、《体用论》、《十力语要》三种，中华书局 1985—1996 年版）、黄克剑等编《熊十力集》（群言出版社 1993 年版）、郭齐勇编《现代新儒学的根基：熊十力新儒学论著辑要》（中国广播电视出版社 1996 年版）、王守常编《中国现代学术经典 熊十力卷》（河北教育出版社 1996 年版）、萧萐父主编《熊十力全集》（郭齐勇、景海峰、王守常等整理，湖北教育出版社 2001 年版）。

张君劢也是重要的新儒家代表人物。由于政治和意识形态的原因，张君劢曾受到负面的评价。80 年代中期以来，学术界逐渐关注张君劢思想的研究，产生了一些成果，主要有吕希晨与陈莹合著的《张君劢思想研究》（天津人民出版社 1996 年版）、刘义林与罗庆丰合著的《张君劢评传》（百花洲文艺出版社 1996 年版）、郑大华的《张君劢传》（中华书局 1997 年版）与《张君劢学术思想评传》（北京图书馆出版社 1999 年版）、陈先初的《精神自由与民族复兴 张君劢思想综论》（湖南教育出版社 1999 年版）。张氏著述的选集有黄克剑等编《张君劢集》（群言出版社 1993 年版）、吕希晨、陈莹编《精神自由与民族文化：张君劢新儒学论著辑要》（中国广播电视出版社 1995 年版）、黄克剑、王涛编《中国现代学术经典 张君劢卷》（河北教育出版社 1996 年版）、丁三青的《张君劢解读 中国史境下的自由主义话语》（南京大学出版社 2009 年版）。其中，吕希晨、陈莹的著作对张君劢的人生观论战、西方哲学的阐释、唯物史观的批判以及新儒学观、民族教育思想等方面进行讨论，而陈先初则对张君劢的民族主义思想、文化思想、宪政思想、社会主义思想及哲学思想进行了讨论。郑大华和丁三青则从民国诸思潮与中国自由主义的史境下，考察了张君劢的文化保守主义思想及自由主义思想，展示了张君劢思想的多层面。

　　马一浮也是现代新儒学的重要人物，关于他的研究论著主要有：毕养赛的《中国当代理学大师马一浮》（上海人民出版社 1992 年版）、毕养赛、马镜泉编的《马一浮学术研究》（杭州师院 1995 年印行）、马镜泉、赵士华的《马一浮评传》（百花洲文艺出版社 1993 年版）、滕复的《马一浮思想研究》（中华书局 2001 年版）、滕复的《一代儒宗——马一浮传》（杭州出版社 2004 年版）、吴光编的《马一浮研究》（《中华文化研究集刊》第 7 辑，上海古籍出版社 2008 年版）、陈锐的《马一浮与现代中国》（中国社会科学出版社 2007 年版）、邓新文的《马一浮六艺一心论研究》（上海古籍出版社 2008 年版）、许宁的《六艺圆融：马一浮文化哲学研究》（中国社会科学出版社 2008 年版）等。其中，毕养赛、马镜泉、赵士华、滕复等人的评传性著作对马一浮的生平及学术进行绍述。而许宁则从概念、范畴入手对其哲学进行较深入的讨论。邓新文则以"六艺一心论"为主线讨论他的哲学。另外，马一浮的著述文献有：滕复编《默然不说声如雷：马一浮新儒学论著辑要》（中国广播电视出版社 1995 年版）、马镜泉编《中国现代学术经典 马一浮卷》（河北教育出版社 1996 年版）、《马一浮集》全三册（浙江古籍出版社、浙江教育出版社 1996 年版）。

　　冯友兰是现代新儒学的重要人物，对中国现代哲学发展影响很大。50年代后，针对冯友兰提出的"孔学的二重性"及"抽象继承法"，哲学界对他及其哲学进行了多次批判。而《中国哲学史问题讨论专集》（科学出版社 1957 年版）、中国人民大学哲学系编的《冯友兰哲学思想批判文集》（中国人民大学出版社 1958 年版）、《孔子哲学讨论集》（中华书局 1962年版）等，都是批判冯友兰哲学思想的论文集 。这些论著充满了意识形态斗争的色彩，难以进行客观公允的研究。80 年代中期以来，对于冯友兰严肃的学术研究逐渐得以展开，产生了一批研究成果，重要的有王鉴平的《冯友兰哲学思想研究》（四川人民出版社 1988 年版）、田文军的《冯友兰与新理学》（香港天地图书公司、台北远流出版公司 1990 年版）和《冯友兰新理学研究》（武汉出版社 1990 年版）、李中华编的《冯友兰先生纪

念文集》(北京大学出版社 1993 年版)、冯宗璞等编的《冯友兰先生百年
诞辰纪念文集》(清华大学出版社 1995 年版)、王中江、高秀昌编的《冯
友兰学记》(三联书店 1995 年版)、蔡仲德编的《冯友兰先生年谱初编》
(河南人民出版社 1994 年版)、程伟礼的《信念的旅程:冯友兰传》(上
海文艺出版社 1994 年版)、李中华的《冯友兰评传》(百花洲文艺出版社
1996 年版)、陈战国的《冯友兰哲学思想研究》(北京大学出版社 1999 年
版)、宋志明、梅良勇的《冯友兰学术思想评传》(北京图书馆出版社
1999 年)、郑家栋的《学术与政治之间　冯友兰与中国马克思主义》(台
湾水牛图书出版事业有限公司 2001 年版)、刘东超的《生命的层级 冯友
兰人生境界说研究》(巴蜀书社 2002 年版)、邓联合的《"贞元六书"研
究》(南京师范大学出版社 2003 年版)、田文军的《冯友兰传》(人民出
版社 2003 年版)、金春峰的《冯友兰哲学生命历程》(中国言实出版社
2004 年版)、郁有学的《哲学与哲学史之间 冯友兰的哲学道路》(华东师
范大学出版社 2004 年版)、单纯的《旧学新统 冯友兰哲学思想通论》(四
川大学出版社 2005 年版)等。其中,田文军与王鉴平的著作都具有某种
开创之功。在 90 年代前期,出现了如《冯友兰先生年谱初编》、《信念的
旅程:冯友兰传》和《冯友兰评传》等年谱、评传性著作,这便于人们更
好地了解冯友兰的生平和学术。而陈战国则以新理学诸范畴入手,对冯友
兰哲学进行了细致研究,使对冯友兰哲学研究达到新水平。郑家栋讨论了
冯友兰与中国马克思主义的互动,使我们得以了解冯友兰哲学的另一面。
进入 21 世纪,学界开始围绕冯友兰哲学的某个主题进行深入研究,刘东
超的著作专门讨论了"人生境界说",邓联合的《"贞元六书"研究》则
论述了"贞元六书"的内涵、特征及关联,而郁有学则专门讨论了他的哲
学史及其方法问题。另外,冯友兰的著述文献也得以整理,如《三松堂全
集》13 卷,河南人民出版社于 1994 年出齐;选集则有黄克剑等编《冯友
兰集》(群言出版社 1993 年版)、谢遐龄编《阐旧邦以辅新命:冯友兰文
选》(上海远东出版社 1994 年版)、田文军编《极高明而道中庸:冯友兰
新儒学论著辑要》(中国广播电视出版社 1995 年版)、陈来编《中国现代
学术经典 冯友兰卷》(河北教育出版社 1996 年版)。

　　对贺麟的研究始于 80 年代后期,早期的论文有郭齐勇的《贺麟前期
的中西文化观与理想唯心论试探》(《天津社会科学》1988 年第 1 期)、
《论贺麟的中国哲学史研究》(《哲学杂志》1993 年第 1 期)、周炽成的

《贺麟：抗战时期的伦理学家》（《广东社会科学》1994 年第 1 期）等。进入 90 年代陆续有专著出版，如宋祖良、范进编的《会通集——贺麟生平与学术》（三联书店 1993 年版），张学智的《贺麟》（台湾东大图书出版公司 1992 年版），王思隽、李肃东的《贺麟评传》（百花洲文艺出版社 1995 年版），宋志明的《贺麟新儒学思想研究》（天津人民出版社 1998 年版）、张茂泽的《贺麟学术思想述论》（陕西人民出版社 2001 年版），王志捷的《贺麟文化理论研究》（首都师范大学出版社 2007 年版），中国社会科学院哲学研究所西方哲学史研究室编的《贺麟先生百年诞辰纪念文集》（中国社会科学出版社 2009 年版）。贺氏著述选集有宋志明编《儒家思想的新开展：贺麟新儒学论著辑要》（中国广播电视出版社 1995 年版）、张学智编《贺麟选集》（吉林人民出版社 2005 年版）。其中，《会通集——贺麟生平与学术》是会议论文集，张茂泽对贺麟思想的形成发展过程、心物关系论、心理关系论、逻辑主体论、直觉方法论、逻辑方法论、文化哲学思想、新儒学思想及唯心主义批判等方面进行较系统的研究，其成果值得注意。最近几年，贺麟研究相对较少，仅有王志捷的《贺麟文化哲学研究》一书问世。

　　牟宗三是具有原创性的哲学家，也是后期新儒家重要的代表人物之一，然而对牟宗三的研究相对较晚。90 年代初，学界整理出版了牟宗三的著述选集，如郑家栋编《道德理想主义的重建：牟宗三新儒学论著辑要》（中国广播电视出版社 1992 年版）、黄克剑等编《牟宗三集》（群言出版社 1993 年版）。1992 年秋还在济南举行了牟宗三与当代新儒家学术思想研讨会，这些都为牟宗三研究做了开启工作。颜炳罡的《整合与重铸 当代大儒牟宗三先生思想研究》（台湾学生书局 1995 年版）一书，是较全面研究牟宗三思想的早期著作。之后，关于牟宗三哲学思想研究次第展开，产生了颜炳罡的《牟宗三学术思想评传》（北京图书馆出版社 1998 年版）、郑家栋的《牟宗三》（台湾东大图书股份有限公司 2000 年版）、闵仕君的《牟宗三"道德的形而上学"研究》（巴蜀书社 2005 年版）、杨泽波的《牟宗三三系论论衡》（复旦大学出版社 2006 年版）、王兴国的《契接中西哲学之主流 牟宗三哲学思想渊源探要》（光明日报出版社 2006 年版）和《牟宗三哲学思想研究——从逻辑思辨到哲学架构》（人民出版社 2007 年版）、殷小勇的《思想之根：牟宗三对康德智性直观的中国化阐释研究》（复旦大学出版社 2007 年版）、汤忠钢的《德性与政治 牟宗三新儒家政治哲学研究》（中国言实出版社 2008 年版）、刘爱军编的《识知与智知 牟宗三知识论思想研究》（人民出版社 2008 年版）、程志华编的《牟宗三哲学研究 道德的形上学之可能》（人民出版社 2009 年版）、林瑞生的《牟宗三评传》（齐鲁书社 2009 年版）等一批研究成果。其中，颜炳罡、郑家栋、林瑞生的《著作》等为评传性著作，通过它们可以较好地了解他的学术和生平。近几年，围绕着知识论、形上学、政治哲学、思想渊源等主题研究牟宗三的成果不断。其中，殷小勇、刘爱军、王兴国的著作深化了牟宗三的知识论问题的研究；闵仕君、程志华的著作则深入分析了牟宗三的道德形而上学命题；杨泽波、王兴国的著作讨论牟宗三思想渊源的梳理和判教问题，而汤忠钢的《德性与政治 牟宗三新儒家政治哲学研究》则是对牟宗三及新儒家的政治哲学专题研究。

与牟宗三一样，唐君毅也是后期新儒家重要的代表人物，对他的研究始于 1990 年左右。经过十余年的研究，积累了一些成果，其中主要的专著和论著有：张祥浩的《唐君毅思想研究》（天津人民出版社 1994 年版）、张祥浩编《文化意识宇宙的探索：唐君毅新儒学论著辑要》（中国广播电视出版社 1992 年版）、黄克剑等编《唐君毅集》（群言出版社 1993 年版）、黄克剑编《中国现代学术经典：唐君毅卷》（河北教育出版社 1996年版）。1995 年夏，四川省社会科学院与香港法住文化书院在成都合办了第二届唐君毅思想国际会议。2000 年以后的成果主要有：单波的《心通九境——唐君毅哲学的精神空间》（人民出版社 2001 年版）、何仁富主编的《唐学论衡——唐君毅先生的生命与学问》（上下册，中国文史出版社 2005 年版）、王怡心的《唐君毅形上学研究——从道德自我到心灵境界》（中国文史出版社 2006 年版）、马亚男的《唐君毅知识论思想研究》（中国文史出版社 2006 年版）、胡治洪的《唐君毅》（云南教育出版社 2008 年版）。这些论著分别对唐君毅的精神境界说、知识论及形上学展开论述，推动了唐君毅哲学研究的纵深。

关于方东美的研究相对较少，90 年代主要是著述选集及零星论文。蒋国保、周亚洲所编的《生命理想与文化类型——方东美新儒学论著辑要》（中国广播电视出版社 1992 年版）、黄克剑等编《方东美集》（群言出版社 1993 年版）、刘梦溪主编《中国现代学术经典·方东美卷》（河北教育出版社 1996 年版）等著作为人们了解方东美哲学打下了文献基础。最近几年，研究方东美的专著和论著开始出现，主要有蒋国保、余秉颐的《方东美思想研究》（天津人民出版社 2004 年版）、李安泽的《生命理境与形而上学——方东美哲学的阐释与批评》（中国社会科学出版社 2007 年版）、宛小平的《方东美与中西哲学》（安徽大学出版社 2008 年版）、秦平的《方东美》（云南教育出版社 2008 年版）等。其中，秦平写的是方东美生平与学术的评传性著作，蒋国保、余秉颐则较全面论述了方东美的思想，而李安泽、宛小平则对方东美的生命哲学及其对中西哲学的讨论展开了分析，其成果值得注意。

徐复观是后期新儒家的代表人物之一，他在发挥儒家人文精神、自由理念和文艺理论上有独特的创见。90 年代之后，学界开始关注徐复观思想，首先整理编选了他的著述，如黄克剑等编的《徐复观集》（群言出版社 1993 年版）、李维武的《中国人文精神之阐扬：徐复观新儒学论著辑要》（中国广播电视出版社 1996 年版）等。1995 年夏，武汉大学与台湾东海大学合办了徐复观思想与现代新儒学发展学术讨论会；1996 年，中国社会科学院哲学研究所召开徐复观思想与现代新儒学发展学术讨论会，这都推动了徐复观研究的开展。最近十年，徐复观研究日渐活跃起来，产生了一些研究成果，其中主要有：肖滨的《传统中国与自由理念 徐复观思想研究》（广东人民出版社 1999 年版）、李维武编的《徐复观与中国文化》（论文集）（湖北人民出版社 1997 年版）李维武的《徐复观学术思想评传》（北京图书馆出版社 2001 年版）、蒋连华的《学术与政治 徐复观思想研究》（上海三联书店 2006 年版）、王守雪的《人心与文学 徐复观文学思想研究》（郑州大学出版社 2005 年版）、刘桂荣的《学术系列 徐复观美学思想研究》（人民出版社 2007 年版）、耿波的《徐复观心性与艺术思想研究》（中国传媒大学出版社 2007 年版）、张晚林的《徐复观艺术诠释体系研究》（上海古籍出版社 2007 年版）、谢晓东的《现代新儒学与自由主义——徐复观殷海光政治哲学比较研究》（东方出版社 2008 年版）等。这些著作，除李维武的《徐复观学术思想评传》介绍他的生平和学术之外，其余著作都围绕着政治思想和文艺美学两个主题进行研究。如肖滨、蒋连华、谢晓东的书，论述徐复观反传统专制政治、倡导自由主义理念及追求传统与自由统一的问题。谢晓东把徐复观和殷海光的传统观、自由观、民主观、个人—社会及法治—德治问题进行比较，指出二者的差异和不同，深化了徐复观政治思想研究。而王守雪、刘桂荣、耿波、张晚林的书对徐复观以"道"为核心的美学思想、《文心雕龙》的文论及文艺批评等方面进行研究，展现了徐复观思想的另一面，其成果值得重视。

有关钱穆、杜维明、成中英、刘述先的研究略说如下：

有关钱穆的研究论著有：郭齐勇、汪学群合著的《钱穆评传》（百花洲文艺出版社 1995 年版）；郭齐勇的《论钱穆的儒学思想》（《学人》第八辑，江苏文艺出版社 1995 年版）；郭齐勇、汪学群的《钱穆学术思想探讨》（《学术月刊》1997 年第 2 期）；汪学群《钱穆学术思想评传》（北京图书馆出版社 1998 年版）和陈勇著《钱穆传》（人民出版社 2001 年版）。资料方面，郭齐勇、汪学群编《中国现代学术经典·钱穆四卷》由河北教育出版社于 1999 年出版。

90 年代初，杜维明、成中英、刘述先的新儒学论著辑要由中国广播电视出版社出版。他们三位的单行本也在中国大陆地区出版了多种。有关杜、成的文集有：郭齐勇、郑文龙编：《杜维明文集》共 5 卷，于 2002 年由武汉出版社出版。李翔海、邓克武编：《成中英文集》共 4 卷，于 2006 年由湖北人民出版社出版。有关研究著作有：胡治洪的《全球语境中的儒家论说：杜维明新儒学思想研究》（北京三联书店 2004 年版）、魏彩霞的《全球化时代中的儒学创新：杜维明的现代新儒学思想》（中国社会科学出版社 2004 年版）、李翔海的《寻求德性与理性的统一——成中英本体诠释学研究》（台湾文史哲出版社 1998 年版）、姚才刚的《终极信仰与多元价值的融通——刘述先新儒学思想研究》（巴蜀书社 2003 年版）等。

通观 20 多年的现代新儒学研究，就整体性看，基本上还停留在对现代新儒学进行宏观把握和脉络的梳理上。这些研究不仅深度和细致不够，而且未能很好地讨论现代新儒学与马克思主义哲学、自由主义思潮及其他文化保守主义如国粹派、东方文化派、学衡派、国民党的官方儒学之间的关系，对于现代新儒学与西方哲学流派关系的讨论也不够充分。对于个案人物的研究也不平衡，如对梁漱溟、熊十力、冯友兰的研究比较深入，而对其他代表人物的研究相对较少。

第四节　自由主义思潮

自由主义是西方现代社会的主流思想，然而自由主义是一个歧义多出、界说纷纭的概念。一般的，自由主义就是一种以个体自由为核心特征的价值观及与之相适应的一套社会政治体系。西方自由主义运动从 17 世纪的英国革命开始，经 18 世纪的美国独立战争和法国大革命然后向全世界扩张、散布，成为全球最有生命力、影响力的思想潮流。严格地讲，中国传统中没有西方式的自由主义，自由主义作为西方的思想被引进中国的知识界，开始于中国社会"转型时期"（1895—1925 年）。在严复、康有为、梁启超等人的介绍、宣传下，"自由"、"民主"、"人权"、"平等"等观念和口号很快成为知识分子新的"信仰"，并随之流衍为中国自由主义思潮。中国自由主义所坚守的价值观及政治社会活动，对 20 世纪中国社会和历史的影响很大，所以受到人们的关注和研究。

从 1949 年至 1980 年，由于政治和意识形态方面的原因，自由主义作为资产阶级思想一直受到批判，对其客观研究不能得以开展。80 年代后期，随着思想解放的深入及思想启蒙的再次出现，关于自由主义的研究也渐次展开。较早关注自由主义的学者有胡伟希、高瑞泉、许纪霖、李泽厚、刘军宁、雷颐等人，他们在 80 年代后期和 90 年代初期发文讨论自由主义的问题。之后，有关自由主义思想的专著和论著陆续出版。这些研究成果大体分为整体性研究和人物个案研究。

在整体性研究的著作中，在 1990—2000 年间完成的主要有：胡伟希、高瑞泉、张利民合著的《十字街头与塔：中国近代自由主义思潮研究》（上海人民出版社 1991 年版）、郑大华的《梁漱溟与胡适 文化保守主义与西化思潮的比较》（中华书局 1994 年版）、高瑞泉、胡伟希等编著的《中国近代社会思潮》（华东师范大学出版社 1996 版）、刘军宁主编的《北大传统与近代中国 自由主义的先声》（中国人事出版社 1998 年版）、刘军宁的《共和·民主·宪政 自由主义思想研究》（上海三联书店 1998 年版）、李强的《自由主义》（中国社会科学出版社 1998 年版）、张宝明：《世纪先驱的百年心路》（东方出版中心 1999 年版）、李世涛主编的《知识分子的立场：自由主义之争与中国思想界的分化》（时代文艺出版社 2000 年版）、许纪霖主编的《二十世纪中国思想史论》（东方出版中心 2000 年版）等。这些著作，除了《北大传统与近代中国 自由主义的先声》是早期自由主义者的思想言论汇编外，其余的著作都是从不同的主题和视角，对中国自由主义思潮进行整体性的研究。具体说来，它们对自由主义的概念及特征，对中国自由主义的基本特征、历史阶段、类型流派及自由主义人物等问题进行广泛讨论。有关自由主义的定义及特征，胡伟希在《中国近代社会思潮》中指出，自由主义就是一种以个体主义为根本特征的社会价值观及与此相适应的一套社会政治思想；并认为中国的自由主义存在着工具理性与价值理性相背离的特征。而李强在《自由主义》中认为，自由主义有政治自由主义、经济自由主义、社会自由主义和哲学自由主义四方面的特性。有关中国自由主义的特性，章清在许纪霖主编的《二十世纪中国思想史论》一书中指出，如果从狭义讲，中国的自由主义只是指以胡适为代表的狭窄的知识分子圈子；如果从较为宽泛的意义上讲，我们大抵可以说：一个现代中国的知识分子如果向往民主政治，提倡科学思想，并与反对传统文化的活动相联系，都可看做中国的自由主义。而许纪霖则把中国自由主义的历史分为四个时期：即严复为先驱，经历维新运动、"五四"新文化运动、20世纪20年代末30年代初、40年代末期的"第三条道路"等四个阶段。关于中国自由主义类型，胡伟希将之分为工具型的自由主义、价值型的自由主义和折中型的自由主义。而许纪霖则把自由主义分为观念型的自由主义和行动型的自由主义。由此可见，上述研究基本停留在对自由主义思潮进行宏观把握和脉络的梳理阶段。进入21世纪以来，学术界对自由主义的关注依旧不减，出现了一批研究成果，主要有何卓恩的《殷海光与近代中国自由主义》（上海三联书店2004年版）、丁祖豪等编的《20世纪中国保守主义与自由主义哲学》（中国矿业大学出版社2002年版）、胡伟希的《观念的选择——20世纪中国哲学与思想透析》（云南人民出版社2002年版）、张育仁的《自由的历险 中国自由主义新闻思想史》（云南人民出版社2002年版）、石毕凡的《近代中国自由主义宪政思潮研究》（山东人民出版社2004年版）、张连国的《在理想与现实之间 中国自由主义知识分子的历史命运1917—1937》（红旗出版社2005年版）、王锟的《孔子与二十世纪中国思想》（齐鲁书社2006年版）、郑大华、邹小站主编的论文集《中国近代史上的自由主义》（社会科学文献出版社2008年版）等。其中张育仁从新闻自由传播的历程来透射中国自由主义的思想特征，以及自由主义思潮对中国新闻传播的推动和影响。石毕凡从现代立宪讨论及具体实践来透射中国的自由主义在人权、民主、法治等问题上的主张。张连国描述了中国自由主义知识分子在理想与政治现实之间折中的历史命运。王锟则在梳理中国自由主义理路的基础上，论述了中国自由主义与孔子之间复杂含混的关系，分析了"儒家自由主义"形成的可能性。

　　对于人物个案研究来说，首先要确定哪些是中国的自由主义者。对于孰为自由主义者，学术界说法不一。宽泛者认为严复、康有为、梁启超、谭嗣同、蔡元培、胡适、陈独秀、李大钊、鲁迅、傅斯年、罗家伦、梁漱溟、张君劢、罗隆基、梁实秋、费孝通、储安平、徐复观、殷海光等人，都是中国的自由主义者。严格者认为只有胡适及其学派才是自由主义者。有意思的是，不管持何种观点，对于自由主义人物的研究，似乎大都集中在严复、梁启超、胡适、殷海光等几个人身上。其中以胡适和殷海光最为重要。

胡适是中国自由主义的旗手。有学者认为，严格意义上的自由主义者，只是胡适及其学派。因此，胡适一直是焦点。新中国成立之后前30年，由于政治和意识形态的原因，胡适思想遭到批判和否定。20 世纪 50年代曾掀起批判胡适思想的热潮。80 年代以后，对胡适严肃的学术研究才得以展开，并产生了一批研究成果，其中主要有欧阳哲生的《自由主义之累 胡适思想的现代阐释》（上海人民出版社 1993 年版）、郑大华的《梁漱溟与胡适 文化保守主义与西化思潮的比较》（中华书局 1994 年版）、谭宇权的《胡适思想评论》（文津出版社 1996 年版）、沈卫威的《自由守望 胡适派文人引论》（上海文艺出版社 1997 年版）、杨金荣的《角色与命运 胡适晚年的自由主义困境》（三联书店 2003 年版）、章清的《"胡适派学人群"与现代中国自由主义》（ 上海古籍出版社 2004 年版）、罗志田的《再造文明的尝试 胡适传：1891—1929》（中华书局 2006 年版）、邵建的《20 世纪的两个知识分子 胡适与鲁迅》（光明日报出版社 2008 年版）等著作。其中，欧阳哲生的《自由主义之累 胡适思想的现代阐释》是较早研究胡适自由主义思想的专著，其有开创引导之功。而沈卫威和章清则对"胡适派"的自由主义及现代影响进行了较为细致的论述，有利于把握其思想的基本面向。杨金荣则通过胡适晚年的思想及境遇来透视中国自由主义的尴尬和困境。值得一提的是，（美）格里德（Grieder, Jerome B. ）的《胡适与中国的文艺复兴 中国革命中的自由主义 1917—1937》（江苏人民出版社 1995 年版）一书，追寻了中西文化碰撞中胡适现代化追求的足迹，力图回答胡适派自由主义挫折和失利的原因。该书的翻译出版在一定程度上激发了中国的胡适研究。另外，欧阳哲生主编的多卷本的《胡适文集》（北京大学出版社 1998 年版），以其全面、翔实、完整的资料为胡适研究打下坚实的基础。

殷海光是中国自由主义者的另一代表，他稍晚于胡适，其学术思想活动主要在台湾。世纪之交，殷海光思想被中国学术界所关注，成为自由主义研究的另一焦点，并且产生了一批成果，主要有张斌峰、张晓光主编的《殷海光学术思想研究——海峡两岸殷海光学术研讨会论文集》（辽宁大学出版社 2000 年版），汪幸福的《殷海光传》（湖北人民出版社 2000 年版），汪幸福的《殷海光与蒋介石》（湖北人民出版社 2000 年版），王中江的《炼狱——殷海光评传》（群言出版社 2003 年版），张斌峰、王中江编的会议论文集《西方现代自由与中国古典传统》（湖北人民出版社 2000 年版），何卓恩的《殷海光与近代中国自由主义》（上海三联书店 2004 年版），章清的《思想之旅 殷海光的生平与志业》（河南人民出版社 2006 年版），谢晓东的《现代新儒学与自由主义 徐复观殷海光政治哲学比较研究》（东方出版社 2008 年版），张春林的《殷海光政治哲学思想研究》（知识产权出版社 2008 年版）等。其中，张斌峰、张晓光主编的《殷海光学术思想研究 海峡两岸殷海光学术研讨会论文集》是 1999 年召开的殷海光学术研讨会的论文集，这次会议推动了后续的研究。汪幸福和章清的作品是评传性著作，介绍了他的生平和学术。张斌峰、王中江编的论文集《西方现代自由与中国古典传统》则较深入地讨论了殷海光与以哈耶克为代表的古典自由主义传统之间的关系，揭示了其自由主义的独特内涵。而何卓恩则梳理殷海光的思想及其与近代中国自由主义的关系和影响。谢晓东及张春林则围绕政治哲学主题，对殷海光的自由主义思想进行了探讨。另外，对殷海光著述文献整理也在开展，主要有《殷海光 林毓生书信录》（上海远东出版社 1994 年版）、贺照田编的《殷海光学术文化随笔》（中国青年出版社 2001 年版）、张斌峰编的《殷海光文集》（湖北人民出版社 2001 年版）、贺照田编的《思想与方法 殷海光选集》（上海三联书店 2004 年版）、《殷海光哲学与文化思想论集》（南京大学出版社 2008 年版）、张斌峰、何卓恩编的《殷海光文集——正确思想的评准》（湖北人民出版社 2009 年版）等。

第八章　经与经学研究

　　1949 年至今，倏忽已过一个甲子。这 60 年的时光，若放在历史的长河中不过是弹指一挥间，但对中国学术而言，却是一段难忘的沧桑历史。其中，又以经学研究的历程最发人省思。纵观这 60 年间大陆经学研究所遭致之种种际遇，可谓悲惨坎坷。

　　新中国成立后，随着社会的大变革，经与经学被彻底地从意识形态领域中扫地出门。在这一时期，它所获致的些许关注和研究或许更多的是因为历史批判的需要。如 1956 年，"中国经学史"以历史专题研究项目之名而进入新中国 12 年科学远景规划中。而更为致命的是，随着现代教育体制在新中国的逐步确立和知识的日益学科化、专业化，传统的经学终被文学、历史、哲学等学科所肢解、分割与宰制。于是，本已败退到学术领域而奄奄一息的传统经学连最后一块栖身之地也没保住，终成为无处可依归的游魂。其间，全国的大学中仅有复旦大学于 1959 年开设了"中国经学史"的课程。传统意义上的经学，实际上已一去不复返了。

　　20 世纪 60 年代初期，经学研究继续不为大陆学界所重视。其间虽有范文澜、周予同等学者在孜孜汲汲地以马克思主义的相关理论和方法为指导，对儒家经典及经学史做一些专门的整理、研讨和批判，但影响毕竟有限。显然，与其他学术研究相比，此时的经学业已滑落到学术领域的边缘，甚至成为一种陪衬和点缀。总体而言，马克思主义的唯物史观和分析方法成为此时经学研究的指导思想和流行范式，而西方相关的学科知识理论也被引入、吸纳进来而成为经学探讨的工具与方法。从某种意义上说，传统的经学正痛苦地继续着"五四"以来的现代化转化之历程。

　　然而，即使这种备受冷落的经学研究也并未持续多久。自 1964 年起，经学研究开始被"革命大批判"所取代。其后"文化大革命"背景下的经学研究之命运，更是可想而知。"文化大革命"是中华文明史上的一场大浩劫。在此期间，连正常的学术研究都遭到了彻底的破坏，更遑论已被定性为"落后的封建意识形态"和"官方的统治学说"之经学。儒家经典被判定为"封建糟粕"；经学作为"封建社会"的落后、腐朽之统治学说，受到了前所未有的激烈批判和否弃。不仅如此，甚至连一些力图对经与经学进行"客观地"研究、批判的学者也难幸免，遭到了清算。在席卷全国的"破四旧"、"批孔批儒"等政治浪潮中，经学研究几乎湮没无闻了。一时间，经与经学也成了学界的一个禁区。而如果说此时还存在一种经学研究的话，那也只能是那些铺天盖地的各种"批注"和"选批"了。

经学研究史上的这一段黑暗时期，直至 1978 年年底才真正宣告结束。12 月召开的十一届三中全会，抛弃了"以阶级斗争为纲"的"左"倾错误方针，实事求是的思想路线重新得以确立。受此影响，在学术领域中也出现了解放思想、百家争鸣的良好风气。"文化大革命"期间被破坏的经学研究也开始逐步地恢复，并日渐活跃。曾在"文化大革命"中被人为设置的经学禁区也开始被打破；作为学术研讨之对象的经与经学，终于开始走出其低谷期。仅 1979 年这一年，以《范文澜历史论文选集》的出版及范文澜旧作《经学讲演录》在《历史学》创刊号上的发表为序曲，多篇经学研究论文在全国的学术刊物上陆续刊发，其中不乏如顾颉刚的《"周公制礼"的传说和〈周官〉一书的出现》（《文史》第 6 期）、杨伯峻的《〈左传〉成书年代论述》（《文史》第 6 期）、金景芳的《西周在哲学上的两大贡献——〈周易〉阴阳说和〈洪范〉五行说》（《哲学研究》第 6 期）、刘起釪的《〈尚书〉学源流概要》（《辽宁大学学报》第 6 期）等名篇。当然，这些研究成果还带有鲜明的时代烙印，与传统的经学研究也有着重大的区别，但它们的集中涌现，无疑表明大陆地区的经学研究开始迅速恢复并开始向客观、理性研究的回归，同时也预示着学术性的经学研究可以预期的光明未来。

自 20 世纪 80 年代以来，随着"文化热"特别是近年来传统文化复兴思潮的持续高涨，儒家经典与传统经学受到越来越多的重视，人们的认知态度也开始逐渐发生转变，理性之审视和同情之了解的呼声不断高涨，对儒家经典及经学所蕴涵的文化价值和意义的认同在族群中不断地扩大。在民间，各类读经运动开始兴起，越来越多的社会人士四处奔走、大力呼吁，电视、报纸等媒体也不断地推波助澜。这一日渐火热的文化事象，迅速地影响到学术界，诸多学者开始关注、省思并积极展开相关研讨。

近 30 年来，经学研究的队伍不断地壮大，开始出现了专门的经学研究团队和机构（如清华大学经学研究中心），"中国经学史"课程也开始在一些高校相继开设，出现了专门的经学研究刊物（如《中国哲学》的"经学今诠系列"、《中国经学》等），研究的成果数量迅猛增长，研究方法日益多元化。其中如王葆玹的《今古文经学新论》增订版（中国社会科学出版社 1997 年版）等都是佳作，另有彭林编《经学研究论文选》（上海书店出版社 2002 年版）等。据笔者的不完全统计，仅在 2003—2009 年，中国大陆地区以"经学"为名召开的学术研讨会就多达 7 次。[①]至于其他单经研究和与此相关的学术研讨会更是不胜枚举。这种种迹象表明，大陆地区的经学研究已呈方兴未艾之势。当然，其间也出现了种种问题。但从研究的规模、广度和热度上看，此时大陆地区的经学研究都已经远远超迈 20 世纪 80 年代以前的水平。

与历尽坎坷的大陆经学研究不同，经学在台湾一直发展得较为顺利，并呈现出稳步上升的态势。1949 年国民党败退台湾，一些经学者如陈槃、屈万里、戴君仁、高明、陈大齐、王梦鸥等也随之来到了台湾。其中，对日后台湾经学研究影响较大的是高明和屈万里，他们培养了大批的经学研究人才。除了这些经学家及其弟子的大力宣扬外，在各级学校讲授经学课程、各大学相继开设经学硕博士生班，出版大量经学通俗读本等措施，对台湾经学研究的发展起到了至关重要的作用。1949 年后，台湾的经学研究日趋兴盛，并逐渐成为中国传统经学研究的一大重镇。近年来，台湾的经学研究也受到了一些不利因素的影响，如台湾本土化思潮的冲击。[②]尽管如此，目前来看，台湾的经学研究仍在稳步向前发展。详细的研究状况，请见林庆彰主编的《五十年来的经学研究》一书和近年来相关的研究文章，兹不赘述。值得关注的是，台湾中央研究院文哲所在推动台湾经学研

---

① 2003 年 11 月 14—15 日，清华大学召开"清代经学与文化国际学术研讨会"，这是大陆地区首次以经学的名义召开的国际学术会议。2005 年 11 月 5—6 日，清华大学又召开"首届中国经学学术研讨会"，这是中国大陆地区第一个以"中国经学"为主题召开的国际研讨会。2007 年 8 月 28—30 日，西北大学召开"第二届中国经学学术研讨会"。2008 年 9 月 10—13 日，四川师范大学举行"经学与中国哲学"国际学术研讨会。2009 年 8 月 16—17 日，"《春秋》三传与经学文化学术研讨会"在北京语言大学召开。2009 年 10 月 17—18 日，武汉大学召开"《周易》与出土经学文献学术研讨会"。2009 年 11 月 7—8 日，"第三届中国经学学术研讨会"在厦门科协大厦召开。

② 参见林庆彰《五十年来的经学研究·序》，台湾学生书局 2003 年版。

究方面作出重大贡献。其中，以林庆彰教授著述颇丰，成就最为突出。

比较而言，目前的台湾经学研究水平整体上要比大陆地区高。而对于1949 年后的台湾经学研究在中国经学史上的地位，我们当然不能像一些学者那样片面地夸大，但比照同时期大陆地区的经学研究（特别是"文化大革命"期间），我们也必须承认它在中国经学史上的重大意义和所起的重要作用。随着两岸经学交流的日益密切，台湾经学对大陆学术的作用和影响还会体现得更明显和深远。与两岸的经学研究状况相比，近年来香港和澳门在经学研究方面则要薄弱些。2009 年 7 月 9 日至 10 日，"经学国际学术研讨会"在香港岭南大学召开。这是香港首次举办的大型经学学术研讨会，具有一定的历史意义。此外，特别值得一提的是，现当代新儒家包括海外的一些汉学家，对儒家经典及经学的存继、研究、诠释和宣传普及也都起到了非常重要的作用。

以上是对新中国成立以来的经学研究状况所作的简略回顾和综述，因限于篇幅，兹不具述之。下面，主要就这 60 年间的经学研究概况和经学研究中的几个专题作一专门的探讨。

第一节　作为中国文化之根柢的经与经学

一　何谓"经"与"经学"

要了解经学及其内容，当然首先要了解什么是"经"。但关于经的界定，古今学者一直有争议。有人统计过，相关的说法就达二三十种之多。其中，班固的五常说，龚自珍和皮锡瑞的专名说，章太炎的通名说，汪中和刘师培的文言说等，都很有影响。这些说法各执一端，甚至因学派立场而相互攻驳，实在让人难以择从。范文澜曾对此感叹说："什么叫经，恐怕谁也讲不通。"[1] 当然，通过对诸家考释成果的梳理和折中辨正，我们大体上还是可以弄清楚的。

所谓"经"，首先是相对于"纬"而言的。《说文》云："经，织从丝也，从丝，巠声。"段注曰："织之纵丝，谓之经。必先有经，而后有纬。"[2] 故经字盖取象于治丝织布之组织活动，其本义指治丝织布的纵线。

---

① 范文澜：《范文澜历史论文选集》，中国社会科学出版社 1979 年版，第 301 页。

② 段玉裁：《说文解字注》，中州古籍出版社 2006 年版，第 644 页。

纵线为经，横线为纬。在治丝织布的活动中，先有经，后才有纬，经线贯穿于丝布之间，故经更为重要，是根本和基础。班固《白虎通义》则加以引申，训为"常"。刘熙《释名·释典艺》又以声训训之："经，径也，常典也，如径路无所不通，可常用也。"所以，经是人们常用之典。刘勰在《文心雕龙》中则明确地说："经也者，恒久之治道，不刊之鸿教也。"

由是以观之，所谓"经"，简单地说就是指经典和教材。但这种经典和教材有两个重要特点：一是以治道和教化为其旨趣，二是其具有恒久性和不可改易性。故分而言之，六经各有其用："《礼》以节人，《乐》以发和，《书》以道事，《诗》以达意，《易》以神化，《春秋》以（道）义。"但合而言之，六经又缩归于治道："六艺于治一也。"（《史记·滑稽列传》引孔子之言）概括地说，经包蕴着强烈的秩序关怀、教化功能和通经致用的实践指向，乃人们常读、常用之典籍，受到人们普遍的尊崇。

考之先秦，"经"作为书名最早见于《国语·吴语》的"挟经秉枹"之语。而诸子之书，亦有称"经"者。如《墨子》有《经上》、《经下》篇，《管子》有《经言》，《韩非子》的《内外储说》也有"经"。不过，这些典籍即使在当时亦未得到普遍的尊崇，只是某一学派内流行的称谓而已。在上古能得到普遍之尊崇而可真正称得上为"经"的，只有《诗》、《书》、《礼》、《乐》、《易》、《春秋》这"六经"。① 后世诸子之书或称"经"者，实皆为仿效。

但《诗》、《书》、《礼》、《乐》、《易》、《春秋》诸经，开始并无"经"之名。"六经"之称引，世传文献中首见于《庄子》的《天运》篇和《天下》篇，《荀子》的《儒效》篇和《商君书》的《农战》篇亦有相关记载。《庄子·天运》云："孔子谓老聃曰：'丘治《诗》、《书》、《礼》、《乐》、《易》、《春秋》六经，自以为久矣。'"由是观之，"六经"得以有"经"之名应至迟不晚于战国。《庄子·天下》又曰："《诗》以道志，《书》以道事，《礼》以道行，《乐》以道和，《易》以道阴阳，《春秋》以道名分。其数散于天下而设于中国者，百家之学时或称而道焉。"据此则可见，"六经"实际上本为天下共有之典籍，为诸子百家之学的思想源泉。杨伯峻由此而推断"六经"本非儒家所专有，是有道理的。②

---

① 《文史知识》编辑部编：《经书浅谈》，中华书局1984年版，第2页。
② 同上书，第3页。

　　过去，有学者以为《庄子》的记述或系晚出，认为战国的《乐》本来没有成文，质疑"六经"的存在。但新近出土的郭店简和上博简中的相关记载，足可消除这方面的种种怀疑。如上博简中就有《乐记》的内容，有经才有记，故《乐经》本是存在的。郭店简《性自命出》、《六德》和《语丛一》诸篇中亦有关于"六经"的论说，这些都可与上述传世文献的记述互证，证明这些说法的可信。①

　　"六经"由本为周代的官方教材、天下共有之典籍而成为儒家专有之经典，首先是和孔子分不开的。据《论语》、《庄子》等传世文献中的相关载录可知，孔子实乃周代以来"六经"文化传统的主要传承者。他根据自己的体认和理解，又对流传的"六经"进行了整理、编次甚至再创作。这在古代基本上是公认的看法。但因受"五四"以来疑古思潮的影响，关于孔子和"六经"的关系问题在50年代后的很长一段时间内都未得解决。持孔子和"六经"关系不大甚至没有关系的说法，曾一度颇为流行。然而，晚近相继出土的简帛文献已证明这种观点的错误。

　　诸子百家对"六经"虽"时或称而道焉"（如墨子一派），但研习和传承"六经"的历史重任主要是由孔子及其后的儒家弟子完成的。"六经"传统的存继，孔子确实功莫大焉。而孔子及其儒门传人研习和传承"六经"的背景，又适值"礼乐废，诗书缺"、"六经"传统已遭到严重破坏的时代。故后世把本为天下共有之经典的"六经"迳目为儒家所专有，亦有其内在的历史合理性。

　　如上所述，能称为"经"的，最初只有"六经"，也叫"六艺"。而秦灭以后，《乐经》亡佚，只剩下《诗》、《书》、《礼》、《易》、《春秋》等"五经"，故汉朝只有"五经"立于学官。其后随着社会的发展，本为"经"之"传"、"记"或"说"的著述也被纳入进来，"经"的数目不断增加。所以，在"五经"的基础上又有了"七经"、"九经"、"十二经"等称谓。这"十二经"是：《易》、《书》、《诗》、《周礼》、《仪礼》、《礼记》、《春秋左传》、《公羊传》、《穀梁传》、《论语》、《孝经》和《尔雅》。至宋代，随着《孟子》升格运动，《孟子》由子书而进入到"经"的行列，最终形成了"十三经"。

---

　　① 相关论述见郭齐勇《中国儒学之精神》，复旦大学出版社2009年版，第39页。另外，可参见刘起釪等《经史说略》中李学勤的相关说法，燕山出版社2002年版，第2页。

与世界其他民族的经典传承相比（如西方的《圣经》，穆斯林民族的《古兰经》等），我们的经典实际上并不如以前人们常批评的那样自我封闭和保守。从传统的"五经"发展到"七经"、"九经"、"十二经"以至"十三经"，这足以表明我们的经典实际上一直都保存着开放的状态。所以，我们的经典在思想上也更容易包容、吸纳"异端新说"，更有利于思想和学术的不断更新和发展。

先有了"经"，然后才有关于"经"的学问，即"经学"。"经学"始终是和"经"密切联系在一起的。据前文关于"经"的考察和界定，我们可知：所谓"经学"，顾名思义主要指的是对由"五经"以至"十三经"构成的经典系列所作的训解、义理推阐和诠释，以及学派与经典传承、演变的历史研究等。与"六经"始无"经"之名而早有其实一样，"经学"之名虽系晚出（最早见于《汉书》），但实际上它早就随着"经"的产生而产生了。

与"经"的界定相一致，传统意义上的经学之主旨是：主体联系当下存在，发明和推阐经中的思想与精神，即对经典中的治道关怀和教化内容作出创造性的诠释与发挥。

至于经学的发端，经今文、古文学派因对"经"的判定不同而各持截然相异之立场。如今文学家皮锡瑞就曾明确主张，经为孔子所定，孔子以前不得有经，故"必以经为孔子作，始可以言经学"。[1]而古文学家言经学，则常以周公为其肇始。50年代以来，大部分经学研究者已能自觉地超越经今文、古文两大学派的藩囿和羁绊，故能较为客观和理性地澄清这些经学史上的迷误。这种研究精神也体现在对此争议的解决上。如徐复观在《中国经学史的基础》一书中就明确指出了两派的偏见及其产生之根由，而力主客观再现中国经学产生、发展的历史进程，主张既要肯定孔子在此历史过程中所处的关键位置，同时也要看到周公尤其是周室之史在中国经学之发端中的重要作用。[2]这种看法无疑是客观的，是合乎经学历史的。

关于孔子之后的经学时代之确立，学界普遍认为当始自汉武帝实施"罢黜百家，表章六经"、设立"五经博士"等一系列政策措施之后。此

---

① 皮锡瑞：《经学历史》，中华书局1959年版，第27页。
② 详见徐复观《中国经学史的基础》，台湾学生书局1982年版，第1—7页。

后，经与经学在古代传统文化中就长期居于主导地位，对传统社会的方方面面都产生了深远影响。至于经学时代的结束，学界一般认为是在"五四"新文化运动之后。

作为传统社会思想文化之正统，经学本身也处于不断变化之中。这首先是因为经典数目的不断增多及其所蕴涵的思想多样化。而研究者常常也根据自己的体悟、兴趣和时代需要，加以取舍和发挥。于是，在经学的流变过程中，自然就形成了诸多不同的流派。关于这些流派的划分，前人有不同的观点。清人即已有"两派说"（汉学和宋学）、"三派说"（汉学、宋学和清学，又一说是汉学、新学和宋学）和今文学、古文学、郑氏学、朱子学的"四派说"等等。范文澜和周予同亦有各自的划分法。"五四"以降，随着时代学术的发展，经学研究的流派则大体上又可以划分为三派：以顾颉刚为首的"古史辨派"、以范文澜为代表的唯物史观派和以马一浮等为代表的现当代新儒家。①

关于经学的分期，《四库提要》、江藩、刘师培和皮锡瑞等都有相关的观点。其中，皮锡瑞的十期说较全面，影响也较大。周予同在皮氏十期说的基础上又提出了二期三世说。晚近则有学者按照经学史发展的进程，或把经学史划分为汉学、宋学、清学和晚清四大系统，或断为前经学时代、汉唐经学、宋明经学和清代经学四阶段。②

二 经与经学乃中国文化之根柢

前已言之，经本是西周以降天下共有之典籍和官方教材，不仅是儒家而且也是其他诸子百家共同的源头活水。自西汉罢黜百家、独尊儒术之后，经与经学更是长期主导着中国传统思想文化的发展、变化历程。经与经学，实是对西周（甚至更早）以降数千年来中国传统社会政治、经济、人生经验的积淀，汇聚了无数代人的智慧，经过了无数代人呕心沥血地整理存继、择取提升和诠释发挥。因此，我们不能简单地把经与经学仅视为儒家的基本典籍和学说，更不能因为它和中国传统政治之间的密切关联而草率地把它视做所谓的"封建的糟粕"，从而武断地将其

---

① 关于"五四"之后经学流派的划分及流派之间的交流互动，可参见郭齐勇《出土简帛与经学诠释的范式问题》，《中国哲学智慧的探索》，中华书局 2008 年版。

② 参见许道勋、徐洪兴《中国经学史》，上海人民出版社 2006 年版，第 84—89 页；姜广辉主编《中国经学思想史》（第 1 卷），中国社会科学出版社 2003 年版，第 18 页。

扔到历史的垃圾堆中去。

经与经学,作为传统思想学术的根本,无疑是中国文化发展的基线和脉络,对中国传统政治、学术、教育、民族之精神和深层心理结构等都产生了深远的影响。经与经学,实乃中国文化之根柢也。经与经学作为中国文化的根柢,其表现是多方面的。这些表现,不少学者都谈到过。① 其中,又以"五经"在中华民族精神之培养方面的作用尤为根本和重要。而这和经所具有的教化功能又是紧密联系在一起的。

这方面的论说,以钱穆的观点最为精到。钱先生曾把指导中国不断向前的民族精神称作"历史的领导精神"。这种领导精神,分而言之,包含人文精神、重视历史的精神、重视教育的精神和融和合一的精神等四种。而在钱穆看来,中华民族所具有的这四种精神,每一个又都是和"五经"紧密联系在一起的,都源于中国的"五经"。

钱穆认为,中国文化精神,要言之是一种人文主义的道德精神。而这种人文精神就源于"五经"。周公把远古宗教转移到人生实务上来,这主要是在政治领域的运用。孔子在周公的基础上进而又完成了一种重人文的学术思想体系,并把周公的政治和教育思想之位次颠倒过来,依据理想的教育来建立理想的政治。经过周公和孔子的改造,"五经"成为中国政治和教育之本。而中国经学之精神也偏重于人文实务方面,但同时也保留了上古相传的宗教信仰的最高一层,即关于天和天帝的信仰。所以,中国文化是"一本相生"的,其全部体系中有一个主要的中心,即以人为本位,以人文为中心。传统的礼乐代替了宗教的功能,但又不与宗教相敌对,这不妨称为人文教。这是"五经"传统和人文精神的渊源关系。

中国传统重视历史的精神源于"五经"。钱穆认为,中国人的历史意识起源甚早。周公、孔子一直都重视人文社会的实际措施,重视历史经验的指导作用。尤其是孔子,更具有一种开放史观,并在新的历史中寄寓褒贬,这就是他的历史哲学与人生批评。孔子促成了中国史学从宗庙特设的史官之专司转为平民学者的一门自由学问,倡导了经学和史学的沟通。钱

---

① 大陆地区如吴雁南、秦学硕、李禹阶主编的《中国经学史》"导言"部分,福建人民出版社 2001 年版;许道勋、徐洪兴《中国经学史》第 7 章,上海人民出版社 2006 年版,都对经学的作用和影响有所论述。立场与观点或有异议焉,但可资参考。另见黄开国《经学管窥》,陕西人民出版社 2005 年版;蔡方鹿《朱熹经学与中国经学》,人民出版社 2004 年版;蔡方鹿精心结撰的《中国经学与宋明理学研究》一书被纳入国家哲学社会科学成果文库。

穆指出，中国历史意识的中心是人。在中国，特别是儒家，历史、民族与文化是统一的。而中国人对历史的重视，对史学的兴趣和史学的发达，特别是"经世明道"、"鉴古知今"、"究往穷来"和求"变"而又求"常"与"久"的精神，都是源自"五经"。

中国传统重视教育的精神源于"五经"。钱穆主张，中华民族尊师重道的传统由来已久，而中国古人注重由学来造成人，更看重由人来造成学。中国人研究经学，最高的向往在于学做周公、孔子的为人，成就人格，达到最高的修养境界。中国古代文化及其精神，是靠教育而薪火相传、继往开来的。而儒家又把教育推广到民间，并扎根于民间，开创了私家自由讲学之事业，奠定了人文教育的规模和以教立国的基础。

中国传统注重融和合一的精神亦源于"五经"。中国文化的包容性、同化力，表明中国人的文化观念始终是极为宏阔而适于世界的。而这正源于"五经"中的"天下"观念。这一"天下"观念，是民族与文化不断融凝、扩大、更新的观念。而其中又蕴涵着文化观念深于民族观念、文化界限深于民族界限的思想。中国文化与中国人的性格中的"和合性"大于"分别性"，主张兼收并蓄、吸纳众流，主张会通、综合、整体、融摄，这些基本上都是儒家所提倡和坚持的价值观。①

这是经与经学和我们民族精神之间的渊源关系。而从世界文化史的角度来看，我们不难发现，传承和守护本民族的经与经学这一文化事象，实际上并非为我中华民族所特有。西方有《圣经》及其源远流长的解经传统，穆斯林民族则有《古兰经》及其经学，而印度亦有《奥义书》的经学，等等。这些民族的经与经学，现在仍受到珍视并继续传承发展着。而我们为什么妄自菲薄，非要抛弃自己的文化传统、斩断自己的文化之根——经与经学呢？

经学，不只是训诂、校勘，也不应只是注疏诠释、辨正源流和历史整理。经学，它体现的乃是中华文化传统的核心价值、意义世界和人文精神。放眼人类的历史，还没有哪一个国家或族群，没有自己的文化价值观和安身立命的精神家园。从亨廷顿的文明冲突论及其对移民问题的深刻思

---

①　以上内容详见钱穆在《中国学术通义》、《民族与文化》、《中国历史精神》和《中国文化史导论》等著作中的相关论述。另外，可参见郭齐勇《中国儒学之精神》，复旦大学出版社2009年版，第84—86页。

考中，我们可以清醒地认识到文化传统对一个国家和族群的重要性。而每一个族群的文化传承又都有其一脉相承的核心价值观及意义信仰。经与经学，正是构成中华民族之核心价值观和意义信仰的重要载体，乃国人数千年来的精神家园之根基。失去了这些经典及经学，我们民族的价值观必然会漂浮无根，我们在精神上亦必无家可归，堕入虚无。

目前，建立中国文化的主体性日渐成为学者们普遍的心声和关注的共业。而具有开放性和批判性的这种文化主体意识当然须首先扎根于自己的文化传统，返本才能开新。促使本为我们文化传统之根柢的经与经学在不久的将来成为显学，应该是任何一个有中国文化主体意识的公共知识分子所共有的愿景。今天的人文学者肩负着时代的重任，要顺应时代的需要，对传统的经学作创造性的转化，把经与经学中的重要思想资源发掘出来，使之成为滋养现代人心灵的源头活水。

第二节　50 年代后的《周易》经传研究

若从精神内涵及主旨上说，新中国成立后的大陆经学确实曾一度"山穷水尽"而"不绝如缕"。近年来，在种种因素的合力作用下，经与经学又开始有了复兴的迹象。这种复兴，追溯起来当以 20 世纪 80 年代《周易》研究热的出现为其重要标志。在这股易学热中，《周易》经传研究曾是学者们热烈探讨的一大主题。当然，《周易》经传研究作为易学史上的根本问题之一，这 60 年来实际上一直都是大陆易学界关注的焦点。

纵观新中国成立后的大陆《周易》经传研究，我们大体上可把它划分为第一次易学热时期、第二次易学热时期和 20 世纪 90 年代末至 21 世纪初期这三个大的时期。

一　第一次易学热时期

50 年代后易学研究的第一次热潮，出现在 20 世纪 60 年代初期。在此次易学热中，《周易》经传研究是一大重点。这一主题研讨，主要是围绕《周易》经传的成书年代、性质和其中的哲学思想这三个方面展开的。

关于《周易》的成书年代，主要有殷末说、殷末周初说、西周末年说和战国说等四种。持殷末说的是高文策，他通过对乾坤两卦爻辞的分析，认为"《易》之成书于殷末安阳地区，乃毋庸置疑之事实"。① 对高氏的这一观点，庄天山予以质疑。他认为，高氏从天文学史的角度来推断易经的成书年代，在方法上是"值得考虑"的。② 汤鹤逸、沈颐民等则持殷末周初说，③ 任继愈的殷周之际说，与此说亦相近。④ 在《周易》的成书时代问题上，李镜池的观点则前后有所变化。在60年代，他对自己在40年代所提出的"西周末年说"加以补证，认为无论从思想内容上还是从文字形式上都可以推断《周易》的编著当在西周末年。⑤ 而郭沫若在写给李镜池的《有关易经的信》中，则明确反对这一观点。此时期持战国说的学者是平心，他的观点主要是受到郭沫若在30年代所提出的相关说法的影响。

探讨《易传》的成书年代，必然要涉及孔子与《易传》的关系问题。这一时期的学者，如李景春、任继愈、高亨、冯友兰、朱谦之、繁星等人，一般都不认同孔子是《易传》之作者的传统观点，但同时又多肯定孔子和《易传》之间存在密切关系，并认为《易传》是出自儒家之手。⑥ 唯一例外的是平心，他认为孔子并没有读过《周易》。⑦ 而具体到《易传》各篇的制作年代，这一时期的学者则多有争议。其中，李镜池、高亨和沈颐民等人的相关说法具有一定的代表性。沈先生认为，《易传》诸篇时代相隔久远，"从周代至汉儒的作品均有，而一篇之中，又层层增加"。⑧ 高亨则认为，《彖传》的制作年代要比《象传》、《文言》都要早；《象传》的制作时代可能在春秋末期，而《文言》当作于《左传》之后；《系辞》是儒家的作品，非一人之作，亦非一时而成；《说卦》、《序卦》和《杂卦》都是战国时代的儒家易说。⑨ 李镜池的相关说法基本上延续了他在新中国成立前已有的观点，但也有所改正。他认为：《彖传》和《大象传》当作于秦焚书坑儒之后，《小象传》则作于西汉初；《系辞》和《文言》

---

① 高文策：《试论易的成书年代与发源地域》，《光明日报》1961年6月2日。
② 庄天山：《对高文策先生〈试论易的成书年代与发源地域〉一文的几点意见》，《光明日报》1961年9月1日。
③ 汤鹤逸：《易经中的辩证法及唯物主义因素》，《人文科学杂志》1957年第1期；沈颐民：《〈周易〉管见》，《文汇报》1961年8月15日。
④ 任继愈：《易经和它的哲学思想》，《光明日报》1961年3月31日。
⑤ 李镜池：《关于周易的性质和它的哲学思想》，《光明日报》1961年7月21日。
⑥ 详见杨庆中《二十世纪中国易学史》，人民出版社2000年版，第173—175页。
⑦ 平心：《关于周易的性质、历史内容和制作时代》，《学术月刊》1963年第7期。
⑧ 沈颐民：《〈周易〉管见》，《文汇报》1961年8月15日。
⑨ 高亨：《孔子和周易》，《文史哲》1962年第6期。

是经师对传《易》语录遗说的辑录，其年代当在立于学官之前；《说卦》、《序卦》和《杂卦》的制作年代则在立于学官之后，约在宣、元之间。①

关于《周易》的性质，学者们在《周易》本为卜筮之书这一判断上基本一致，其主要的分歧则是卜筮在《周易》中到底占有多大比重。由此而引发出三种不同的观点。如方蠹、冯友兰、沈瓞民、高亨、刘泽华和黄卓明等学者就认为，《周易》本是卜筮之书，但其中包含一定的哲学思想。而李景春、繁星和刘蕙孙则主张，《周易》不仅是卜筮之书，更是哲学的著作。换言之，《周易》主要是哲学著作。持《周易》是史书这一观点的主要有平心和刘先枚。②

在《周易》经和传之间的关系问题上，学者们也出现了争论。争论的焦点是能否援《传》以解《经》。一种观点认为解经必须援引传，而另一种观点则对此表示强烈反对。这一重大分歧最终引起了60年代初那场关于《周易》研究方法的大讨论。但因为政治的因素，这场大讨论最终夭折。

《周易》经传中的哲学思想，也是此时期学者们探讨的一大热点问题。因为马克思主义的范式已确立其在学术界的指导地位，所以此时期的相关学术讨论基本上都是围绕唯物和唯心、辩证法与形而上学这两对范畴展开的。认同并侧重于抉发《易经》中所包含的朴素唯物主义和辩证法的，主要有冯友兰、沈瓞民、任继愈、高亨和李景春等人。而对此持反对意见的主要有王明和刘泽华两位学者。与《易经》的探讨相类，学者们对《易传》中哲学思想的探讨也主要集中在《易传》的思想体系是唯物还是唯心这一判定上。如冯友兰和王明在此问题上即持相反的观点。此外，高亨对《易传》中的宇宙论和社会发展观的探讨、李景春对《易传》中的辩证法思想的阐发，影响也都比较大。

综上所述可见，这一时期对《周易》经传的研究，既是20世纪30年代以来相关易学讨论的继续，实际上也是马克思主义理论和方法在易学领域中得以普遍推行和应用的产物。新时代背景下的这场讨论，实际上深深地烙上了时代的种种印记。

---

① 李镜池：《周易探源》，中华书局1978年版，第326页。
② 详见杨庆中《二十世纪中国易学史》，人民出版社2000年版，第179—184页。

二　第二次易学热时期

20 世纪 80 年代中期以来，随着文化热的兴起，易学研究开始异军突起，一时风靡全国。在这次易学热时期，《周易》经传仍然是诸多学者关注和热议的主要对象。这种关注首先表现在大量《周易》注释本和注译本的集中涌现上。不少学者对《周易》经传方面的探讨就是通过这种形式来加以展现的。如徐志锐的《周易大传新注》（齐鲁书社 1986 年版）、宋祚胤的《周易译注与考辨》（湖南人民出版社 1987 年版）、王赣主编的《古易新编》（黄河出版社 1988 年版）、金景芳和吕绍纲合撰的《周易全解》（吉林大学出版社 1989 年版）、黄寿祺与张善文合著的《周易译注》（上海古籍出版社 1989 年版）、周振甫的《周易译注》（中华书局 1991 年版）、刘大钧和林忠军合撰的《周易传文白话解》（齐鲁书社 1993 年版）、唐明邦主编的《周易评注》（中华书局 1995 年版）等，都是以注释或译注或评注等形式来展示最新研究成果的典范。以上诸书，或重视训诂考据，或注重义理，或强调象数，或义理、象数兼顾，或以科学知识解《易》，各有特点。此外，潘雨廷的《周易表解》（1990 年遗稿，上海社会科学院出版社 1993 年版），将《周易》经传绘制成一百张表，以表代注以解释易学之大义，亦可谓匠心独具。

除了散见于这些注译之作中的观点外，此时期的《周易》经传研究，主要是围绕以下几个热点问题展开的。

第一，在经传关系问题上，此时期的研究比第一次易学热时期的相关探讨要辩证和深入得多。如宋祚胤的《周易经传异同》（湖南师范大学出版社 1990 年版）一书，通过对《周易》经传异同的详细比较，力主评价《周易》当以《易经》为标准，并得出了《易传》之失大于得的结论。而吕绍纲则反对宋氏这一观点，他认为《周易》应是经传一体的。[①] 对于前一时期学界一致认同的经传分治方法，余敦康明确地指出，古代学者的经传不分和"五四"以来的割裂经传这两种做法，都是不合历史真相的，经和传之间实际上存在一种"复杂微妙的关系"。[②] 朱伯崑也主张，我们既要认同经传分治，但

①　吕绍纲：《周易阐微》，吉林大学出版社 1990 年版。
②　余敦康：《易学今昔》，新华出版社 1993 年版，第 16 页。

也要看到传的主要部分是解释经和筮法的，要认可经传之间的密切关系。①

第二，在孔子和《周易》的关系问题上，这一时期也取得了重大突破。如李学勤撰写的《周易经传溯源》（长春出版社 1992 年版）一书，把近几年来的考古发现与传世文献结合起来，从考古学和文献学的角度论证了《周易》与孔子之间的密切关系及孔子作《易传》的传统。

第三，易学史上曾长期争论不休的义理与象数的关系问题，在这个时期也重新得到了探讨。如张善文的大作《象数与义理》（辽宁教育出版社 1993 年版）和萧汉明的《论〈周易〉的哲学思想与爻性爻位的关系》一文，② 代表了这个时期在这一问题上的研究水平。

第四，《易传》中相关问题的讨论。相对于此时期的《易经》研究，《易传》的讨论更为充分。如在《易传》各篇成书的问题上，张岱年、刘大钧和萧汉明都提出了新观点。张先生认为，郭沫若和李镜池的相关说法"疑古过勇"，《易大传》的基本部分应是战国中期至战国晚期的作品。③ 刘先生则提出了《说卦》早于《大象》，《大象》早于《象传》，《象传》早于《文言》，《文言》早于《系辞》的论断。④ 而萧先生主张，《杂卦传》当成书于《象传》之前、《说卦》之后，成篇的上下限当在春秋末期和战国初期。⑤

在《易传》研究中，《易传》一书的学派属性问题是此时期易学界激烈争论的焦点。这个问题实际上在第一次易学热时期就有学者论及，但讨论并不充分和深入。此次这个问题成为学界争论的焦点，主要是得益于马王堆帛书《易传》的公布。帛书《易传》，为学界探讨《易传》的学派属性问题提供了新材料。

此次大讨论围绕陈鼓应提出的"《易传》为道家系统之作"说而展开。⑥ 在争论过程中，主要形成了三派不同的观点：《易传》为道家系统之

---

① 朱伯崑：《易学哲学史》第 1 卷，华夏出版社 1995 年版。

② 萧汉明：《论〈周易〉的哲学思想与爻性爻位的关系》，《武汉大学学报》1985 年第 5 期。

③ 张岱年：《论〈易大传〉的著作年代与哲学思想》，《中国哲学》第 1 辑，三联书店 1979 年版。

④ 刘大钧：《周易概论》，齐鲁书社 1986 年版。

⑤ 萧汉明：《〈杂卦〉论》，《周易研究》1988 年第 2 期。

⑥ 在1987 年济南召开的"国际《周易》学术讨论会"上，陈鼓应首次提出了《易传》乃道家典籍的观点。1989 年《哲学研究》第 1 期上，他又发表了《〈易传·系辞〉所受老子思想的影响——兼论〈易传〉乃道家系统之作》一文，正式提出了"《易传》乃道家系统之作"说。陈先生与此相关的文章，后以《易传与道家思想》（商务印书馆 1996 年版）为名在大陆地区结集出版。

作说、《易传》是儒家典籍说和《易传》自成一家说。第一种观点，以陈鼓应为代表，王葆铉、胡家聪和李定生等学者也都撰文表示肯认、呼应。有支持者，亦有反对者。最早撰文反对陈说并力证《易传》是儒家典籍的是吕绍纲。[①] 反对陈说的还有张岱年、蔡尚思、周桂钿和廖名春等。在这场学术争论中，也出现了第三派观点。如余敦康从儒道互补的文化格局和中国文化根本精神的宏观视阈出发，就力主跳出学派之争，认为《易传》非道非儒、既道既儒，很难归结为某一学派。[②] 持相近观点的还有周立升、赵吉惠和王德有等。

此外，此时期还有学者从其他视域对《周易》经传进行了论说和推阐。如林忠军的《象数易学发展史》（齐鲁书社 1991 年版、1994 年版），周山的《易经新论》（辽宁教育出版社 1991 年版），廖名春等的《周易研究史》（湖南出版社 1991 年版），刘正的《周易发生学》（中国环境科学出版社 1993 年版），李廉的《周易的思维与逻辑》（安徽人民出版社 1994 年版），黄玉顺的《易经古歌考释》（巴蜀书社 1995 年版），等等，都体现了这一时期在经传研究上的深入和突破。董光璧的科学易，萧萐父的人文易，张立文的和合学，黎子耀和李大用的《周易》史观，都值得注意。张政烺等人对数字卦的研究，对易学史的研究有实质性推动，在这一时期的学术史上留下了重重的一笔。[③]

三 20 世纪 90 年代末至 21 世纪初期

由前述可见，在前两次易学热时期，《周易》经传问题都得到了广泛的探讨。而 20 世纪 90 年代以来，这方面的研究明显减弱了些。这种减弱，首先体现在相关研究专著的数量之减少上。这时期出版的专门研讨或论及《周易》经传问题的著作，主要有唐明邦的《当代易学与时代精神》（湖北人民出版社 1999 年版）、曹福敬的《大易阐真》（吉林人民出版社 1999 年版）、萧汉明和郭东升的《〈周易参同契〉研究》（上海文化出版社

---

① 吕绍纲：《〈易大传〉与〈老子〉是两个根本不同的思想体系——兼与陈鼓应先生商榷》，《哲学研究》1989 年第 8 期。

② 详见余敦康《易学今昔》，新华出版社 1993 年版，第 44—57 页。

③ 张政烺：《试释周初青铜器铭文中的易卦》，《考古学报》1980 年第 4 期；《殷墟甲骨文中所见的一种筮卦》，《文史》第 24 辑，1985 年；《易辨》，《中国哲学》第 14 辑，人民出版社 1988 年版。

2001 年版)、鞠曦的《易道元贞》(中国文联出版社 2001 年版)、廖名春的《〈周易〉经传与易学史新论》(齐鲁书社 2001 年版)、吴新楚的《〈周易〉异文校证》(广东人民出版社 2001 年版)、周山的《解读周易》(上海书店出版社 2002 年版)、萧汉明的《易学与中国传统医学》(中国书店 2003 年版) 与《〈周易本义〉导读》(齐鲁书社 2003 年版)、王博的《易传通论》(中国书店 2003 年版)、金春峰的《〈周易〉经传梳理与郭店楚简思想新释》(中国言实出版社 2004 年版)、唐明邦、汪学群的《易学与长江文化》 (湖北教育出版社 2003 年版)、梁韦弦的《周易思辨哲学》(黑龙江人民出版社 2005 年版)、刘大钧的《今、帛、竹书〈周易〉综考》(上海古籍出版社 2005 年版)、陈鼓应和赵建伟合著的《周易今注今译》(商务印书馆 2005 年版)、李学勤的《周易溯源》(巴蜀书社 2006 年版)、兰甲云的《周易古礼研究》(湖南大学出版社 2008 年版)、李尚信的《卦序与解卦理路》(巴蜀书社 2008 年版) 等。此外，汪学群从断代易学史的角度研究清代易学，已有《清初易学》 (商务印书馆 2004 年版)、《清代中期易学》(社会科学文献出版社 2009 年版) 问世。

这些著作基本上包含了这时期在《周易》经传研究方面的最新研究成果。如曹福敬在周易卦爻辞的编定时间、爻题形成的时代等问题上的见解，鞠曦对《说卦传》的解读，廖名春对《周易》成书年代、乾坤丰三卦之卦爻辞和《大象》、《彖》、《说卦》三篇的考释，王博对《易传》诸篇之作者、成书年代的考证和在《易传》之解经体例、思想等问题上的论析，梁韦弦对《周易》经传中的人道观、人性论、吉凶观、象数与义理关系和人文精神等重要论题的思辨，陈鼓应和赵建伟对《周易》卦爻辞的考释，兰甲云对《易》中古礼的探究，李尚信对卦序的研讨等，都多有发前人之所未发者。周山的《解读周易》一书，是一部专门研讨《周易》经传的著作，其中凝结了作者多年研究的成果，其对卦爻画的产生过程、六十四卦推理系统的基本规则和方法、卦爻辞中蕴涵的历史文化价值、《易传》成文的大致年代、《易传》作者的学派倾向、《易传》在易学史上的主要贡献和失误等问题都作了详细的论说和解读。金春峰《〈周易〉经传梳理与郭店楚简思想新释》一书的前一部分，对《易经》的编纂成书过程及其思想意义、《易传》形成的时代及其思想特色作了全面的梳理。其中多有新知新见。如对一些卦爻辞的考释，《大象》的成书时代及其与《彖》、《小象》的关系等问题上，就给人以耳目一新的观感。此书也是新时期研讨《周易》经传的一部力作。李学勤的《周易溯源》，是在其前作《周易经传溯源》一书的基础上增订而成的。但较之后者，此次改动也很大，其中也汇集了作者近年来在《周易》经传方面如筮数、卦画问题上的最新研究成果。

总而言之，这一时期的《周易》经传研究，虽然在热度上较之前两个时期有所减弱，但也出现了前两个时期所未曾有的一些研究新方向和新特点。

首先，就是对《周易》异文的捃摭和考证。这是此时期出现的研究新方向。对经典异文的整理和研讨，本是经学研究中的一大根本问题，也是其他相关研究得以展开的基础。古代学者对此一直都很注重。但50年代以来，这方面的研究几乎中断了。近年来，随着出土文献的大量涌现，许多学者已开始逐渐认识到这一探讨的重要性和紧迫性。吴新楚的《〈周易〉异文校证》和刘大钧的《今、帛、竹书〈周易〉综考》，就是这方面研究的典范。吴著不但从语言学的角度对《周易》异文问题作了系统的概述，而且通过对20世纪出土的多种易类新文献和传世易学类文献的互勘对校，较为全面地辑录了《易经》的异文，资料丰富，考辨甚详，是《周易》经传研究的必备之书。此外，此书还对一些卦的卦爻辞作了新的考释。刘先生的大作，对今、帛、竹书三种《周易》的异文作了深入的考证，探讨了三种文本中经文的今文、古文问题，并对《周易》之古义和今义问题进行了分疏，其中多有新见，是作者近年来在《周易》研究方面的最新成果。

其次，表现出细、专的研究特点。在《易经》研究方面，这一时期的很多学者开始侧重于研究《易经》的基本结构，《易经》的卦名、爻题、爻变、卦爻辞、卦序、基本概念或观念、论题、思维方式等问题，都得到了非常细致深入的探讨；而详细考释或重新解说某一个或某一组卦，更是风行一时。在《易传》方面，亦是如此。除了前两个时期曾提出过的老问题因新材料的出土而被重新研究外，《易传》诸篇中的一些问题，如对《说卦传》中的类思维和错简问题、《彖》、《象》释卦次序比较、《系辞》和《序卦》中的基本概念、《序卦》的评价、《易传》中某一具体观念及其影响等，都成为此时期学界关注和研讨的重点。这一时期的《周易》经传研究，向细、专方向发展的态势很明显。

最后，新材料和新方法的广泛采用。学术的发展，离不开新材料的出现和新方法的应用。由前文可见，这一时期的许多研究新成果实际上都是因据这些新出土的简帛新材料而取得的。另一方面，《周易》研究的视阈和方法也日益多元化。在这一时期，西方现代解释学、管理学、美学、符号学、法学、政治学等专业理论和方法，都被迅速地引入到《周易》经传研究中。当然，在引入的过程中也出现了一些问题。但新思想范式和新方法的引入，无疑对《周易》经传研究的发展还是起到了非常大的促进作用。

此外，杨庆中的《二十世纪中国易学史》（人民出版社 2001 年版）一书对现代易学史的梳理与研究也非常值得重视。

第三节　近年来《诗》、《书》二经之研究概观

近百年来，我国大学的学科建制基本上是袭自西方的。这种仿照的直接后果之一，就是传承数千年的传统学术体系遭到瓦解。在现代学术体系中，经与经学注定难以保全其身，最终只能落个被文、史、哲等学科分割、肢解的下场：《诗》被划入文学，《书》和《春秋》被归入史学，而《周易》和《礼》则被归入哲学。这样，本自成体系、传承悠久的传统经学，只能被迫进行着痛苦的现代学术转型。

客观而言，这种学术研究转型并非完全是坏事。如在转型过程中，笼罩在经与经学头上的诸种神圣光环就得到了较彻底的破除，这是一种思想的解放。另外，因得益于诸种西方思想范式的比照、冲击和诱发，经与经学的研究也取得了以前时代所不可能有的诸多新成果。但另一方面，我们也必须看到，传统经学的主旨及其内蕴的明经致用之精神，在这种学术转型中曾一度几乎消亡。故这种研究和传统意义上的经与经学研究已有本质的区别。

而近年来，随着传统文化热的兴起和持续发展，传统的经学研究亦有了某种意义上的复兴，并取得了数量可观的成果。下面就对近年来《诗》、《书》的这种经学研究状况，作一个简略的回顾和探讨。

一　《诗》的经学研究

自《诗》的经学外衣被"五四"学者剥除之后，从文学的角度来研讨《诗》就成为《诗》学研究的主流。50 年代后，专注于文学与现实关系的庸俗反映论更是一度甚嚣尘上。而 20 世纪 80 年代以来，随着大陆地区

"文化热"的兴起和发展，在传统和现代的思想激烈碰撞中，大陆地区《诗》学研究终于摆脱了这种单一、僵化的庸俗反映论模式，开始侧重于以文化批判的视阈来解读《诗经》所体现的民族文化精神。

从民族文化精神的高度来探讨《诗》的价值和意义，这实际上暗含着这样一种思想前提：《诗》在中华文化史上具有元典地位，对民族文化精神的塑造起着重要的奠基作用。故诚如赵沛霖所言，"与以往的研究相比，这种考察和认识方式本身就包含着对于《诗经》的一种新的认识和评价"。① 这也就是说，《诗》在中华文化中的经典地位和价值在新时期又获得了人们的重新审视和肯定。

肯定《诗》的文化经典地位，发掘和研讨《诗》在民族文化精神塑造方面的奠基作用，原本就是传统经学研究的应有内容。故"文化热"思潮背景下的这种《诗》的研究范式，在某种意义上无疑正是对曾一度受到批判甚至遭到否弃的传统经学研究的承继和发展。这种文化研究意识，和《诗》固有的内容和根本精神也是相契合的。所以，在20世纪80年代中后期以来，涌现出大量被冠以"文化"之名的《诗经》研究著作，《诗经》研究取得了累累硕果。这是新时期《诗经》研究中的一个重大转折。傅璇琮在《日晷文库·总序》中对新时期的这种《诗经》研究范式作了高度的评价："如果说，这些年来我们的古典文学研究真正有所进展的话，那么，这种文化意识的观念及其在实际研究工作中的运用，是最可值得称道的成就。"②

具体来说，20世纪80年代以来，学者们运用这种文化研究模式所取得的成果主要包括以下两个方面的内容：

1. 《诗经》的文化性质

20世纪80年代以来，学者们在研究《诗经》产生的环境和背景时，已开始自觉摒弃了过去僵化的文学与社会经济平行的庸俗反映论思路，而能从文化的角度对《诗》的性质作重新审视和判定。在这一时期，考察《诗》无不是首先从其周代礼乐文化这一性质地位开始的，"这已经成为

---

① 赵沛霖：《关于近年来〈诗经〉研究的两个问题》，北京大学《儒藏》编纂中心编：《儒家思想典籍与思想研究》第1辑，北京大学出版社2009年版，第49页。
② 傅璇琮：《日晷文库·总序》，东方出版社1997年版。

20 世纪 80 年代以后《诗经》研究论著的一个显著特征"。① 廖群就曾明确地说："'诗三百'是在周代礼乐文化中产生的一部诗歌总集，它的文化的、精神的、形式的一切特征便都从此产生。"②

有的学者则从商周文化之间的因革角度研究《诗》，如姚小鸥《诗经三颂与先秦礼乐文化》一书力图从三颂和殷、周代礼乐文化之间的深刻联系展开论证，批驳了《鲁颂》不合《诗经》"颂"体的成说，对三颂产生的文化背景作了深度的抉发，并据此提出了一系列新见。许志刚的《诗经论略》一书也从《诗经》和周代礼乐文化的关系这一角度，对《诗经》孕育的文化背景之复杂性和多样性作了细致的分疏和研讨，令人深受启发。

2.《诗经》中的文化传统的具体解析

20 世纪 80 年代以来，这方面的研究论著较多。有的学者直接从《诗经》诸篇的内容及其结构出发，对其中的文化传统进行了具体的解读和总结，如赵敏俐就把《诗经》中的文化精神概括为安土重迁、勤劳守成的乡土情韵，宗族伦理观念与宗国情怀和以人为本的人文精神等三个层面，并认为这些文化精神突出地体现在君子人格的形成方面：《诗经》通过塑造一系列具有崇高道德人格的君子形象，不但表现出周代贵族对于道德人格的自觉追求，而且体现出这种君子人格的具体内涵和特征，如进取精神、忧患意识和独立情操等。③ 有的学者如赵沛霖则对《诗经》中的战争诗进行了专门的文化研究，揭示了这些战争诗与一般战争诗特别是希腊史诗的不同：它们从来不对战争场面的血腥和惨烈进行直接描述和大力渲染，而只是描写仪仗如何威严、士气如何高涨，等等，这种文学格调背后的深层原因正是崇德尚义、胜残去杀、以德服人的文化传统观念。④

有的学者则以经学或文化的视阈对"四始"、"三象"问题作了新释。如李笑野认为，《诗经》以"四始"为中心的内在结构，鲜明地体现了其经世治国的经学观念：《关雎》为《风》之始，体现了以治家为基点进而

---

① 赵沛霖：《关于近年来〈诗经〉研究的两个问题》，北京大学《儒藏》编纂中心编：《儒家思想典籍与思想研究》第 1 辑，北京大学出版 2009 年版，第 47 页。

② 廖群：《〈诗经〉与中国文化》，香港东方书社 1997 年版，第 63 页。

③ 赵敏俐：《论诗经与中国文化精神》，《东方论坛》1993 年第 1 期。

④ 详见赵沛霖《诗经研究反思》，天津教育出版社 1989 年版。

风化天下的思想；《鹿鸣》为《小雅》之始，体现了"尊尊而亲亲"的亲和意识；《文王》为《大雅》之始、《清庙》为《颂》之始，则具有以文王法象为典则的意义。所以，"从《诗经》的内在结构看，从它诞生伊始，便有着鲜明的经学特色"。① 关于"三象"问题，姚小鸥认为，"象"不是指动物，而是"似"、"效"和"法象"之意，表示先王之典型为后王仿效之法象，歌颂后王追步先王之德、续先祖之功。② 有的学者如赵沛霖、洛启坤则对《诗经》中的宴饮诗进行了研究，批驳了20世纪50年代以来对这些诗全面否定的论调，肯定了这些诗的文化意义和价值，认为它们的意义与价值就在于和礼乐文化的关系。③

也有不少学者从诗和礼乐关系的角度对《诗》作了富有启发性的阐释，如研究《诗》和籍田礼、祭礼、宴享礼、婚嫁礼等之间的关系等，王洲明《先秦两汉文化与文学》一书还对诗乐离合的利弊问题作了客观的分析。还有学者对《诗》和宗法制度的关系作了梳理（如王洲明《西周宗法制度与〈诗经〉》）。

除了上述研究理路之外，有的学者则从《诗经》的历史文化影响或文本的历史考察来阐释其包蕴的文化精神。前者以廖群的《诗经与中国文化》为代表，后者以李山的《诗经的文化精神》为典范。廖著认为，"《诗经》对中国文化的影响，值得一提的、最显而易见的就是'二雅'作者心系宗国命运和政治得失的终极关怀所带给中国文人学士的忧患济世精神，以及由此而逐渐形成的注重政治生命的人生价值观念"。④ 李著也肯定了《诗》和周代礼乐文化的一致性。

此外，在《诗经》学史研究方面，夏传才的《诗经研究史概要》和洪湛侯的《诗经学史》是新近的重要研究成果。傅丽英的《明代诗经学》、刘毓庆的《从经学到文学——明代〈诗经〉学史论》和赵沛霖的《现代学术文化思潮与诗经研究：二十世纪诗经研究史》则都是《诗经》断代研究史的力作。在传统的《诗经》小学研究、名物考证和文献研究

① 李笑野：《先秦文学和文化研究·战争诗与上古政治军事思想》，上海财经大学出版社2000年版。

② 姚小鸥：《诗经三颂与先秦礼乐文化》，北京广播学院出版社2000年版，第102—108页。

③ 赵沛霖：《〈诗经〉宴饮诗与礼乐文化精神》，《天津师范大学学报》1989年第6期；洛启坤：《〈诗经〉宴饮诗论》，《第二届诗经国际学术研讨会论文集》，语文出版社1996年版。

④ 廖群：《诗经与中国文化》，香港东方书社1997年版，第167—168页。

等方面，近年来也涌现出一大批非常厚实的研究成果。如向熹的《诗经语言研究》、杨合鸣的《诗经句法研究》、扬之水的《诗经名物新证》、董治安的《先秦文献与先秦文学》、寇淑慧的《二十世纪诗经研究文献目录》、刘毓庆的《历代诗经著述考》、张树波的《国风集说》等，都是其中的典范。

二　《书》的经学研究

《书》之语言佶屈聱牙，难以卒读，素称难治。而与其他诸经相比，《书》在流传过程中出现的版本问题更为复杂。自吴才老、朱熹始疑古文《尚书》之伪后，关于它的真伪争论就成为中国经学史上的一个悬案，一直聚讼不已。在论争中，阎若璩的古文《尚书》为伪书之说得到四库馆臣及其后疑古学派的肯定，古文《尚书》为伪书的观点遂一时盛行而成为学界的主流看法，其影响一直延续至今。而近年来，随着大量地下出土资料的不断涌现，以及由此而引发的对疑古思潮的不断反思和批评，古文《尚书》的真伪问题又被重新提出来，成为《尚书》经学研究中的一个焦点。

另外，"五四"以降，随着经学的衰微，学者多把《书》视为上古历史之典籍而甚少从经学的角度来推明《书》中的思想。可喜的是，这种研究状况近年来也开始有了一些转变。窃以为，这两个方面是当前《书》研究中颇值得注意的现象。

1. 近年来学界对古文《尚书》真伪的争论

随着地下文献的不断涌现，一些学者如李学勤早在 20 世纪 90 年代初就开始对疑古思潮进行了反思和批评，力主要"走出疑古时代"。具体到古文《尚书》问题，李先生在《论魏晋时期古文〈尚书〉的传流》一文中，较早地提出了"前人研究《尚书》的某些成果仍有重新审核的必要"的观点。① 其后，他又进一步论证了《尚书孔传》的出现时间当在魏晋间，认为今传本古文《尚书》很可能成于孔安国等孔氏之手，有着很长的编纂、改动、增补的过程，② 这实际上也否定了孔传古文《尚书》系皇甫谧或梅赜等人伪造的旧说。

---

① 详见李学勤《古文献论丛》，上海远东出版社 1996 年版，第 285—296 页。
② 李学勤：《〈尚书孔传〉的出现时间》，《古籍整理研究学刊》2002 年第 1 期。

　　在郭店简和上海博物馆藏战国楚竹书等出土文献的支持下，越来越多的学者开始质疑旧说，而力主古文《尚书》不伪。郭店简和上博简这两个简本的《缁衣》多处征引了《尚书》，其中有几处涉及古文《尚书》之文。由此，有学者推断古文《尚书》系魏晋人所伪造的成说值得商榷或不可能成立，也有学者甚至迳断古文《尚书》不伪。如吕绍纲认为，由郭店简本《缁衣》所征引的古文《尚书》情况可知，"清人关于晚出古文《尚书》乃东晋人伪作的结论并非无懈可击，仍可以再作讨论"。① 王世舜通过比较也认为，"如果《古文尚书》在战国中期就已在流传，那么，《古文尚书》的伪造者当是战国中期或战国中期以前的人，而决不可能是晚至东晋时代的梅赜"。② 郭沂则认为郭店竹简引用了多条古文《尚书》的材料，其中大部分见于今传古文《尚书》（有几条不见于今本，说明今本有佚文），这足以证明古文《尚书》不伪。③

　　除了上述以出土简帛为据而怀疑旧说之外，一部分学者如杨善群、张岩等则对辨伪派的观点追根溯源，猛烈批驳阎若璩之说而力证古文《尚书》之不伪。2003 年以来，杨先生集中地发表了《古文〈尚书〉流传过程探讨》等一系列力图为古文《尚书》昭雪平反的文章，对古文《尚书》是"搜集群书征引《尚书》原文而编造出来"的说法进行了辩驳，力证阎若璩之说不能成立而力主古文《尚书》不伪，肯扬其学术价值。④ 张岩则先是于 2005 年在国学网上发表了名为《阎若璩〈疏证〉伪证考》的长文，批评阎氏伪书的"指控"实不能成立。其后，张先生又出版了《审核古文〈尚书〉案》（中华书局 2006 年版）一书，对阎若璩等人判定古文《尚书》为伪书的观点作了全面系统的批驳。

　　与杨、张之说相类而持古文《尚书》不伪观点的还有刘建国、吴通福、离扬、郑杰文、何焱林等学者。

　　对于近年来把古文《尚书》当做真《尚书》来引用和据此出土竹简文

　　① 吕绍纲：《〈郭店楚墓竹简〉辨疑两题》，《史学集刊》2000 年第 1 期。
　　② 王世舜：《略论〈尚书〉的研究和整理》，《聊城师范学院学报》2000 年第 1 期。
　　③ 郭沂：《郭店竹简与中国哲学（论纲）》，《郭店楚简国际学术研讨会论文集》，湖北人民出版社 2000 年版。
　　④ 详见杨善群《古文〈尚书〉流传过程探讨》，《学习与探索》2003 年第 4 期；《古文〈尚书〉与旧籍引语的比较研究》，《中华文化论坛》2003 年第 4 期；《论古文〈尚书〉的学术价值》，《孔子研究》2004 年第 5 期；《辨伪学的歧途——评〈尚书古文疏证〉》，《淮阴师范学院学报》2005 年第 3 期。

献为古文《尚书》翻案的现象，也有学者表示反对。如裘锡圭就对此现象进行了批评，认为郭店简《成之闻之》篇所引《大禹谟》之文已经再次证明了今传古文《尚书》之伪，"我们走出疑古时代，是为了在学术的道路上更好地前进，千万不能走回到轻率信古的老路上去。我们应该很好地继承包括古书辨伪在内的古典学各方面的已有成果，从前人已经达到的高度继续前进"。①

以上是新时期关于古文《尚书》争论的大致情况，而就目前研究的成果观之，还是一时难断其真伪，这一争论也还将继续下去，而问题的解决还要寄希望于新材料的出现。

2.《书》的经学思想研究

以经学的角度言之，《书》本为记载二帝三王治"天下之大经大法"（蔡沈：《书经集传·序》）的上古典籍。故古之治《书》者，其研究旨趣乃在发见其中的思想。而"五四"以降，因学界把《尚书》归入史学，视其为上古历史之典籍，故甚少有人从思想的角度来研治《书》。刘起釪曾总结说，现代学者利用甲骨文材料研究《尚书》取得了很大的成就，"胜义纷纭"，"但这些成就……并没有更深入探索《尚书》所含蕴的深刻思想内容和社会历史意义"。②《尚书》研究的这种状况时至今日仍没有多大的改观。而可喜的是，近年来已有学者开始朝这方面努力，并取得了相应的成就。

首先是游唤民的《〈尚书〉思想研究》（湖南教育出版社2001年版）。该书以今文《尚书》为研究对象，从哲学和政治伦理两个方面切入，较全面地论述了《尚书》所蕴涵的深刻思想，如"中庸"思想、"无为"思想、天道观、礼治思想、民本思想、德的思想、法先王思想、孝悌思想以及修养观等，并由此进一步阐述了《书》对春秋战国思想文化发展的深远影响。当然，此书的有些说法已较为陈旧，但它对当前的中国思想史研究还是很有启发意义的。

其后，吴锐对《书》中的神权政治、道统、天命和德治思想等作了分类研究和深入探讨，从思想层面揭示了《书》对中华传统文化非同寻常的

---

① 裘锡圭：《中国古典学重建中应该注意的问题》，日本东京大学郭店楚简研究会编：《郭店楚简之思想史的研究》第4卷，2000年6月。
② 刘起釪：《尚书学史》，中华书局1989年版，第498页。

意义。①

在《书》的思想研究方面，较多学者都注意到其中的"德治"思想。如张幼良认为，商周交替之际君权神授思想的危机以及西周时期敬天保民、重视民意的社会思潮是《书》德治思想产生的历史渊源，《书》德治思想的内涵包括注重民生、保护百姓、尚德慎刑、敬天爱民、做民楷模、严于律己、敬重贤能、完成美政等层面。② 杜建慧则认为，德治思想萌芽于殷商时期，西周初德治建构的主要内容有"以德配天"、"敬德保民"、"明德慎罚"等，周初的这一德治建构开启了中国政治关注现实、注重伦理道德的传统。③

梁凤荣则对《书》中的德政模式作了较深入的探讨，认为《书》中蕴涵了丰富的"德政"思想，其明德诚信、立政为贤、恤民养民的"德政"范式清晰可见。④ 其他方面，如朱晓红从礼、刑的角度对《尚书》法学思想的解读，李建以《周书》为中心对《尚书》中殷鉴思想的讨论，⑤ 等等，都是相关方面研究的力作。

综上可见，目前学界对《书》经学思想方面的探讨无疑还是非常薄弱的，而这也从一个侧面反映了目前中国整个经学研究的困境。徐复观在《中国经学史的基础》一书中曾对经学研究提出了颇具启发性的观点，认为经学史应由两部分构成："一是经学的传承，一是经学在各不同时代中所发现所承认的意义"，但"中国过去涉及经学史时，只言人的传承，而不言传承者对经学所把握的意义，这便随经学的空洞化而经学史亦因之空洞化。更因经学史的空洞化，又使经学成为缺乏生命的化石，则此一代表古代文化大传统，在中国现实生活中的失坠，乃必然之事。即使不考虑到古代传统的复活问题，为了经学自身的完整性，也必须把时代各人物所了解的经学的意义，作郑重的申述。这里把它称为'经学思想'，此是今后

---

① 详见姜广辉主编《中国经学史》第 1 卷，中国社会科学出版社 2003 年版，第 427—447 页。

② 张幼良：《〈尚书〉德治思想原论》，《徐州师范大学学报》（哲学社会科学版）2000 年第 4 期。

③ 杜建慧：《试论周初德治建构——以〈尚书〉为中心》，《江汉论坛》2007 年第 4 期。

④ 梁凤荣：《论〈尚书〉中德治模式》，《辽宁大学学报》（哲学社会科学版）2006 年第 2 期。

⑤ 朱晓红：《礼与刑：〈尚书〉法思想解读》，《西北大学学报》2009 年第 5 期；李建：《"殷鉴"思想论略》，《史学史研究》2009 年第 2 期。

治经学史的人应当努力的大方向"。① 徐先生此观点可谓先得我辈之心，在当前经学思想研究仍很薄弱的情况下，实应有越来越多的学者参与到此方面的研究中，为中国经学的复兴贡献自己的力量。②

---

① 徐复观：《中国经学史的基础》，台湾学生书局 1982 年版，第 208 页。

② 限于学识，笔者对三《礼》、《春秋》三传等的研究未能作出评述。有关三《礼》方面，请见钱玄《三礼通论》（南京师范大学出版社 1996 年版）；杨向奎《宗周社会与礼乐文明》修订本（人民出版社 1997 年版）；沈文倬《宗周礼乐文明考论》（杭州大学出版社 1999 年版）；陈戍国《中国礼制史》（湖南教育出版社 2002 年版）；彭林《〈周礼〉主体思想与成书年代研究》（中国社会科学出版社 1991 年版）与《中国古代礼仪文明》（中华书局 2004 年版）；杨天宇《郑玄三礼注研究》（天津人民出版社 2007 年版）；杨志刚《中国礼仪制度研究》（华东师范大学出版社 2000 年版）；杨华《先秦礼乐文化》（湖北教育出版社 1996 年版）与《新出简帛与礼制研究》（台湾古籍出版有限公司 2007 年版）；龚建平《意义的生成与实现——〈礼记〉哲学思想》（商务印书馆 2005 年版）；陈其泰等编《二十世纪礼学研究论集》（学苑出版社 1998 年版）；王锷编《三礼研究论著提要》（甘肃教育出版社 2001 年版）；郭齐勇、胡治洪主编《儒家文化研究》第 3 辑 "礼学研究专号"（北京三联书店 2010 年版）。

第九章　少数民族哲学研究

20 世纪 80 年代以前，"少数民族哲学"这一概念及研究方向在中国学术史上从未出现过。苏联曾在 50 年代出版过《苏联各民族哲学及社会思想史》一书，中国出了译本，但没有太大反响。因此，在中国学术史上，"少数民族哲学"是一个全新的概念、全新的研究方向和领域。那么，它是怎样被提出来的，又是怎样获得它的价值和意义而为人们所研究的呢？

第一节　"少数民族哲学"的提出和论争

"少数民族哲学"这一概念及研究方向，首先是从政治和道义的角度提出来的。1979 年在济南召开全国哲学、社会科学规划会，会上少数民族学者蒙和巴图（蒙古族）、果吉宁哈（彝族）提出：现今的中国哲学史（著作）没有写少数民族哲学，因此应当改称"汉族哲学史"，或者你们认为少数民族不是中国人。这首先是从民族平等的政治原则和精神理念提出的尖锐问题。这一问题得到了有关领导及与会学者的高度重视和积极回应。邓祥的《建议重视我国少数民族的哲学思想研究》指出，"研究我国少数民族的哲学思想，是摆在哲学工作者面前的一项光荣而艰巨的任务，对于繁荣我国的学术，增强各民族之间的团结，是非常必要的"，"无视或轻视少数民族的哲学思想，既不符合我国的历史实际，也不符合各族人民的愿望"[①]。在北方，内蒙古自治区建立蒙古族哲学研究室；在南方，中国哲学史学会云南省分会等组织积极开展少数民族哲学思想研究。1981年，"中国北方少数民族哲学及社会思想史学会"成立；1983 年，"中国南方少数民族哲学及社会思想史学会"成立，由此展开了有组织的研究。

[①]　邓祥：《建议重视我国少数民族的哲学思想研究》，《光明日报》1979 年 6 月 28 日。

随后,《中国大百科全书·哲学》卷、《哲学大辞典》等大型工具书都设立少数民族的条目,并推动学者们展开研究。

　　当然,"少数民族哲学"并不只是适应政治需要而设定的概念和研究方向,当时从学术的角度也提出了这个问题。首先就是中国哲学史的系统性、全面性问题。有学者在李国文的论文《纳西族古代哲学思想初探》的"编者按"中指出:"少数民族的哲学思想,是中国哲学史的重要组成部分,积极开展这一方面的研究是建立完整的系统的中国哲学史体系的必要条件。"① 按语实际代表了中国哲学史学会的意见。1982 年 8 月北方学会举行第一届年会和学术讨论会,次年出版会议论文集,任继愈先生在文集的序言中说:"中国哲学史,是中华各民族共同创造的认识史,民族有大小,各族人口有多有少,但各民族都对中华民族的文化建设作出了各自的贡献。""对各民族的哲学思想研究得越彻底,思想资料掌握得越丰富,将来我们写出的中国哲学史的内容就越充实,从而做到名副其实的'中国哲学史'。"② 其次,改革开放后,中华民族的民族意识觉醒,各少数民族的民族意识也日益觉醒,纷纷要求继承、弘扬本民族文化,由此各族儿女积极整理、研究本民族的思想、文化遗产,并进而要求研究本民族重要的、有代表性的哲学思想,如蒙古族学者就展开对成吉思汗、忽必烈以及尹湛纳希、罗卜桑却丹哲学思想的研究。最后,当时国内兴起关于哲学的起源和萌芽的研究,以及原始意识、原始思维的研究,这方面的研究必然要触及少数民族哲学的问题。1983 年,任继愈先生主编的《中国哲学发展史》(先秦卷,人民出版社 1983 年版)出版,第一章《中国原始社会思维的发展和世界观的早期形态》,支撑它的史料来自两个方面:考古发掘的远古遗物和现实调查的少数民族资料。与此同时,一些学者发表了从少数民族资料研究原始思维和哲学起源的论文。如刘文英先生的《从〈创世纪〉看纳西族的原始宇宙观念》③,李国文的《从象形文字看古代纳西族时间观念的形成》。④ 这些研究明确地肯定,若要研究哲学的起源和原始思维问题,

---

　　① 李国文:《纳西族古代哲学思想初探》编者按,《中国哲学史研究》第 4 期。

　　② 中国北方少数民族哲学及社会思想史学会编:《中国少数民族哲学思想史论集》,中国社会科学出版社 1985 年版,第 1—3 页。

　　③ 刘文英:《从〈创世纪〉看纳西族的原始宇宙观念》,《哲学研究》1982 年第 11 期。

　　④ 李国文:《从象形文字看古代纳西族时间观念的形成》,《哲学研究》1983 年第 1 期,此文及《纳西族古代哲学思想初探》等相关文章均收入《李国文纳西学论集》,民族出版社 2006 年版。

就须研究少数民族。

由于政治和学术两方面的推动，从 20 世纪 80 年代起少数民族哲学思想的研究就蓬勃地开展起来。但是，从开始它就为一个根本性的问题所纠缠和困扰：少数民族究竟有没有哲学思想？虽然没有人公开发表文章提出这个问题，但是一些学者在不同的会议上反复提出过这个问题；同时，作为一个新的研究方向和领域，"少数民族哲学"也不可避免地要面对这个问题。如 1981 年年底和 1982 年年初，吴德希、佟德富二位就说："在我国，开展少数民族哲学思想的研究是一项新课题。两年多来，我们在着手开展这项研究工作时，碰到了一些亟待解决的问题，比如，我国少数民族有无哲学思想？开展这项研究工作有没有意义？许多同志对这些问题都持肯定意见，但也有些同志抱怀疑乃至否定的态度。"[1]

人们普遍认为，要回答这个问题，首先就是拿出资料来，拿出有关少数民族哲学思想的资料，证明少数民族有哲学思想，证明这个研究方向能够成立。于是，中国哲学史学会云南省分会从 1980 年开始，连续 6 年编选并内部出版了 6 本《云南少数民族哲学及社会思想资料选辑》；内蒙古社会科学院蒙古族哲学思想研究室，用蒙汉两种文字编印了《蒙古族哲学及社会思想史资料》以及相关文献，如《蒙古秘史》、《蒙古源流》等；贵州省哲学学会编印了《贵州省少数民族哲学及社会思想资料选编》。

与此同时，20 世纪 80 年代发表了一大批有说服力和较高学术水平的论文，它们从著作、文献、人物等各个方面论证了少数民族确实存在丰富多彩的哲学思想。如李延良对彝族三部重要文献《勒俄特依》、《宇宙人文论》、《宇宙源流》的论述[2]；王天玺对彝族著作《生命的根源》的论述[3]；买买提·明·玉素甫对 11 世纪维吾尔族思想家玉素甫·哈斯·哈吉甫的论述[4]；巴图巴干对忽必烈的论述[5]；武国骥、李凤鸣对清代蒙古族思想家

①　吴德希、佟德富：《谈谈少数民族哲学研究》，《中央民族学院学报》1982 年第 1 期。

②　参见李延良《彝族史诗勒俄特依的哲学思想》，《中央民族大学学报》1981 年第 4 期；《彝族哲学思想录》，《哲学研究》1981 年第 4 期。

③　王天玺：《略论彝族著作〈生命的根源〉的哲学思想》，《哲学研究》1981 年第 2 期。

④　参见买买提·明·玉素甫《略论十一世纪维吾尔著名思想家、诗人玉素甫·哈斯·哈吉甫的哲学思想》，《新疆社会科学》1982 年第 1 期。

⑤　巴图巴干：《忽必烈汗思想研究》，辽宁民族出版社 2007 年版。

罗卜桑却丹的论述;① 李国文对纳西族史诗《创世纪》的论述;② 伍雄武对傣族古代著作《哇雷麻约甘哈傣》（论傣族诗歌）和《咋雷蛇曼蛇勐》（谈寨神勐神的由来）以及白族思想家李元阳的论述。③ 在数年之中，他们对数十个少数民族的众多的著作、人物，以及口传的文本进行诠释，指出它们包含着丰富的哲学思想。到 20 世纪 90 年代初，在各种报刊和学术会议上发表的论述少数民族哲学思想的论文已经非常多了，汇集成文集的不下十余种，如《蒙古族哲学思想史论集》、《藏族哲学思想史论集》、《朝鲜族哲学思想史论集》、《彝族哲学思想史论集》、《白族哲学思想史论集》、《纳西族哲学思想史论集》、《傣族哲学思想史论集》以及《中国南方少数民族哲学思想研究》、《西南少数民族哲学社会思想史论文集》、《云南少数民族哲学思想史论文选集》等。在此基础上，从 20 世纪 90 年代中后期起，陆续诞生了多部分族别撰写的哲学思想通史，如龚友德《白族哲学思想史》（云南人民出版社 1992 年版）、乌兰察夫等《蒙古族哲学思想史》（内蒙古大学出版社 1994 年版）、武国骥主编《蒙古族哲学史》（内蒙古文化出版社 1994 年版）、黄庆印《壮族哲学思想史》（民族出版社 1996 年版）、伍雄武、普同金《彝族哲学思想史》（民族出版社 1998 年版）、伍雄武、岩温扁《傣族哲学思想史》（民族出版社 1997 年版）等，以及 21 世纪出版的石朝江、石莉《中国苗族哲学社会思想史》（贵州人民出版社 2005 年版）、萧洪恩《土家族哲学通史》（人民出版社 2009 年版）。与此同时，由萧万源、伍雄武、阿不都秀库尔主编的《中国少数民族哲学史》（安徽人民出版社 1992 年版）也编写完成并出版，该书涵盖了24 个少数民族的哲学思想史，其中包括人口较多、文化较为发达的蒙古、藏、维吾尔、壮、彝、白、苗、瑶、傣等。至此，少数民族有没有哲学和少数民族哲学研究方向能否建立这两个问题似乎得到了很好的解决。

　　但现实并非如此，因为，对于已发表的思想资料和研究成果，它们算不算哲学，许多人表示怀疑，如李国文先生，虽然在 1981 年就发表论文

　　① 参见武国骥、李凤鸣《试论罗卜桑却丹的哲学思想》，《内蒙古社会科学》1982 年第 6 期;《罗卜桑却丹的无神论思想》，《内蒙古社会科学》1984 年第 2 期。

　　② 李国文：《纳西族先民对宇宙原始结构的哲学思考》，《云南民族大学学报》1989 年第 3 期;《东巴文化与纳西族哲学》，云南人民出版社 1991 年版。

　　③ 伍雄武：《李元阳哲学思想简论》，《云南民族大学学报》1983 年第 1 期;参见伍雄武、韩培根主编《傣族哲学思想史论集》，民族出版社 1993 年版;另见伍雄武、岩温扁编《傣族哲学思想史》，民族出版社 1997 年版。

《纳西族古代哲学思想初探》，后来著有《东巴文化与纳西哲学》（云南人民出版社 1991 年版）、《天地人——云南少数民族哲学窥秘》（云南人民出版社 1992 年版）、《先民的智慧——彝族古代哲学》（与王天玺合著，云南教育出版社 2000 年版）等专著，在研究少数民族哲学方面卓有成绩，但是在 2007 年和 2008 年的两个学术讨论会上仍明确地说："我这些年搞的东西（指资料和论著）算什么我不知道，你说是什么就算什么！"① 如果说，连李先生的上述论著都不算哲学，那么，20 多年来大家发表的上述著作和资料算不算哲学就大成问题了！少数民族有没有哲学、"少数民族哲学"能否成立，依然是个问题！

　　许多学者注意到这种情况。2004 年李兵在《少数民族哲学：何为？为何？》一文中就说："少数民族到底有没有自己相对独立的哲学？这个问题直到现在为止在学理上并没有被认真地追问过。也许有人会反驳：不是已有为数不少的冠名为'少数民族哲学'的论著和论文见诸于世了吗？然而，我们认为，'名称并不等于概念'。"② 2008 年中国少数民族哲学及社会思想史学会在昆明召开年会，宝贵贞在其与会论文《从合法性到新范式——中国少数民族哲学研究困境与出路》中又说："中国少数民族哲学研究 20 多年来，取得了可喜的成绩。20 世纪 80 年代，少数民族哲学研究兴起之初曾经面临许多质疑，20 多年来当许多研究成果问世后，新的疑问再次出现。少数民族哲学的合法性问题一直困扰着民族哲学的发展。"她所说的"新的疑问"，就是李兵说的"到现在为止在学理上并没有被认真地追问过"的老问题，即少数民族有没有哲学，"少数民族哲学"能否成立，或者说少数民族哲学的合法性问题。这实际上是从一开始就存在的问题，只不过在 30 年后改换成另一种方式提出：现今被冠名为"少数民族哲学"的资料和论著，算不算哲学？

　　这个问题并非没有被认真追问和回答过。早在 1982 年吴德希和佟德富二位就指出："少数民族有无哲学思想的争论，实质上是如何理解或看待哲学的问题。"即认为少数民族有无哲学思想的问题，要追问到"如何理解或看待哲学的问题"上来。这几乎是大家的共识。但是，为此要如何

---

① 2007 年"少数民族哲学理论及编写工作会"（云南景洪），2008 年"少数民族哲学—宇宙观及其人类学意义讲座研讨会"（北京）。

② 李兵：《少数民族哲学：何为？为何？》，《云南民族大学学报》2004 年第 3 期。

理解哲学，那就看法各异了。

　　首先，吴、佟二位认为，"哲学是关于世界观的学问，是关于整个世界发展的一般规律的理论。……能够形成这种理论体系的民族起码应当具备如下基本条件：这个民族已进入阶级社会，产生了体力劳动和脑力劳动的分工，有自己的语言和文字，并有一定发展程度的科学文化知识等。每一个民族，不论人数多少，发展程度高低，只要具备这些基本条件，在改造自然和社会的斗争实践中，在从事科学实验的活动中，肯定会产生对自然和社会的一定程度的认识，并对这两方面的知识进行某种程度的概括和总结，从而形成这个民族的某种哲学思想"。[①] 这是源于当时大学哲学教科书的观点，也是 20 世纪研究少数民族哲学的主流观点。绝大多数学者都认为这是马克思主义的观点，都以这种观点为指导来发掘、整理、研究、诠释、评价少数民族哲学思想，指出：在少数民族的著作、文献、口传文本中，包含着"关于整个世界发展的一般规律的理论"或理论萌芽，如包含着对立统一规律的理论或理论萌芽、关于社会从低级向高级阶段发展的理论或理论萌芽，等等。

　　对于这种观点，长期以来人们都不甚满意，到 2002 年，李兵、吴友军发文对之提出尖锐批评："无论是承认还是否认少数民族拥有本民族的传统哲学，都是基于传统教科书哲学知识论的哲学观所做出的判断，而这种哲学观是不适宜于观照少数民族哲学的。"[②] 2004 年，李兵又说："少数民族哲学只能在'生存论'哲学的意义上才能得以'敞开'，少数民族哲学研究只有超越知识论的哲学观，才能够获得充分的学理根据和理论资源。"[③] 那么何谓生存论意义上理解的少数民族哲学呢？李兵说："它是存在于少数民族各种文化样式或文本形式之中，以少数民族理解和把握世界的各种独特方式（生产方式和生活方式、神话传说和民间故事、宗教典籍和信仰活动、器物文化和审美观念等）为中介，所反映出来的他们关于自身存在的自我意识，以及他们对'思维和存在关系问题'的思索和'觉解'。"[④] 对应用"传统教科书哲学知识论的哲学观"来研究少数民族哲学，加以全盘否定，显然有失偏颇。一者，这种哲学观虽不全面，但并不

———————

① 吴德希、佟德富：《谈谈少数民族哲学研究》，《中央民族学院学报》1982 年第 1 期。
② 李兵、吴友军：《少数民族哲学何以可能?》，《学术探索》2002 年第 3 期。
③ 李兵：《少数民族哲学：何为? 为何?》，《云南民族大学学报》2004 年第 3 期。
④ 同上。

全错；二者，此前以之为指导所做的少数民族哲学研究，并不是一无是处、毫无价值的。其实，30 年来少数民族哲学研究的指导理论，也并不是只有"知识论哲学观"一种，从人的生存实践和各种文化样式中来认识各民族哲学的也不乏其人。

伍雄武在 1995 年出版的《中国少数民族哲学思想简史·绪论》中提出，可以从生存实践和文化结构两个方面来理解少数民族哲学。从 1991 年发起和主持召开"中华民族精神——各民族精神的融汇与凝聚全国学术讨论会"后，伍雄武在撰写《彝族哲学思想史》、《傣族哲学思想史》的同时，致力于中华民族精神的研究。由此，总结出研究少数民族哲学的"哲学—民族精神—民族文化"模式。2007 年中国少数民族哲学及社会思想史学会在呼和浩特召开年会，伍雄武在与会论文《哲学、民族精神与构建和谐社会》中说："哲学的民族性就在于哲学是民族精神的结晶，或者说，民族精神的自觉认识和理论表达就是该民族特有的哲学。任何一个民族都有自己的民族精神，但是，有的民族能自觉地认识和理论地把它表达出来，于是她就有自己的哲学（哲学学说）；有的民族尚未做到，或没有完全做到这一点，从而她只有哲学思想……"鉴于哲学是民族精神的结晶和自觉表达，由此也就形成了"哲学—民族精神—民族文化"的认识模式，"即从哲学或哲学思想去认识民族精神，再从民族精神去认识民族文化，以及整个民族的历史与现实"。

由此可见，少数民族有没有哲学、"少数民族哲学"能否成立的问题，以及研究的基本原则和方法问题，实质上是哲学观的问题，而哲学观是开放的、多样的，我们不应囿于一己之见而否定其余。这和整个中国哲学史学科遭遇的情况是类似的。中国哲学史学科发展至今已一个多世纪，虽然产生了众多杰出的学者、大师，发表了许多重要的传世之作，但是，至今也还有人不时提出其"合法性"问题，质疑其汗牛充栋的论著讲的是不是"哲学"。问题的实质仍在哲学观。这种共同的遭遇和处境说明，中国少数民族哲学和中国哲学是"一家人"，少数民族哲学是中国哲学的一个部分，甚至就哲学的民族性问题而言，可能是具有典型意义的部分。所以，少数民族哲学的上述问题的解决，有待于整个中国哲学史学科问题的解决，反之，我们对上述少数民族哲学问题的探索，或许作为一个特定的典型，对整个中国哲学史学科的建设会作出有益的贡献。

第二节 专题研究

中国 55 个少数民族，虽然就人口数量来说不到全国的十分之一，但是不论生存实践方式或文化类型，都显示出异彩纷呈的多样性，从而为哲学思想史的研究提供了丰富、深厚的资源基础。20 多年来，各民族学者从数十个民族的多种不同的文化形态入手，研究了众多的专题，提出了许多富有启发性的见解。

一 原始意识、原始思维与哲学的萌芽

研究发生学、史前史，是认识事物的本质和发展规律的重要途径。达尔文写《物种起源》，恩格斯写《家庭、私有制和国家的起源》就是如此。因此哲学应当有自己的发生学，哲学史应当写哲学的史前史，而且，哲学作为知识的总结、文化的核心，它的发生、萌芽与整个人类意识、思维和文化的发生密不可分，所以对原始意识、原始思维以及哲学的萌芽的研究，是相互结合、密不可分的。对于原始意识、原始思维以及哲学的萌芽的研究来说，少数民族哲学学科占有重要的地位；少数民族哲学的研究是它们的重要基地。

少数民族哲学的研究，从一开始就注意到这个方面。1981 年，伍雄武在《云南少数民族哲学社会思想资料选辑》第 1 辑的序言中就提出：一些云南少数民族解放前曾处于原始社会末期，其思想、意识和文化都处于原始阶段，或保留着原始的遗迹，因此"从云南少数民族现实的和不久前的生活中，我们可以得到许多关于哲学、宗教、伦理、审美等观念以及逻辑思维发生、发展的直接而生动的材料。……如果把这些材料和地下发掘出来的殷商以前的文物作一番比较研究，很可能会得出许多有启发的结论"。[①] 1983 年，他发表论文《对哲学萌芽的探索——云南少数民族原始意识研究之一》[②]，对"研究哲学萌芽的重要意义"和"云南少数民族哲学思想对研究哲学萌芽的意义"作了专门的论述。1984 年，《哲学研究》

[①] 此文又以《谈谈开展云南少数民族哲学、社会思想研究工作的意义》为题，发表于《中国哲学史研究》1982 年第 6 期。

[②] 伍雄武：《对哲学萌芽的探索——云南少数民族原始意识研究之一》，载《云南少数民族哲学思想史论文选集》第 1 集，1983 年内部发行。

编辑部和云南省社会科学院、中国哲学史学会云南省分会、云南师范大学在昆明联合召开"原始思维研究座谈会"，与会学者一致认为要重视从少数民族哲学出发研究原始思维与原始意识。会后《哲学研究》杂志在"原始思维研究"标题下发表一组论文，并在《短评》中说："由于原始社会还没有文字，而且距今年代久远，要研究和把握原始人类的思维结构和方式，只能依靠考古学、人类学、民族学方面的资料和研究成果；只能凭借于少数民族中残留下来的原始思维的痕迹。"① 由此，少数民族哲学研究，从一开始就把原始思维和原始意识作为自己的重要研究领域，并取得丰硕的研究成果，提出了一些重要见解。

首先，伍雄武提出，要区分原始思维与原始意识，前者是怎样思维的问题，后者是思维什么的问题；当然，思维形式结构（思维什么）与思维内容（思维内容）是相结合的。②

刘文英先生主要研究原始思维，同时也结合着研究原始意识（他称之为"原始文化"）。在前述会上他发表论文《关于原始思维的特点》③，1987 年主持国家社科基金项目"原始思维与原始文化研究"，1996 年出版《漫长的历史源头——原始思维与原始文化新探》。他提出"意象"概念，认为原始思维的基本形式是"意象"，尤其是"类化意象"；认为原始思维的符号是语言，但是语言不仅只限于音节语言，而且包括手势语言，"手势语言曾一度大大超过音节语言，而正是手势语言的'指物'、'指事'的功能，从外面给人类的音节信号注入了思想的意义"。④

现今许多学者都认为，哲学、艺术起源于宗教，而宗教起源于原始宗教。伍雄武对此提出异议。他依据云南少数民族的资料而提出：哲学、宗教、艺术、道德和科学都起源于"原始意识"，从原始意识中分化出来。"原始意识是人类最初的社会意识，它是哲学、宗教、艺术、道德、科学等社会意识形式的萌芽的浑沌整体。""从云南少数民族的资料来看，原始意识的基本的和主要的表现形式是原始史诗、神话和原始崇拜。"⑤

---

① 钟哲：《加强原始思维的研究》，《哲学研究》1985 年第 1 期。
② 伍雄武：《原始思维和云南少数民族的原始意识》，《哲学研究》1985 年第 1 期。
③ 刘文英：《关于原始思维的特点》，《哲学研究》1985 年第 1 期。
④ 刘文英：《漫长的历史源头——原始思维与原始文化新探》，中国社会科学出版社 1996 年版，第 4 页。
⑤ 伍雄武：《原始意识和哲学、宗教、道德、文艺、科学的起源——云南少数民族原始意识研究》，《云南社会科学》1987 年第 2 期。

汉族没有流传下什么史诗，但是少数民族却有丰富的史诗流传至今，其中如创世史诗就是来自原始时代的，因此少数民族有汉族不可比拟的、丰富的原始意识资料。依据其创世史诗来研究各民族哲学的起源、萌芽，是少数民族哲学研究近 30 年来的重要成就。少数民族哲学的研究最初可以说就是从研究创世史诗开始的，如前述刘文英和李国文对纳西族史诗《创世纪》（崇搬图）的研究。后来发表了不少专题研究各族史诗的论文，特别是在论述各个民族哲学思想发生、发展的历史时，几乎都要从其创世史诗开始，于是前后研究了数十部创世史诗，这不仅在汉族思想史研究中没有，在世界范围来说也是少见的，由此提出的关于哲学萌芽的见解也就十分丰富。

自然崇拜、图腾崇拜、灵魂崇拜、生殖崇拜、灵物崇拜等包含着宗教的萌芽、艺术的萌芽、道德的萌芽以及哲学的萌芽，因此称其为"原始宗教"不妥，它应为原始意识之一种形式，故可概称为"原始崇拜"。这是文化人类学和哲学的交叉研究领域。中国 55 个少数民族各有自己的原始崇拜或保存着原始崇拜遗迹，各族学者据此而研究哲学的起源与萌芽，取得了许多有价值的成果。

根据少数民族丰富的原始意识的资料研究各种文化形态的起源，除刘文英先生的《漫长的历史源头》第三编有所专论外，还有章建刚、杨志明的《艺术的起源》（云南大学出版社 1996 年版）、雷昀、雷希《道德的起源》（云南人民出版社 1999 年版）。

二　宗教思想

宗教对于民族文化、民族精神有重大的影响，甚至有的民族就以宗教为其文化的主要特征，因此，少数民族哲学学科重视对宗教思想的研究。世界几大宗教在中国少数民族中几乎都有传播，但是人们特别重视本土化的宗教以及本民族自生的宗教。

首先论及的有回族、维吾尔族的伊斯兰教哲学思想、藏传佛教哲学思想以及傣族的南传佛教思想。对回族伊斯兰教思想的研究主要集中在明清时期。这一时期回族学者通过汉译伊斯兰教经典以及"以儒诠经"活动，推进了伊斯兰教的本土化，形成了中国回族独有的宗教思想。余振贵先生在 1982 年北方学会年会上发表论文：《伊斯兰教义哲学与儒家传统思想的显著结合——试论回族汉文译著〈正教真诠〉的特点》，他执笔的《中国少数民族哲学史·回族哲学思想史章》（载萧万源、伍雄武、阿不都秀库尔主编《中国少数民族哲学史》，安徽人民出版社 1992 年版）中，对回族伊斯兰教思想发展的关键时期及其代表人物（王岱舆、刘智、马注、马德新）作了深刻的论述。冯今源的《中国的伊斯兰教》（宁夏人民出版社1991 年版）对这一时期的宗教思想作了概要的论述。此后研究论著不断。至 21 世纪，沙宗平在其论文《以回道包儒道——〈清真大学〉与〈大学〉比较》（兰州大学第二届"宗教对话与和谐社会"学术研讨会会议论文，2009 年 6 月）中研究了王岱舆，在其论文《大化循环，尽终返始——清初回族思想家刘智哲学观初探》（《回族研究》2002 年第 2 期）和专著《中国的天方学：刘智哲学研究》（北京大学出版社 2004 年版）中，对刘智的宗教思想作了深入的研究。金宜久的《王岱舆思想研究》（民族出版社2008 年版）和《中国伊斯兰探秘》（东方出版社 1999 年版），对明清回族哲学的研究更属深入。问永宁的《试论〈正教真诠〉对〈天主实义〉的沿袭问题》（陈声柏主编的兰州大学第一届"宗教对话与和谐社会"学术研讨会会议论文集《宗教对话与和谐社会》，中国社会科学出版社 2008 年版)、《蒋湘南与伊斯兰哲学》（《世界宗教研究》2008 年第 3 期），都从明清时期回族哲学思想的研究中，揭示出伊斯兰教思想与中国传统思想相交流、融会、创新的历史过程和内涵，这对于认识回族以及整个中国哲学史都有重要的意义，同时，它还为理解不同宗教之间的和谐对话提供了有益的历史经验，因此受到国内外学者的关注。藏传佛教哲学思想的研究，以班班多杰最为突出。他提出"藏传佛教思想是本体，藏族文化是形式"的观点，甚至认为苯教亦是"阳苯阴佛"。由此，在他执笔的《中国少数民族哲学史·藏族章》（载萧万源、伍雄武、阿不都秀库尔主编《中国少数民族哲学史》，安徽人民出版社 1992 年版）中，就以藏传佛教思想为主体来进行整个藏族哲学思想史的论述。与此同时，他也完成和出版了《藏传佛教思想史纲》（上海三联书店 1992 年版）。接着在《哲学研究》杂志上发表两篇论述"自空见"与"他空见"的论文，[①] 认为"自空见"是"藏族学者对印度大乘佛教义理的独特理解与整合；在《拈花微笑——藏传佛教哲学境界》一书中，则对藏传佛教之哲学境界作了概要的阐述。

---

① 班班多杰：《藏传佛教史上的他空见与自空见》、《藏传佛教的独物教义"他空见"考》，分别载《哲学研究》1995 年第 5、6 期及 2001 年第 9 期。

其次则是对各民族自生的、传统的"宗教"的研究。这些"宗教"各具特色、异彩纷呈，著名者如萨满教、毕摩教、东巴教、苯教、本主崇拜、寨神勐神崇拜，等等。它们一般都被称为"原始宗教"，但是这个总称很不确切，因为有的民族在 20 世纪 50 年代时尚处于原始社会末期，它们的自然崇拜、图腾崇拜等还属原始意识，很难说是"宗教"，而彝族的毕摩教、藏族的苯教则难说是"原始宗教"，所以，这类"宗教"种类繁多，几乎 55 个少数民族就有 55 种；不论是就性质、发展阶段，还是就表现形式来说，都是各有不同的。而少数民族哲学对它们的研究，主要将其视为原始意识，力求揭示出它们所包含的哲学萌芽、宗教萌芽、道德萌芽等。

三　伦理思想和人学

少数民族伦理思想的研究也有多本专著出版，如熊坤新的《民族伦理学》（中央民族大学出版社 1997 年版）、龚友德的《中国少数民族道德史》（云南人民出版社 1998 年版）、高发元主编《中国西南少数民族道德研究》（云南民族出版社 1990 年版）、苏克明等《凉山彝族道德研究》（四川大学出版社 1997 年版）、杨国才的《白族传统道德与现代文明》（当代中国出版社 1999 年版）。同时，有众多的论文发表，辑为文集的有刘明华等主编《贵州省少数民族传统伦理道德研究》（贵州教育出版社 1991 年版）等。《民族伦理学》一书力图把"民族伦理学"作为一个学科建立起来，因此对它的研究对象、任务、方法、意义以及基本内容、当前国内的研究状况等等，都作了全面的论述。其总的概念意指涵盖一切民族的伦理学，而实际的内容是指少数民族的伦理学，因此它所提出的问题与中国少数民族哲学学科是相同的。

中国传统思想认为道德是建立在人性的基础上的，因此伦理学与人学相结合。杨树美的《彝族古代人学思想研究》（人民出版社 2008 年版）一书以彝族为例说明少数民族有系统的人学思想。它以翔实的材料说明：古代彝族众多的著作和人物都围绕着"人是什么、人应如何"在思考和探索，提出了许多独特而深刻的见解。这些见解对彝族精神世界的塑造和成长起到了关键作用，对今人亦有别开生面的启迪作用。由此该书以人学专题为例，对少数民族有无哲学思想的问题作了回答。

四　中华民族精神

如果说中国哲学不仅是汉族哲学，而且包括少数民族哲学，那么，中华民族精神就不等同于汉族民族精神，而是中华各民族共同的民族精神。这样，从少数民族哲学思想的研究必然衍生出中华民族精神与少数民族的关系问题。1992 年云南学者就发起召开"中华民族精神——各民族精神的融汇与凝聚全国学术讨论会"。会后出版论文集《中华民族精神新论——各民族精神的融汇与凝聚》。张岱年先生在与会论文中说："中华民族包括五十多个民族，但中国文化却是统一的。中国文化是中国各民族共同创造的，也涵盖着众多民族，而具有统一的民族心理。中华民族的各族人民各有不同的宗教和思想信仰，而彼此相容。'道并行而不相悖'，正是中华民族各种思想信仰兼容并存的基本情况。而儒家所倡导的'自强不息，厚德载物'构成了中华民族共同心理的核心内容。"[1] 任继愈先生在文中说："秦汉以来，境内各个兄弟民族长期融合、共同进步，形成了统一的中华民族文化和共同的民族意识。中华民族精神是境内各民族不断融汇和凝聚的结晶，这是维护祖国统一和民族团结的强大纽带，是极为珍贵的历史遗产。对这一课题的研究不但具有很高的学术价值，而且有着巨大的现实意义。"[2] 伍雄武在会议主题报告《中华民族精神新论——各民族精神的融汇与凝聚》的基础上，继续扩展研究，于 2000 年发表专著《中华民族的形成与凝聚新论》。该书在全面考察各民族哲学及社会思想的基础上，对中华民族精神的基本内核和丰富内容作出了新的阐释，进而认为，中华民族精神所以能够成为凝聚各民族的纽带和核心，就因为它融汇了汉族以及各少数民族思想、文化的精华。

五　儒学及其他

儒学与少数民族哲学的关系是一个重大的问题，它关系到汉族与少数民族的关系问题，以及中华各民族思想、文化的共性问题，因此受到研究者的重视。在一些民族（如壮族、满族、白族）的通史中，对此有专门的

---

①　伍雄武主编：《中华民族精神新论——各民族精神的融汇与凝聚》，云南人民出版社 1994年版，第 2 页。
②　同上书，第 5 页。

论述。此外，还有一些专门的论著，如龚友德的专著《儒学与云南少数民族文化》（1993 年版），其中有专章《儒学与云南少数民族哲学》，对之有所论述；肖万源、肖景阳、王永祥诸先生亦有论文专论之。

第三节 各民族哲学通史与专著

20 世纪 90 年代以前，既没有总括各少数民族的哲学史，也没有单写某一个民族的哲学史，所以 1992 年出版的《中国少数民族哲学史》和《白族哲学思想史》真正是填补空白之作。前者是第一本包括 24 个少数民族的哲学思想通史，后者是第一本写一个民族（白族）的哲学思想通史。接着，1994 年出版《蒙古族哲学思想史》、《蒙古族哲学史》，1996 年出版《壮族哲学思想史》，1997 年出版《傣族哲学思想史》，1998 年出版《彝族哲学思想史》，2005 年出版《中国苗族哲学社会思想史》，2009 年出版《土家族哲学通史》，就每一个民族来说，这些著作都可称之为“第一本”，都具有填补空白的意义。与此同时，还有一些分族别研究的专著，如《东巴文化与纳西哲学》、《成吉思汗哲学思想研究》、《满族哲学思想研究》、《先民的智慧——彝族古代哲学》和《诗性的智慧——哈尼族传统哲学思想研究》（李少军著，民族出版社 2006 年版），以及总结性的概论《中国少数民族哲学概论》（佟德富著，中央民族大学出版社 1997 年版）。

《中国少数民族哲学史》于 1986 年立项即开始编写，1992 年出版。从内容的涵盖面来说，虽然只写了 24 个民族，但基本包括了我国主要的少数民族，即蒙古、回、藏、维吾尔、满、壮、彝、白、苗、瑶、傣、纳西、水、布依等。全书分为三编。第一编讲的是处于哲学思想萌芽阶段的民族。第二编讲的是哲学思想基本形成并有一些发展的民族，即纳西、傣、苗、彝 4 个民族。第三编讲的则是有较丰富的哲学思想和系统的发展过程的民族，即白、满、蒙古、藏、维吾尔、回 6 个民族。这样的结构，既包含了我国少数民族哲学思想的基本类型，充分展现了少数民族哲学思想的丰富性和多样性，同时也显示出哲学思想发生、发展的总体过程，使全书 24 个民族在逻辑上形成一个整体。在第二、三编中，每一章论述一个民族哲学思想发展的历程，共 11 章即 11 个民族。由于是第一次系统地论述少数民族哲学思想的通史，故其方法和框架等对后续的研究者有很大影响。甚至对于回、藏、维吾尔、瑶、水、布依等族来说，其哲学思想通史至今还只在该书之中。该书写到的 24 个民族，各有不同的内容与特色，把它们汇聚在一起，就把少数民族哲学与文化的多样性、丰富性充分地展现出来。如宗教哲学思想，书中就涉及佛教、伊斯兰教和各族的传统宗教；而佛教又分为不同的情况：在藏族章中，把藏传佛教思想作为全章的主干来阐述；在傣族章中，则讲南传佛教思想在傣族中的传播和影响；在白族章中，论述南诏时期密宗和藏传佛教的传入、大理国以后密宗向禅宗的转变，以及儒学与佛教的融合、渗透。至于各民族的传统宗教与信仰，那更是 24 个民族几乎就有 24 种不同的情况：蒙古族有腾格里（天）的信仰和萨满教，藏族有苯教，彝族有毕摩教，白族有本主信仰，等等。这些论述既展现了各民族宗教思想的多样性，同时又表现了我国少数民族哲学思想的多样品格。

　　《中国少数民族哲学史》的编写原则和方法是全书 15 个民族的 27 位作者的共识，对后续者也有很大影响。首先，对"哲学思想"有明确的共识。即认为，哲学思想既是自然知识和社会知识的概括和总结，是关于自然、社会、思维普遍规律的科学，同时，又是民族文化的核心，民族精神的结晶。因此在该书中，一方面总结各民族关于自然、社会、思维的普遍本质和规律的认识，如：关于万物本原和演化过程的认识，关于对立统一规律的认识，关于社会和人类演化和发展的认识，等等。这些认识在一些民族中只是幼稚的、朴素的、萌芽的认识，但是在另一些民族中已经达到了很高的水平，特别是，不论处于萌芽阶段的认识或发达的认识，都闪耀着自己民族特殊的智慧光芒。另一方面，全书注意从少数民族各种文化形态（如文学、艺术、宗教、道德）中，概括和总结其哲学思想，如：在藏族章中，通过藏传佛教讨论其哲学思想；在傣族章中，由其叙事长诗和诗论而探讨其哲学思想；在回族章中，则从伊斯兰教教理与儒学相互融合的过程，来讨论哲学思想的发展；等等。其次，对"历史"的理解。该书是各民族的认识史、民族精神发展史，要把握的是各民族认识的进展历程，以及民族精神演进的历史，而不是作为编年史的年代考订，因此，一些民族可按年代或政权顺序写，一些民族可按认识进展、精神演进的逻辑写，这不是根本的问题。这样的哲学观和史学观在学理上能够成立，在操作上能够得到 15 个民族的 27 位作者的认同和实行；此后的少数民族哲学思想史的研究和撰写也多在其影响之下。

　　分民族的通史专著，目前完成的有 7 部。它们应当被视为 30 年来学科建设最重要的成绩。这些通史各有特点。以结构来说，第一类是《白族哲学思想史》，基本按时间顺序来分章；第二类是《蒙古族哲学史》、《彝族哲学思想史》，基本按社会形态顺序来分章；第三类是《傣族哲学思想史》、《中国苗族哲学社会思想史》，基本按文化形态来分章，而在各章中写思想发生、发展的历史；第四类是《蒙古族哲学思想史》、《土家族哲学通史》，力求从分章中体现出民族精神觉醒和发展的历史。虽然不同的结构体现着不同的指导思想和目标，但揭示本民族思想和精神世界发生、发展的历程，则是各族通史共同的目标。《白族哲学思想史》按时间顺序，按照唐宋（南诏、大理）、元明、清代分别设章，由此突出这三个时期中白族佛学和儒学思想、文化的发展与转折，从而展现出民族意识发展的主线。《蒙古族哲学史》按社会形态分为四编：奴隶制时期、封建制时期（上、下）、半殖民地半封建时期。由此便于从社会经济关系、政治关系出发对各个时期的著作、人物作出深刻的分析和评价。对于尚无本民族文字的苗族来说，哲学思想、民族精神只能体现在宗教、道德、文学、艺术等文化形态中，体现在民族的生存实践中，因此《中国苗族哲学思想史》按各种文化形态和军事、科技来论述，就十分切合实际而能充分展现苗族思想、民族精神的丰富内涵。

《蒙古族哲学思想史》和《土家族哲学通史》都致力于探索民族精神觉醒和发展的历史，但又各有不同。前者把民族精神主要理解为认识，哲学史就是民族的认识史。其在《绪论》中说："本书的分段原则摈弃了以王朝的更迭来写思想史的方法，力图立足于蒙古民族自身对自然界、人类社会的认识和本民族思维规律特点，进行科学的分段。只有这样，才能真正揭示出蒙古族哲学思想发展的逻辑进程。"[①] 这本著作认为，蒙古族认识自身、认识社会的逻辑进程共分为六个阶段。在第二阶段，随着现实中民族的"崛起与统一"，民族意识的核心——哲学思想形成。随之，它与释、道、儒"冲突与融合"，然而在喇嘛教的意识形态统治地位形成后，整个蒙古族的民族意识、哲学思想都被"变异与束缚"了，蒙古族也随之衰落了。到了近代，一方面从中华传统思想，特别是儒学中汲取力量，另一方面从西方思想中得到启发，蒙古族产生了批判喇嘛教等旧思想的先进人

---

① 乌兰察夫、宝力格、赵智奎：《蒙古族哲学思想史》，内蒙古大学出版社 1994 年版，第 17 页。

物，他们兴起的启蒙运动使蒙古族觉醒，为马克思主义思想的传播准备了条件。按照这样的思路，《蒙古族哲学思想史》批判地评价了喇嘛教在蒙古族思想史上的历史作用和地位，高度评价和表扬了尹湛纳希、罗布却丹、裕谦、倭仁等思想家的批判精神和杰出智慧。由此该书作者们实现了自己的目标，完成了一部重要的、高水平的少数民族哲学史著作。

《土家族哲学通史》是一本近80万字的大作。全书近三分之一的篇幅是"论"，即《导论：土家族哲学的研究方法》和《上篇　土家族哲学总论》。就方法来说，作者自认为是以"心灵体验"的方法来研究土家族哲学，因为"一个民族有无哲学的问题，并不只是一个理论问题，而且还是一个实践问题，特别是对一个民族的生成体验问题。而且，对一个民族哲学的研究，还包含着研究者自身的哲学体验"。[①] 作者认为，作为一种生存体验的土家族哲学，其发展过程即是土家族精神传统、文化传统发展的历程。这历程从远古开始至明代为一阶段，这就是土家族精神传统形成的阶段，土家族从明代开始融入中华民族，"其上层精英的思想发展已有与中域思想发展的共振因素，这种趋新动向使土家族得以在以后的历次斗争中走在前列，直到产生辛亥革命时期的精英、中国共产党的早期领导人等。"[②] 但是，更为根本的转变在清代"改土归流"之后，因为，"经过改土归流后的百余年努力，无论是从儒家文化视野还是从土家族自身的民族认知方面看，土家族都已'脱蛮入儒'，实现了华夏认同与社会转型"。[③] 在此基础上，土家族在近代就能够和整个中华民族一道应对西方文化与现代化进程，甚至走在时代的前列。作者认为这就是土家族民族精神、哲学思想发展的历程。此论能否成立尚待讨论，但是，对于所谓"内陆"少数民族的民族精神和哲学思想的发展，这是开创性的论点，很有学术意义。据此，作者在《中篇　土家族传统哲学》和《下篇　土家族近代哲学》中来具体展开这一论点。《中篇》讲萌芽和先秦用了不小的篇幅，但重点在汉晋以后渝东、湘西、鄂西地区土家族文人，特别是《田氏一家言》（主要是诗集）。这两章（第六、七章）实际是整部《通史》的主干和重心，是土家族传统哲学的主要内容。《下篇》4章讲近现代土家族传统哲学的

---

① 萧洪恩：《土家族哲学通史》，人民出版社2009年版，第8、12页。
② 同上书，第137页。
③ 同上书，第138页。

特征已为中华民族的共性所代替。因此，通史的主干（土家族传统哲学）仅由第六、七两章来支撑似嫌单薄。

与通史同时，又有一些分族别研究的专著出版。这些专著全面研究和介绍某一个民族的哲学思想，但认为还没法找出其时间顺序，还不能作出历史的叙述，因此不是作为"史"，而是作为"论"成书的。这类著作中发表较早的是李国文的《东巴文化与纳西哲学》（1991年版）。作者认为，纳西族文化即东巴文化，因此说东巴文化中的哲学思想就是说纳西族的哲学思想，但因东巴文化的主要载体"东巴经"的记述无法确定时间、年代，因此对纳西族哲学就无法历史地展开而只能平面地铺开，列为若干个专题来讲。通过这些专题的阐述，"可以看到古代纳西族人民思维认识发展及哲学思想的很多时代和民族特点"。其实，在书中只能看到记载于东巴经中的纳西族人民认识的"现状"，而不能看到其发展。所以这不是关于纳西族认识史的著作，更不是如《土家族哲学通史》那样反映民族精神发展历程的著作，而是关于纳西族认识特点的著作。《先民的智慧——彝族古代哲学》、《满族哲学思想研究》和《诗性的智慧——哈尼族传统哲学思想研究》与此类似，即通过一些专题全面论述一个民族（彝族、满族、哈尼族）的哲学思想。

与此不同，《成吉思汗哲学思想研究》和《康熙思想研究》是研究个人的。《成吉思汗哲学思想研究》是用蒙古文写成的，在国内外蒙古族和蒙古学中都有影响。该书专门研究成吉思汗的哲学思想，认定他是古代蒙古族哲学思想家，这个观点突破了以往的研究结论，填补了成吉思汗研究，乃至国际蒙古学研究中的一大历史空白。同时这本书又是研究蒙古族历史人物思想史的第一本。与此相似，《康熙思想研究》也是研究少数民族杰出皇帝的。作者也认为，以往对康熙的评价仅仅停留在文治武功的表面层次上，还未涉及思想理论的内在深层。该书正是从康熙的思想历程中进行再认识、再评价的学术著作。该书通过大量的事实证明，康熙不仅是著名的政治家、军事家，而且也是哲学家、科学家。①

由刘尧汉先生带头的彝族文化研究十分独特，受到学界关注。他带领楚雄彝族自治州的一批人，出版了《彝族文化研究丛书》20多本，其

---

① 宋德宣：《康熙思想研究》，中国社会科学出版社1990年版。

中一些涉及彝族哲学思想，如刘尧汉《中国文明源头新探——道家与彝族虎宇宙观》（云南人民出版社 1985 年版），陈久金、卢央、刘尧汉《彝族天文学史》（云南人民出版社 1984 年版），普珍《道家混沌哲学与彝族创世神话》（云南人民出版社 1993 年版）以及论文《彝族文化对国内外宗教、哲学、科学和文学的影响》（载楚雄彝族文化研究所编《彝族文化研究文集》，云南人民出版社 1985 年版）。刘尧汉认为，彝、汉文化远古同源，彝族宇宙观乃"虎宇宙观"，这也就是道家的宇宙观，只不过后来道家将其抽象化，用抽象概念来表达，而原始的虎宇宙观至今仍保存在彝族文化之中。他说："彝族的虎宇宙观，经由老子、庄子抽象概括为道家最高哲学'道'的别名'一'即'太一'之后，又经彝族先民羌戎方士谬忌向汉武帝提出作为高于五帝的天神受到祀奉。高于五帝的'太一'……它是彝族'罗罗'或'罗'（虎）的别名，早在先秦、西汉时已出现于西北地区。"① 他为此举出这样一些论据：道家和道教尚玄贵左与彝族尚黑贵左相通；"老聃"、"李耳"的读音，与彝语的虎首、母虎的音相同，故老子本为彝族先民；道家和道教崇"太一"源出彝族虎宇宙观；等等。此论"曲高"，且论据多来自民俗和语言，故学界和之者甚寡。

　　佟德富的《中国少数民族哲学概论》，可谓总括性的著作。此书是作者多年进行专题研究和教学的总结。② 作为教材，该书的分章与高校一般的哲学教材大体一致，即分为"哲学萌芽"、"认识论思想"、"辩证法思想"、"社会政治思想"等。把少数民族哲学思想如此分章节地汇聚、编排起来，从而证明少数民族有哲学思想，而且是丰富的、深刻的哲学思想，这是该书作为教材的主要目的与任务。当然，作为一门课程的教材，它必须有一个总的概述，说明少数民族哲学的对象、任务、特点、方法与意义，等等。与其他专著相比，该书专辟一章对此作了论述，这大概是最值得注意的地方。

---

① 刘尧汉：《中国文明源头新探——道家与彝族虎宇宙观》，云南人民出版社 1985 年版，第131 页。

② 佟德富：《中国少数民族哲学概论》，中央民族大学出版社 1997 年版，第 440—441 页。

第四节　趋势

一　完成 55 个少数民族哲学思想的研究和探讨

不论从政治上和道义上来说，或者从学术上来说，我们都必须研究和探讨每一个少数民族的哲学思想。即便其没有哲学思想，那也应当是探讨与研究之后再下结论。集结性的著作《中国少数民族哲学史》只写了 24 个民族，那么，下一步要完成的就是包括 55 个少数民族的《中国少数民族哲学思想史》。这应当是必须的，也是目前有条件做的事。至于分族别的通史专著，目前还不多，虽然不可能也没有必要每个民族都写一本哲学通史的专著，但是一些人口较多、文化积累较深厚的民族，如维吾尔族、哈萨克族、瑶族、水族等民族，应当要有一部反映本民族精神与思想发展的通史专著。目前，学界也具备完成这些专著的能力和条件。

二　研究和探讨各民族哲学思想的相互关系

一方面，这是理论自身发展的逻辑要求。如果不顾各民族之间的相互关系（相互交流、融合和影响），不从相互交流和联系角度来研究和论述各个民族的历史，许多问题就没法讲清楚。例如：如果不考虑云南彝族、白族、汉族的相互关系，那么爨氏统治时期（魏晋南北朝）的《爨龙颜碑》、《爨宝子碑》的族属问题，南诏时期（唐代）的《德化碑》的族属问题，以及明清时期的思想家高映的族属问题都难以解决，它们都是彝、白、汉三个民族文化交流、融会的产物，用孤立的、"非此即彼"的观念来看待这个问题，不可能得出合理的结论。再如，不顾纳西族与白族、藏族、汉族的相互关系，是不可能对纳西文化作出深刻的、合理的分析的。此外，对于维吾尔族、哈萨克族、乌兹别克族等兄弟民族的思想史，若不注意从相互交流、融会、依存的角度进行思考，那也是很难讲清问题的。而回族、保安族、东乡族思想史亦是如此。所以，少数民族哲学思想史的研究，应当在分民族的个别研究的基础上，进入（或者说特别关注到）各民族相互关系的研究。

另一方面，现实生活中，不同民族之间在思想、文化上的相互关系（冲突与和谐、融会与排斥、交流与孤立），日益成为构建和谐的国内和国际关系的基础。就国内来说，国家的凝聚力、中华民族的凝聚力，即中华各民族的凝聚与团结，是构建和谐社会、实现中华民族伟大复兴的条件与动力。然而，各民族的凝聚与团结实赖于各民族文化的协调、民族精神的认同。哲学是民族文化的核心、民族精神的结晶，故而加强各民族哲学思想相互关系的研究，是学术和社会现实两方面的共同要求，是由两方面共同推动的趋势。

三　研究和探讨少数民族哲学史与传统中国哲学史的会通、融合问题

研究少数民族哲学史的重要目的与意义，就在于补充、丰富和完善中国哲学史，但是，两者现在还互不搭界，各走各的道；丰富勉强可以说得上，补充和完善则谈不上。这种情况的根源就在于，两者会通、融合的问题至今还很少讨论。如果说完成一部包括 56 个民族的《中国哲学史》（或《中华民族哲学史》）还是很遥远的事，那么，研究和探讨少数民族哲学史与传统中国哲学如何会通、融合的问题，就应当是当下要做的事了。

第十章　古代自然与科技哲学研究

中国古代有没有科学，中国古代有没有自然哲学，中国古代哲学与科技的关系，这是新中国成立60年来中国哲学史学者们一直思考并不断引起争论的问题，尤其是20世纪80年代以来，这些问题的讨论取得了重大进展，有了一些重要的学术成果，达成了一定的共识，并形成了基本的研究思路。

第一节　古代自然哲学及其特点

中国古代哲学讲"天人合一"，并偏重于人道，因而形成了以对人的思考为重要特征的哲学。然而，人生存于自然之中，当哲学家们思考人在宇宙中的位置、人与自然的关系等问题时，必然要涉及对于自然的看法，从而形成了自然观。同时，中国古代哲学对于人的思考，往往以"天"为依据，以自然为哲学基础，这就涉及对于自然的研究，包括对于自然的哲学思考，形成了自然哲学。学术界对于中国古代自然哲学的研究，主要从三个方面展开：其一，研究古代哲学家、哲学著作的自然观；其二，研究古代哲学范畴中的自然哲学内涵；其三，从古代哲学自然观入手，研究古代自然哲学中的生态思想。

一　古代哲学家、哲学著作的自然观

对于古代哲学家、哲学著作的自然观的研究，早在20世纪50年代就已经展开。侯外庐、赵纪彬、杜国庠的《中国思想通史》（人民出版社1957年版）有不少章节论及中国古代的自然观或自然哲学，其中包括：前期儒家的政治论、道德论和天道观，老子的自然哲学，庄子的自然哲学及其道德论，荀子唯物主义的自然天道观，等等。任继愈主编的《中国哲学

史》（人民出版社 1963 年版）涉及《淮南鸿烈》唯物主义的自然观、气一元论学说的系统化，王充反对目的论唯物主义的自然观，张载"太虚"为万物之本的唯物主义自然观，王夫之唯物主义自然观，等等。按照这样的研究模式，80 年代以来出版的中国哲学史通史或断代史类著作，如孙叔平的《中国哲学史稿》（上下册）（上海人民出版社 1981—1982 年版）、冯友兰的《中国哲学史新编》（人民出版社 1982—1989 年版）、萧萐父、李锦全主编的《中国哲学史》（人民出版社 1983 年版）、冯契的《中国古代哲学的逻辑发展》（上海人民出版社 1983 年版）、任继愈主编的《中国哲学发展史》（7 卷本，已出 4 卷，人民出版社 1983—1998 年版）、杨宪邦主编的《中国哲学通史》（中国人民大学出版社 1987—1990 年版）、刘文英主编的《中国哲学史》（南开大学出版社 2002 年版）、詹石窗主编的《新编中国哲学史》（中国书店 2001 年版）、郭齐勇主编的《中国哲学史》（高等教育出版社 2006 年版）以及侯外庐、邱汉生、张岂之主编的《宋明理学史》（人民出版社 1984 年版）、张立文的《宋明理学研究》（中国人民大学出版社 1985 年版）、周桂钿的《秦汉思想史》（河北人民出版社 2000 年版）、陈来的《宋明理学》（华东师范大学出版社 2004 年版）等，还有辛冠洁等主编的《中国古代著名哲学家评传》和匡亚明主编的《中国思想家评传丛书》，大都包括了古代哲学家、哲学著作有关自然观的论述，主要涉及孔子、老子、荀子、《易传》、《淮南子》、王充、张载、二程、朱熹、王夫之等的自然观。

（一）孔子的天道观

侯外庐等的《中国思想通史》认为，孔子所说"天何言哉？四时行焉，百物生焉"中的"天"，"仅形似自然之天，而实仍为意志之天"。任继愈《中国哲学史》也认为，孔子哲学中的天有人格、有意志，是自然和社会的最高主宰。萧萐父、李锦全主编《中国哲学史》则明确提出，不排除孔子看到了自然之天的一面。冯契《中国古代哲学的逻辑发展》进一步指出，孔子的"天"不同于宗教的上帝，而是一种抽象的精神，是人的理性和主观精神的绝对化。郭齐勇《中国哲学史》则认为孔子哲学中"天"的含义不是单一的，有超越之天（宗教意义的终极归宿）、道德之天（道德意义的秩序与法则）、自然之天（自然变化的过程与规律）、偶然命运之天等不同的内涵。

（二）老子的天道观

侯外庐《中国思想通史》认为，老子的"道"去除了宗教性，是义理性的，有一定的自然规律性内涵，但仍是超自然的绝对体，不具有物质实体的含义；而老子的"德"介于道和万物之间，可以当做万物无限的本原来理解。任继愈《中国哲学史》则认为，老子的"道"是构成万物的原始物质，又是世界万物自身的规律；天道自然无为，没有意志。但是，该书的附录又指出：老子所说的"道"不是物质实体；恰恰相反，它是产生整个物质世界的总根源，是绝对精神之类的东西。詹石窗《新编中国哲学史》则认为，老子的"道"，作为天地万物生化之源，虽然没有固定的形体，超越了人们的感觉、知觉，却是实有的存在体。

（三）荀子的自然观

学术界普遍认同荀子的自然观，并予以高度评价。肖李本《中国哲学史》从四个方面论述了荀子的自然观：一是"天道自然"，"天"是客观存在的自然界，宇宙万物不是神造的，而是自身矛盾运动的结果；二是"天行有常"，自然界的运动变化有自己的规律，不因社会政治的好坏而发生改变，自然界的怪异现象与社会治乱无关；三是"天人相分"，自然界和人类社会各有自己的职分和规律，天道不能干预人事，社会治乱的根源在于人，天的职能是产生万物和人类，人的职能是对它们进行治理；四是"制天命而用之"，人对于自然不是无能为力的，人不能迷信天，而是要发挥主观能动作用去改造自然、造福人类。郭齐勇《中国哲学史》既认为荀子"天论"的创新发展表现在阐发天的自然义和规律义上，同时又指出，荀子也继承了以天为神的传统，而且荀子也以诚说天，与《中庸》的思想相通。

（四）《易传》的宇宙发生论

冯友兰《中国哲学史新编》认为，《易传》把物质的天地作为自然界的根本，阴阳二气的具体表现就是天地、万物都是天地感应化生出来的；同时，《易传》还把八卦分配于八方、四时，从时间和空间两方面立出一个世界图式，而与阴阳五行家的世界图式相合。肖李本《中国哲学史》认为，《易传》的自然观和宇宙生成论自身存在着矛盾，一方面，《易传》中所说的"天"多属自然之天，另一方面，《易传》又提出"太极"这一范畴，而太极就是气未形成之前的宇宙端初。郭齐勇《中国哲学史》对《易传》中的太极和阴阳作了统一的理解，认为太极即是道，是宇宙的本原，由混沌状态的太极生出天地阴阳之气，乾阳是主动性的精神与物质的微粒及能量，坤阴是承接性的精神与物质的微粒及能量，阴阳合和，化生万物；而且，《易传》的宇宙论是一种存在的连续性的模式，把自然、社会、人生放在同一个"场"中。

（五）《淮南子》的宇宙论

任继愈《中国哲学史》认为，《淮南子》对世界的形成、运动、变化、发展作出了符合当时科学水平的解释，而且这一套宇宙构成论，在近代科学出现以前，几乎成为我国古代唯物主义公认的定论。孙叔平《中国哲学史稿》也指出：《淮南子》不仅把宇宙发展看做一个过程，同时把现世界的一切也看做变化过程，认为亘古永存的只有一气，其他一切都有成有毁；这种宇宙观，总的说来，是素朴唯物论的，又是朴素辩证法的，虽然在表述上还没有摆脱老子"道"的影响，达到明确的气一元论。杨宪邦《中国哲学通史》则认为，《淮南子》把物质性的气及由它派生的天地万物，统统说成是被派生的，而不是从来就有的，这就意味着在它之前或之上存在着一个更根本的东西——宇宙、虚廓、太始，等等，这种东西，只能是神或某种理性精神。所以，《淮南子》的宇宙生成论是一种客观唯心主义的思想体系。周桂钿《秦汉思想史》认为，《淮南子》的宇宙论包括宇宙本原论、宇宙演化论和宇宙模式论；其对宇宙的论述在当时是最系统、最全面、最丰富的。

（六）王充的自然观

王充通过天道自然论和自然科学知识反驳当时的天人感应和神学目的论，往往被称为具有战斗精神的唯物主义者。任继愈《中国哲学史》认为，王充提出"元气"为天地万物的原始的物质基础，天地实体和自然界万物都是由元气构成的，天地和元气都是不生不灭的，这种自然观是元气自然论。萧萐父、李锦全主编《中国哲学史》认为，王充在哲学上的一个重要贡献就是把古代的元气论从唯物主义方向推向一个新的高峰；他的气论表达了一个完整的思想，首先，气是构成天地万物的统一的物质元素；其次，人、物的生都是元气的凝结，死则复归元气；再次，气无生无死，永恒存在。周桂钿《秦汉思想史》则认为，王充不是元气论者，也不是气一元论者，而是天地本原论者；王充讲"天禀元气"中的"禀"不是"禀受"而是"给予"的意思，王充从未讲过天地从何派生，当然也不是由气派生，而且也不是由气构成的；王充的宇宙模式是：天地—气—万物和人。周桂钿还认为，王充"天是体"的观念来自于"盖天说"以及《周髀算经》，这体现出科学对哲学的影响。

（七）张载的气本体论

为应对佛、老的空、无，张载提出气本体论。任继愈《中国哲学史》指出：张载建立了以气为本体的元气本体论，否认魏晋以来以无为本或以心为本的本体论；他认为世界的本原只有一个，即是气、太虚；世界的现象也只是气之聚散，并不是在万物之上、之外还有一个超越的本体作为万物生存、变化的依据。侯外庐《宋明理学史》也认为，张载本体论的基本观点是把"气"作为宇宙的本体，从而把世界上一切有形的物体和无形的虚空，均归属于"气"的范畴，气聚则为万物，气散则为虚空。张立文《宋明理学研究》认为，张载气论的逻辑结构是：气（太虚）→物→气（太虚）；气作为其哲学逻辑结构的最高范畴，其本身即是"虚空"，无形象的"太虚"，是"散"而未聚的"气"，具有各种形象的万物，是气的凝聚。陈来《宋明理学》则认为，张载的宇宙构成分为三个主要层次："太虚←→气←→万物"，太虚之气聚而为气，气聚而为万物；万物散而为气，气散而为太虚，这两个相反的运动构成了宇宙的基本过程。并且还认为，张载的自然哲学是气一元论的唯物主义哲学，是中国古代气论思想的一个相当完备的本体论形态。詹石窗《新编中国哲学史》也认为，张载提出的"虚空即气"、"太虚即气"命题不仅把有形与无形都统一于气，解决了哲学上的"有无"之辩，而且还运用于宇宙结构的研究中。然而，冯友兰《中国哲学史新编》又认为，张载有时以"神"为本，以具体的天地万物为末，有滑向唯心主义的危险。

（八）二程的天理论

二程批评张载的气本体论，建立了天理论。侯外庐《宋明理学史》指出：二程理学思想体系认为，在物质世界之外，有一个不依赖于物质世界而独立地永恒存在的"天理"，它是物质世界的根源、根本；天地万物各自体现了它。这样的"天理"，不是从客观世界抽象出来的规律或法则，它没有物质基础，只是唯心主义者的杜撰。张立文《宋明理学研究》给出了二程天理论的逻辑结构：理（道、天）—象（气、阴阳）—数（物）；其中理是形而上的最高范畴，是独立于万物而存在的实体，是万物的根源；但理必须依赖于气而造作万物，气由于其阴阳对立面的不断运动而产生万物；当气产生万物和人以后，人可以通过"格物穷理"来体认理。郭齐勇《中国哲学史》认为，二程的天理观与他们对心性问题的讨论紧密相连，为了给人的道德心性提供一个新的解释，他们以《中庸》、《易传》、《孟子》为依据，把人的道德之性与天道、天理联系起来。

（九）朱熹的理气论

张载主要讲气而很少讲到理，二程重视理但忽视气，朱熹则详细讨论了理气关系。有不少学者认为，朱熹是以理为本的客观唯心主义者。冯友兰《中国哲学史新编》则认为，朱熹的理可看做亚里士多德四因说的形式因加目的因，气可以看做质料因加动力因；气对理的关系是"依傍"，理对气的关系是"骑乘"、"挂搭"，理、气是相互依存的；朱熹讲理先气后，实际上是说理本气末，理比较根本。与此同时，冯友兰还论述了朱熹的宇宙形成论，认为朱熹探讨了天地如何起源、具体事物如何产生、现在的世界有没有终始等问题。陈来《宋明理学》指出：朱熹认为，一切事、物、器都是由理与气构成的，气是构成一切事物的材料，理是事物的本质和规则，宇宙及万物都是由理、气两个方面共同构成的。至于朱熹讲理先气后，陈来认为，这只是指逻辑上有一种先后的关系，理是逻辑上在先，而不是时间上在先。詹石窗《新编中国哲学史》认为，朱熹既讲理先气后又讲理气不可分，但较偏向于理气不可分，尤其是朱熹用"气"这一概念解释各种自然现象，提出了以"气"为起点的宇宙演化学说，改造了浑天说这一传统宇宙结构学说，使之发展到了一个新水平。

（十）王夫之的自然观

王夫之哲学被认为是我国古代朴素唯物主义发展的高峰。任继愈《中国哲学史》认为，王夫之把元气本体论的思想发挥得相当完善，明确地提出宇宙是由物质元气构成的物质实体，否定有与元气对立的绝对的虚无。冯契《中国古代哲学的逻辑发展》指出，王夫之继承和发展了张载的气一元论，用"缊缊"来形容气之本体，用"聚散"来说明本体和万物的关系，并且认为气是唯一实体，天地万物都是由物质性的气构成的，气无边无涯，充满空间，它缊缊变化，聚而有形，散入无形。刘文英主编的《中国哲学史》认为，王夫之通过对佛老的批判，提出宇宙是由物质性的气构成的，所谓"太虚"是指宇宙空间，也就是说宇宙间充满了阴阳之气，没有任何间隙，自然界的天地万物都是在气的变化范围之内；气无所不在又无所不包，气的聚散构成了自然万物；万物有生死的变化，但是气却不会增多或减少，不会消灭。此外，不少学者认为，王夫之的气有聚散而无生灭的思想已经包含了物质不灭的意义。

二　古代哲学范畴中的自然哲学内涵

20 世纪 80 年代以来的中国哲学研究，不仅细致分析了古代哲学家、哲学著作的学术思想，而且对中国古代的哲学范畴展开深入探讨，并进一步揭示了有关范畴中的自然哲学内涵。程宜山的《中国古代元气学说》（湖北人民出版社 1986 年版）和李存山的《中国气论探源与发微》（中国社会科学出版社 1990 年版）专门论述"气"这一范畴的自然哲学内涵。张立文的《中国哲学范畴发展史（天道篇）》（中国人民大学出版社 1988 年版）和葛荣晋的《中国哲学范畴通论》（首都师范大学出版社 2001 年版）在叙述中国古代哲学的一些重要范畴时也对其自然哲学内涵进行了阐述，主要涉及天、太极、道、气、阴阳、五行等范畴。

在中国古代哲学中，天、太极、道等范畴最为重要。关于"天"，张立文认为，中国哲学中的天，约有三义：其一，指人们头顶上的苍苍然的天空，属于自然之天；其二，指超自然的至高无上的人格神，属于主宰之天；其三，指理而言，有以理为事物的客观规律，有以理为精神实体或伦常义理，属于义理之天。关于"太极"，葛荣晋认为，太极是标志宇宙本原（或本体）及其无限性的一个重要哲学范畴。就本原论而言，太极与宇宙万物是派生与被派生的关系；就本体论而言，太极与宇宙万物是本质与现象的关系。关于"道"，葛荣晋认为，道是标志宇宙本原（或本体）及其过程、规律的哲学范畴；道既是实体概念又是属性概念，从实体看，道是万物的最高本原或万物的根据；从属性看，道是实体的运动变化过程或变化的规律。显然，作为中国古代哲学最为重要的范畴，天、太极、道都具有宇宙天地自然的内涵。

"气"这一范畴最受中国哲学研究者的重视。张立文认为，中国哲学范畴系统中的气，约有四义：其一，指客观存在的质料或元素；其二，指具有动态功能的客观实体；其三，指人生性命；其四，指道德境界。葛荣晋认为，气是标志宇宙本原（或本体）的基本哲学范畴；自春秋战国时期人们开始用气来说明自然和社会现象，并出现了老子的气本原论、庄子的气本体论、稷下道家的精气说，直到汉代产生元气论，先后出现了元气自然论、元气本原论、元气本体论、元气实体论，而在王夫之的哲学体系中，气不只是标志物质实体，同时也标志物质实体及其规律的关系。李存山的《中国气论探源与发微》认为，中国气论哲学具有本原与现象统一、物质与运动统一、物质运动与时空统一、物质运动与常规统一、物质与精神统一、自然与社会统一的思想。程宜山的《中国古代元气学说》则从自然哲学的角度，探讨了元气论自然观的发展及其自然科学基础、"气"的自然科学含义与哲学含义、元气论自然观的基本理论，分析了气本论、气化论和自然感应论。

阴阳、五行也是具有自然哲学内涵的重要范畴。张立文认为，在中国哲学范畴系统中，阴阳具有三层含义：一是指客观存在的质料或要素，二是指具有对峙、统一、变化功能的客观实体，三是指一切客观事物所具有的属性；五行具有四义：一是指五种物质元素，水、火、木、金、土；二是指五种道德行为；三是指五种心理活动或情感意识；四是指天的意志显示物和理借以造作万物的质料。张立文还认为，阴阳与五行统一而形成的阴阳五行说是古代各门具体科学如医学、天文学、地理学、数学、农学、政治学、哲学的理论基础。

三　古代自然哲学中的生态观

随着环境、能源问题日益突出，21 世纪初，中国古代自然哲学中的生态思想引起了不少学者的关注，主要分为儒家的生态思想与道家、道教的生态思想两个方面展开。

在儒家生态思想的研究方面，任继愈和余敦康都提出，中国古代对于人和自然的关系不是停留在仁者与天地万物为一体的抽象的思辨的层面上，而是有很多制度性的安排，作为律令，由王者来执行。[①] 葛荣晋认为，儒家以"仁爱"思想为基础，以"爱物"为原则，以"天地万物一体"为境界，形成了自己的生态哲学思想和生态伦理原则。[②] 汤一介认为，儒家的"天人合一"思想虽然不可能直接解决当前人类社会存在的"生态"问题，但是，"天人合一"作为一种思维模式，认为"天"和"人"存在着内在的相通关系，无疑会从哲学思想上为解决当前存在的严重"生态"问题提供一种有积极意义的合理思路。[③] 蒙培元从生态学的视角重新解读

---

① 参见《儒家与生态》，《中国哲学史》2003 年第 1 期。
② 葛荣晋：《试评儒家生态哲学思想及其现代价值》，《长安大学学报》2002 年第 1 期。
③ 汤一介：《儒家思想与生态问题》，《中国文化研究》2004 年夏之卷。

中国哲学（主要是儒家哲学），认为中国哲学是深层次的生态哲学，其要点有三：第一，中国哲学的基本理念"天人合一"的基本内涵是人与自然的内在统一，不仅指物质层面，更重要是在超越的层面"与天地合其德"；第二，中国哲学是"生"的哲学，即在生命的意义上讲人与自然的和谐关系，人不能离开自然界而生存，自然也需要通过人实现其价值；第三，儒家是自然宗教，儒家将自然界视为生命和价值的根源，对其心存敬畏，这种敬畏最终落实到对万物的尊重、爱护，以实现"天地万物一体"之仁的境界为终极关怀，这是一种生态学意义上的宗教精神。①

在道家、道教生态思想的研究方面，卿希泰指出：道家和道教认为"道"生出天、地、人等宇宙万物，道教的生态伦理思想正是从这样一种"天人合一"的基本思想出发的；道教主张"道法自然"而不是"征服自然"，认为"天道"与"人道"是一致的，同时主张"归真返璞"的人生宗旨，其中具有若干有价值的合理因素。② 王泽应认为，道家物我为一的整体观念、知常知和的平衡思想、知足知止的开发原则以及热爱自然的伦理情趣都具有生态意义。③ 乐爱国《道教生态学》（社会科学文献出版社2005年版）则尝试建立"道教生态学"，认为这一学科之所以能够成立，最根本的在于道教"天人合一"以及保护环境的思想与现代生态学关于人和自然关系的基本观点有着较大的一致性。其中，道教的天人整体观是道教生态学的自然哲学基础，也是道教解决人与自然关系的出发点；天人合一、天地父母、道法自然是道教生态学的三个基本理论要素，也是道教处理人与自然关系的基本原则；在此基础上，道教生态学还要在人与自然之间构建以"生命"为中心的道教生态伦理，并通过宗教神学将生态伦理规范落到实处。

第二节　古代科技中的哲学思想

哲学与科学有着密切的联系，尤其是在中国古代，哲学与科学并没有明确的分科，因此，研究中国古代哲学，必定会随着研究视阈的扩大，关

---

① 参见蒙培元《人与自然——中国哲学生态观》，人民出版社2004年版。
② 卿希泰：《道教生态伦理思想及其现实意义》，《四川大学学报》2002年第1期。
③ 王泽应：《道家生态伦理的现代价值》，《湘潭工学院学报》1999年第1期。

注中国古代科技中的哲学思想。

一　古代科学家、科学著作的自然哲学思想

中国古代曾有过辉煌的科技发展，出现了大量的科学家，其中有不少科学家不仅在科技上有很深的造诣，而且在哲学上也有独特的见解。他们的哲学思想是中国哲学的重要组成部分。因此，研究中国古代科学家以及科学著作，既可以从中国科技史的角度探讨其科技思想，也可以从中国哲学史的角度研究其自然哲学思想。关于这一方面的研究，任继愈主编的《中国哲学史》讨论过《黄帝内经》的唯物主义哲学思想；冯友兰的《中国哲学史新编》讨论过张衡的天文学和宇宙形成论；冯契的《中国古代哲学的逻辑发展》讨论过张衡的宇宙论；董英哲的《中国科学思想史》（陕西人民出版社 1990 年版）讨论过《黄帝内经》的中医哲学思想、沈括的科学哲学思想、宋应星的技术哲学思想；周桂钿的《秦汉思想史》有对《黄帝内经》哲学思想的探讨。此外，还有刘长林的学术专著《内经的哲学和中医学的方法》（科学出版社 1982 年版）以及许多重要的论文，如胡道静的《沈括的自然观和政治思想》（《中国哲学》第 5 辑，三联书店 1981 年版）；张立文的《论宋应星的哲学思想》（《哲学史论丛》，吉林人民出版社 1980 年版）、《从〈梦溪笔谈〉看沈括哲学思想的特点》、《试论李时珍〈本草纲目〉中的唯物主义和辩证法思想》（《中国哲学史论文集》第 2 辑，山东人民出版社 1980 年版）；葛荣晋的《〈黄帝内经〉哲学思想探》、《李时珍、宋应星气学思想合论》；何兆武的《略论徐光启在中国思想史上的地位》、《徐光启的哲学思想》；郭树森的《试论宋应星对元气本体论的丰富和发展》。此外，匡亚明主编《中国思想家评传丛书》中，许结的《张衡评传》（南京大学出版社 2001 年版），郑建明《张仲景评传》（南京大学出版社 2006 年版），钟国发《陶弘景评传》，郭文韬、严火其的《贾思勰、王祯评传》（南京大学出版社 2007 年版），祖慧的《沈括评传》（南京大学出版社 2004 年版），周瀚光、孔国平《刘徽评传（附秦九韶 李治 杨辉 朱世杰评传）》（南京大学出版社 1994 年版），唐明邦《李时珍评传》（南京大学出版社 1991 年版），潘吉星《宋应星评传》（南京大学出版社 1990 年版）都对具体历史人物的哲学思想予以揭示。在对古代科学家、科学著作的自然哲学思想的研究中，较受关注的有《黄帝内经》、张衡、沈括、李时珍、宋应星等。

（一）《黄帝内经》的自然哲学思想

任继愈《中国哲学史》指出：《黄帝内经》包含着相当丰富的唯物主义观点和辩证法思想，它继承了先秦的气一元论，力图把自然现象、生理现象、精神活动都统一于共同的物质基础，并且认为一切事物都是在阴阳二气的矛盾中发展变化的。刘长林《内经的哲学和中医学的方法》认为，《内经》汲取了汉代以前的一些重要哲学概念，用以说明医学中的问题，又在医学理论的基础上丰富和发展了哲学思想，而且，《内经》对中国哲学史上的道、气范畴，形神学说，天人关系学说以及阴阳、五行理论都有独到的论述。刘长林还指出了《内经》哲学的特点：一是以人为哲学中心；二是强调宇宙的统一性；三是注重事物的功能、结构和平衡；四是某些哲学范畴同时也是医学等自然科学的重要范畴。葛荣晋《〈黄帝内经〉哲学思想探》一文从唯物主义的宇宙观、战斗的无神论思想、朴素的辩证法思想三个方面论述了《内经》的哲学思想，认为《内经》为中国哲学的发展作出了重要的贡献。[①] 董英哲《中国科学思想史》认为，《内经》标志着中医哲学思想的形成，它以"气"为基石，以"阴阳"为核心，以"五行"为系统，构成了一个富有特色的中医哲学思想体系，集中地反映了中医哲学思想整体性、辩证性、朴素性和封闭性的特点。周桂钿《秦汉思想史》认为，《内经》是中医学的理论基础，包含有人体可知论、整体系统论、辨证施治论等理论方法，同时继承并发展了阴阳、五行理论。

（二）张衡的自然哲学思想

张衡的自然哲学思想主要体现于他的宇宙论。关于张衡的宇宙无限与有限问题，冯友兰《中国哲学史新编》认为，张衡所说的宇宙就是无限的空间和无限的时间交织在一起的一个无限的物质世界。冯契《中国古代哲学的逻辑发展》则指出：张衡认为物质世界在时空上是无限的，而人们观测到的天地是有限的，这是个很好的见解。关于张衡的宇宙形成的三阶段论：第一个阶段叫"溟涬"，是无的阶段，是"道之根"；第二个阶段叫"庞鸿"，是有的阶段，是"道之干"；第三个阶段叫"太元"，该阶段元气剖分为天地，天地合气生出万物，是"道之实"。对于这段论述的理解，冯友兰不肯定这里的"道"就是气；冯契则认为，这里所说的就是元气运动的三个阶段，其中第一个阶段是"不可为象"的未分化的元气，第二个

---

① 葛荣晋：《〈黄帝内经〉哲学思想探》，《湖南师范大学学报》1986 年第 5 期。

阶段是广大统一的元气。许结《张衡评传》与冯契的看法相一致，并且还分析了张衡自然哲学中的若干概念，认为玄、道、北极、太一等概念既显示出对自然原始态的追摹，又杂糅了诸多神氛，属于自然哲学的"玄道"理论。

（三）沈括的自然哲学思想

张立文《从〈梦溪笔谈〉看沈括哲学思想的特点》一文对沈括《梦溪笔谈》中的哲学思想概括出以下特点：一是提出了作为客观规律的"理"的概念，与二程哲学相对立；二是按照世界本来的面目解释世界，而不给予任何虚构或附加；三是认为自然界的发展变化是"得之自然，非意所配"；四是反对"前知"，主张"事非前定"[1]。董英哲《中国科学思想史》论述了沈括的科学哲学思想，认为其基本观点是唯物论的自然观，其灵魂在于辩证的思维，其精髓所在是创新精神，而这些都源自沈括亲自参加了科学实践，并注意总结别人的实践经验。祖慧《沈括评传》论述了沈括朴素唯物论的自然哲学与辩证法思想，认为其唯物论的自然哲学主要包括：一是气一元论，认为世界万物都由气凝聚而成，气贯穿于万物之中，万物兴亡、盛衰的变化从根本上说都是气的运动，理依存于气；二是五行说，认为世界万物都因循五行相生相克的规律而运动、变化；三是阴阳说，认为本于气的五行运动变化又受阴阳两种力量的支配。该书还认为，沈括的辩证法思想表现在把事物运动变化的规律称之为"自然之理"或"物理"，认为理有常有变，变是绝对的、永恒的，常是相对的、暂时的。

（四）李时珍的自然哲学思想

唐明邦《李时珍评传》从四个方面论述了李时珍的自然哲学：一是万物化生本于元气，认为李时珍是个彻底的气一元论者；二是万物变化不离阴阳，认为李时珍全面地继承并创造性地发展了阴阳学说这一中国医学理论；三是造化之机显示五行生克，认为李时珍创造性地运用了五行学说，把五行同元气、阴阳学说紧密结合起来，建立了朴素唯物主义的自然观；四是论医论药强调天人统一，认为李时珍坚持唯物主义的天人统一思想，继承和发展了荀子等哲学家关于天人关系的思想。张立文《试论李时珍〈本草纲目〉中的唯物主义和辩证法思想》探讨了李时珍撰写《本草纲

---

① 张立文：《从〈梦溪笔谈〉看沈括哲学思想的特点》，《群众论丛》1980 年第 2 期。

目》的指导思想：一是关于思维和存在、精神和物质关系的问题，李时珍认为现实世界不是"心"的产物，也不是"理"的产物，而是由不依赖于我们意识而存在的"气"构成的，并认为精神现象不能脱离物质而独立存在；二是关于现实世界的各种现象是联系、运动的还是孤立、静止的问题，李时珍在《本草纲目》中充分运用事物相反、相佐、相恶、相依的对立统一观点，研究药物之间相互联系、相互制约、相互斗争、相互排斥的关系；三是关于人的认识是从物到思想还是从思想到物的问题，李时珍认为"格物"就是研究客观事物，包括研究药物。葛荣晋《李时珍、宋应星气学思想合论》一文指出，李时珍发挥了张载、王廷相等人的思想，肯定人和万物都是由太初一气所生，肯定宇宙万物的不同都是气变化的结果。[1]

（五）宋应星的自然哲学思想

张立文《论宋应星的哲学思想》一文较早论及宋应星的哲学思想，要点有三：一是气本体论的唯物主义思想，认为气是世界万物统一性的基础，是一种永恒存在的、运动变化着的细微物质；二是对立统一和气形相化的辩证法思想，认为万物生成、变化以及存在的形态无不本于气，而气的运动根源于其内部阴阳或水火二气的矛盾性；三是从气一元论的唯物主义自然观出发，探讨了天体演化和宇宙结构问题，从而批判了天人感应神学目的论。该文还指出了宋应星在自然哲学上的创新：一是把作为世界物质统一性的气和空气相区别；二是认为万物其气同类，没有精粗、清浊之分；三是认为日、月、大地都会消失而归于气。郭树森《试论宋应星对元气本体论的丰富和发展》一文认为，宋应星把古代物质范畴划分为气和形，深化了气一元论，其"二气五行"说则把物质构成论向前推进，而且，他还觉察到物质的循环和动态平衡，并把能量转换和传递现象称为"铢两神合"，是我国最早的能量守恒思想。[2] 葛荣晋《李时珍、宋应星气学思想合论》一文认为，宋应星把物质世界的演化归结为："气—水火—形"，在气与形之间插入水火这一过渡层次，使气本论的思想更加具体丰富，更接近于科学。潘吉星《宋应星评传》则进一步指出：宋应星将五行也分出了层次，从而描绘出"元气→水火→土→金木→无生物→草木（生

---

① 葛荣晋：《李时珍、宋应星气学思想合论》，《深圳大学学报》1993 年第 4 期。

② 郭树森：《试论宋应星对元气本体论的丰富和发展》，《江西社会科学》1984 年第 5 期。

物）→动物（高级生物）"这样一幅比较完善的万物生成与演变的图景。①

二　古代科学的研究方法

　　研究中国古代科技中的哲学思想，除了关注古代科学家、科学著作的自然哲学思想，探讨中国古代科学的研究方法也是重要的研究方向。冯契非常重视中国古代科学的研究方法，他的《中国古代哲学的逻辑发展》讨论过贾思勰《齐民要术》中的科学方法、沈括《梦溪笔谈》中的科学方法，并且还发表了论文《论中国古代的科学方法》。② 周瀚光也对中国古代科学家的科学研究方法作了深入探讨，曾撰《中国古代科学方法的若干特点》。③ 他的《刘徽评传（附秦九韶 李治 杨辉 朱世杰评传)》讨论了刘徽的科学研究方法，他与袁运开主编的《中国科学思想史》讨论过秦汉、魏晋南北朝、隋唐五代和宋元时期的科学方法等。此外，唐明邦《李时珍评传》研究过李时珍的科学研究方法、李时珍的辩证思维方法，何兆武《论徐光启的哲学思想》包含了对徐光启的科学方法的论述，④ 等等。

　　探讨中国古代科学的研究方法，离不开对于个体科学家的研究。冯契《中国古代哲学的逻辑发展》论述了贾思勰《齐民要术》中的科学方法，要点有四：一是系统地掌握资料；二是进行科学的分类；三是按照类的本质，即事物的性能来利用事物；四是在按照客观规律利用、改造自然时，要因时因地制宜。该书同时论述了沈括的科学方法，要点有四：一是进行实际观察和实验，获得第一手资料和数据；二是在掌握了丰富的资料和数据的基础上，进行比类、求故，概括出一般原理，沈括经常运用归纳和演绎相结合、一般与个别相结合的办法；三是运用矛盾分析方法来把握变化法则；四是在以科学法则指导实践时，按照具体情况灵活运用。周瀚光、孔国平《刘徽评传（附秦九韶 李治 杨辉 朱世杰评传)》认为，刘徽的科学方法的要点有四：一是逻辑方法，刘徽不仅熟练地使用了类、故、理等一系列逻辑范畴，而且自觉地运用了定义、推理、论证、反驳等一整套逻辑方法；二是极限方法，在中国数学史上，刘徽第一个自觉地把极限思想

　　① 葛荣晋：《李时珍、宋应星气学思想合论》，《深圳大学学报》1993 年第 4 期。

　　② 冯契：《论中国古代的科学方法》，《哲学研究》1984 年第 2 期。

　　③ 周瀚光：《中国古代科学方法的若干特点》，《哲学研究》1991 年第 12 期。

　　④ 参见何兆武《略论徐光启在中国思想史上的地位》，《哲学研究》1983 年第 7 期；《徐光启的哲学思想》，《历史理性批判散论》，湖南教育出版社 1994 年版。

引入数学领域，并用它解决一系列数学难题；三是重视校验；四是主张求理，即探求数学的内在规律，其求理的原则是简易、要约。唐明邦《李时珍评传》认为，李时珍运用了观察与试验、比较与分类、分析与综合、批判继承、历史考证的研究方法，而他的辩证思维方法包括：天人统一的整体思维方法、以发展的观点分析问题、相反相成的矛盾分析法、质和量相统一的度量分析法、执常御变的常变统一思想。何兆武《论徐光启的哲学思想》一文从四个方面论述了徐光启的科学方法：一是通过翻译《几何原本》开辟了一种与中国历来传统大不相同的演绎推理的思维方法；二是对科学观察与实验手段极端重视；三是提出"革"与"故"的理论，企图把简单的经验事实或数据提到理论体系的高度上来；四是把数学化置于首要地位，提出"盖凡物有形有质，莫不资于度数"的论断，并提出要"由数达理"。

在探讨中国古代科学的研究方法中，除了对于个体科学家的研究，周瀚光还对中国古代科学方法特点作了概括，总结出中国古代科学方法的主要特点，即：勤于观察、善于推类、精于运算、明于求道、重于应用和长于辩证。冯契的《论中国古代的科学方法》一文则以形式逻辑和辩证逻辑的区分为线索，论述了中国古代科学方法的发展历程，指出：先秦时期，从墨子的"言有三法"到《墨经》的"推类"所建立的是一个形式逻辑体系，而荀子的"贵有辨合"、"贵有符验"，以及《易传》的"一阴一阳之谓道"则是辩证逻辑方法；汉代墨学衰微，对形式逻辑的研究减少，辩证逻辑得到发展，在"取象"（定性）和"运数"（定量）两个方面都作出了成绩；魏晋时期，注重"辨析名理"，墨学一度受到重视，关于逻辑范畴"故"的探索达到了一个新的水平，提出了质和用统一、性和能统一的原理；唐宋时期，对"理"作了更深入、更多方面的探讨，在科学研究中讲究"原其理"；明清时期，虽然在哲学方法、史学方法、考据方法上都达到新的高度，但未能制订出近代实验科学方法，究其原因，首先是在社会发展方面，欧洲超过了中国，其次是占统治地位的理学不是要人面向自然，而是空谈心性，另外，这很可能同形式逻辑在中国没有得到长足发展有关。①

---

① 冯契：《论中国古代的科学方法》，《哲学研究》1984 年第 2 期。

第三节　古代哲学与科技的关系

中国古代哲学与科技的关系问题，是中国科技史界和中国哲学史界共同关注的重要问题。科技史家钱宝琮很早就发表《宋元时期数学与道学的关系》（《宋元数学史论文集》，科学出版社 1966 年版）。后来张岱年发表《中国古代唯物主义的发展与自然科学的联系》（《中国哲学史文集》，吉林人民出版社 1979 年版）。张岱年还在《回顾与展望》一文中提到："有一个久已提出的研究任务，至今还远远没有完成，这就是中国古代哲学与中国古代科学的关系问题。……中国古代在天文学、数学、地理学、医学、农学等等方面，曾经做出了卓越的贡献。但是，中国古代科学和哲学之间的关系如何呢？举例来说，中国古代数学与哲学的关系如何？中国古代天文学与哲学的关系如何？中国医学与哲学的关系如何？这些问题至今还没有人讲解清楚。"① 此后，中国古代哲学与科技的关系愈来愈受到关注，出现了大量的学术论著，其中较为重要的综合性专著有：李申的《中国古代哲学与自然科学（先秦到魏晋南北朝）》（中国社会科学出版社 1989 年版）和《中国古代哲学与自然科学（隋唐至清代之部）》（中国社会科学出版社 1993 年版），朱亚宗、王新荣的《中国古代科学与文化》（国防科技大学出版社 1992 年版），赵载光的《中国古代自然哲学与科学思想》（湖南人民出版社 1999 年版），乐爱国的《儒家文化与中国古代科技》（中华书局 2002 年版）和《宋代的儒学与科学》（中国科学技术出版社 2007 年版），吾淳的《古代中国科学范型》（中华书局 2002 年版）等。此外，袁运开、周瀚光的《中国科学思想史》（安徽科学技术出版社 2000 年版）以及席泽宗的《中国科学技术史·科学思想卷》（科学出版社 2001 年版）也包含了对于中国古代哲学与科技关系的研究。

一　古代哲学与科技发展的相互作用

研究中国古代哲学与科技发展的相互作用，除了以上所提到的重要论著，还有任继愈的《中国古代医学和哲学的关系——从〈黄帝内经〉来看中国古代医学的科学成就》（《中国哲学史论》，上海人民出版社 1981 年

---

① 张岱年：《回顾与展望》，《哲学研究》1986 年第 9 期。

版）；周瀚光的《浅论宋明道学对古代数学发展的作用和影响》（《论宋明
理学——宋明理学讨论会论文集》，浙江人民出版社 1983 年版）；石训等
编撰的《中国宋代哲学》（河南人民出版社 1992 年版）有"宋代自然科
学与哲学的关系"一章；徐仪明的《性理与岐黄》（中国社会科学出版社
1997 年版）；等等，此外还有一些重要论文。学术界对中国古代哲学与科
技发展的相互作用的研究，大体上可以分为两个方面：一是古代自然科学
对哲学的影响，二是古代哲学对自然科学的影响。

（一）古代自然科学对哲学的影响

张岱年《中国古代唯物主义的发展与自然科学的联系》主要强调中国
古代唯物主义与自然科学的关系，认为一个时代的先进的哲学思想凝聚着
当时科学知识的精粹成果，唯物主义与自然科学之间有着不可分割的内在
联系，唯物主义必定要以科学知识为依据，而自然科学的研究也只有在唯
物主义观点的指导之下才能取得重要的成就。

李申的《中国古代哲学与自然科学》以天人关系为主线，以史论结合
的方式论述了从先秦到明清中国哲学和自然科学的相互关系，同时顾及天
文、数学、农业、医学、音律学等具体学科与哲学的相互关系，对中国古
代哲学与自然科学的关系问题做了比较系统的研究。他认为，自然科学和
当时的政治、经济条件一起共同构成了哲学赖以产生和发展的基础，社会
的时代使命构成了哲学的内容，自然科学则为这些内容提供了借以表达的
形式，自然科学是哲学发生的基础，也是哲学发展程度的天然界限；先秦
时期，孔子敬鬼神而远之，老子讲天道自然，都是当时自然科学的进步迫
使宗教观念发生改变的结果；荀子提出"制天"、"人与天地相参"的思
想，则根基于农业生产和农业科学技术的进步；汉代董仲舒天人感应的神
学观念也是当时自然科学直接或间接的产物；作为宋代理学最高范畴的
"理"，其现实基础之一依然是人们对于自然界的认识。李申还认为，自然
科学虽然是唯物主义的天然同盟军，但也常常被用来作为唯心主义的注
脚，而且，对科学结论的过度推广也会造成神秘主义。

除了从整体上讨论古代自然科学对哲学的影响，不少学者还讨论了古
代自然科学的某些具体学科，主要是古代医学对哲学的影响。王德敏《从
祖国医学与古代哲学的关系看中国哲学史的特点》认为，《黄帝内经》促
进了中国哲学特色的形成：第一，《内经》反对宗教迷信促成了中国哲学
的无神论传统；第二，《内经》对精气学说的运用突出了中国哲学基本范

畴的功能性特征；第三，《内经》对阴阳学说的发展促成了具有民族特色的对立统一思想；第四，《内经》对五行学说的推演促成了中国哲学的系统论和循环论。[①] 李宗桂《秦汉医学与董仲舒的"天人感应"论》通过比较《黄帝内经》和《春秋繁露》对阴阳五行理论的运用，发现二者有三个共同特征，即天地人贯通的整体观念、同类相通的天人感应思想以及建立在经验直观基础上的直观类推方法。由此，李宗桂认为董仲舒的"天人感应"论与秦汉医学，推而言之，汉代哲学同医学是"共根"的。[②] 徐仪明《性理与岐黄》认为，宋明理学之所以能够成为中国古代哲学中最完整、最成熟和最具思辨性的理论形态，是与以《内经》为代表的传统医学的影响分不开的；理学所汲取《内经》的思想内容，主要有天人观、阴阳观、常变观、形神观等，基本上属于正面的、积极的因素。

(二) 古代哲学对自然科学的影响

关于中国古代哲学对自然科学的影响，李申《中国古代哲学与自然科学》作了比较系统的论述。他认为，哲学作为社会的普遍意识，一旦确立，就影响到社会生活的方方面面，当然也会影响到科学的发展，其中既有促进作用也有阻碍作用。比如：春秋时期的天道自然观，促进了对天地万物的广泛讨论，造成了普遍的学术繁荣；汉代的天人感应思想则使科学发生了曲折；魏晋时期天人感应思想衰退，科技获得迅速发展；宋元时期，万物有理的思想促进了农学、历法、数学的极大发展。另外，同一观念对科技的发展可能有两种作用：一方面，通常是促进科技发展的观念也会有负面作用，比如对天道自然观的过分相信可能导致对事物具体规律的研究缺乏动力，而对万物有理的过分相信可能会导致神秘主义的复兴；另一方面，通常是阻碍科技发展的观念也会有正面作用，比如，强烈的天人感应观念会促使人们认真地观察并记录异常天象，这些记录后来都成为宝贵的天文学资料，从而促进了天文学的发展；又比如，象数学是数字神秘主义，但激起了人们对数学的极大兴趣，从而促进了数学的发展；甚至佛教的兴起，在某个时期导致大规模兴建庙宇，也促进了古代建筑术的发展。

---

① 王德敏：《从祖国医学与古代哲学的关系看中国哲学史的特点》，《学术月刊》1983 年第 6 期。

② 李宗桂：《秦汉医学与董仲舒的"天人感应"论》，《哲学研究》1987 年第 9 期。

赵载光《中国古代自然哲学与科学思想》在肯定中国古代有机论的自然哲学的独特价值的同时，也从自然哲学的角度回答了中国没有产生近代科学的原因：第一，有机的自然哲学以朴素辩证方法把握自然，然而它包罗万象的理论必然导致笼统与模棱两可；第二，阴阳论看到了事物内部对立统一的力量，并且以此说明整个世界的运动，但事物运动的因果联系未受到重视；第三，有机论的自然哲学把人类看做宇宙整体的一部分，政治道德也从天道中得以说明，这样自然观念的变革就受到政治观念和道德的制约与阻碍；第四，古代自然哲学成为一个能说明一切的方程，由于它缺少认识具体事物的认识工具，从而不能说明一个简单的具体运动。

关于古代哲学对自然科学的某些具体学科的影响，钱宝琮《宋元时期数学与道学的关系》反驳了道学与数学之间相互促进的观点，认为宋元数学和道学之间并不存在相互促进作用，道学家的"格物致知"说并不涉及对客观事物及其规律的认识，不能推动自然科学的进展；道学体系中的象数学是一种数字神秘主义思想，也不能有助于数学的发展。周瀚光《中国科学思想史》则认为，先秦时期，数学与哲学是互相融合、浑然一体的关系；从秦汉到宋元，数学逐渐独立并获得迅猛发展，二者之间基本上是一种各自独立、并行发展的关系，各种哲学观点对数学既有积极的也有消极的影响；明代数学出现衰落、停滞的情况，很重要的原因是受到教条化的理学以及象数神学的压制和阻碍。徐仪明《性理与岐黄》认为，作为理学的重要组成部分，宋明时期的医学理论（即属于"医道"方面的内容）是性理学说与临床实践结合的产物，可以说理学制约着这一时期医学理论的发展方向与演变过程；已经上升为官方统治思想的理学，其对传统医学的影响是极为广泛而深刻的，大致上体现在这样三对矛盾中：既促进了理论研究方面的争鸣与深化，同时又阻碍它的进一步发展；既高度重视人的个性生命，同时又陷入了道德至上的困境；既创造了儒医文化现象，同时又使之走入官本位的歧途。

二 古代哲学家、哲学著作对科技的研究

关于中国古代哲学家、哲学著作对科技的研究，张岱年的《中国古代唯物主义的发展与自然科学的联系》已有论及。袁运开、周瀚光的《中国科学思想史》以及乐爱国的《儒家文化与中国古代科技》对此有比较多的论述。此外，还有徐仪明《二程与自然科学》、薄树人的《试谈孔孟的科

技知识和儒家的科技政策》等。

（一）先秦哲学家、哲学著作对科技的研究

薄树人认为，孔子和孟子都掌握科技知识，孔子的"为政以德，譬如北辰，居其所而众星共之"，孟子说"天之高也，星辰之远也，苟求其故，千岁之日至可坐而致也"，都表明孔孟的天文学知识已有相当的高度。① 张岱年《中国古代唯物主义的发展与自然科学的联系》指出，《尧典》、《左传》都包含了不少天文知识。乐爱国《儒家文化与中国古代科技》认为，《诗经》、《尚书·尧典》和《尚书·禹贡》、《大戴礼记·夏小正》和《礼记·月令》、《周礼》、《易传》等都包含着丰富的科技知识，同时还提到，曾子对科技也非常感兴趣，曾经对天圆地方的盖天说提出疑问。此外，袁运开、周瀚光的《中国科学思想史》有"儒家科学思想"、"道家科学思想"、"墨家科学思想"、"名家科学思想"、"法家科学思想"、"兵家科学思想"、"阴阳家科学思想"、"《易传》中的科学思想"、"《吕氏春秋》中的科学思想"和"其他典籍所反映的科学思想"等章节。

（二）两汉哲学家对科技的研究

张岱年《中国古代唯物主义的发展与自然科学的联系》指出，汉代最重要的唯物主义哲学家是桓谭和王充，他们都研究过天文学，王充对浑天说和盖天说都提出了自己的疑问。乐爱国《儒家文化与中国古代科技》指出，汉代不少哲学家对天文学感兴趣，桓谭发现了刻漏的度数随着环境湿度、温度的变化而不同；扬雄提出"难盖天八事"，对后来浑天说取代盖天说起到了重要作用；此外，还有一些经学家对科技知识作了发挥，其中崔寔仿《月令》著农书《四民月令》，陆机治《毛诗》著《毛诗草木鸟兽虫鱼疏》，郑玄大量运用汉代的科技知识以及他本人的科技研究成果注疏儒家经典中与科技有关的内容。袁运开、周瀚光的《中国科学思想史》还讨论了《淮南子》的宇宙生成理论、地理学理论、物理思想等。

（三）宋代哲学家对科技的研究

张岱年《中国古代唯物主义的发展与自然科学的联系》认为，宋代最重要的唯物主义哲学家是张载，他研究过天文学，对许多天文学问题提出过自己的见解。徐仪明《二程与自然科学》认为，二程运用某些自然科

---

① 薄树人：《试谈孔孟的科技知识和儒家的科技政策》，《自然科学史研究》1988 年第 4 期。

知识来论证哲学范畴，构造理学体系，是其重要特色之一。① 乐爱国《宋代的儒学与科学》则指出，宋代著名的大儒或儒家学派的领袖，从宋学的初创者范仲淹、胡瑗、欧阳修，到北宋儒家各主要学派领袖王安石、司马光、苏轼、周敦颐、邵雍、张载、二程，再到南宋理学各学派的主要代表朱熹、陆九渊、吕祖谦，还有宋末的著名理学家真德秀、金履祥、许谦、王应麟，等等，大都对自然知识感兴趣或对科学有所研究。其中，欧阳修的《洛阳牡丹记》被认为是我国现存最早的牡丹专著；吕祖谦的《庚子·辛丑日记》是世界现存最早的凭实际观测获得的物候记录；朱熹提出了自己的宇宙演化学说，对《梦溪笔谈》也颇有研究；甚至心学一派的陆九渊对宇宙结构也作过详细的描述。

（四）明清哲学家对科技的研究

张岱年《中国古代唯物主义的发展与自然科学的联系》认为，明代比较重要的唯物主义者是王廷相，他对自然科学有一定研究，他在所著《慎言》、《雅述》中讨论了天文学、生物学的问题，并且还写了《岁差考》、《玄浑考》，表述自己的天文学见解；方以智早期研究了传入的西方科学，并加以评论；王夫之虽然没有专门的科学著作，但从其著作中可以看出，他的自然科学知识还是很丰富的；清代中期最有成就的学者是戴震，他不仅是一个思想家、考据家，而且是一个自然科学家，他的天文学著作有《原象》、《续天文略》，他的数学著作有《勾股割圜记》、《策算》，还有地理学著作《水地记》等。乐爱国《儒家文化与中国古代科技》指出，明代阳明学兴盛时期，儒家研究科技的事例较少，但阳明后学罗洪先编撰的《广舆图》被认为是我国历史上第一部综合性地图集。此外，顾炎武的《日知录》中有多篇涉及天文学，他还编著了《肇域志》、《北岳辨》、《五台山记》等地理著作；黄宗羲撰写了大量科学著作，涉及天文学、数学、地学、乐律等诸多方面；清代的李光地、戴震、焦循、阮元等也都是重视科技并对科技有所研究的儒家学者。

三　儒家文化对古代科技的影响

关于儒家文化与中国古代科技的关系，学术界曾普遍认为儒家文化阻碍了古代科技的进步。近年来，有不少学者对这个问题有了更加客观和全

---

① 徐仪明：《二程与自然科学》，《中州学刊》1985 年第 3 期。

面的认识，并提出不同意见，主要论著有乐爱国的《儒家文化与中国古代科技》及一些论文。

　　陈卫平从科技伦理化、历算学工具化、科技著作的经学化等方面阐述了儒学对于传统科技发展的两重性，认为儒学对传统科技既有推动作用，也有限制作用。① 周瀚光认为，儒家思想对科技发展的影响并非完全消极，首先，儒家积极参加了中国古代四门主要学科（天、算、医、农）的研究，并颇有贡献；其次，儒家的一些思想方法对于科学技术的发展也有积极的影响。② 黄世瑞从多个角度考察了儒家对科技的影响，认为从科技发展史来看，汉、宋两朝的科技并未因儒学的兴盛而停滞不前或倒退，相反却大大地向前发展了；从儒家对待科学家的态度来看，儒术独尊以后，中国历史上并没有发生过如西方那样杀戮科学家的恶性事件；从人物个案来看，孔孟都有科学思想，张衡、祖冲之、沈括、徐光启、李时珍等都是儒家文化培养出来的科学家。所以，该文认为，不宜断定儒家对中国古代科技发展的影响都是负面的，而应充分占有材料，弄清楚事实真相，以唯物主义的观点评判儒家对中国古代科技发展的千秋功过。③

　　乐爱国《儒家文化与中国古代科技》通过深入考察各个时期儒家经典和儒家学者对科技的研究以及儒家文化对科技发展的影响，提出了以下观点：(1)儒学具有科技内涵。第一，儒家重视求道，"于道最为高"；第二，儒家重视为学，"游文于六经之中"；第三，儒家重视致用。这些特质使儒学具有了学习、研究和运用科技知识的要求，这一要求体现于儒家经典以及经学之中，体现于历代儒家对于科技的重视与研究中。(2)古代科技具有儒学化特征。第一，古代大多数科学家都不同程度地与儒学有着密切的联系，有一些科学家还专门研究过儒学，甚至是重要的儒家学者，儒学思想实际上成为他们心灵、思想、学识、情感的不可分割的重要组成部分。第二，科学家的科研动机受到儒家价值理念的影响，一是出于国计民生的需要，这是落实儒学的民本思想；二是出于"仁"、"孝"之德，这是实践儒学的仁爱思想；三是出于求道求理的目的，这是探索儒家的自然之道、自然之理。第三，科学研究经学化，一方面，儒家经典是古代科学

---

　　① 陈卫平：《论儒学对于传统科技发展的两重性》，《中国哲学史》1998 年第 2 期。
　　② 周瀚光：《论儒家思想对科技发展的积极影响》，《华东师范大学学报》1998 年第 6 期。
　　③ 黄世瑞：《儒家文化与科学技术》，《孔子研究》2000 年第 6 期。

家的重要知识来源；另一方面，经学研究方法是古代科学家主要的科技研究方法。第四，儒家的自然观包括阴阳五行自然观、易学自然观以及理学自然观一直是古代科技思想的基础。（3）儒学对古代科技的积极作用与消极作用相互交织。古代科技与儒学的发展具有同步性，二者具有一荣俱荣、一损俱损的密切关系。在科技与儒学的互动中，儒学既促进了古代科技的发展，培育出古代科技的务实性的特征，同时又在文化上将古代科技纳入儒学的统摄之下，造成了科技独立性的缺失，以至于科技理论性的薄弱，从而对科技的进一步发展造成负面的作用。

第四节　古代自然与科技哲学研究的方法与问题

从新中国成立 60 年尤其是 20 世纪 80 年代以来的中国哲学研究看，对中国古代自然与科技哲学的研究，已经愈来愈成为中国哲学研究不可分割的重要组成部分。但是，从现代的学科分类来看，这一方面的研究涉及哲学和科学两个领域，属于交叉学科研究，存在着诸多的困难和问题，因而在研究上还有许多不足，主要有以下三个方面：

一　偏重于个案研究，整体性研究不足

作为中国哲学研究的重要组成部分，这一时期中国古代自然与科技哲学的研究，在研究方法上与一般的中国哲学研究一样，主要采取个案研究。这一研究方法在中国古代自然哲学的研究中尤为明显。中国古代自然哲学的研究学者较多地以某个哲学家或某部哲学著作为题，深入地发掘其有关自然哲学的材料，研究哲学家、哲学著作的自然观，除了前面所提到的对孔子、老子、荀子、《易传》、《淮南子》、王充、张载、二程、朱熹、王夫之的自然观的研究，还对庄子、后期墨家、扬雄、王符、周敦颐、邵雍、李觏、罗钦顺、王廷相、黄宗羲、方以智、戴震等哲学家以及《列子》、《管子》、《吕氏春秋》等哲学著作的自然观作了不同程度的研究。对于中国古代自然哲学的研究来说，这样的个案研究有助于深入发掘材料，同时也是为整体性研究打基础，因而是十分必要的。

但是，这样的个案研究也存在着一定的局限性。在中国古代自然哲学的研究中，由于尚没有将这些哲学家和哲学著作的自然观综合起来加以考察，从个别研究上升到整体研究，因而在整体性上显得不足，以至于不能

很好地对中国古代自然哲学作出整体性的判断。同样，对中国古代科学家、科学著作的自然哲学思想的研究，也主要停留于个案研究，尚没有进行综合的理论研究，因而无法从整体上把握中国古代科学家、科学著作的自然哲学思想的概貌和特点。由于没有将中国古代哲学家、哲学著作的自然观以及中国古代科学家、科学著作的自然哲学思想加以综合考察，进行整体性研究，中国古代自然哲学的发生与发展、内涵与结构、特点与作用就得不到深入的研究，中国古代哲学中自然哲学与其他方面的关系就难以得到充分的阐述；同时，整体性研究的不足，也会影响到个案研究的突破。

个别研究应当与整体研究结合起来。所以，在个案研究的基础上，将中国古代哲学家、哲学著作的自然观以及中国古代科学家、科学著作的自然哲学思想加以综合考察，从而对中国古代自然哲学作出整体性的阐述，应当是未来中国古代自然哲学研究的重要方向之一。当然，对中国古代自然哲学的综合考察和整体研究，也会深化个案研究。在此基础上，还可以进一步研究中国古代自然哲学与科技的关系、中国古代自然哲学与心性哲学的关系、中国古代自然哲学的现代价值以及中西自然哲学比较等问题。

二　局限于分门别类的资料梳理，理论分析研究不足

与着重于个案研究相联系，这一时期中国古代自然与科技哲学的研究较多是分门别类的资料梳理。一般而言，在中国古代哲学中，自然与科技哲学的资料相对较少，因而必须发掘新的资料；加之这一研究属于交叉学科研究，涉及许多新概念，必须重新对资料加以梳理。在研究中，学者们从两个方面搜集整理资料：其一，从中国古代哲学家、哲学著作入手，搜集整理有关自然观的资料，并且包括中国古代哲学家从事科技研究的资料以及哲学著作中所包含的科技资料，中国古代哲学家、哲学著作受到当时科技发展影响的有关资料；其二，从中国古代科学家、科学著作入手，搜集整理有关自然哲学思想的资料，并且包括中国古代科学家、科学著作受到当时哲学发展影响的有关资料。对于中国古代自然与科技哲学的研究来说，这样分门别类的资料梳理是非常重要的，而且取得了较大的进展，为进一步的理论研究打下了基础。

但是，局限于分门别类的资料梳理，往往表现出理论分析研究的不足。中国古代自然与科技哲学的研究，实际上是运用现代的"自然"与

"自然哲学"、"科技"与"科技哲学"等概念对中国古代哲学进行研究，这不仅需要对这些概念的内涵作出足够的理论分析，而且还需要对中国古代哲学中与这些概念相对应的概念以及二者的异同关系作出深入的理论研究。同时，中国哲学对于古代自然与科技哲学的研究，实际上又是对应于西方哲学对于自然与科技哲学的研究而展开的。西方哲学一直有着明显的自然与科技哲学传统，并受到较大的重视。相比较而言，在中国古代哲学研究的视阈中，中国古代自然与科技哲学较为薄弱，而这与中国古代曾有过辉煌的科技发展不一致。因此，需要对中西自然与科技哲学的发生与发展、内涵与结构等进行比较研究，以展现中国古代自然与科技哲学的独特性和重要性。应当说，在中国古代自然与科技哲学的研究中，主要采用的是分门别类的资料梳理方法，至于哪些资料是属于自然哲学，哪些资料是属于科技哲学，哪些资料是有价值的，往往缺乏深入的理论分析，以至于某些研究还得出了夸大事实的结论。

所以，作为交叉学科研究，中国古代自然与科技哲学的研究特别需要强调分门别类的资料梳理与理论分析研究相互统一；在广泛的分门别类的资料梳理中，应当尤为注意对有关概念进行深入细致的理论分析研究，而这样的理论分析研究又有助于准确地运用概念，客观地进行资料梳理。

三　简单判断有余，深入思考不足

与理论分析研究不足相联系，这一时期中国古代自然与科技哲学的研究往往显得不够成熟，在研究中容易停留于简单的判断，而深入思考不足。这一状况在中国古代哲学与科技关系的研究中尤为突出。比如，在早先的中国古代哲学研究中，由于研究资料的不足，中国古代哲学被简单地看做是与科技相分离的。研究中国古代哲学的发生发展，只是从政治、经济以及社会文化等方面寻找原因，很少与古代科技的发生发展联系起来；同时，在分析中国古代科技的发展繁荣时，也很少去探讨其哲学上的原因；相反，在回答中国近代科技为什么落后时，则较多地归因于中国哲学，尤其是儒家哲学。又比如，由于简单地采取了唯物主义与唯心主义二分法，学者们易于将所谓唯物主义哲学与科技联系起来，研究唯物主义哲学发生发展的科技基础，唯物主义哲学家对于自然和科技的研究以及对于中国古代科技发展的推动作用，而将所谓唯心主义哲学与科技对立起来，因而也不可能去深入探讨儒家哲学发生发展的科技基础等诸如此类的问题。

从理论上讲，哲学与科学有着非常密切的联系。就中国古代文化而言，哲学的繁荣与科技的发达是其重要的组成部分，因而二者的相互联系应当也是毋庸置疑的，问题是要具体探讨二者如何联系、联系的方式与机制、二者联系所产生的相互影响与相互作用。研究中国古代哲学与科技的相互联系，同样也切忌抽象而简单的判断。对于古代哲学与科技发展的相互作用、古代哲学家和哲学著作对科技的研究、儒家文化对古代科技的影响等问题，既要进行具体而细致的个案研究，又要作出全面的综合考察和整体性的研究；既要进行扎实的分门别类的资料梳理，又要作出深入而周详的理论分析。只有通过这样具体而深入的研究，才有可能对中国古代哲学与科技的相互联系作出正确的判断。这也是中国古代自然与科技哲学研究的基本方法。

由于还存在许多不足，中国古代自然与科技哲学研究实际上还未能够对有关问题作出令人信服的解释。虽然有了一些通过研究个案、梳理资料而形成的成果，但是整体性的、有理论深度的、有重大影响的研究著作尚未问世，甚至中国古代有没有自然哲学、有没有科技哲学的质疑，依然时而有闻，中国古代自然与科技哲学的研究者任重而道远。

然而，作为中国古代哲学研究的交叉学科领域，中国古代自然与科技哲学研究在新中国成立后 60 年的发展中，已经从最初较多关注中国古代自然哲学，研究古代哲学家、哲学著作的自然观，探讨古代哲学范畴中的自然哲学内涵，进而讨论中国古代科技中的哲学思想，研究古代科学家、科学著作的自然哲学思想，以及古代科学的研究方法，并发展到对于中国古代哲学与科技的关系的探讨，研究古代哲学与科技发展的相互作用、儒家文化对古代科技的影响。这一研究历程，既展现了中国古代自然与科技哲学的三个主要研究方向，同时又反映出这一研究领域的发展趋势。当然，在这些研究方向上，尽管无论是中国古代自然哲学，还是中国古代科技中的哲学思想，都还有许多问题需要进一步研究，但是，探讨中国古代哲学与科技的关系，将是当今中国古代自然与科技哲学研究中最为重要的发展方向。这是一个在过去的中国古代哲学研究中被忽视而在当今受到极大关注的问题，是一个需要发掘新的研究资料并加以重新阐释的新兴领域，同时还是一个中国古代哲学研究与中国古代科技研究所共同关注的课题。

第十一章　古代逻辑学与知识论研究

回顾 20 世纪 50 年代以来中国学术的发展，不仅证明了古代知识论和逻辑学是中国学术的一个重要方面，而且说明古代知识论和逻辑学结合现代学术正在发生创造性的转化，中国的一个古老的传统又获得新的生命。

第一节　中国逻辑史研究

新中国成立后的 60 年里，中国逻辑史的研究获得了长足发展。20 世纪初胡适的《先秦名学史》、40 年代郭沫若《十批判书》中的《名辩思潮的批判》以及赵纪彬的《先秦逻辑史稿》，不同程度地在逻辑思想史研究的方法和内容上开辟新径。温公颐在《先秦名学史》书序中对于胡适参鉴西方逻辑学的比较方法、突出墨家名家学说的侧重和解释原典的独特见解都予以高度评价。汪奠基认为，"郭沫若《名辩思潮的批判》给我们开辟了一条研究'名家'学说的新道路。"[①]

从 1949 年到 1979 年，中国逻辑思想史学界所做的主要工作是排除一些中国逻辑思想虚无主义者的质疑，树立中国逻辑思想史作为一门学科的应有地位。尽管从前已经有一些学者开始对中国古代的逻辑思想进行整理发掘，但毕竟势单力薄，怀疑"中国有逻辑思想"的论断常常充斥着学界，这些反对的论调或以诡辩的逻辑错误为由，否定先秦名辩思想家的逻辑理论的价值；或以西方逻辑作为逻辑学的普遍形式和范本，取消中国逻辑学的独特个性，甚至否定中国逻辑学的存在，不同程度地干扰了逻辑思想研究工作的开展。针对这些不同的声音，当时的逻辑史研究学者一面进

---

① 汪奠基：《关于中国逻辑史的对象和范围问题》，《中国逻辑思想论文选 1949—1979》，三联书店 1981 年版，第 5 页。

行了学理上的有力回击，一面对中国古代逻辑学方面的丰富遗产进行全面清理，并重新规定中国逻辑思想史的研究对象和范围。60、70年代，中国逻辑史的研究工作受到大的背景和风气的影响，和其他一些学科的研究一样，不可避免地受到了政治思潮的冲击和干扰，走过一段弯路，但总体上不能抹杀这一开拓时期所奠定的基础和成就。除《墨经》、公孙龙和韩非等专题的研究外，系统的研究成果有：周文英的《中国逻辑思想史稿》（人民出版社1979年版）和汪奠基的《中国逻辑思想史》（上海人民出版社1979年版），基本上代表了这一时期中国逻辑史研究的最高成就。并且，汪著率先给出中国逻辑史的定义，对中国逻辑史的对象、内容、范围和任务作出较为明确的规定，指出既要认识到中国逻辑史长期以来和哲学史、认识论和形而上学之间千丝万缕的联系的现实，具有与伦理规范、政治逻辑和语言文字有着密切历史关系的特点，又要结合逻辑思维规则发生的历史土壤，在哲学思想、认识论乃至自然科学的史料中总结中国逻辑发展的规律、规则和系统，而不是将逻辑史和哲学史的研究对象盲目对立起来。这些论断直到现在仍然对中国逻辑史的发展具有重要的指导意义。

可以说，这30年的发展充分肯定了中国逻辑思想史的学术价值和思想意义，基本奠定了其在学界的合理地位。1980年，学界成立了中国逻辑史研究会，同年12月中国逻辑史第一次学术讨论会在广州召开，标志着中国逻辑史的建立阶段初步完成。但由于这一时期许多工作刚刚起步，对于中国逻辑史的研究对象、内容、性质和方法等问题并没有一个相对统一的界定和认同，以西方逻辑学的范式框架研究中国逻辑学的范围的情况还比较普遍，逻辑学史基本上还划定在中国哲学史旗下，逻辑学命题和政治学、语义学命题也常常混为一谈，名、辩学和逻辑学之间关系也不甚清楚，这些中国逻辑学建立和发展中出现的问题都成为学者们亟待解决的重要任务。这一时期的中国逻辑史研究的主要特点为：以西方的形式逻辑体系的概念和问题为模板，框架中国逻辑学的结构；中国逻辑史的研究实际上依托认识论的研究而进行，以杜国庠的《为什么逻辑离不开认识论》（《杜国庠文集》，人民出版社1977年版）一文为典型代表。

不少学者开始反思和总结30年发展中的问题，第一次比较集中的讨论是在中国逻辑史第一次学术讨论会上，后收入论文集《中国逻辑史研究》（中国社会科学出版社1982年版）一书。其中专门讨论中国逻辑史研究对象、范围和方法等的文章就有12篇之多，此外，崔清田的《有关中国逻辑史研究对象等问题的不同观点简介》对 30 年来的相关研究讨论做了详细的分疏工作。这次承前启后的会议不仅总结回顾新中国成立后的已有成果，也为 80 年代以后的中国逻辑史研究指明了方向。

此后的 10 年（1980—1990 年）中，不断有中国逻辑思想史的学术史著作问世，如李匡武主编、中国逻辑史学会编写的《中国逻辑史》（5 卷本，甘肃人民出版社 1989 年版）和《中国逻辑史资料选》（甘肃人民出版社 1985—1991 年版）、温公颐的《先秦逻辑史》（上海人民出版社 1983 年版）、刘培育的《先秦逻辑史》（中国社会科学出版社 1984 年版）、孙中原的《中国逻辑史》（先秦）（中国人民大学出版社 1987 年版）、杨芾荪主编的《中国逻辑思想史教程》（甘肃人民出版社 1988 年版）、温公颐主编的《中国逻辑史教程》（上海人民出版社 1988 年版），都对中国逻辑学史的任务和范围作了更进一步的规定，巩固了前 30 年来取得的成就。《中国大百科全书·哲学·逻辑》条正式将中国逻辑学列为世界三大逻辑学传统之一，与古希腊逻辑和印度逻辑并列。

90 年代开始到 20 世纪末，逻辑史研究步入了一个新的时期，研究方法上逐渐摆脱意识形态和认识论的框架，中西比较方法的运用也更为成熟，研究的问题更加深入，视角更加多元，中国逻辑学的研究向纵深发展。这一时期在前人已有的成果基础上结合现代数理逻辑、辩证逻辑和自然逻辑等研究成果，更有突破，既不乏通史式的宏论，又能侧重于细小问题的探究和阐发。可以说，无论在中国逻辑史的纵向研究还是基础逻辑学、应用逻辑学各支学科的横向支持上，逻辑学都面临着前所未有的发展机遇。这一时期研究中国逻辑学的学人辈出，出版了大量的学术专著和论文。综合方面的主要有：张晓芒的《先秦辩学法则史论》（中国人民大学出版社 1996 年版）、周云之的《名辩学论》（辽宁教育出版社 1996 年版）、崔清田的《名学与辩学》（山西教育出版社 1997 年版）、董志铁的《名辩艺术与思维逻辑》（中国广播电视出版社 1998 年版）、张忠义的《中国逻辑史研究》（黑龙江教育出版社 1995 年版）和李耽的《先秦形名之家考察》（湖南大学出版社 1998 年版）等。值得注意的是，中国逻辑学队伍中，主张名辩学的呼声也越来越高，逐渐有独立发展的态势。

中国逻辑史学界是一个善于不断反思和总结的学术团体。从新中国成立以来，逻辑史学界的重要学者都写过反思和总结的综述、述评文章，到 21 世纪初，百年来关于断代学术发展或专题的回顾和总结的文章就多达数十篇，这对 21 世纪中国逻辑史的发展方向和未来都是一种动态的贡献。21 世纪伊始至今，中国逻辑学的研究新老问题迭出，发展的机遇和挑战并存。但在中国逻辑史学界，学者们的应对和解决都更加成熟稳健，老问题也不断得到新的解答。比如，对于中国逻辑学的范围宽窄的老问题，已经由统一思想到百花齐放，既包容那些要求"纯粹逻辑"存在的思路，也欢迎逻辑结合文化的视点加以研究。其间主要综合性的成果有：温公颐、崔清田的《中国逻辑史教程》（南开大学出版社 2001 年版），周文英的《周文英学术著作自选集》（人民出版社 2002 年版），周云之的《中国逻辑史》（山西教育出版社 2004 年版），崔清田的《墨家逻辑与亚里士多德逻辑比较研究》（人民出版社 2004 年版）等。

一般认为，中国古代逻辑学的发展主要集中在先秦，但唐代因明学在中国的传播和兴盛也是中国逻辑学发展的一个方面，因此，以下按具体的专题分述之。

一 《墨经》研究

现在被视为后期墨家作品的《墨经》代表了先秦时期中国逻辑学水平的最高成就，因此也最受研究者关注。50 年代中期，沈有鼎在《光明日报》上连载的《墨经的逻辑学》[1]，考证精审，辨名析理，是《墨经》逻辑研究的经典之作。其他如詹剑峰的《墨家的形式逻辑》（湖北人民出版社 1956 年版）、任继愈的《墨子》（上海人民出版社 1956 年版）、汪奠基的《中国逻辑史思想史料分析》（中华书局 1961 年版）、罗根泽《与张默生先生讨论名墨书》（载《诸子考索》，人民出版社 1958 年版）以及这一时期出版的逻辑史、哲学史和思想通史的相关章节中，也有讨论。总体数量上乏善可陈，且内容不少为介绍性的。从 70 年代末开始，情况发生了转变。80、90 年代，《墨经》的逻辑学研究水平大大提高，硕果倍出，并带动《墨经》的整体研究向前推进。[2] 其成就主要体现在以下几方面：

首先，对墨子后学逻辑思想的体系认识逐渐成熟。50 年代前，伍非百（《墨辩解故》，中国大学晨光社 1923 年版）根据《墨经》文本顺序列出

---

① 沈有鼎：《墨经的逻辑学》，中国社会科学出版社 1980 年版。栾调甫《墨子研究论文集》出版于 1957 年，但收录作者 1922—1932 年的作品，不应视为这一时期的成果；谭戒甫《墨辩发微》是 1936 年的《墨经易解》的易名之作，也不应列入这一时期的成果中。

② 谭家健：《中国近二十年之墨学研究》，《齐鲁学刊》2000 年第 1 期。

一个"《辩经》目录"，分"释故"、"正名"、"明辩"三编建立《墨经》的思想体系，但受到条目移易过多和粗略烦琐的质疑，随后杨宽《墨经哲学》（正中书局 1946 年版）又分十五类归类《墨经》的内容，配合少量移易条目，划定墨子后学的逻辑体系。50 年代后，詹剑锋的《墨家的形式逻辑》与汪奠基的《中国逻辑思想史》分经为八章、二十章，也受到牵强附会的批评。① 相比伍非百的三编，其他更像是《墨经》知识论的体系。这种划分符合原文，与文本叙述、编制逻辑能大体一致，但也牵制了《墨经》逻辑思想前后的互相阐发和解释，相比之下，属于初步的整理工作。詹剑锋《墨经的形式逻辑》，虽在考证方面学者颇有微词，但其基于《墨子》全书，已经初步总结出《墨经》的一套逻辑系统。周云之、刘培育的《先秦逻辑史》已明确以《墨经》中"以名举实、以辞抒意、以说出故"为纲领来统率《墨经》的逻辑思想，并逐渐得到学者的认可，温公颐《中国逻辑史教程》、孙中原《中国逻辑史》、周云之《中国逻辑史》、冯友兰《中国哲学史新编》（6 册，人民出版社 1982—1989 年版）和庄春波《墨学与思维方式的发展》（中国书店 1997 年版）等都沿用这一框架，它既区别于西方形式逻辑的概念，又具有形式逻辑意义上的普遍性，比较符合《墨经》逻辑的实际。

　　同时，也有学者借用"名辩之学"的划分，将墨学归为辩学，如温公颐《先秦逻辑史》。同样按名辩学划分的还有崔清田主编的《名学与辩学》，其按照辩学的内涵、特征、原则和体系来建构《墨经》的逻辑体系，虽然其中着重强调了文献历史语境的加深对逻辑思想的理解的意义，但具体分析中仍不可避免地借鉴了西方的形式逻辑的意涵和语汇。

　　其次，《墨经》四篇具有大量古代自然科学的文字记录，具有"隐微难懂，言此意彼"的特点，且经、说错简讹误繁多，字义模糊，严重影响到对其逻辑思想的研究，因而，随着《墨经》、《墨子》文字训诂和版本校订方面的著作不断问世，对《墨经》中逻辑概念的释析和讨论越来越多，对逻辑体系整体的理解也大为提高。沈有鼎的《论〈墨经〉四篇的编制》、《〈墨子经上、下〉旁行本始于何时?》两篇论文（《沈有鼎文集》，人民出版社 1992 年版），谭戒甫的《墨经分类译注》（1957 年稿成，中华书局 1981 年版），周云之的《墨经校勘、注释、今译及其研究——墨经逻

---

① 杨俊光:《墨经研究》，南京大学出版社 2002 年版，第 20—28 页。

辑学》（甘肃人民出版社 1993 年版），姜宝昌的《墨经训释》（齐鲁书社 1993 年版）等对于《墨经》的训释都有重要创获。不少学者还就《墨经》中的类、故、理、止、辟、侔、援、推、名、实、意、端等概念及其逻辑范畴的演进进行深入的探讨，进而讨论其所在命题的意涵和对于《墨经》体系的意义。

再次，《墨经》的研究内容更加丰富，研究方法多样，产生了不少的成果，主要有：朱志凯的《墨经中的逻辑学说》（四川人民出版社 1988 年版），周昌忠的《先秦名辩学及其科学思想》（科学出版社 2005 年版），任继愈的《墨子与墨家》（商务印书馆 1999 年版），徐希燕的《墨学研究》（商务印书馆 2001 年版），谭家健的《墨子研究》（贵州教育出版社 1995 年版），杨俊光的《墨子新论》（江苏人民出版社 1995 年版），孙中原的《墨学通论》（辽宁教育出版社 1993 年版），邢兆良的《墨子评传》（南京大学出版社 1993 年版），孙中原《墨子及其后学》（辽宁教育出版社 1992 年版）等。单篇论文中讨论《墨经》的类比，《墨经》对周延的认识问题，对形式逻辑定律思想的表述，其“三物”的基础，“同异交得”的逻辑规律，以及“杀盗非杀人”的命题，都激起学者们很大的兴趣。比较分析的方法被广泛运用于《墨经》的研究，《墨经》中的逻辑概念不仅可以与名家学派的逻辑概念相比较，还可以与其他诸子的思想相对照，与不同文化形态中的因明学、西方逻辑的同类概念相比较，所同所异凸显了墨学逻辑学说的普遍意义和独特性质。此外，人类学、语言学、符号学、现象学、解释学等方法的适当运用也对墨学逻辑学的发展大有裨益，只是应当注意其适用的范围，避免削足适履、弄巧成拙。对墨子后学和当时的名家辩论，以及他们对谬论和诡辩的批判的研究，也促进了人们对《墨经》产生背景的进一步认识。

最后，学者们也在不断反思《墨经》逻辑研究自身，墨辩逻辑的基础、研究方法、发展进程、历史命运和未来走向，在反思中提高，也就是所谓“墨学学”正在兴起。① 另外，一些墨学家或墨学史家，如汪中、孙诒让、郭沫若、梁启超、胡适、章太炎、沈有鼎、栾调甫等人也作为研究对象被纳入逻辑史的研究范围之内。蔡尚思主编的《十家论墨》（上海人民出版社 2004 年版）将墨学大家们的论墨文章编辑在一起，是研究墨学

---

① 　张骏翚：《五十年来墨学研究综述》，《四川师范大学学报》2002 年第 4 期。

和墨学学的重要资料之一。

二　惠施、公孙龙研究

新中国成立以后很长一段时间内，惠施、公孙龙的研究都不太兴盛。关于惠施的研究，90 年代以前的论文不过十数篇，直到 1991 年，才有一部南京大学出版社的杨俊光《惠学锥指》问世。公孙龙的研究稍胜一筹，也不过几十篇，专著也不甚多，主要有谭戒甫的《公孙龙子形名发微》（科学出版社 1957 年版），庞朴的《公孙龙子研究》（中华书局 1979 年版），屈志清的《公孙龙子新注》（湖北人民出版社 1981 年版），栾星的《公孙龙子长笺》（中州书画社 1982 年版），杨俊光的《公孙龙子蠡测》（齐鲁书社 1986 年版），胡曲园、陈进坤的《公孙龙子论疏》（复旦大学出版社 1987 年版），杨俊光的《惠施公孙龙评传》（南京大学出版社 1992 年版）和周云之的《公孙龙子正名学说研究》（社会科学文献出版社 1994 年版）等。

惠施、公孙龙研究有一个共同特点，就是除校释考证外，大多数研究都集中在逻辑学和哲学认识论问题上。尤其在改革开放以前，它们还面临着一个共同的问题，即"诡辩是否属于逻辑史的研究对象"。汪奠基在《中国逻辑思想史》中写道："白马、坚白的辩难，虽有所囿而不能服人之心，但是单从逻辑概念的具体性质上来说，这些分析在当时还是直接属于逻辑范围的研究，绝不是全属反逻辑的诡辩。"[①] 这说明了虽然他肯定公孙龙学说逻辑史研究的史料意义，但对于诡辩是否是逻辑问题还是持怀疑态度的。杜国庠在《惠施公孙龙的逻辑思想》一文中认为："公孙龙的逻辑思想，虽因他的观念论哲学而发生了重大的缺陷，但其采取逻辑的态度及其正名实的法则所包含的真理，对于先秦名辩，颇多贡献。"[②] 高明光认为，公孙龙的学说不能逃脱诡辩的归宿，但不失辩证的因素。[③] 杨俊光明确肯定说："'诡辩'不是一个'哲学'的概念，而是一个逻辑学的概念。……'诡辩'是一种反逻辑的'逻辑'。"[④]（《略论公孙龙的逻辑思

---

① 汪奠基：《中国逻辑思想史》，上海人民出版社 1979 年版，第 87—88 页。
② 杜国庠文集编辑小组：《杜国庠文集》，人民出版社 1977 年版，第 542 页。
③ 高明光：《公孙龙的辩证思想与诡辩》，《青海社会科学》1983 年第 6 期。
④ 杨俊光：《略论公孙龙的逻辑思想》，《中国逻辑史研究》，中国社会科学出版社 1982 年版，第 190 页。

想》，载《中国逻辑史研究》，第190页）正如李存山所说，惠施、公孙龙在逻辑史上的地位已经逐步地得到承认。[①]

公孙龙的研究方面，新中国成立初期沈有鼎提出"两个公孙龙"假说和真假《公孙龙子》的问题。现在学界基本承认庞朴的看法，认为除《迹府》外，其余五篇均为公孙龙的作品，因此，这五篇常常都被作为公孙龙逻辑思想的史料。在逻辑学方面，"白马非马"的命题是研究公孙龙经久不衰的热点问题，惠施的"历物十事"也被一解再解，公孙龙的"离坚白"和惠施的"合同异"常常作为名学的两面被联系在一起。在方法上，辩证逻辑在诡辩的分析中发挥了更大的作用。此外，在研究先秦名家逻辑学说的前后勾连时，惠施、公孙龙的逻辑对儒道名学的吸收和拓展也得到了肯定。[②]

三　荀子研究

荀子的正名学说作为先秦儒家正名学说的总结和集大成者，有着明显的政治伦理的倾向。尽管如此，并不能掩盖荀子《正名》篇集中讨论名实问题对于逻辑学发展的贡献，正如杜国庠所说："荀子的见解，一方面继承了孔子正名主义的主张，另一方面，也明显地表现出他对于逻辑方面的兴趣。"[③] 总体来说，对于荀子正名的逻辑学研究，近30年来讨论的主要有两个问题：一是荀子正名思想的逻辑体系，二是对荀子正名逻辑的地位的评价问题。各家对荀子正名的逻辑思想都能形成一个比较一致的看法，总体评价分歧不大，这也意味着对荀子的逻辑思想研究较少突破。

汪奠基的《中国逻辑思想史》中尚未明确表示荀子的正名理论已经自成逻辑体系。1988年，周云之已经充分肯定了荀子有关正名的三个基本理论"构成了一个比较完整的理论结构"。[④] 随着研究的深入，基本形成两派看法：一种认为，荀子逻辑思想是以名为中心，以名、辞、辩说诸种思维形式为主要内容的思想体系，它不仅说明名、辞、辩说的原则、形式和作用，而且还阐明三者之间的关系（如温公颐主编的《中国逻辑史教程》）；

　　① 李存山：《公正评价惠施之学：与刘捷宸同志商榷》，《管子学刊》1990年第4期。
　　② 乔彩玲：《先秦语言名实之辩流变述略》，《郑州经济管理干部学院学报》2007年第4期。
　　③ 杜国庠文集编辑小组：《杜国庠文集》，人民出版社1977年版，第496页。
　　④ 周云之：《论荀子的正名逻辑及其在中国逻辑史上的贡献和地位》，《锦州师范学院学报》1988年第1期。

还有一种，区分名学和辩学，分别阐述其思想体系，认为其正名学说主要包括"所为有名"、"所缘而以同异"和"制名之枢要"三者，表达制名的缘由、根据和原则；荀子辩说吸取了墨家"类、故、理"的范畴，明确辩说的道德标准和方法，批评"三惑"的学术偏见和逻辑错误（如周云之主编《中国逻辑史》）。这两种体系的构建方法不同，但对荀子正名逻辑的具体阐发上没有根本的不同，只是前者比较一贯，后者更为清晰。

同时，他们也认识到荀子的正名思想的不足和局限。作为逻辑学说，其"制名之枢要"方面真正发展了先秦的逻辑学说，是荀子创造性的发现，但不能据此判定荀子的逻辑思想的贡献超过了墨子后学，更不能认为荀子是先秦正名逻辑思想的集大成者。[1] 这一中肯的评定基本奠定了评价荀子正名学说的主调。此外，有学者认为，荀子正名学说在名辩思潮中实现了从政治范畴向逻辑学和认识论范畴的重要转向。[2] 但由于荀子正名学说本身的特质，21 世纪以来，对于荀子正名学说逻辑路向的研究已经越来越少，而越来越多的研究偏重于其伦理政治和语言哲学的方面。

四　因明学研究

因明学自唐代在中国大兴，但由于因明学自身精微难学及其他种种原因，至明代已几乎终绝。到 20 世纪初，一批学者推动弘扬，不遗余力，才有了一段短暂的复兴。改革开放以前，有一些零星的研究成果，如吕澂的《佛家逻辑——法称的因明说》，虞愚的《印度逻辑推理与推论式的发展》，但总体上仍然处于低谷。80 年代以后，因明学被列为绝学得以重点恢复，由中国逻辑史研究会、中国佛教协会和中国社会科学院哲学研究所共同努力，因明学才有了重振的趋势。[3] 应该说，这一时期是因明逻辑学的重要发展时期。除典籍注疏、义理阐发、因明发展史、国外著作译介等，在因明逻辑方面，大陆地区陆续出版了三种因明逻辑方面的论文集：刘培育、周云之、董志铁编的《因明论文集》（甘肃人民出版社 1982 年版），刘培育、崔青田、孙中原编的《因明新探》（甘肃人民出版社 1989 年版）和刘培育编的《因明研究：佛家逻辑》（吉林教育出版社 1994 年

---

① 周云之：《论荀子的正名逻辑及其在中国逻辑史上的贡献和地位》，《锦州师范学院学报》1988 年第 1 期。

② 胡理毅：《荀子在名辩思潮中对逻辑认识论的贡献》，《船山学刊》2003 年第 1 期。

③ 姚南强：《百年来的中国因明学研究》，《中国社会科学》1994 年第 5 期。

版)，这三部论文集是近 30 年来研究因明逻辑的大体成就的重要代表。《中国逻辑史》（唐宋卷）和《中国逻辑史资料选》（因明卷）也都属于因明学的研究成果。此外，石村的《因明述要》（中华书局 1981 年版）、沈剑英的《因明学研究》（东方出版中心 1985 年版）、《佛家逻辑》（开明出版社 1992 年版）、郑伟宏的《佛家逻辑通论》（复旦大学出版社 1996 年版）、沈剑英主编的《中国佛教逻辑史》（华东师范大学出版社 2001 年版）、周文英的《因明新探》（甘肃人民出版社 1989 年版）、黄志强的《佛家逻辑比较研究》（香港新风出版社 2002 年版）和张忠义的《因明蠡测》（人民出版社 2008 年版）等，都是这一时期涌现的新作。

　　到目前为止，因明学在中国的研究大体包括古因明、陈那因明和法称因明的逻辑体系，因明学与中国名辩学的比较研究，因明学与逻辑学（尤其是形式逻辑）的比较研究，藏汉因明的比较研究和因明学史研究等几个方面。长期以来，以西方的逻辑概念和架构来解析因明学已经成为因明学研究的一种重要方法，由此，也引申诸如陈那三支式是演绎推理还是仅仅是类比推理等问题的争论。因明学史研究方面，对于因明学的喻、过、同异品等概念，"因三相"、"九句因"等问题，定义理论和关系理论等都在探讨之中。因明学的研究对于语言和思维的训练和素养都具有较高的要求，多重局限使得我国的因明学发展步履维艰，在资料的运用和方法的创新上尚有很大的空间，但随着更多研究者的加入，因明学研究必将"不再寂寞"。[①]

　　当然，中国逻辑史不仅仅包含这四个方面的内容，现代中国逻辑史的研究早已经延伸到孔子以前和当代，这在已经问世的几部中国逻辑学通史著作中都有所体现。但就先秦而言，今文《尚书》的逻辑学研究也被纳入中国逻辑史的范围之中，而孔、孟、老、庄、韩、孙等诸子的逻辑学方面的思想也被广泛探讨，其他如两晋时期的连珠体，乃至天文、宗教、医学、农书中的逻辑学资源不一而足，此不赘述。

第二节　中国逻辑学研究的问题意识

　　新中国成立以来乃至百年来，中国逻辑史的发展都是伴随着一系列问

---

① 沈剑英：《因明不再寂寞——〈因明蠡测〉序》，《法音》2007 年第 5 期。

题的提出和解决而进行的，有些问题暂时得到了比较合理的解答，而有些问题则转入更深层次或衍生新的问题，亟待解决。中国逻辑史研究的主要问题已经由新中国成立后前 30 年的"中国有无逻辑学"转为后 30 年着重关注的"中国逻辑学是什么和有什么"。"中国有无逻辑学"这个百年来的大问题，至今仍没有一致的见解。程仲棠坚持认为"中国古代有逻辑思想，但没有逻辑学"。① 并且他历数王国维、郭沫若、现代新儒家的代表人物的观点来说明他的这一立场。② 尽管如此，中国逻辑史学作为一门学科在中国真正发展起来已经是不争的事实。

对于后 30 年着重解决的问题"中国逻辑学是什么和有什么"，也同样存在着较大的分歧。曾昭式将当代的中国逻辑史研究按照对研究对象的态度不同分为三种立场：中国逻辑史是名学和辩学史；是形式逻辑的思想发展史；是中国古代符号学史。③ 谭家健在述及中国逻辑学界对墨学研究的三种不同意见时，其实适用于整个中国逻辑史的研究，而且似乎比曾的划分更准确地描述了逻辑史学界的情况，他认为第一派以中国社会科学院哲学研究所某些学者为代表，主张逻辑学的研究范围应以形式逻辑为主；第二派以中国人民大学哲学系某些学者为代表，主张再加上辩证逻辑和语言逻辑；第三派以南开大学哲学系某些学者为代表，主张结合文化史，广泛联系哲学、语言学及政治、经济来研究。④ 第三派主张结合文化史的观点，实际上正是在汪奠基先生历史唯物主义的宽路径研究方向的延长线上。这一派学者也是近 30 年来主张名辩学甚力的一派，他们既肯定中国有逻辑学，又特别强调中国逻辑学及其所在文化的特点和个性，后者有时被中国无逻辑学论者引为中国无逻辑学的口实。

"中国逻辑学"的概念自其提出以来，就有"名辩学"、"论辩学"、"论理学"、"形名之学"、"名辩逻辑"、"中国逻辑"、"中国逻辑思想"等不同名称。现在较为常用的是"名学"、"辩学"和"名辩学"，其实这些称谓也非古已有之，而是近代以来引进西学时对于"logic"一词的翻译。所以，理论上等同于我们现在所说的"逻辑"一词，同时也指称"中

① 程仲棠：《中国古代有逻辑思想，但没有逻辑学——答马佩教授》，《暨南学报》2008 年第 6 期。
② 程仲棠：《近百年"中国古代无逻辑学论"述评》，《学术研究》2006 年第 11 期。
③ 曾昭式：《中国逻辑史研究的三种立场》，《哲学动态》2002 年第 8 期。
④ 谭家健：《中国近二十年之墨学研究》，《齐鲁学刊》2000 年第 1 期。

国古代逻辑"。① 一些学者对"名辩学"的提倡正是在后者的意义上。因而在回答了"中国有无逻辑学"后，我们可以进一步问"中国有无名辩学"，也就是"名学"和"辩学"的正名问题。名辩学的持论者强调名学和辩学的区别，再区分作为中国古代逻辑的名辩学和西方传统的逻辑学在目的、对象、性质、内容以及产生条件等诸多差异。他们认为"名辩即逻辑"，"名辩学说中包括了中国古代的全部逻辑学说"②，将"名辩逻辑"当做"中国古代逻辑"的代名词。当然，也有一些学者不能同意"名辩逻辑"的提法，虽然反对者提倡质疑的主要是名辩派"以西释中"的方法和内容③，但进而否定"名辩逻辑"的存在，不能不说对"名辩逻辑"一说及其发展的新范式构成一定的冲击。反过来说，这也促使名辩派进一步思考并学理地论证"名辩逻辑"存在的合理性。由于"名辩逻辑"的界定存在着分歧，因而"名辩逻辑是否衰落"又构成了另一项论题。

简言之，50 年代后的中国逻辑学发展的线索可以简要概括为"宽、窄"二字。在这种多元的发展路向下，我们既可以说中国逻辑史的研究变"宽"了，它既可以结合中国哲学史、中国古代汉语、符号学、数学和自然科学等的丰富内容做多学科综合或者比较的交叉研究，同时，在逻辑学自身的领域中，从数理逻辑、辩证逻辑等多侧面研究古代典籍如《墨经》等，也大大加深了对古代逻辑水平的认识；我们也可以说中国逻辑史的研究变"窄"了，中国逻辑史越来越区别于其他的逻辑传统，其他的学科呈现出自己的特征和问题。研究方法上，由马克思主义的辩证唯物主义和历史唯物主义"以马释中"，西方逻辑学的比较参照"以西释中"的比附，朝向富有主体意识的深层比较和对话发展。

围绕着"宽"与"窄"的问题，本质上是思考中国逻辑学特殊性和独立性问题，或者说关注逻辑学的普遍性和特殊性问题。以下就形式逻辑和辩证逻辑、逻辑学说与逻辑思想、中国逻辑史与中国哲学史、中国逻辑史和西方逻辑的关系等核心问题作进一步分疏。

首先，关于形式逻辑和辩证逻辑问题。形式逻辑和辩证逻辑都是人类

---

① 崔清田：《墨家逻辑与亚里士多德逻辑比较研究》，人民出版社 2004 年版，第 210—211 页。

② 董志铁：《新中国名辩逻辑的回顾与前瞻》，《自然辩证法研究》2000 年 6 月增刊。

③ 曾祥云：《20 世纪中国逻辑史的反思——拒斥"名辩逻辑"》，《江海学刊》2006 年第 6 期。

思维的普遍形式，理应属于逻辑史研究的范围，但落实到中国逻辑史，辩证逻辑的发展是否已经足够成熟，并形成独立的体系，这是一些学者所怀疑的。汪奠基结合历史唯物主义的立场，主张可略为放宽中国逻辑史的对象和内容，"要尽量吸收所有逻辑遗产"，他认为："所谓逻辑史，根本就不只是什么形式逻辑史的问题，而是必须包括形式逻辑及其方法与辩证思维认识，或古代有关辩证法历史发展的逻辑对象在内的问题。"① 这一主张可以说在中国逻辑史研究学界创造了一个典范。此后大批学者如李元庆、孙中原、刘培育、蔡伯铭、何应灿、欧阳中石和陈孟麟等人都表示支持辩证逻辑属于中国逻辑史研究范围的说法，认为：从古代逻辑学的发生看，思维的一般形式和思维的辩证形式往往互相联系，难以完全割裂；辩证思维逻辑是人类认识世界的主要活动形式，中国逻辑史发展的特点说明了辩证逻辑是中国逻辑史发展的优长。但也有学者认为，像辩证逻辑这样的理性思维在古代还是自发朴素的，远没有形成逻辑体系，自觉运用到实践中更不可能，因此，中国逻辑史的主流还是形式逻辑。从此后出版的几部中国逻辑史通史著作来看，绝大多数的中国逻辑史著作在写作实践中是后一观点的持有论者，大多只涉及形式逻辑的部分，周云之在《中国逻辑史序》中明白讲到中国逻辑史是"形式逻辑在中国的发展史"，② 庶几说明逻辑学在现代要求纯化的呼声。但这种说法还有待进一步的研究检验。

　　其次，关于逻辑学说和逻辑思想的问题。这一问题的讨论相当复杂。与汪奠基广搜博求以期"充实中国逻辑史"的看法不同，李匡武认为"中国逻辑史的研究对象主要应当是历来的逻辑学说，而不是'逻辑思想'"。③ 他将逻辑思想划分为广狭两种，狭义上是指逻辑思维形式、规律以及方法的自发和自觉运用，广义上除逻辑思想外还包括对逻辑问题自觉分析、研究和论述的逻辑学说。但对"逻辑学说"的定义相对宽泛，不限于系统论说，也包括对"逻辑的某一或若干问题有意地进行一定的分析、研究、论述"。一般认为，在中国逻辑史的研究中，比较纯粹的逻辑学说集中在《墨经》和《荀子·正名》，其他逻辑论说往往与逻辑思想同时出现，因此，大部分逻辑史的著作都没有也不可能完全剔除"不纯粹"的逻

---

　　① 汪奠基：《中国逻辑思想史·序》，上海人民出版社 1979 年版，第 12 页。
　　② 周云之主编：《中国逻辑史·序》，山西教育出版社 2004 年版。
　　③ 李匡武：《略论中国逻辑史的研究对象和方法》，《中国逻辑史研究》，中国社会科学出版社 1982 年版，第 3 页。

辑因素。崔清田提出的历史文化方法，强调了逻辑思想对于逻辑学说的孕育作用。正如汪奠基指出的那样，中国逻辑史的特点之一就是与政治、伦理密切联系，这也说明纯抽象的逻辑形式的追求在中国逻辑史研究中的困难和不必要。对于中国逻辑史和中国哲学史、汉语言文学等交叉部分，不同面向的研究正有着相辅相成的作用。

再次，关于中国哲学史和中国逻辑史的问题。中国逻辑史具有相对的独立性。但是，在 20 世纪 80 年代，中国哲学史借助认识论力图摆脱唯物唯心的框束，中国逻辑史和中国哲学史的研究常常在认识论这个交叉点上相混淆。理论上，二者既相区别又相联系的关系还是比较清晰的。但是具体到某一个问题上，这个看似放之四海而皆准的结论就显得空泛抽象、不好掌握。在中国逻辑史学界和中国哲学史学界都有人提出，按照伦理政治学的角度来研究中国古代典籍中的一些问题似乎更益于发掘原典的本意。比如，中国逻辑史上的一个重要的问题——"名实"，就逻辑史的意义来说似乎只在于概念论的提出。有学者认为孔子的"正名"学说的本意是政治伦理学的，被赋予"名实论"的意涵是由于后人的假托，二者并无天生的关系。[①] 名实问题也渐渐由一个逻辑学的视点转变为语言学、符号学、政治学、伦理学中的视点。应该说，中国逻辑史和中国哲学史的界限越来越清晰，各自研究重合的部分也越来越少。

最后，是中国逻辑史和西方逻辑的关系问题。在中国逻辑学发展史上，有两次借鉴外国逻辑的经验，第一次是唐代初期因明学的传播，第二次是 20 世纪初西方逻辑在中国的传播，这两次外国逻辑的传入和普及，尤其是后者对于中国自身的逻辑史发展起到重大的推动作用。借助"西学东渐"的东风，经过 20 世纪前半叶西方逻辑学在中国兴盛，其方法、理论等无不渗透到中国逻辑学的各方面。在中国逻辑史研究的初期，怎样正确看待中西逻辑传统之间的不同，受到研究者们的重视。可以说，西方逻辑学的引进对中国逻辑史发展的助益是不可讳言的。即便在当代，中西逻辑史比较研究的方法仍然有着很大的活力。[②] 正如有的研究者所注意到的那样，中国逻辑史研究离不开中西比较，中国有无逻辑学的问题也是在中

---

① 参见曹峰《孔子"正名"新考》，《文史哲》2009 年第 2 期；并参见夏国军《孔子的"正名"说是政治伦理的，还是逻辑的》，《社会科学辑刊》2003 年第 2 期。

② 刘邦凡：《中国逻辑的近代复兴与未来发展》，《燕山大学学报》（哲学社会科学版）2007年第 1 期。

西比较的视野下形成的，无论如何，比较研究都是有非常大的积极意义的。只是既然是中西比较，西方逻辑学也不是一成不变，这种比较似乎不应该仅停留在亚里士多德的传统逻辑上，而比较的范围应拓宽至西方的现代逻辑；不应该只停留在具体逻辑概念和命题的比较上，更应该体现在"逻辑的观念"上。① 这一提法发人深省。

此外，在中西比较的方法、尺度上，崔清田总结以西方传统逻辑为依据解释和重构墨家辩学的方法时，认为有三得二失：使墨学摆脱经学的附庸地位，更注重思想的系统阐发和整理，也有效地在中国传播了西方传统的形式逻辑；但模糊了西方逻辑学和传统名辩学的区别，忽视了对二者内容和性质的认识。② 大多数中国逻辑史的著作都有意识地、或多或少地抵制西方逻辑话语系统的过多运用，以避免中国逻辑史的传统被迫削足适履，遭到支离和曲解。随着中国逻辑史地位在学界的上升，中西逻辑两大传统的研究慢慢趋于平等对话。对于中国逻辑史上的问题，我们已不只是简单地以"粗浅"来评价之，遇到中西逻辑史上的不同问题，我们也能平情理解，不生硬剔划到逻辑学的范围之外。借鉴西方比较成熟的逻辑学理论来丰富我们的理解时，也能比较平等地对话。如崔清田提出历史文化的方法，"视名学与辩学为先秦文化的有机组成部分，并结合它们产生的社会与文化的背景来分析和解释其内容"③，转变"以西释中"的方法，帮助我们更好地认识自身的传统。与此类似，在以现代学术话语解释古代的逻辑时，也提倡"既要以现代逻辑科学为借鉴，又要尊重历史的真实"④，从而正确处理中国逻辑史研究中古今中外的关系。对于中西比较，我们需要认识到，无论如何现在已经不可能存在那种没有西方逻辑话语参与的"纯粹"的中国逻辑史研究，但中西比较研究作为一种方法，不能从根本上解决中国逻辑学的发展要求而成为其内部动因，这还有赖于中国自然科学的发展和推进。

所以，在方法上，"以西释中"、"以西释因"也要结合一些学者提出的历史文化的方法、"触类比量"的方法同行之。在这些问题和方法的关怀下，中国逻辑史自身经历了有史以来比较大的一次发展。

---

① 王路、张丽娜：《中国逻辑史的研究为什么需要"比较"》，《哲学动态》2007 年第 5 期。
② 崔清田主编：《名学与辩学》，山西教育出版社 1997 年版，第 7—10 页。
③ 崔清田：《墨家逻辑与亚里士多德逻辑比较研究》，人民出版社 2004 年版，第 207 页。
④ 周云之、刘培育：《先秦逻辑史》，中国社会科学出版社 1984 年版，第 15 页。

以上基本对中国古代逻辑的发展脉络进行了一番梳理，更为详尽的介绍还可以参见周云之主编《中国逻辑史》的第十章"20 世纪下半叶对中国古代逻辑的研究"、张晴的博士论文《20 世纪的中国逻辑史研究》和李春勇的博士论文《20 世纪中国的逻辑争辩与逻辑观》。当然，中国逻辑史当前的研究还存在很多的不足，古籍的解读失误、论证力度不够、西方逻辑理论引入的落后以及对逻辑学方面的诠释过度都是其进一步前进的阻力。① 纠正这些问题，努力提高研究水平，相信中国逻辑史在 21 世纪将会有更大的进步。

第三节　古代知识论研究的发展历程及主要成果

知识论是中国古代哲学的重要组成部分。在中国哲学史中，"知"有知识和认识能力两种含义，指知识、知觉、思想、认识等。与之相应的还有"行"，指行为、行动、践履、实践等。古人讨论知、行、知行关系问题多从道德意识、道德行为及二者关系立论，但也包含着一般认识论意义。直到明清之际的王夫之，特别是近代的孙中山，才逐渐赋予知、行以比较纯粹的认识论意义。可见在中国哲学史中，所谓知识论、认识论、致知论三者是名异而实同；而且一般情况下，中国古代哲学家讨论知识论，都要涉及知行关系问题，所以他们的知识论必然要包含知行关系的理论。现代学术分科意义下的古代知识论研究，是随着中国哲学学科的建立而逐渐开展起来的。胡适的《中国哲学史大纲》和冯友兰的《中国哲学史》都涉及知识论。但是，在中国哲学学科的建立之后很长一段时间里，并没有关于中国古代知识论研究的专著出现。在新中国成立之前，古代知识论研究主要体现在以胡适和冯友兰为主要代表的哲学史研究中。

古代知识论研究是与中国现代形态知识论的建立密切相关的。虽然知识论的建构是"哲学的"，古代知识论研究是"哲学史的"，二者分别属于两个不尽相同的学术领域，但现代哲学中知识论建构离不开对传统知识论思想的梳理、批判和吸取；传统知识论的研究，也离不开知识论在研究方法上的指导。张东荪和金岳霖各自建构的知识论体系，是中国现代形态的知识论建立的主要标志。张东荪是在中国现代哲学中最早试图建构认识

---

① 参见周云之主编《中国逻辑史》，山西教育出版社 2004 年版，第 506—514 页。

论体系的哲学家，张氏的《认识论》（世界书局1934年版）是中国哲学史上第一部有关认识论思想的专著。张东荪借鉴西方认识论，提出了自己的多元认识论主张；但是，《认识论》一书主要是介绍西方认识论思想，并没有建立起一以贯之的知识论理论体系。真正建立起完备知识论体系的哲学家是金岳霖。他按照西方哲学的学术框架，在融会中西的基础上，"接着"西方哲学家"讲"，《知识论》（商务印书馆1984年版）一书填补了中国现代哲学中知识论领域的空白①，金岳霖由此成为中国现代哲学的知识论领域真正的开拓者。《认识论》、《知识论》二书虽然对中国哲学传统认识论思想有批判、吸收，但都充满着浓厚的西方哲学色彩，并非专门研究古代知识论的学术著作。与金岳霖知识论思想相类似的，还有胡军的《知识论》（北京大学出版社2006年版），他们从事的是知识论体系的建构，而不是古代知识论的专门研究。

身居港台的第二代当代新儒家牟宗三，著有《认识心之批判》（香港友联出版社1956年版）、《智的直觉与中国哲学》（台湾商务印书馆1971年版）、《现象与物自身》（台湾学生书局1975年版）三本有关知识论的重要著作。虽然牟宗三所言之知识论具有本体论的意义，已超出了我们通常所理解的认识论或知识论，但其中还是包含了许多他会通康德哲学和中国哲学所创发的有关知识论思想的洞见。与牟宗三知识论思想相类似的，还有冯契的《认识世界和认识自己》、《逻辑思维的辩证法》和《人的自由和真善美》，即"智慧说三篇"（华东师范大学出版社1996年版）。这两位哲学家知识论的建构都整理并吸取中国传统哲学的资源，只不过牟宗三借助的是康德哲学，而冯契借助的是马克思主义哲学。身居海外的第三代当代新儒家代表人物杜维明在1984年提出"体知"的思想以诠释不同于主体与客体、道德与知识决然二分的现代知识论的儒家认识途径，② 杜维明所言之"体知"，不仅具有认识论的意义，也具有本体论、宇宙论和道德实践的意义，"体知"之论沿着第一、二代当代新儒家熊十力、牟宗三的线索，向前推进了儒家传统的知识论。

新中国成立以后，随着社会意识形态的转变，马克思主义哲学占据了

---

① 《知识论》一书的写作完成于1948年。

② 郭齐勇将杜维明有关"体知"的论述以《论体知》编入《杜维明文集》第5卷，武汉出版社2002年版。

中国当代哲学的主导地位，马克思主义哲学的学习、研究、传播成为哲学界的绝对主流。马克思主义作为方法而广泛应用于人文社会科学的研究，虽然取得了一些成果，但不久就出现了对马克思主义的教条化应用。在1949年至1966年间，中国哲学界最初经历了由批判、反省到初步转变的过程；随后，中国哲学史研究在马克思主义的观点、方法指导下，探讨逐步深入，取得了初步的成果。最具代表性的就是侯外庐等主编的《中国思想通史》（人民出版社1956—1960年版）、冯友兰的《中国哲学史新编》（人民出版社1962—1964年版）及任继愈主编的《中国哲学史》（人民出版社1963—1964年版）。但是，这一时期仍然没有研究中国古代知识论的专著出现。

此后的"文化大革命"十年，哲学研究陷于沉寂、停顿以至严重畸形的境地。日丹诺夫"两军对战"的教条主义模式几乎成了整理、研究中国传统哲学的唯一范式；所谓的"儒法斗争"成为"显学"。但在此期间还是有许多人物的思想得到了发掘，一些古籍被整理、译注，具有一定的参考价值。就在这一哲学研究出现空前混乱的时期，潘富恩和瓯群完成了中国哲学界第一部中国古代认识论研究的专著《中国古代两种认识论的斗争》（上海人民出版社1973年版）。该书虽然是在日丹诺夫"两军对战"的研究范式下，将中国古代的认识论思想生搬硬套地放入唯物、唯心两大营垒，充斥着浓烈的政治话语，但它将中国古代哲学中有关认识论思想的内容作为明确的研究对象，具有自觉的对象意识，对中国古代认识论初步的、较为清晰的梳理，可以算作对古代认识论专题研究的初步尝试。

1978年，中国进入了改革开放的新时期。1978年前后发生的真理标准问题的大讨论，是在"文化大革命"以后打破精神枷锁、实现思想解放的理论先导。从哲学理论上说，实践标准是从认识论角度提出问题的，因而这一讨论也必然延展到我国哲学认识论的研究。以思想解放为背景，中国哲学界对以往教条化理解和应用马克思主义，甚至错误地理解马克思主义的种种现象进行了反思，并注意到马克思主义经典作家关于"哲学史是认识史"以及"认识史是通过范畴的演进来表现其思维方式和思维规律的"论述，这为中国哲学研究向新的研究范式的转型提供了契机。中国哲学史的研究发生了"认识论"的转向，哲学范畴的研究逐渐兴起。哲学范畴的研究是摆脱"两军对战"框框束缚的一个突破口，使得中国哲学研究走出左倾误区而步入正轨，进入新的历史阶段。汤一介在1981年第5期

《中国社会科学》上发表《论中国传统哲学范畴体系的诸问题》一文，此文可看做是新时期范畴研究热兴起的一个标志。随后，在 1981 年 10 月的杭州全国宋明理学讨论会上，汤一介、萧萐父、方克立、陈俊民等人就这篇文章进行了座谈讨论。1983 年 11 月，在西安专门召开了全国第一次中国哲学范畴讨论会，出版有会议论文集《中国哲学范畴集》（人民出版社 1985 年版）。这里要特别指明的是，"哲学史是认识史"、"哲学史是范畴演变发展史"所言之"认识史"、"范畴"，是从"哲学"层次上来说的，具有本体论的意义；不是通常所理解的知识论，在哲学中并不具有与本体论相区分的自身独立性，属于广义知识论。冯契的《中国古代哲学的逻辑发展》（上海人民出版社 1983—1985 年版）和萧萐父、李锦全主编的《中国哲学史》（人民出版社 1982—1983 年版），以及范畴及范畴史的研究就属于这种广义认识论研究。下文谈到的认识论通史研究、中国哲学思维特性的专题研究、个案研究，则是通常意义上的知识论研究，即关于知识、认识、知行关系的狭义认识论研究。1978 年至今，中国古代认识论研究得到了全方位的展开，认识论通史研究、专题研究和个案研究均有重大进展，取得了丰硕的成果。下面按专题分别叙述之。

一　范畴及范畴史的研究

范畴是关于事物本质属性和普遍联系的基本概念，是认识网上的纽结（列宁语），是理性思维的结晶。范畴史是范畴产生、发展及其相互关系的历史，是关于范畴发展动因、内在逻辑及其规律的历史。在西方哲学中，范畴既相关于本体论（如亚里士多德），也有知识论意涵（如康德）。思想解放运动之际，认识论的转向和范畴研究热的兴起，避免了"文化大革命"时期把中国哲学史化约为政治路线斗争史的简单倾向，加深了学界对中国传统哲学的理解。冯契的《中国古代哲学的逻辑发展》和萧萐父、李锦全主编的《中国哲学史》，可以看做是关于中国哲学范畴史逻辑发展的研究。范畴及范畴史的研究，则可以看做是以范畴作为研究范式的哲学与哲学史研究。葛荣晋的《中国哲学范畴史》（黑龙江人民出版社 1987 年版），是第一本明确地以"范畴"作为基本探讨对象的范畴史研究专著。在此基础上，葛荣晋于 2001 年出版了《中国哲学范畴通论》（首都师范大学出版社 2001 年版），列出中国古代哲学中的 28 组（对）范畴，按照历史和逻辑相统一的原则探究它们的演变、发展。张立文出版了《中国哲学范畴发展史（天道篇）》（中国人民大学出版社 1988 年版），其后又出版了《中国哲学范畴发展史（人道篇）》（中国人民大学出版社 1995 年版）。前者以"天"、"五行"、"常变"、"气"、"聚散"、"物"、"阴阳"、"动静"、"无极太极"、"道器"、"变化"、"无有"、"一二"、"理气"、"心物"、"体用"、"形神"，后者以"人"、"心性"、"中和"、"义利"、"公私"、"消长"、"理欲"、"仁义"、"健顺"、"善恶"、"未发已发"、"性情"、"名实"、"格致"、"知行"、"相须互发"、"能所"、"王霸"、"经权"、"理势"等范畴立论，属于广义认识论研究。其中的"心物"、"形神"、"名实"、"格致"、"知行"、"相须互发"、"能所"等内容又属于狭义认识论研究。张立文所主编的《中国哲学范畴精粹丛书》洋洋洒洒百万多字，蔚为大观，分为《道》（中国人民大学出版社 1989 年版）、《气》（中国人民大学出版社 1990 年版）、《理》（中国人民大学出版社 1991 年版）、《心》（中国人民大学出版社 1993 年版）、《性》（中国人民大学出版社 1996 年版）、《知》（中国人民大学出版社 2004 年版），也属于广义认识论研究，其中也包含有狭义认识论研究的内容，特别是《心》与《知》的中心论述就是狭义认识论范畴。其他一些范畴及范畴史的研究成果也不断涌现出来，如蒙培元《理学范畴系统》（人民出版社 1989 年版）、张岱年《中国古典哲学概念范畴要论》（中国社会科学出版社 1987 年版）等。《理学范畴系统》一书认为，理学作为儒学的完成，作为一种成熟的哲学形态，有一个完整的范畴系统。"理"、"气"这一组范畴是理学范畴系统的基础、前提和出发点，与此直接联系的是"道器"、"太极阴阳"、"理一分殊"等范畴，这些范畴进一步展开，出现"动静"、"神化"、"一两"等范畴。这些范畴又由"形上形下"、"体用"这两对更普遍的形式范畴结合、连接起来，形成一个范畴网。这个范畴网在历史和逻辑的进程中不断发展变化，开始了自己的运动。在理气篇基础上，理学范畴系统继续展开，继续过渡，依次进入到"心性篇"、"知性篇"、"天人篇"，"天人篇"是理学范畴系统的完成。其中"知性篇"属于狭义认识论的内容。《中国古典哲学概念范畴要论》分为自然哲学的概念范畴、人生哲学的概念范畴、知识论的概念范畴三个大的方面，追溯其中的各个概论范畴的提出、演变、分化、会综的历史进程。其中知识论的概念范畴的研究又属于狭义古典知识论的研究。这一时期范畴及范畴史的研究专著突破了"列传式"的研究范式，将哲学史研究与认识论研究结合起来，分析中国哲学范畴的产生、发展及其相互关系，探讨中国哲学范畴体系演变的内在逻辑及其规律。

二　认识论通史的研究

认识论史是研究人类认识产生、发展、演变的历史。改革开放以来，中国哲学界有关古代认识论研究的重头戏就是认识论通史的研究。厚重的学术专著不断涌现出来，这些成果都属于我们通常所理解的认识论的研究。方克立的《中国哲学史上的知行观》（人民出版社 1982 年版），是国内第一部以范畴作为研究范式的中国古代认识论研究专著。继《中国古代两种认识论的斗争》之后，潘富恩与施昌东合著了《中国古代认识论史略》（复旦大学出版社 1985 年版）。同年，刘文英出版了《中国古代意识观念的产生和发展》（上海人民出版社 1985 年版）。其后，又有傅云龙《中国知行学说述评》（求实出版社 1988 年版）、姜国柱《中国认识论史》（河南人民出版社 1989 年版）、夏甄陶《中国认识论思想史稿》（上下卷，中国人民大学出版社 1992 年、1996 年版）、蔡方鹿《知》（中国人民大学出版社 2004 年版）。方克立坚持马克思主义哲学的方法论，按照历史的线索，系统清理了从《尚书》一直到毛泽东的中国认识论思想发展史，分析了各家各派在有关知识的来源、致知的方法和途径、真理标准、知行关系等问题上的各种见解和理论。他认为《实践论》用"辩证唯物论的知行统一观"，对知行关系作出了科学的解答。潘著仍未突破"唯物、唯心两种认识论斗争"的研究范式，对先秦至清代近四十位有影响的哲学家及其所属的学派作了唯物、唯心、经验、先验的划分，大体廓清了认识论思想发展的脉络。潘著认为，除了指出中国古代认识论的历史局限，还应恰当地肯定和评价其中的某些有价值的成果和合理因素，不能苛求前人。这是实事求是的研究方法，对中国古代丰富的认识论思想，不再先进、落后地一刀切。刘著以"意识"为专题，坚持历史与逻辑相统一的方法论原则，就"形神"、"心物"、"见闻、思虑"、"言意"以及"意识修养"等问题，分别清理出它们连续的发展线索，并总结了其中的经验教训；此外，又论及一般中国哲学史论著不大涉及的内容，如意识观念的起源、意识概念的形成与演变、思维的器官，以及梦的探索和关于"人工智能"的猜测等。作者对这类其他学科中的有关材料，同样从哲学认识史的视角，追溯和清理它们的来龙去脉，填补了这些方面的空白。姜国柱的《中国认识论史》

可以算做第一部完整意义上的中国认识论通史的研究专著。姜著也应用了"范畴"的研究范式，运用历史和逻辑相统一的原则，全书从中国认识论发展的实际出发，分"主体与客体"、"感性与理性"、"知与行"、"真理观"等几个方面立论；在此基础上，再循着中国认识范畴产生、发展、演变的历史轨迹，实事求是地分析、研究中国的认识论思想，探求中国认识论史发展的思想脉络及基本规律，评析了中华民族思维方式的特征及其在认识论史上的是非得失。夏甄陶运用了马克思主义哲学的方法论，对中国古代认识论思想的分析概括，大体都采用了认识的来源、认识的可能性、主体的认识能力、认识途径、认识的真理标准等马克思主义认识论的逻辑框架。著者按照中国认识论的历史发展顺序，选择了中国哲学史中最具有代表性的哲学家，对所选讲哲学家的认识论思想之精要、源流、流变，作了客观公正的评价，反思了中国认识论思想史。夏著还注意到中国认识论思想的复杂性与独特性，在马克思主义认识论的参照下，对从未曾分化出各个部门学科的庞杂中国古代思想条分缕析，凸显出古代认识论思想的独特地位，进而发掘其对现代认识论研究的启发意义，阐发中国历代认识论思想的历史意义与现代价值，以为现代认识论研究所用。蔡方鹿所著《知》系统论述了"知"范畴在其产生发展的历史进程中，涵盖儒、佛、道三教等所形成的思想内涵，及其在先秦、秦汉、魏晋、隋唐、两宋、元明、明清之际、近代等各个时期的理论，并以"知"范畴为核心，探讨了"知"与"行"等若干范畴之间的相互关系。刘著与姜著先将中国古代认识论思想划分几个方面，再循历史途辙梳理；方著、潘著、夏著及蔡著是直接按照中国认识论的历史发展顺序对其进行的梳理与批导。在台湾地区，中国认识论研究的成果，还有罗光的《中国哲学认识论》（台湾学生书局1995年版）和欧崇敬的《中国的知识论史观》（台湾洪叶文化事业有限公司1998年版）。

三　中国哲学思维特性的研究

　　思维是人脑对现实世界能动的、概括的、间接的反应过程。思维方式作为一个民族哲学与文化的深层本质，因而也最具有稳定形态，可以说它决定了人们认识自己、认识世界，也即知识论的基本特征，甚至也在很大程度上决定了民族哲学文化的发展方向和价值取向。改革开放30多年以来，中国古代认识论研究的另外一个热点，就是在中西哲学比较的前提下，对中国哲学思维特性的研究。继 1983 年范畴讨论会后，1988 年 5 月，中国社会科学院哲学研究所中国哲学史研究室在北京主持召开了全国性的关于中国传统思维方式的学术研讨会，就中国传统哲学思维方式的性质和特点，它的形成、发展和演变及根源，它的评价和改革问题进行了深入的探讨，出版有会议论文集《中国思维偏向》（中国社会科学出版社 1991 年版）。其后，刘长林出版了《中国系统思维》（中国社会科学出版社 1990 年版）一书，蒙培元著有《中国哲学主体思维》（东方出版社 1993 年版），与其他学者编著《中国传统哲学思维方式》（浙江人民出版社 1993 年版）。其后，高晨阳著有《中国传统思维方式研究》（山东大学出版社 1994 年版），吾淳著有《中国思维形态》（上海人民出版社 1998 年版）。关于中国哲学的辩证思维，李德永主编《中国辩证法史稿》（武汉大学出版社 1990 年版）。在此基础上，田文军与吴根友又出版了《中国辩证法史》（河南人民出版社 2004 年版）。综合《中国哲学主体思维》与《中国传统哲学思维方式》之所述，不难发现，著者把中国传统哲学思维方式的基本特征概括为经验综合型的主体意向性思维：就其基本模式和方法而言，是经验综合型的整体思维和辩证思维，就其基本程序和定势而言，是意向性的直觉思维、意象思维和主体内向思维。《中国传统哲学思维方式》除了由蒙培元所写的主体思维的内容外，还有辩证思维、整体思维、意象思维、直觉思维四个部分，分别有邝柏林、刘长林、王葆玹、徐远和撰写。此书将这五种思维视为中国传统哲学最基本的思维特征。这本书的编写有明确的方法论意识，著者从中国传统哲学的固有性质出发，应用中西哲学与文化比较的方法，而非经学的注解方式，亦非仅凭西方哲学的研究范式而削足适履，揭示出中国传统哲学思维方式的基本特征，并以此为突破口，重新反思了传统文化的其他方面。研究者既明确地意识到中国传统哲学思维方式有不同于西方的独特性；又认识到它是包括儒、释、道在内的整个中国传统哲学所共有的思维方式，也就是说，它在中国哲学与文化中，不仅具有稳定性，而且具有普遍性。《中国系统思维》一书认为，系统思维是中国传统思维方式的主干，系统思维是汉民族文化的基因，它贯穿于哲学、管理学、医学、农学、美学等各个领域之中。"文化基因"规定着民族文化以至整个民族历史的发展趋势和形态特征。在分析了中国文化基因十个方面的基础上，作者从东西方文化比较的角度，指出中国传统文化有明显的阴性偏向，其本质性特征与一般女性的心理和思维特征相一致，而西方则有明显的阳性偏向。从文化基因的角度检讨传统文化，弄清系统思维的本质，不仅可以深化对中国古代认识论的研究，也有助于我们更好地继承民族文化遗产。《中国辩证法史》是一部关于中国辩证思维历史发展的通史研究，作者坚持马克思主义的理论导向，对中国辩证思维的主要成果和基本线索进行了系统的清理，轮廓分明。特别是，该书探寻了近代以来在中西哲学的交融中卓有建树的哲学家的辩证法思想轨迹，这表明了中国辩证思维传统的发展既是古今慧命相续，又是中西文化接轨，点明了中国辩证法思想继续向前发展的前景。

四 一个典型的个案研究

1982 年，湖南、湖北两省社会科学界联合会分别举行了纪念王船山逝世 290 周年的学术研讨会，萧萐父就湖北省提供的部分论文主编《王夫之辩证法思想引论》（湖北人民出版社 1984 年版）。认识辩证法思想是王夫之辩证法思想的重要组成部分，在这本论丛中得到了多角度、深层次的探讨，其中，萧萐父撰有《王夫之辩证法思想引论》长文，就王船山认识论的辩证法作了系统的清理。萧萐父指出，王夫之认识辩证法的起点是与自然物相区别的"人"，"人"是开展认识活动的主体；人的认识本性是"知"与"能"，对认识主体的这种规定构成了王夫之认识辩证法体系的开端；"知"、"能"作为一种潜能，是人所特有的"性之德"，它们有可能转化为现实，其首要条件就是把认识主体（"己"）和认识的客观对象（"物"）对置，进而联结起来；"能所"、"己物"是一般地规定主体与客体的区别及二者在认识运动中的联结。接着，就王夫之认识论中有关客观事物认识的具体展开的论述，作者集中对"心"与"事"、"心"与"理"范畴作了精辟的分析。作者还论述了"道"与"德"这对范畴，对王夫之的知行关系理论、"实践"范畴也作出了独到的研究，指出王夫之"以人造天"的实践观，是明清之际启蒙思潮中反映时代脉搏的最强音，与荀子的"天命可制"思想、刘禹锡的"天人交相胜"思想，在中国哲学史上形成了三个坐标点，把中国古代认识论思想推到时代所允许的最高峰。这本论丛中还收有郭齐勇的《〈尚书引义〉中关于认识主体和辩证逻辑的思想》，许苏民的《王夫之论"知"、"能"》，舒默的《王夫之认识论中的辩证法》等。陈远宁、王兴国和黄洪基合著的《王船山认识论范畴研究》（湖南人民出版社 1982 年版），跳出"两军对垒"的窠臼，以"范畴"作为研究范式，对王船山认识论思想进行个案研究。在港台地区，个案研究的成果还有许冠三著《王船山的致知论》（香港中文大学出版社 1981 年版）、潘小慧著《从解蔽心看荀子的知识论与方法学》（台北县花木兰文化出版社 2009 年版）等。

第四节 中国逻辑学和古代知识论研究范式的探讨

通过对新中国成立 60 年以来中国逻辑史和古代知识论研究的发展历程及主要成果的论述，我们不仅可以看出中国古典认识论研究的历史演变线索，也可以看到其逻辑发展的进程，特别是后者，体现在研究范式的转换上，主要有以下两点：

一 "以马释中"、"以西释中"到中西马对话

50 年代初，中国哲学学科和中国逻辑学界机械套用马克思主义的方法论来指导知识论和逻辑史的研究，可以称之为新中国学术研究的第一个范式。当时马克思主义研究已经形成本体论、认识论、历史观的稳定的系统，因此，不少的人文学科的研究都是以此范式为标准来裁剪的。在很长一段时间内，中国古代认识论，都被看做是唯物主义认识论与唯心主义先验论斗争的历史，是历史上阶级斗争的反映，唯物或唯心的定性是理论研究的热点。1978 年思想解放运动以后，西方哲学被更多地引入到研究的各个领域，强势的西方话语很快占领了市场，马克思主义的话语也随之被反思和淡化，到了 90 年代，"以西释中"造成的过度诠释引发了研究领域中中西矛盾的加剧，一方面，由于西方话语的引入，以新的概念命名的中国学术的合法性，如"中国哲学"、"中国逻辑"等遭到了质疑；另一方面，中国哲学史和中国逻辑史的学者也重新反思引入西方哲学和逻辑学的合法性。中西学术在中国学术研究中的不平等的问题，在中国的民族自尊心趋升的时代显得更为突出。正确对待中西问题，包括明确比较研究的目的、适当运用比较研究的方法、选择合适的比较研究的对象等，都成为真正实现比较研究的必要前提。

近年来的讨论使我们认识到，中西文化体系、思维方式及其赖以产生的历史文化背景的巨大差异，这些都会给我们的比较带来相应的影响。显然，中西文化中的一些概念或者命题看似相类，实则在中国哲学中的意义

与其在西方哲学中的意义也并不完全相同，这种同异就构成了西方认识论的概念框架与中国古典认识论研究之间的张力。大体说来，中国思维方式以象为中介，重经验直观地把握、领会对象之全体或底蕴，它有赖于以身"体"之，即身心交感地"体悟"，重自觉体证，相比西方重分析、实证的思维方式，它的辩证思维、整体思维的运用更为广泛。去除西方概念和思维的影响，追求"纯粹"的中国逻辑思想和认识论研究，在中西交通的今天，既无必要也不可能。因此，我们除了要看到差异，也要看到二者的可通约性，在充分认识到中国哲学的独特性与自主性的基础上，借鉴一些西方的理论来研究中国古代的思想。中西哲学之间的可通约性，为我们应用西方哲学的一些概念和某些框架来研究中国哲学和中国逻辑学提供了可能。

因此，我们一方面要借鉴西方一般认识论的框架、结构、范畴；另一方面要发掘反归约主义、扬弃线性推理的"中国理性"、"中国认识论"的特色，不受西方模式的束缚。总之，中国学术的研究范式需要在与西方哲学的交流、对话、沟通中建构起来，这才是中国逻辑学和古代认识论研究的新方向。

二　以范畴为中心的研究到以个案为中心、以问题为重点的研究

按列宁的话说，范畴是人类认识之网上的纽结，所以在新中国成立后的很长一段时间里，哲学史被看做是"范畴"产生和演变的历史。"范畴"也因此成为中国学术研究的主要范式。这一特征以 20 世纪 80、90 年代为最著。在中国哲学史学界，张岱年《中国古典哲学概念范畴要论》堪称范畴研究范式的代表作。随着认识论的转向和范畴研究热的兴起，新时期中国哲学史研究以哲学史方法论的问题意识为切入点，把哲学史作为人类认识的发展史来研究，逐步摆脱了"两军对战"的教条主义模式，避开"阶级斗争"、"路线斗争"等政治话语，引入螺旋结构代替对子结构，重视逻辑与历史的一致，认真探究中国哲学范畴史的逻辑发展与哲学发展的历史圆圈，揭示出每一时代理论思维发展的规律，以冯契的《中国古代哲学的逻辑发展》和萧萐父、李锦全主编的《中国哲学史》为主要代表。中国逻辑学的研究也不免受到这一范式的影响，比如在墨学和因明学的研究中，就某些特定的概念，学者们常常一再斟酌其义，界定其内涵，厘清其意义在历史中发展、演变的过程。可以说，这一时期的概念范畴的廓清也

为后来的学科发展奠定了坚实的基础。但是，仅仅注重范畴的研究并不能满足哲学史和逻辑史进一步发展的需要。

90年代中后期，中国学术的研究受到"以马释中"、"以西释中"的束缚越来越松，以中国古典文本为中心的研究不断兴起，个案研究和以问题为线索的研究成为这一时期研究的主导。狭义认识论研究得到了全方位的展开，其深度和广度都大大超过了前30年，特别是20世纪90年代中后期到21世纪初这10多年间，中国逻辑学和中国哲学界新作迭出，硕果累累。就广度而言，这一时期的研究不再局限于范畴，逻辑学、认识论通史研究、专题和个案研究都得到了全面的展开，出现了不少高水平的论著。就深度而言，在中西比较哲学的基础上，中国思维特性，如辩证思维、系统思维、直觉思维等的探讨也得到了学界的重视，其研究不断深入。就研究方法论而言，认识论通史的研究突破了"唯物主义与唯心主义斗争"的简单范式和贴标签似的政治话语与简单倾向，回归到马克思辩证唯物主义与历史唯物主义的基本立场，特别是以文本为中心，实事求是地对范畴、命题、个案和问题进行分析，全面地、具体地揭示了中国各时代的逻辑学和认识论思想的发展，充分认识到了中国古代思想发展所具有的特点和优长，成果丰富，令人耳目一新。总之，随着中国哲学界的认识论转向，中国古代知识论走上了方法论自觉与诠释方式多样，特别是以"范畴"作为研究范式，通史与个案研究同步展开的学术性研究之路，并展示了中国古代思想在认识论和逻辑学方面所具有的不同于西方的特殊性和主体性。这一过程，实际上也是中国学术从简单定性的一元研究走向多方平等对话、多种意见并存的多元研究的过程。

第十二章　古代社会与政治哲学研究

第一节　古代政治哲学研究的三个阶段

一　从"思想史"到"政治思想史"再到"政治哲学"

　　早在 20 世纪初叶，梁启超和孙中山已经使用了"政治哲学"这一概念，胡适的《中国哲学史大纲》和冯友兰的《中国哲学史》中也都曾使用了"政治哲学"（或"社会与政治哲学"）的概念。但是，对中国古代政治思想或政治哲学的专门研究，以往占主流的提法是"政治思想"而非"政治哲学"。比如在此领域具有奠基意义的梁启超的《先秦政治思想史》（中华书局 1924 年版），以及具有典范意义的萧公权的《中国政治思想史》（国立编译馆 1946—1947 年版），都是如此。梁启超和萧公权的"政治思想史"名为"史"，实则理论分析远远多于历史描述，政治哲学的许多问题，在这两部著作中都得到深入的论述，其观点和术语也深深影响了后来的研究者。

　　新中国成立以来的 60 年，关于中国古代政治哲学的研究可以分为三个阶段：第一阶段从 1949 年到 1978 年的"前三十年"，这个阶段的特点是中国古代政治哲学的研究依附于思想史的研究。新中国成立后不久，1952 年院系调整，作为一个学科的政治学被取消，关于中国古代政治哲学的研究自然也失去了独立性，它只能依附于"思想史"的研究。在"十七年"期间（1949—1966 年），对中国古代政治思想或政治哲学的研究主要体现在侯外庐学派的思想史著作中，此即侯先生主编的《中国思想通史》（4 卷 5 册，人民出版社 1956—1960 年版）以及侯先生的《中国早期启蒙思想史》（人民出版社 1956 年版），该书后来成为《中国思想通史》第 5 卷。侯先生主编的《中国思想通史》实际上融合了史学与哲学，其中经常论及一些思想家的"政治论"、"政治思想"、"社会论"、"社会秩序观"、

"国家学说"，等等，都涉及政治哲学的问题。侯著《中国早期启蒙思想史》论述了中国17世纪至19世纪初叶的启蒙思想，认为中国早期的启蒙特点有：拥护教育、自治和自由，同情人民的利益等，他尤其阐发了黄宗羲和顾炎武等大思想家的启蒙思想。侯先生的"早期启蒙说"上承梁启超，也深深影响了后来的许多学者。此时期的主要特点是，以马克思主义观点和阶级分析论来分析古代思想。"文化大革命"期间，学术研究基本中断。概言之，我们可以把第一阶段称为"隶属期"，即中国古代政治哲学的研究主要隶属于"思想史"研究，这个时期鲜有见到"政治哲学"这一概念。

　　第二阶段从1979年到1995年。在此期间，就主流而言，关于中国古代社会政治哲学的研究仍然依附于"政治思想史"的研究。不同于"十七年"的是，"政治思想史"从通史和思想史中获得独立，取得长足的发展，出现了多部有关中国古代政治思想史的著作。代表作有徐大同等人编著的《中国古代政治思想史》（吉林人民出版社1981年版）、刘泽华的《先秦政治思想史》（南开大学出版社1984年版）、《中国古代政治思想史》（南开大学出版社1992年版）、《中国政治思想史》（浙江人民出版社1996年版）[1]。徐大同等人编著的《中国古代政治思想史》应是改革开放以来的首部政治思想史专著，根据"后记"，此书编写始于1974年，1976年完成初稿，1977—1979年重新修订，仍然带有鲜明的阶级分析论的影响。刘泽华的系列思想史著作，摆脱了阶级分析论的影响，同时又保持了"五四"、"文化大革命"以来的对中国传统政治思想的激烈的批判态度，其主旨在于论证中国古代政治思想的主题是"君主专制主义"和"王权主义"。另一方面，此时期出现少量的有关古代政治哲学的研究，根据"中国知网"的检索，至少有12篇明确冠名为"政治哲学"的论文。这些论文皆以单个人物或著作为研究对象。值得一提的有：刘先牧考察了王夫之的政治哲学，认为"仁义相资"是其政治哲学的核心。[2] 李锦全考察了老子政治哲学的两重性，即一方面批判现实，希望改造现实；另一方面则消

---

　　① 此书虽然出版于1996年，但它基本沿袭了作者以往的"政治思想史"风格，故可归入第二阶段。由此也可以看出，所谓三个阶段的划分，固然有其内在因素，但亦难免有人为的原因。

　　② 刘先牧：《论王船山的政治哲学——兼论"理势统一说"》，《湖北大学学报》1982年第5期。

极避世，退居山林。① 黄开国和李宗桂考察了董仲舒的政治哲学。黄开国认为"天人感应论"是董仲舒哲学思想的核心，它本质上是一种社会伦理政治哲学。② 李宗桂认为董仲舒的政治哲学着眼于统治手法、历史演变和社会秩序的探究。③ 两者都认为董仲舒的政治哲学是维护既成的大一统的政治局面，或对之作出论证。杨守戎探讨了《淮南子》的政治哲学，认为在隐层上刘安走上了庄子之路，片面追求"内圣"；在显层上则从"务为治"的前提出发，以道为主，兼采儒法诸家，对"无为"的内涵进行了新的阐述。④ 80 年代的论文，主要特征在于努力摆脱以往"阶级分析论"的框架和弊病，对后来的研究走上正常道路进行了很有意义的尝试。从总体来看，第二阶段有关中国古代政治哲学的论文，虽然明确使用了"政治哲学"的概念，但仍缺乏明确的学科意识和反思意识，表现之一就是很少有人对"政治哲学"的概念作出必要的说明；即便偶尔有人对此概念给予简单说明，但也未能完全把握"政治哲学"的内涵。基于此种分析，我们可以把此阶段称为"过渡期"，即由"政治思想史"转向"政治哲学"的过渡期。⑤

　　第三阶段从 1996 年到 2009 年。之所以以 1996 年为分界把改革开放后的 30 年划分为两个阶段，并不是出于时间上相对平均的考虑，而是依据中国传统政治哲学研究的内在理路。在此阶段，中国古代政治哲学逐渐具有自我意识，标志之一便是 1996 年国家社会科学基金第一次把中国传统政治哲学作为立项课题，此即由北京师范大学周桂钿主持的"中国传统政治哲学"项目，该项目完成于 1999 年，其间于 1998 年由多个学术单位在北京师范大学联合召开了"中国传统政治哲学研讨会"，并最终以同名专著的形式于 2001 年出版。同年也由多个学术单位在同样的地点共同举办了"政治哲学研讨暨《中国传统政治哲学》出版座谈会"。这一系列的学术活动表明，学界认识到对中国传统政治哲学的研究愈来愈重要，以及研

---

　　① 李锦全：《老子政治哲学的矛盾两重性与道家思想的历史作用》，《学术月刊》1986 年第 11 期。

　　② 黄开国：《天人感应论——本质上是社会伦理政治哲学》，《社会科学研究》1988 年第 1 期。

　　③ 李宗桂：《论董仲舒的政治哲学》，《社会科学研究》1992 年第 3 期。

　　④ 杨守戎：《〈淮南子〉的政治哲学》，《安徽大学学报》1991 年第 3 期。

　　⑤ 当然，此所谓"过渡"，是从中国古代政治哲学逐渐获得独立性的视角看。实际上，基本上隶属于历史学科的"政治思想史"研究仍在继续，并行不悖。

究者对此已有相当的理论自觉意识。以此为契机，2000 年以后出现了多部关于中国古代政治哲学的专著或论文集，计有以下几种：刘泽华主编的《中国传统政治哲学与社会整合》（中国社会科学出版社 2000 年版）、周桂钿主编的《中国传统政治哲学》（河北人民出版社 2001 年版）、刘惠恕的《中国政治哲学发展史——从儒学到马克思主义》（上海社会科学院出版社 2002 年版）、赵明的《先秦儒家政治哲学引论》（北京大学出版社 2004 年版）、任剑涛的《政治哲学讲演录》（广西师范大学出版社 2008 年版，其中第六讲"中国政治哲学的变迁"涉及该主题）、吴根友的《在道义论与正义论之间——比较政治哲学诸问题初探》（武汉大学出版社 2009 年版）、白彤东的《旧邦新命——古今中西参照下的古典儒家政治哲学》（北京大学出版社 2009 年版）。

此外，在此阶段冠名"政治哲学"的期刊论文大量增加，仅"中国知网"所录此类论文就有 150 余篇（包括近 10 篇硕士、博士学位论文），相对于年限差不多的第二阶段陡增了十余倍。虽然许多论文有"名"无"实"，但至少表明"政治哲学"愈来愈热，大有成为一门"显学"之势。而且，也有不少论文在学科意识、问题意识、方法论乃至写作风格等诸多方面都呈现了某种创新性。可以说，晚近 15 年来是中国传统政治哲学研究的"自觉期"，但是，后面的分析将表明，它远远还未达到成熟期。

中国古代政治哲学研究近来日益成为显学的原因，大概有以下几点：其一，它是中国古代哲学研究的内在趋势。改革开放后，学术研究逐渐正常化，对中国哲学的深入研究和细化，必然会把古代政治哲学的研究提上议程。其二，当代新儒家的影响。1986 年以来，随着大陆学界对港台新儒家的著述和思想的引介和深入研究，新儒家的"政治哲学"激起了大陆学界的反响，从而传统儒家的政治哲学也进入了人们的研究视野。其三，西风东渐的影响。中国近百年来的学术研究受到西方学术的严重影响，改革开放以来，情况更加如此。近十多年来中国学界对西方政治哲学如罗尔斯、社群主义等的引介和研究，刺激了国人对传统政治哲学的研究。最近几年由于刘小枫引介利奥·施特劳斯（Leo Straus）的"古典政治哲学"，也引发了不少学者对中国古典政治哲学的兴趣。其四，国内一些重量级刊物最近几年开辟"政治哲学"专栏，这对学术研究具有一种不可低估的导向作用，在某种程度上也促进了对中国古代政治哲学的研究。其五，参与实践的需要。一些学者认为，国内政治制度的改革和全球政治秩序的建构，中国传统政治哲学蕴涵有可供借鉴的思想资源；许多著述即致力于对此的论证和阐发。

二　概念辨析：政治思想、政治哲学、政治学、政治科学

然而，同"哲学"（philosophy）一样，"政治哲学"（political philosophy）或"社会政治哲学"（social and political philosophy）的概念亦是舶来品。就西方而言，根据政治哲学家和政治哲学史家利奥·施特劳斯的看法，"政治哲学"不同于一般的"政治思想"。雅典人苏格拉底是政治哲学的创始人，柏拉图和亚里士多德的政治著作则是流传下来的最早的政治哲学著作，马基雅维利则是现代政治哲学的奠基者。① 迄今为止，就像人们对"哲学"的理解一样，人们对何谓"政治哲学"并没有完全一致的理解。以《政治学说史》名世的乔治·萨拜因以历史上的政治理论为参照来界定"政治理论"（political theory）或"政治哲学"（political philosophy），认为它包含三个方面：事实的描述、因果关系的分析、价值观念。② 乔治·卡特林把政治区分为政治实践与政治理论（political theory），又把政治理论区分为"政治学"与"政治哲学"：政治学研究社会控制领域，它很难与社会学脱离开来；政治哲学关注的是目标和价值，它是伦理学的一个分支，并建立在美学的基础上。③ 利奥·施特劳斯则把自己的对政治哲学的理解建立在柏拉图和亚里士多德的基础上，认为"政治哲学"是"哲学"一个分支，而哲学是寻求普遍的知识和整体的知识，因此，政治哲学就是要试图真正了解政治事务的性质以及正确的或完善的政治制度这两方面的知识。④ 以上三家对"政治哲学"（或政治理论）的理解无疑都带有特殊性的烙印，但是他们仍有共同之处，即都认为政治哲学关注政治的目标和价值。穷尽西方关于"政治哲学"的定义或理解，既是不可能的，也

① 利奥·施特劳斯、约瑟夫·克罗西波主编：《政治哲学史》上，李天然等译，河北人民出版社1998年版，"绪论"，第1页。

② 乔治·H. 萨拜因：《什么叫政治理论？》，载詹姆斯·A. 古尔德和文森特·V. 瑟斯比编：《现代政治思想》，杨淮生、王缉思、周琪等译，商务印书馆1985年版，第9—25页。作者没有明确区分"政治理论"与"政治哲学"，且经常互换使用，表明这两个概念在萨拜因那里基本是同义的。

③ 乔治·卡特林：《政治理论是什么？》，《现代政治思想》，第26—57页。

④ 利奥·施特劳斯：《什么是政治哲学》，《现代政治思想》，商务印书馆1985年版，第58—86页。

是不必要的。事实上，一般认为，"政治哲学"之所以为"政治哲学"，其核心就在于它研究政治的目的、价值和规范，这尤其区别于研究"实然"因而关注手段、产生于近代西方的"政治科学"（political science）或现代意义上的"政治学"（politics）。① 诚如著有《政治哲学导论》的杰弗里·托马斯所言："政治哲学的视角是规范的或评价性的。"② 规范涉及"应当"，规范和评价都离不开价值观念。"社会政治哲学"的提法不是很常见，③ 它与"政治哲学"的内涵大体相当，如著名的布莱克韦尔哲学指导丛书就如此定义："社会政治哲学关注的是对社会政治制度的道德评价以及人们建议用来评价社会政治秩序的那些原则的发展、阐明和评定。"④ 可见，它关注的中心仍然是政治的道德评价即价值观念。事实上，政治的建构或变革必然影响到社会结构的建构或变动。同样的理由，这里的"社会哲学"（Social philosophy）有别于作为经验科学的"社会学"（sociology）。至于我们通常所说的"政治思想"（political thought）则似乎是一个混沌的、包罗万象的术语，举凡关于政治的一切观念、学说乃至制度，都可以称之为"政治思想"。

反观中国古代的政治思想，毫无疑问，中国古代当然有政治哲学。当然，我们在这里不是要研究中国古代的社会政治哲学，而是要回顾和反思国人对中国古代社会政治哲学的研究，以便为更深更好地研究提供借鉴。

第二节　近年来古代政治哲学的研究专著

就中国古代政治哲学研究而言，60 年的回顾和反思，重点在第三阶段。鉴于专著最能代表一个学科的发展状况，笔者的述评和反思将首先聚

---

① 古典意义上的"政治学"（如亚里士多德的"政治学"）比现代意义上的"政治学"内涵更为丰富，它包括现代意义上的"政治哲学"和"政治科学"，不同于现代意义上作为经验科学的"政治学"。

② 杰弗里·托马斯：《政治哲学导论》，顾肃、刘雪梅译，中国人民大学出版社 2006 年版，第 43 页。

③ 在冯友兰的《中国哲学史》中有类似的提法。如他在讨论老子和董仲舒时，就分别专列一节论述其"政治及社会哲学"和"政治与社会哲学"。

④ 罗伯特·L. 西蒙主编：《社会政治哲学》，陈喜贵译，中国人民大学出版社 2009 年版，"导言"，第 2 页。观其内容，它与一般的《政治哲学导论》之类的书所论述的主题并无实质的差异。

焦于上文提到的那些专著。这些专著似乎又可以区分为三种类型：第一，从历史学的角度研究中国古代政治哲学；第二，从哲学的角度研究中国古代政治哲学；第三，从比较政治哲学的角度研究中国古代政治哲学。

一　中国传统政治哲学的历史学研究

此方面的代表作首推刘泽华主编的《中国传统政治哲学与社会整合》。刘泽华从 20 世纪 80 年代以来致力于中国古代政治思想史研究。在该书"前言"中，刘先生条列了他所理解的"政治哲学"所涉及的内容：其一，在政治思想与观念中最具普遍性的理论与命题。其二，有关政治"为什么是这样"的理论与命题。其三，政治价值的理论依据。其四，有关政治范式化的理论与观念。其五，政治理论的结构与思维方式问题。刘先生认为，对政治哲学的研究可以有不同的方法和目的，比如历史学的、政治学的、社会学的等。刘自称"所用的方法主要是历史学的，而目的则是为了深化历史认识"。[①] 刘书以主题为线索从十个方面论述中国古代政治哲学与社会整合：（1）天命信仰与王权认同；（2）天秩论与社会秩序模式及整合；（3）道与社会规范；（4）大一统与政治分合；（5）王权至上观念与权力运动大势；（6）人为贵与王政；（7）崇圣与社会控制；（8）崇公与抑私；（9）改易更化论与改制、变法；（10）革命论与王朝更替。刘先生认为，以上政治哲学诸命题的主旨就是"王权主义"，是为历史上实存的王权制度得以实行的"软件"。

刘泽华对"政治哲学"的理解触及了政治哲学的核心，其团队对于古代政治哲学与古代社会的整合、古代历史的进程之间的关系进行了有益的探讨，有助于我们对古代历史理解的深化。然而，长处亦往往蕴涵短处。首先，刘书过多地描述历史上实存的政治制度和实践（事实），以及过多地集中在"政治为什么是这样"的命题和理论（因果关系分析），对于"政治应当如何"（价值观念）这个政治哲学的核心问题没有给予足够的分析。再者，是书虽号称"中国传统政治哲学"，但观其所论，主要是以儒家为对象展开论述，先秦诸子中的墨家、法家、道家等只是只言片语地被引用以论证某一主题。这样的处理方式很难把各家政治哲学的本质区别

---

① 刘泽华主编：《中国传统政治哲学与社会整合》，中国社会科学出版社 2000 年版，"前言"，第 3 页。

给予澄清，或者作者根本就认为各家在"王权主义"这一主旨方面没有本质区别。实际上，诚如论者指出，刘泽华的研究导向乃是"五四"以来对中国传统政治哲学采取的基本态度——一种不妥协的批判封建主义、王权主义的导向，"强烈的批判预设，使得研究者的分析中立性保持得不是太好，结论的效度与信度有所下降"。①

关于中国古代政治哲学的历史学研究，还有刘惠恕的《中国政治哲学发展史——从儒学到马克思主义》（上海社会科学院出版社 2001 年版）。首先，作者认为长期以来学界把儒学界定为伦理学的做法是错误的，主张把儒学视为"历史上居于统治地位的国家指导理论"的政治学说来研究。作者把中国古代政治哲学发展史分为三个阶段，即：两汉之前时期、宋明理学时期、晚明至晚清时期。诚如论者指出，此书的宏观进路具有某种创新性，但具体的论述几乎完全落入既往的思想史写作模式中，从而缺乏真正的创造性。② 是书把"政治哲学"理解为"居于统治地位的国家指导理论"亦即意识形态，这与我们所要探讨的"政治哲学"有些距离。事实上，中国历史上作为意识形态的儒学很难代表儒家"政治哲学"的真精神。其次，是书"就思想历史演进本身状况来看也是值得怀疑的"。③ 再次，同样由于历史学的局限，历史事实描述过多，哲学分析太少，没能明确区分或者意识到"政治哲学"与"政治思想史"、"政治制度史"的区别。

二　中国传统政治哲学的哲学研究

此方面的研究首推周桂钿主编的《中国传统政治哲学》（河北人民出版社 2006 年版）。周先生在是书的"绪论"中对"哲学"、"中国哲学"、"政治哲学"等概念给予必要的说明，这说明他对"中国传统政治哲学"的研究具有明确的反思意识。作者基于对"哲学"的理解即以追求真善美为基本内容，认为中国古代不仅有哲学，而且也有政治哲学。周先生说："儒家讲内圣外王，内圣是仁义道德、心性修养，外王就是政治哲学。这

---

① 任剑涛：《从方法论视角看中国传统政治哲学研究》，《中国人民大学学报》2004 年第 3 期。

② 同上。

③ 同上。

种政治哲学讲德治、仁政、王道，因此可以说是追求善的政治哲学。"① 作者认为儒学是中国传统哲学的主干，而"政治哲学"又是儒学的中心，民本论则是中国政治哲学的核心。是书除绪论以外，以主题为线索从七个方面论述了中国传统政治哲学（观其所论对象，基本上是儒家，因此更准确的说法似乎应该是"传统儒家的政治哲学"）：（1）天命论——中国传统政治的精神支柱；（2）经学——中国传统政治的指导思想；（3）大一统论——中国传统政治的格局；（4）纲常论——中国传统政治的纽带；（5）民本论——中国传统政治哲学的基石；（6）德治论——中国传统政治哲学的特色；变常论——政治改革的理论依据。应该说，该书对中国传统（主要是儒家）政治哲学的描述、分析和概括，大体上反映了传统儒家政治哲学的整体面貌，但在具体论述中仍然没有把"政治哲学"所要讨论的对象与一般的"政治思想"所要论述的对象清晰地区分开来，其主要表现也是对中国历史上的政治经验的描述所占比重过大。此外，与刘泽华团队的研究一样，以主题为框架的处理方式，虽能使人了解中国古代政治哲学的概貌，却无法把握具体某个思想家的政治哲学的理论主旨和特色。

赵明的《先秦儒家政治哲学引论》（北京大学出版社 2004 年版）是研究先秦儒家政治哲学的唯一一部个人专著。是书首先从"先秦儒学的基本性格与思想主题"的讨论开始，认为把先秦儒学界定为"道德哲学"未能把握其核心和思路。儒家之"道德教训"绝非空泛而肤浅的道德说教，它实际关涉的是政治哲学问题，是关于政治之正当性的检讨与批判。先秦是一个"礼崩乐坏"的社会，因此，重建政治秩序（礼制或礼乐制度）是先秦儒家政治哲学的主题。赵明此书即是围绕"礼制秩序的建构"来阐发先秦儒家的政治哲学，他从四个方面展开论述：（1）礼制秩序建构的人性依据，是先秦儒家的"性善论"（规范意义上的"性善"，即人应当向善）。（2）礼制秩序建构的价值基础是"道"。先秦儒家把政治合法性称为"道"，它既表达了政治的终极价值根源，又关涉立法创制之权力的归属的根据。（3）礼制秩序建构的主体是"圣人"和"君子"。"圣人"是先秦儒家关于政治秩序之终极价值关怀的历史性追溯，"君子"所承担的使命就是追求"王道"政治的实现。（4）先秦儒家重建政治秩序的设想，是通过对传统礼乐文化之"起源"的探讨而开显的。

---

① 周桂钿：《政治哲学是中国传统哲学的中心》，《哲学研究》2000 年第 11 期。

是书对政治哲学的核心问题具有明确的意识，研究对象也较为集中，避免了泛泛而论，对儒家的礼制与政治秩序之间的关系作了详细的阐发，成功地解释了在先秦儒家政治哲学中道德修养之所以重要的问题，基本阐明了儒家政治哲学中"内圣"（君子之学）与"外王"（礼制）的关联问题，超越了一般的对"内圣外王"的浅层理解。作者认为，现代自由主义哲学并非是对先秦儒家政治哲学的超越，先秦儒学可以为我们反思"现代性"问题提供价值资源。值得商榷的是，作者说："先秦儒家的政治哲学在精神实质上根本不同于现代自由主义的政治哲学，从中开掘现代民主政治之资源是不可能的。……从现代自由主义立场出发去研究先秦儒家政治哲学，肯定是搞错了方向。"[1] 儒家与自由主义在精神实质上确实不同，但这并不等于儒学中完全没有与自由主义精神相契合的地方，现代新儒家的工作是否完全搞错了方向，恐难断然否定。

此外，周桂钿、刘惠恕和赵明为了突出儒学的"政治哲学"品格，都批评以往把儒学界定为道德哲学或伦理学的做法。这其实大可不必，因为政治哲学本身就属于伦理学或道德哲学，比如罗尔斯把他的《正义论》视为道德哲学著作，而又有谁会否认它不是一部政治哲学著作呢；况且大思想家的思想都是多向度的，把儒家界定为政治哲学当然不成问题，把它界定为道德哲学或伦理学同样不会有任何问题。

任剑涛是最近几年研究政治哲学（不限于中国传统政治哲学）比较活跃的一位学者。他的《政治哲学讲演录》第六讲"中国政治哲学的变迁"，简单地勾勒了中国传统政治哲学的变迁。作者认为以儒家政治哲学为主轴的中国古代政治哲学的基本主题是伦理与政治，并接受梁启超对中国古代政治思想特点的概括，即"伦理政治化，政治伦理化"。以此为主题，儒家展开了四个论域：（1）天人合一。它要为"伦理政治化，政治伦理化"提供一个本体根据。（2）内圣外王。即人的内心修养达到至高的境界，外推就可以仁者无敌，就可以完美统治，成为圣君。（3）人性善恶。人性善是伦理政治必然的人性预设。荀子虽然主张"人性本恶"，但落脚点还是在于"性善"。[2]（4）德主刑辅。是讲还简略勾勒了中国古代政治哲学的变迁：首先是先秦的"多极一元"结构和先秦之后的"儒道互补"

---

[1]　赵明：《秦儒家政治哲学引论》，北京大学出版社 2004 年版，第 20 页。

[2]　参见任剑涛《人性借问与早期儒家政治哲学》，《哲学研究》1998 年第 4 期。

结构和"儒法互补"结构。所谓"多极"指的是诸子百家,"一元"是指"先秦时期的思想家们都是想做帝王师,都是围绕这一政治哲学的圆心展开思想竞争"。①"儒道互补"是中国人的政治心灵构造,"儒法互补"是中国人的政治控制结构。中国中古政治哲学呈现两极发展,即由魏晋文人所演示出来的诗化政治哲学和由宋明理学家所演绎的思辨政治哲学。而明清之际儒家提出的政治哲学问题,对于中国传统政治哲学已经具有了颠覆性。

是书的最大优点在于,在第一讲中,明确区分了"政治学"(politics)、"政治科学"(political science)和"政治哲学"(political philosophy)之间的区别,表明作者对"政治哲学"这门学科有相当的了解。再者,作者揭示了儒家各派"人性善"(人性应当善)是儒家政治哲学的必然预设,就此而言,儒家各派的人性论之间的差异其实并不大。是讲的局限在于,由于篇幅过短,对中国古代政治哲学的勾勒流于常识。其最具创新的说法即"多极一元"结构则有待商榷,即便以作者本人对"多元"的解释来反观先秦儒墨道法诸家的政治哲学,也很难说他们不是多元的。如果以先秦诸子的政治哲学都是围绕着帝王师展开思想竞争而论定它们是一元而不是多元,那么,我们可以说,中西古今的任何一种政治哲学都旨在竞争"帝王师"。

关于儒家政治哲学,最后值得一提的是蒋庆的《政治儒学:当代儒学的转向、特质与发展》(三联书店 2003 年版)一书。该书对现代新儒家、西化论、自由主义政治理念作了深入的批评和分析,致力于阐发基于公羊学的政治儒学传统。蒋庆认为,儒学中有两个传统,一个是以春秋公羊学为代表的"政治儒学"传统,一个是以宋明心性之学为代表的"性命儒学"传统。就政治哲学的核心而言,蒋庆基于政治儒学的立场,论证了王道政治和政治秩序合法性的三重基础,即:"天下归往的为民思想"之民意基础,"法天而王的天人思想"之超越基础,"大一统的尊王思想"之文化基础。蒋庆对政治儒学的研究和阐发,具有强烈的现实取向,其论说最近几年引发了不少争议。蒋先生勇于坚持基于儒学传统的政治哲学,代表着一些学者的思考方向,但其具体的论述和观点并没有得到这些学者的普遍认同。

---

　　①　任剑涛:《政治哲学讲演录》,广西师范大学出版社 2008 年版,第 134 页。

三　比较哲学视野下的中国古典政治哲学研究

此方面的研究主要有吴根友的《在道义论与正义论之间——比较政治哲学诸问题初探》（武汉大学出版社 2009 年版）和白彤东的《旧邦新命——古今中西参照下的古典儒家政治哲学》（北京大学出版社 2009 年版）。吴先生此书收集了他最近十年来在此领域思索的成果。作者把论文集的"序"命名为"政治哲学与中国政治哲学"，表明作者对最近很热门的"政治哲学"有充分的反思和警惕。作者认为，在中国古代思想史中，虽无政治哲学之名，却有政治哲学之实。吴先生认为，中国古典政治哲学的核心问题有三个：一是政治权力来源的正当性；二是政治权力行使的道德合理性的基础问题；三是政治活动的目的性。吴先生正是从三个核心问题入手讨论中国古典政治哲学，认为：先秦"禅让"、"尚贤"、"君权神授"都是关于权力过渡、权力使用的主体以及权力来源的正当性的思考。相对前人而言，黄宗羲、顾炎武和王夫之等人不约而同地讨论了最高权力的制约问题，开出了中国政治哲学的新方向。基于思想史的文本解读，尤其是关于清代政治改革思想的分析，吴先生认为中国传统的民本思想可以导向现代的民主思想。吴先生还讨论了中国古典政治思想中"贵和"思想及其在古代国际政治实践中的诸种表现，并尝试以"王道天下观"来应对当今国际社会出现的新问题，为永久和平提供中国人的政治经验和智慧。

吴根友关于中国传统政治哲学研究的特色有：首先，对政治哲学的核心问题抓得比较准；其次，单篇论文研究对象比较集中，避免了泛泛而谈；再次，由于站在比较政治哲学的视角思考，他不仅关注传统儒家政治哲学本身的理论研究，也关注和阐发它们对于现代社会的意义；最后，作者以颇具传统意味的概念"道义论"来形容中国古典政治哲学尤其是儒家政治哲学的特色，以区别于西方政治哲学的"正义论"传统，这是非常有意义的尝试。语言的意义就在于使用，如今，传统的许多概念几近死亡，尝试以传统的概念来阐释传统哲学，或复活传统的一些概念来建构中国哲学和中国政治哲学（这并不等于所谓的"以古释古"、"以中释中"），相信是今后研究中的一个重点和难点。

白彤东是最近几年活跃于中美两国之间的一位学者，《旧邦新命——古今中西参照下的古典儒家政治哲学》中"旧邦新命"的用法表达了作者对儒家传统政治哲学的信心。众所周知，儒学与西方自由民主的关系是当代学者讨论儒家政治哲学的一个重大课题。作者把关注儒家乃至东亚价值与自由民主的关系划分为四个阵营：第一个阵营认为儒家是自由民主的羁绊，把儒学理解为权威主义、精英主义和人治；第二个阵营（如牟宗三）认为所有的近现代自由民主的价值都可以从儒家思想中导出，这个阵营实际上分享第一个阵营的"西方价值是最好"的观念；第三个阵营（如辜鸿铭）是"基本教义派"，断言中国传统价值都比西方价值优越；第四个阵营承认东西方价值的不同，但试图阐释东西方价值的利与弊，并提出一个比现实的东西方制度更好的制度方案。白彤东说他属于第四个阵营。白先生认为，在西方占主流的情况下，为先秦哲学在今天争取所应得的位置就意味着我们必须首先看清它与西方哲学的相同和不同之处；其次，展示先秦儒家如何回答自由、民主、法治、人权等当代西方的主流价值。基于此种认识，白先生讨论了先秦儒家与自由民主相容的可能性和可取性，并且展示了一个儒家版本的自由民主设计，展示了从儒家如何发展出人权及其人权观之特点。白彤东的比较政治哲学研究，虽然总体上仍纠缠于传统儒学与现代民主、人权等价值观念的关系，但是身处在今天的他（正像后文还会提到的一些当代学者一样），能够更加从容地重新探讨这些问题，其立场、态度和方法都是比较可取的。白先生在古今中西的参照下阐发基于儒家的民主和人权理念，批评西方已有民主、人权观念的偏颇之处，无论是对于民主、人权理念本身的发展，还是对于儒学在当代世界的发展，都具有重要的意义。相信类似的课题仍是今后中国传统政治哲学研究中的一个主要方面。

第三节　近年来古代政治哲学的专题研究

在第三阶段，冠名"政治哲学"的期刊论文有150余篇。对如此多的论文一一述评是不可能的，也是不必要的。再者，这些论文涉及对象和问题也是比较繁复的。为此，笔者将有选择性地区分为几个专题给予述评和反思。

一　中国古代政治哲学的人物与学派研究

中国古代政治哲学并非铁板一块，而是由不同学派的政治哲学构成，其中不同学派内部又有次级学派。儒学是中国哲学的主干，对其政治哲学的研究也占据了主要篇幅。

陈来从天和民、天和礼、天和德的关系探讨了前儒家的政治哲学，认为这些论述和命题构成了儒家古典政治哲学的背景和前提。① 陈先生的研究为我们理解先秦儒家的政治哲学提供了有益的背景。基于中西政治概念的差异性，洪涛采取一种"以古人的还于古人，以中国的还于中国"的态度和方法，通过对《论语》中的"为政以德"章的疏解，阐发了孔子的政治哲学："为政以德"是《论语》政治学之总纲，"亲人、爱众"和"礼乐"则是"为政以德"之条目，"无为"则是"为政以德"之效验。"为政以德"的意涵是为政当以"人情之直"为本，即以"人情"之自然而然为本。"为政"之所"为"者，皆在顺人情且养人情之淳厚。② 洪涛的诠释是别开生面的，也颇具启发性。唯一值得商榷的是，所谓"以古人的还于古人"的态度和方法是否可能，或者是否是唯一的方法，仍将是后来的研究者所必须直面的问题。宋志明认为荀子对儒学的最大贡献，莫过于他提出比较完备的儒家政治哲学。荀子从现实人性透视政治：第一，他用"人性恶"的观点说明实行政治管理的必要性，第二，他用"人性朴"的观点说明实行政治管理的可能性，第三，他用"化性起伪"的观点说明政治制度的起源。③宋先生比较清楚地阐释了荀子人性论的复杂性及其与其政治哲学的关系。朱承论述了先秦儒家政治哲学的多重进路。孔子政治哲学的理路是仁礼结合，孟子则侧重于内在之仁，用政治主体的道德意识（仁心）来解释政治事务；荀子主张泛礼化的政治，用礼来解释政治活动。④

刘小枫在梳理晚清学者尤其是今文学派的皮锡瑞和康有为对《礼记·王制》理解的基础上，认为"《王制》从天子讲到庶人，从爵制讲到学制、刑制，简直有如一部古 Politeia"。刘氏认为，"如今，政治哲学的事情，相当程度上无异于在令人叹息的现代处境中回味古典心智及其与现代性精神的差异（所谓'古今之争'）"。⑤ 胡伟希通过对《礼运》的政治哲

① 陈来：《中国早期政治哲学的三个主题》，《天津社会科学》2007 年第 2 期。
② 洪涛：《〈论语〉与政治学——"为政以德"章释义》，洪涛：《本原与事变——政治哲学十篇》，上海人民出版社 2009 年版，第 46—86 页。
③ 宋志明：《荀子的政治哲学》，《中国人民大学学报》1999 年第 3 期。
④ 朱承：《先秦儒家政治哲学的多重进路》，《许昌学院学报》2008 年第 4 期。
⑤ 刘小枫：《〈王制〉与大立法者之德》，《书城》2005 年第 6 期。

学诠释，探讨了中国传统政治哲学现代转换的可能性。胡先生认为，政治哲学由范导性原理和构成性原理组成，传统儒家的"内圣外王"之学内在地蕴涵着这两组基本原理，但是，它的方法论前提必须加以置换，即从"内圣外王"转向"外圣内王"，而《礼运》提供了这样的一个思想模型，即以大同社会的理想作为政治制度设计的范导性原则，而以小康社会的现实经验作为可行的制度安排。① 张汝伦阐发了贾谊在中国政治哲学史上的独特地位。贾谊处在从封建制过渡到郡县制之际，针对当时的政治问题，从政道与治道两个方面来作出回答。其地位在于，在中国政治霸道原则已经确立的情况下，仍试图恢复王道的政治原则（政道）。贾谊对王道的理解是以民为本，落实在治道上则是养民和教民。② 刘先生、胡先生和张先生的选题和诠释都颇具启发性，这得益于他们独特的视野和问题意识。

朱熹是中古时期的一位集大成者的思想家，但对其政治哲学的研究则相对薄弱。李峰认为朱熹用形而上学的方法解释了政治生活中的道义原则，把王道理解成为符合"天理"的政治，进而在更高层次上把握了政治的合理性；朱熹的王道思想具有明显的道义优先价值取向。③ 明清之际儒家的政治哲学，始终是学界探讨的一种重点。许苏民阐释了明清之际早期启蒙学者的政治哲学的三个特征：一是突破了传统的政治伦理至上主义，确立人民的福祉高于一切的原则；二是突破了抽象的类精神湮没个体、剥夺个人权利的中世纪原则，凸显个人的权利意识；三是突破"修身、齐家、治国、平天下"的传统政治哲学，探索理性化的制度建设之路。④ 此外，孙晓春撰有多篇儒家政治哲学的论文，分别探讨了儒家人性观、天理观、天人观与政治哲学的关系。⑤

关于道家的政治哲学，老子始终是人们关注较多的一个对象，庄子的

① 胡伟希：《中国传统政治哲学的困境及其现代转换》，《政治学研究》2004 年第 3 期；《"外圣内王"何以可能？——对儒家传统政治哲学的反思》，《新视野》2007 年第 3 期；《作为政治哲学的儒家社会乌托邦——兼对〈礼记·礼运〉的分析》，《哲学研究》2007 年第 7 期。

② 张汝伦：《王霸之间——贾谊政治哲学初探》，《哲学研究》2009 年第 4 期。

③ 李峰：《天理与道义的彰显——朱熹王道思想的政治哲学解析》，《贵州师范大学学报》2008 年第 4 期。

④ 许苏民：《明清之际政治哲学的突破》，《江汉论坛》2005 年第 10 期。

⑤ 孙晓春：《儒家人性学说与中国传统政治哲学》，《史学集刊》2002 年第 1 期；《两宋天理论的政治哲学解析》，《清华大学学报》（哲学社会科学版）2004 年第 4 期；《儒家天人观的政治哲学反省》，《史学集刊》2007 年第 4 期。

政治哲学最近也引起了几位学者的兴趣。张金光和李进分析了老子政治哲学中的"无为"和"自然"观念，张认为"无为"的本质是顺应自然的无妄为；① 李认为"自然"指向民，"无为"指向君，君"无为"乃民"自然"的逻辑必然要求。② 朱晓鹏对老子的社会政治哲学进行了新颖的阐发，认为老子以"自然之道"批判和否定社会现实及其政治的合法性基础，消解了全能主义的政治权威，创立了中国古代第一个独立的社会批判系统。③ 商原李刚以"道治"来标示道家政治哲学的特征，以区别于"礼治"和"法治"。"道法自然"是"道治"政治哲学的核心，代表着中国古代的自由理念。④ 宋惠昌对老子和庄子的政治哲学皆有描述，认为老子政治哲学的辩证法在于：无为而无不为，柔弱胜刚强等。庄子则提出了自然主义政治哲学。⑤ 陈赟和柯小刚对《庄子》中的专篇专章进行了令人耳目一新的政治哲学诠释。陈赟具体阐发了《逍遥游》中的"智效一官"章和"尧让天下于许由"章的政治哲学蕴涵，认为不能将逍遥理解为个体的逍遥，其逍遥的实质是"各正性命"，具有鲜明的政治向度，它表达了让天下人自己治理自己、藏天下于天下的政治思想。⑥ 柯小刚通过他所谓的"原创性疏解"，诠释了《大宗师》与《养生主》的政治哲学蕴涵，认为"养生主"通过解牛而来养刀的藏刀之道乃是"大宗师"所谓"藏天下于天下"的天下政治之道。⑦陈明对王弼这样一位"新道家"的代表人物的政治哲学的逻辑、价值和意义进行了开拓性的阐发。⑧

　　蔡德贵对稷下学派的政治哲学进行了逻辑分析，认为稷下学者的政治哲学经历了由淳于髡的礼法到孟子的礼义（王道），到田骈、慎到的道法

　　① 李进：《民"自然"君"无为"——〈老子〉政治哲学发微》，《江西社会科学》2006年第9期。
　　② 张金光：《老子的社会政治哲学新探》，《文史哲》1997年第4期。
　　③ 朱晓鹏：《权威的消解与民主的建构——论〈老子〉政治哲学中的社会批判思想》，《杭州师范学院学报》2004年第2期。
　　④ 商原李刚：《论"道治"政治哲学)，《唐都学刊》2006年第3期。
　　⑤ 宋惠昌：《论〈老子〉政治哲学的辩证法》，《烟台大学学报》2001年第4期；《论〈庄子〉的自然主义政治哲学》，《中共中央党校学报》2006年第6期。
　　⑥ 陈赟：《逍遥境界的政治向度——〈庄子·逍遥游〉"知效一官"章的文本学释读》，《学海》2009年第3期；《"尧让天下于许由"：政治根本原理的寓言表述——〈庄子·逍遥游〉》，《社会科学》2009年第4期。
　　⑦ 柯小刚：《藏刀与藏天下：〈庄子〉"大宗师"与"养生主"之政治现象学关联》，《江海学刊》2007年第4期。
　　⑧ 陈明：《王弼政治哲学的逻辑、价值和意义》，《哲学动态》2008年第8期。

（霸道），再到稷下齐法家的礼法（王霸并举）、荀子的礼法（王道兼采霸道）的发展过程，走过了一个否定之否定的过程。[1] 赵敦华以价值律为中心，把中国古代政治哲学分为三个类型：（1）以道德律为指导，谋求统治者和被统治者的公共利益（儒家的德治主义）；（2）以非道德的铜律为指导，谋求社会和谐（墨家的功利主义）；（3）以反道德的铁律为指导，最高统治者奴役和驱使各级被统治者，谋求自身的最大利益（法家的极权主义）。[2] 蔡先生和赵先生宏观地阐释了先秦诸子各自政治哲学的特色。

二　中国古代政治合法性（或正当性）思想研究

中国古代思想家虽然没有使用"合法性"和"正当性"的概念，但是，他们所探讨的诸多问题都涉及这一主题。随着对中国古代政治哲学的研究，其中的政治合法性和正当性思想也日益受到关注。

吴根友认为，中国传统政治哲学是从道义的角度来探讨治权的合法性问题。"道义论"与西方古典政治哲学的"正义论"有可比性，但根本精神是不同的。先秦时期，道与义反映的是西周文化秩序与政治秩序的价值理想。孟子之后，道与义反映的是儒家文化秩序与政治秩序的价值理想。孔子本人主要从德的角度来讨论王者政治权力来源及其使用的合法性问题，开始从道与义两个不同层次讨论诸侯及士大夫政治行为的合法性问题。[3] 任剑涛依据马克斯·韦伯关于政治合法性的三种理想类型的划分，从两个方面解释了中国传统政治的合法性问题：一方面，从政治哲学建构的角度看，中国传统政治是一种在伦理与道德之间确立其合法性根据的"德化的统治"的政治形态，表现为"传统型"统治；另一方面，从政治运行状态看，中国传统政治则表现为将伦理榜样与政治权威合而为一的"魅力型"统治。[4] 诚如马克斯·韦伯强调三种类型只是"理想类型"，现实中很难找到某个社会与其中一种类型完全吻合，而总是两种或三种类型的混合。任剑涛的论文表明，中国传统社会亦不例外。陈赟分析了中国古代政治思想中的"政道"与"治道"，认为"政"意味着存在者的"各正

---

① 蔡德贵：《稷下学者政治哲学的演进》，《理论学刊》1999 年第 2 期。

② 赵敦华：《中国古代的价值律与政治哲学》，《北京大学学报》2005 年第 5 期。

③ 吴根友：《道义论——简论孔子的政治哲学及其对治权合法性问题的论证》，《孔子研究》2007 年第 2 期。

④ 任剑涛：《道德与中国传统政治的合法性》，《华中师范大学学报》2005 年第 1 期。

性命"；"治"意味着以"各正性命"为中心的治理活动或治理术。由此而形成了政权在民、治权在君、政道与治道分离的思想格局。陈赟进而对中国古代的天命观与政治正当性之间的关系进行了阐发，认为天命发源于民众的生活，它体现为民情、民意、民欲等，它就是以民众生活为基础而形成的一种社会政治秩序。天命被理解为自发性的社会政治秩序，尊重这种自生自发的社会政治秩序就具有正当性。① 陈赟揭示的中国古代政治哲学中的"各正性命"的观念以及民、君、天三者相互通达和制约的关系，具有相当的创新性。华涛认为，中国古典政治哲学中政权合法性问题主要涉及三个层面：一是权源问题，即对权力来源的诠释；二是权力转移模式问题，即对政权更替的论证；三是对权力具体运作的规范问题，即对权力的制约。②

以上诸先生对中国古代政治合法性与正当性的论述，已经不再像以往那样非此即彼地把"人治"（或德治）与"法治"等标签粘贴在古代思想家的身上，而展现一种更加深入而全面的研究视野，同时在一定程度上也展示了中国古代政治合法性与正当性思想的独有特色。

三　儒家与民主、人权之关系的研究

儒家与近现代民主、人权之间的关系，是近百年来国人反复讨论的一个中心问题。在此领域最具理论建树的要数以牟宗三为核心的港台新儒家，其中牟先生的"道德良知自我坎陷"以开出科学与民主的论说，是一种极富创造性的理论尝试，对大陆地区学者也影响巨大——无论是对其持否定、批判态度还是持肯定、修正态度。最近十年来对儒家与民本关系论述较多的是李存山。李先生发表有多篇论文探讨此问题，认为：民本有两方面的意义：其一，人民的利益是国家和社会的价值主体；其二，君主的权力只有得到人民的拥护才能稳固。李先生尤其论证了黄宗羲的民本思想与现代民主的关系，认为其民本思想超过传统的极限，开始考虑如何从政治制度上以权力来制约权力的问题。因此，黄宗羲的政治思想可视为从民

---

① 陈赟：《中国古典思想传统中的政道与治道》，《贵州师范大学学报》2006 年第 5 期；《自发的秩序与无为的政治——中国古代思想世界中的天命意识与政治的正当性》，《人文杂志》2002 年第 6 期。

② 华涛：《论中国古典政治哲学中政权合法性问题》，《晋阳学刊》2008 年第 3 期。

本走向民主的开端。① 关于黄宗羲的政治哲学研究，最近十年来占据了一个十分醒目的地位，尤其聚焦于他的《明夷待访录》以及"民本"或"新民本"思想与近现代民主的关系，对此基本持肯定看法即认为黄宗羲的"民本"（或"新民本"）思想具有民主思想（或可以与民主思想相结合、可以发展出民主思想）的代表人物，侯外庐之后有：萧萐父、吴光、冯天瑜、许苏民、李存山、吴根友等；对此基本持否定看法的则有刘泽华、孙晓春、张分田、张师伟等。这里有一个有趣的现象是，从事哲学研究的学者对此多持肯定态度，而从事历史研究的学者则多持否定态度；这主要关系到如何诠释古代思想以及如何理解民主。杨国荣以孟子为中心，分析了儒家政治哲学与近代民主政治理念沟通的可能性。杨先生认为，孟子的"乐道忘势"观点、对"君"与"天下"的区分以及"民为贵"等较为系统的看法，为认同或接受民主政治的价值提供了可能。此外，孟子注重人格在政治实践中的规范意义，强调"徒法不能以自行"，要求以善教制衡善政，等等，对近代民主政治过分强化形式化、程序化及技术理性的偏向，可以在思维进路上形成某种纠偏的作用。② 杨先生强调儒家的一些观念和洞见，实可以对西方现有民主的一些弊端进行纠偏，这就否认了西方现有民主的完美性，这对于发展儒家思想和发展民主理念皆有益处。

　　关于儒学与人权的关系，陈来对此的论述具有一定的代表性。陈先生认为，就儒家传统而言，"本无"并不排斥"后有"，因而讨论儒家与人权的关系关键在于儒家是否有可能接纳人权观念，成为自己发展的一部分。另一方面，考察儒家与人权的关系，不能拘泥于概念，而应注意"人权"观念形式下所表达的内容与要求，还原其具体的主张和要求。基于此种分析，陈先生认为，《世界人权宣言》的大部分内容都是为儒家精神所肯定的，具有较大争议的只有公民和政治权利。就此而言，传统儒家并不禁止信仰自由和表达自由，但始终主张有统一性的道德宣传与道德教育（教化），赞成以国家为主体的教化活动。因此，儒家在现代社会不会反对公民及政治权利和思想自由，但必定反对道德伦理上的自由和相对主义。

---

　　① 李存山：《中国的民本与民主》，《孔子研究》1997 年 4 期；《从民本走向民主的开端——兼评所谓"民本的极限"》，《华东师范大学学报》2006 年第 11 期；《"民贵君轻"说解析——与李珺平先生商榷》，《社会科学论坛》（学术评论卷）2009 年第 1 期。
　　② 杨国荣：《儒家政治哲学的多重面向——以孟子为中心的思考》，《浙江学刊》2002 年第 5 期。

此外，儒家永远不可能认可个人权利优先于共同的善的观念。陈来认为我们讨论儒家与人权的关系，不应拘泥于概念而应关注其实质，这对于我们研究传统与现代的关系，具有一般的方法论意义。

接续当代新儒家的精神，台湾学者李明辉对儒家与民主、人权之关系的探讨也颇为引人注目。李先生把他相关的论文整理为《儒家视野下的政治思想》。李明辉针对张灏的"幽暗意识"说提出商榷，认为它很难说是民主政治不可或缺的理论前提，基于儒家人性善的传统，李先生设想一种儒家式的民主理论之可能性。关于儒家与人权，李明辉描述了"人权"概念的发展即"三代人权"说的要点，进而说明儒家传统中具有丰富的"人权"思想资源，如：性善论、人格尊严、义利之辨、民本思想等；认为儒学依违于自由主义与社群主义之间，与双方均有可以接榫之处。总之，李明辉认为，儒家传统在经过哈贝马斯意义上的"重建"（reconstruction）工作或罗哲海（Heiner Roetz）所谓的"重建的调适诠释学"（reconstructive hermeneutics of accommodation）之后，可以为中国文化吸纳现代民主制度与人权思想提供有利的思想资源。李明辉所借用的"重建"或"重建的调适诠释学"，对于我们研究中国传统政治哲学同样具有一般的方法论意义。

四　轴心时代的中希政治哲学比较研究

轴心时期的先秦儒学与古希腊哲学之间的比较，一直是学术研究的一个重点，政治哲学也不例外。在此方面，除了白彤东外，还有一些零散的研究值得一提。陈明以亚里士多德的《政治学》为参照，探讨了先秦儒家政治哲学的特点及其范式建构。陈明指出，从发生学的角度看，古希腊政治哲学发源于"城邦"，儒家政治哲学则发源于"宗邦"，这导致了两种类型的政治哲学所关注的核心问题的不同。陈明从权力来源、执政者、政治目标和依据，对亚里士多德的《政治学》和《大学》、《尚书》中所关涉的政治哲学理念进行颇有意义的分析。[①] 陈赟比较了中希政治哲学中的公共性，认为古希腊的公共性概念基于空间的敞开性，偏向于汉语的"共"。而在中国古典政治哲学中，政治不是空间性的，而是境域性的，由

---

① 陈明：《儒家政治哲学的特点及其范式建构——以亚里士多德〈政治学〉为参照》，《哲学动态》2007 年第 12 期。

此形成的公共性概念以通达为特征，他不以"共"为主，而以"公"为中心。① 林存光比较了先秦诸子与柏拉图、亚里士多德的政治哲学，认为，柏拉图的政治哲学旨在追求"最好的政治制度"，亚里士多德的政治哲学不仅"考虑绝对好的政体"，也"探讨适用于特殊城邦的最好的政体"；然而，中国古典政治哲学家对圣王统治的推崇，则体现了以主体为中心来寻求解决政治出路问题的思维路向。② 这些研究从不同方面揭示了中希政治哲学的不同之处。最后必须一提的是刘小枫。如前所言，刘先生近些年极力引进施特劳斯的古典政治哲学，引发了国内外的争议。刘先生解释了引进施特劳斯的必要性：一为借古典学问摆脱对西方现代各种"主义"的追逐；二为借古典学问涵养中国读书人的性情；三为借古典学问学会重新珍视中国传统。对当代国人来说，此说确为针砭时弊之论。刘小枫并没有具体阐释中国古代的某家某派的政治哲学，其意义一如他所解释为何引介施特劳斯的三点。③ 事实上，近些年来，已有不少学者在实践着这一路向，相信在此指引下，中国学界会成长起一股不可忽视的研究中国传统政治哲学的生力军。需要注意的是，如何避免过度诠释和故作高深，这股生力军应当有足够的自觉意识和自我警惕。

第四节　古代政治哲学研究的方法论反思与展望

随着中国传统政治哲学研究热的兴起和持续，对此研究的反思也随之而起。目前为止，有两篇论文专门反思了中国古代政治哲学研究，而且都是从方法论的角度入手。

任剑涛认为，中国传统政治哲学逐渐成为一个研究热点，但在研究方法上仍是孱弱的。他把目前中国传统政治哲学研究的主要成果划分为四种类型：第一是知识构成的描述，即对政治思想史基本问题的概括，其代表是周桂钿主编的《中国传统政治哲学》。第二是意识形态的勾画，即将古典历史与现代变迁中主导的意识形态作为论述政治哲学问题的中心，其代表是刘惠恕的《中国政治哲学发展史——从人学到马克思主义》。第三是

① 陈赟：《通达与敞开：中西政治哲学中的公共性》，《学海》2005 年第 5 期。
② 林存光：《中国古典政治哲学论纲———一项基于中西比较视角的审视与分析》，《天津社会科学》2006 年第 2 期。
③ 刘小枫：《施特劳斯与中国：古典心性的相逢》，《思想战线》2009 年第 2 期。

理论结构的提取，与之相伴随的研究导向是建立"中国的"政治哲学理论体系，其代表是刘晓的《现代新儒家政治哲学》。第四是政治功能的凸显，与之相伴随的导向是"五四"以来对于中国传统政治哲学采取的基本态度——一种不妥协的批判封建主义、王权主义的导向，其代表是刘泽华主编的《中国传统政治哲学与社会整合》。通过对已有部分中国古代政治哲学研究的反思，任先生认为，中国传统政治哲学研究可以采取四重推进模式和方法进路：首先是"历史—描述"，其次是"思想—提炼"，再次是"比较—界定"，最后是"理论—重构"。[①] 任剑涛所总结的方法论进路，应该说对于中国古代政治哲学的研究具有一定的启示意义。

　　张师伟同样从方法论的角度对 30 年来中国传统政治哲学的研究进行了反思。张先生认为，中国传统政治哲学研究的现有成果体现为两个基本研究思路和三种范式。关于两种思路：第一种较为看重中国传统政治哲学的普遍性特征，竭力论证中国传统政治哲学具有内在地转向现代政治观念的可能性。第二种研究思路则较为看重中国传统政治哲学的特殊性特征，认为中国传统政治观念不仅没有趋向现代民主的趋势，而且仍然阻滞着民主的发展。关于三种范式：第一种范式从一般哲学的研究进入政治哲学的研究，比较注重概念和范畴等的解释和演绎，对中国传统哲学中政治意义明显的概念、范畴与命题等进行了初步梳理，其代表是周桂钿主编的《中国传统政治哲学》。第二种范式结合中国社会现代化的问题研究中国古代政治哲学，其主要代表是李存山。李存山等主要是通过民本与民主关系的讨论，意在寻求中国政治民主的内在依据。第三种范式从政治思想的研究中逐渐衍生出政治哲学研究，注重中国传统政治哲学概念、范畴、命题和判断等的社会学或历史学解释，其主要代表是刘泽华。张师伟则提出了"观念史"的研究方法，并且认为刘泽华比较接近"观念史"的研究方法。[②] 张师伟所分析的两种思路和三种范式——姑且不论其立场偏向（他明显偏向于刘泽华）——还是相当客观地反映了中国传统政治哲学的研究现状。

　　通观 60 年来中国古代政治哲学研究，大体经历了三个阶段：从依附

---

　　① 任剑涛：《从方法论视角看中国传统政治哲学研究》，《中国人民大学学报》2004 年第 3 期。

　　② 张师伟：《中国传统政治哲学研究的方法论反思》，《东南学术》2009 年第 2 期。

于"思想史"、"政治思想史"到"政治哲学"的过程,这也是中国古代政治哲学逐渐由隶属于史学转向哲学,并逐渐取得独立地位的一个过程。晚近15年来,中国古代政治哲学研究越来越热,并逐渐取得了相对独立的地位,但此种研究却还远远没有成熟,原因至少有三:首先,从形式方面看,前面提到的一些专著和论文集,并非一开始就是有意识地从事严格的"政治哲学"研究,而是临时更换或事后加上了"政治哲学"的标签;许多期刊论文也有盲目跟风之嫌。其次,从实质方面看,对"政治哲学"内涵,即政治哲学所要讨论的主要问题与其他学科(如政治思想、思想史)的理论边界、相关概念的理解,总体而言还显得比较薄弱。最后,陈陈相因的东西太多,富有创造性的东西太少。总之,虽然中国古代政治哲学的研究近年来取得了可观的成就,但具有典范意义的政治哲学专著和中国政治哲学史专著并没有产生,在近期内亦难以诞生。基于以上分析,笔者以为,今后对中国古代政治哲学的研究如果要取得重大改观,研究者至少需要具备以下几个条件或从这几个方面努力:第一,立足原典,全面而深入地理解研究对象的思想;第二,借鉴西学,充分了解西方政治哲学的发展和理论,把握政治哲学的核心问题;第三,方法自觉,不仅要具有方法论的自觉意识,而且对所运用的方法要有充分的领悟;第四,尊重前贤,充分了解前贤的研究成果,一方面吸收其积极成果,一方面避免闭门造车,重复劳作;第五,问题意识,善于发掘新的问题,拓展新的论域。

第五节　古代社会、宗教、伦理与礼乐文明

如果说在西方,政治哲学肇始于古希腊的苏格拉底;那么就中国而言,我们可以说政治哲学肇始于孔子。然而,与古希腊不同的是,苏格拉底的政治哲学和伦理学是对前苏格拉底时代"自然哲学"的超越与突破,孔子的政治哲学和伦理学则更多的是对前孔子时代即三代思想的继承和反思,孔子所谓"述而不作"便明确道出了这一点。关于前孔子时代的社会政治思想、宗教、伦理和礼乐文明,60年来的研究也颇有创获,这些都对我们理解儒家和诸子的政治哲学大有裨益。在此方面,首先值得一提的是杨向奎先生(1910—2000年)和沈文倬先生(1917—2009年)的相关研究。杨向奎的相关研究主要体现在他的《宗周社会与礼乐文明》(人民出版社1992年版)。杨先生认为,"礼"源自原始氏族社会的风俗习惯,起

初是一种交易行为，通过这种交易来满足自己的物质要求并借以表现其地位。周公"制礼作乐"，首次有意识地对"礼"进行加工与改造，用"德"来概括过去的"礼"。春秋时代，孔子"删诗、书，定礼、乐"，再次对"礼"进行加工和改造，以"仁"作为"礼"的理论基础。周公逐渐脱离"天人之际"而倡"德"，孔子转向"人人之际"故倡"仁"。孟子则以"仁"为人心，倡性善及良知良能而认为人心本天，这是新的"天人之际"，以"天"为善良而"天人不二"、"心性为一"。孔子的"礼"本为"仁"之目，"仁"为纲而"礼"为目，孟子则发挥"仁"，荀子则发挥"礼"。先秦儒家都重"人人之际"，亦即人际关系。先秦儒家的礼乐的世界观遂为两千多年中国封建社会的礼乐文明奠定了基础。

沈文倬治经、礼六十余载，被顾颉刚誉为"今世治礼经者之第一人也"。沈先生是一位厚积薄发的传统学者，《宗周礼乐文明考论》（浙江大学出版社1999年版）和该书的增补本（浙江大学出版社2006年版）是其代表作，该书收录了沈先生自20世纪50年代以来关于礼乐文明的一些重要论文，涉及中国古代礼典的实践、礼书的成立以及礼书篇章的校释、古代礼学家的研究，等等。沈先生以详细的考辨，揭示了"礼典的实践早于文字记录而存在，自殷至西周各种礼典次第实行，而礼书春秋以后开始撰作"[①]的历史事实，阐明了礼典与礼书的关系，认为《仪礼》的撰写时代是公元前5世纪中期到4世纪中期这一百多年中，由孔子的弟子、后学陆续撰作的。杨先生和沈先生经过历史的详细考证和细致辨析，都认为礼的实践先于礼书的编撰，现存礼书的许多篇章确实反映了西周与春秋时代的礼乐文明。他们的研究对民国时代"疑古"思潮的消极影响具有正本清源、拨乱反正的意义，也为我们研究西周和早期儒家的政治哲学奠定了文献基础。

如果说杨向奎和沈文倬两先生主要是从历史考证的角度来论述宗周社会及其礼乐文明；那么陈来的两篇姊妹作《古代宗教与伦理——儒家思想的根源》（三联书店1996年版）和《古代思想文化的世界：春秋时代的宗教、伦理与社会思想》（三联书店2002年版）则是"以哲学家的写法作古史的研究"。陈先生认为，西周文化是经历了三代文化漫长演进的产物，经历了巫觋文化、祭祀文化而发展为礼乐文化，从原始宗教到自然宗教，

---

① 沈文倬：《宗周礼乐文明考论》，杭州大学出版社1999年版，第7页。

又发展为伦理宗教，形成了孔子和早期儒家思想产生的深厚根基。与西方"轴心时代"不同，中国的轴心时代，并不是因为认识到自身的局限而转向超越的无限存在，理性的发展不是向神话的诸神进行伦理的反抗，更未导致唯一神论的信仰。在中国的这一过程里，更多的似乎是认识到神与神性的局限性，而更多地趋向此世和"人间性"。西周的礼乐文化已经具有了一种人文主义的基础。春秋时代，"神灵信仰"的没落和"实践理性"的成长，表明孔子及诸子时代不是以"超越的突破"为趋向，而是以人文的转向为依归。陈来从宗教、伦理和社会思想等方面充分论证了孔子与诸子哲学与前诸子时代的思想文化有着千丝万缕的联系。

如前所言，社会政治哲学总是涉及价值规范和道德评价，它实际上与伦理学关系十分密切。在儒家价值体系的研究方面，杨国荣的《善的历程：儒家价值体系的历史衍化及现代转换》（上海人民出版社1994年版）颇为严整。杨先生认为，价值观是一种规范性的看法，它既涉及既成事物的评价，也包括对理想价值关系的设定。天人关系的界定，是儒家价值体系的逻辑起点。作为价值观的天人之辨，首先关联着自然原则与人道原则。天人之辨的进一步引申，便涉及力与命的关系。与天人之辨肯定人文价值及力命关系上确认"为仁由己"相应，儒家将自我提到了重要地位，提出"成己"、"为己"之说，亦即主体的自我实现。在儒家看来，个体始终生活在社会群体之中，并承担着普遍的责任，"成己"总是指向群体价值的实现。群己关系在现实的层面总是涉及利益关系，而利益的协调则以义利之辨为其理论前提。义利之辨又每每逻辑地展开来为理欲之辨。儒家认为人之为人的本质在于人的理性要求。作为理性的当然之则，义本身如何定位的问题涉及道德原则的绝对性和相对性的关系。儒家的经权论便是沟通理念伦理与境遇伦理的表现。儒家的价值追求最终指向理性的人格境界，社会理想与人生理想最后统一于人格理想。概言之，儒学在其衍化过程中，逐渐形成了独特的价值体系，它以善的追求为轴心，并具体展开于天人、群己、义利、理欲、经权以及必然与自由等基本的价值关系，其逻辑的终点则是真善美统一的理想之境。在现代，如何重建现代化的合理性，始终离不开价值观的范导，在这方面，儒家价值体系无疑提供了重要的传统资源。

儒家的诸多价值观在现代社会无疑具有范导的功能，但是在被认为以契约为主导的现代社会，儒家的一些具体伦理规范和价值原则如血亲之爱、人伦之爱是否仍然具有积极意义是有争议的。最近几年来，论者围绕孔子"父子互隐"和孟子论舜（"窃负而逃"和"封之有庳"）而展开的争论即与此相涉。刘清平认为孔孟儒家的伦理特征是"血亲团体性"，儒家以家庭私德压抑社会公德，这是中国人缺失公德现象和腐败的深层文化根源。诚如白彤东所言，虽然刘清平"对儒家的理解颇为粗浅"，其挑战本不应该受到如此多的重视，"但是令人悲哀的是，他的理解是中国近现代以来很多中国人对传统失去信心和很多当代中国人缺乏好的传统教育的背景下，在国人中间流行的见解。他的理解也与对中国文化略知一二的西方人常常抱有的偏见合拍。这一见解是很多人怀疑儒家的正面价值的理论依据之一"。[①] 基于类似的认识，郭齐勇、杨泽波诸先生起而反驳刘说，一方面，指出刘对孔孟儒家的误读和糟蹋，另一方面则论证基于血亲、人伦之爱的"亲亲互隐"以及"容隐制"在人类历史上的普遍性和合理性。[②] 白彤东则认为刘清平不仅"对儒家的理解颇为粗浅"，而且他还持有一种"幼稚的普适观点"。[③] 白氏认为，当私与公之冲突达到极致的情形下，它体现的是人类生活的根本之两难窘境，大概没有哪个政治哲学能给出完美的答案。[④] 实际上，以一种所谓西方普适性来批评中国古代的伦理学与政治哲学，乃当今学界的一大"公患"。如何祛除这个"公患"，这牵涉的问题实在太多。简单讲，这不仅要求研究者认认真真地研读中西经典，理解其深刻意蕴，而且也要求研究者有端正的态度乃至敬畏之心。

---

① 白彤东：《旧邦新命——古今中西参照下的古典儒家政治哲学》，北京大学出版社2009年版，第161页。

② 关于近年来围绕"亲亲互隐"的争论，以及文中所引郭齐勇、杨泽波、刘清平等人的观点，参见郭齐勇主编《伦理争鸣集——以"亲亲互隐"为中心》，湖北教育出版社2004年版。

③ 白彤东：《旧邦新命——古今中西参照下的古典儒家政治哲学》，北京大学出版社2009年版，第166页。

④ 同上书，第170页。

第十三章　出土简帛与中国哲学史研究

近 60 年来，中国出土了数量惊人的简帛文献。所谓"简"，包括了竹简和木牍，是指中国古代遗存下来的文献资料；而"帛"则为帛书，即书写在丝帛上的图画、文字。简帛作为书写材料，主要盛行于战国、秦、汉时期，内容可分为书籍和文书两大类。与中国哲学史①研究相关的主要是简帛书籍，涵盖了《汉书·艺文志》中的六艺、诸子、诗赋、兵书、数术和方技等门类。其中的一些佚籍影响重大，以致要改写或重写战国秦汉思想史；另外一些可与传世文献参看，对研究经子之学也有重要价值。

第一节　六十年来的有关出土简帛

新中国成立 60 年来，全国各地相继出土了大量的简帛资料，其中湖南、湖北出土的简帛数量最多、价值最高。从出土时间来看，70 年代和 90 年代这两个 10 年，是简帛出土的黄金时期。为叙述方便，可将 60 年来有关的出土简帛，大致以每 10 年为限，分为 6 个阶段。

一　1949—1959 年

第一个阶段出土的简帛文献数量不多，有影响的有长台关楚简和武威汉简。

长台关楚简出土于河南信阳长台关的一座战国楚墓，该墓在 1956 年农民打井时被发现并进入，河南省文化局文物工作队于次年 3 月正式发掘，出土竹简计 148 枚，惜因打井时践踏，多已残断。竹简据内容分为两组，第二组 29 枚保存较为完整，内容当属遣策类。而第一组的 119 枚已

---

①　为方便讨论，本文对哲学史和思想史这两个概念不作严格区分。

全部残损，仅残存 470 余字，内容是一篇记载申徒狄与周公谈话的短文，其思想或儒或墨，学界一直有争论。①

　　50 年代的另一重大发现是武威汉简的出土。1959 年 7 月，甘肃省博物馆在武威市新华乡缠山村磨咀子发掘了 6 号汉墓。该墓共出土完整竹木简 385 枚，残简 225 片，内容为《仪礼》的部分篇章。《仪礼》简文可分为甲、乙、丙三种：甲本是 7 篇《仪礼》（皆为木简，共 378 枚），包括《士相见之礼》、《服传》、《特牲》、《少牢》、《有司》、《燕礼》、《泰射》，除《士相见之礼》保存完整外，其余 6 篇皆有残损，共缺约 40 余简，其他残简也为《仪礼》内容；乙本是一篇《服传》，与甲本《服传》为相同钞本，只是木简稍短而狭，字小而密；丙本是《丧服》经，抄在竹简上。三种《仪礼》共有 9 篇，约 27400 余字。《仪礼》简是迄今所见《仪礼》一书的最早写本，是经学研究的重要资料。②

二　1960—1969 年

　　这一阶段的 10 年出土简帛为数最少，只有 1965 年和 1966 年两年在湖北江陵望江 1 号和 2 号楚墓出土了两批竹简，首次发现关于卜筮祭祷的简文，其他地方出土的多为一两枚简，内容也和哲学研究不相关。

三　1970—1979 年

　　70 年代是出土简帛数量最多的阶段，相继出土了银雀山汉简、定县汉简、马王堆帛书、居延新简、睡虎地秦简、阜阳汉简和上孙家寨汉简等一大批影响巨大的简帛文献。

　　银雀山汉简在 1972 年出土于山东临沂银雀山一号汉墓，共约 4942 枚，整简数量不多，大部分为残简，此外还有数千残片。内容主要为兵书，包括《孙子兵法》、《六韬》、《尉缭子》、《晏子》等先秦古籍，以及《孙膑兵法》、《守法守令十三篇》等古佚书，其中《孙子兵法》和《六韬》皆含有佚篇。在中国的考古发掘中，在同一个墓葬中出土这样多珍贵的古

---

　　①　河南省文化局文物工作队第一队：《我国考古史上的空前发现：信阳长台关发掘一座战国大墓》，《文物参考资料》1957 年第 9 期；中国社会科学院考古研究所编：《信阳楚墓》，文物出版社 1986 年版。

　　②　甘肃省博物馆：《武威汉简在学术上的贡献》，《考古》1960 年第 8 期；甘肃省博物馆、中国科学院考古研究所合编：《武威汉简》，文物出版社 1964 年版。

籍，实属罕见。这些古籍均为西汉时手书，是较早的写本。对于研究中国历史、哲学、古代兵法、历法、古文字学、简册制度和书法艺术等方面，都提供了非常珍贵的资料。①

定县汉简出土于河北省定县（今定州市）八角廊村 40 号汉墓（西汉中山怀王刘修墓）中，1973 年由河北省文物管理处和定县博物馆发掘所获，现藏于河北省文物研究所。该墓早年曾因盗扰火烧，竹简出土时已散乱残断，炭化严重，字迹不清；后因唐山地震，转移过程中再次散乱，损毁难免，令人扼腕。经过整理，发现这批竹简内容多为先秦文献，包括《论语》、《儒家者言》、《哀公问五义》！《保傅传》、《六韬》、《文子》和《六安王朝五凤二年正月起居记》等古籍，以及日书、占卜等残简②。迄今为止，上述竹书已经发表的有《论语》、《儒家者言》、《文子》和《六韬》，其余还在整理中。

马王堆帛书出土于1973 年12 月至1974 年年初，湖南省博物馆在长沙市马王堆发掘的3 号汉墓中。这批帛书出土于该墓东边箱的一个漆盒内。其中，有的帛书卷在一块宽约2—3 厘米的木片上，出土时折叠的边缘已经断裂，帛片互相粘连在一起，破损十分严重。经过修复及考订，判明共有帛书约29 件，约12 万字。内容大部分是已失传上千年的古佚书，尽管有些还有传世对照本，但文字出入也较大。据统计，这批帛书的内容大致包括15 大类的20 多种古籍：（1）《老子》甲本及其卷后4 篇古佚书（均无篇题，分别定名为《五行》、《九主》、《明君》、《德圣》）；（2）《老子》乙本及卷前4 篇古佚书（皆有篇题，为《经法》、《十六经》、《称》、《道原》，或谓《黄帝四经》）；（3）《周易》及其卷后佚书（其中《六十四卦》和卷后佚书合抄为一卷，佚书无篇题，发表时定名为《二三子问》；《系辞》和卷后几篇佚书合抄为一卷，佚书原有篇题并注明了字数，分别为《要》一千六百四十八，《昭力》、《缪和》六千）；（4）与《战国策》有关的书一种，无篇题，发表时称《战国纵横家书》；（5）属于事语类的

---

① 　山东省博物馆、临沂文物组：《山东临沂西汉墓发现〈孙子兵法〉和〈孙膑兵法〉等竹简的简报》，《文物》1974 年第2 期；银雀山汉墓竹简整理小组编：《银雀山汉墓竹简》（一），文物出版社1985 年版。

② 　河北省文物研究所：《河北定县40 号汉墓发掘简报》，《文物》1981 年第8 期；国家文物局古文献研究室、河北省博物馆、河北省文物研究所、定县汉墓竹简整理组：《定县40 号汉墓出土竹简简介》，《文物》1981 年第8 期。

佚书一种，无篇题，发表时称《春秋事语》；（6）关于天文星占的佚书一种，无篇题，发表时定名为《五星占》；（7）杂占佚书一种，无篇题，发表时定名为《天文气象杂占》；（8）有关相马的佚书一种，无篇题，发表时定名为《相马经》；（9）有关医经方的佚书一种，无篇题，分别定名为《足臂十一脉灸经》、《阴阳十一脉灸经》甲乙本、《脉法》、《阴阳脉死候》、《五十二病方》、《却谷食气》、《养生方》、《杂疗方》和《胎产书》；（10）关于刑德的佚书3篇，皆无题；（11）关于阴阳五行的佚书2篇，皆无题；（12）导引图1幅；（13）地图1幅；（14）驻军图1幅；（15）街坊图1幅。此外，该墓还出土了600多枚竹木简，其中有220枚为古代医书四种，只有《天下至道谈》原有书题，其他三种发表时分别定名为《十问》、《合阴阳》、《杂禁方》，内容皆与房中术和养生有关。① 这批简帛的出土，为研究中国古代思想、历史、军事、天文、历法、地理、医学等领域提供了丰富的新资料。

居延新简是 1972—1974 年间，在甘肃居延甲渠侯官、甲渠塞第四隧和肩水金关遗址出土，共计 19700 余枚，绝大多数是木牍，只有极少数为竹简。据统计，这批简牍的内容主要为文书，书籍类只有《论语》、《仓颉篇》、《急就篇》、《算术书》、《九九术》和《相利善剑刀》几种，还有少量的干支表和《历书》。② 其中肩水金关遗址出土的简牍 11000 多枚，至今尚未出版。

睡虎地秦简是 1975 年 12 月，在湖北云梦睡虎地 11 号秦墓出土。这批竹简保存较好，字迹清晰，残断较少，共计 1155 枚，另有残片 80 片。经过整理，简文的内容主要为法律和文书，包括《编年记》、《语书》、《秦律十八种》、《效律》、《秦律杂抄》、《法律答问》、《封诊式》、《为吏之道》、《日书》甲种和《日书》乙种。其中《语书》、《效律》、《封诊式》、《日书》乙种四种书，简上原有书题，其他几种书题皆是整理小组据内容

---

① 湖南省博物馆、中国科学院考古研究所：《长沙马王堆二、三号汉墓发掘简报》，《文物》1974 年第 7 期；晓菡：《长沙马王堆汉墓帛书概述》，《文物》1974 年第 9 期；国家文物局古文献研究室：《马王堆汉墓帛书》（一），文物出版社 1980 年版。

② 甘肃居延考古队：《居延汉代遗址的发掘和新出土的简册文物》，《文物》1978 年第 1 期；甘肃省文物考古研究所、甘肃省博物馆、文物局古文献研究室、中国社会科学院历史研究所合编：《居延新简》，文物出版社 1990 年版。

来拟定。① 这是第一次发现秦简，对研究秦律和中国古代法律发展有十分重要的价值。

阜阳汉简是 1977 年由安徽省阜阳市博物馆在阜阳双古堆西汉汝阴侯墓中发掘所得。这批简牍大部分非常破碎，但所包含的内容却相当丰富，经过清理，发现有《诗经》、《周易》、《仓颉篇》、《年表》、《大事记》、《万物》、《作务员程》、《行气》、《相狗经》、《辞赋》、《刑德》、《日书》、《儒家者言》和《春秋事语》等。② 现已公布的有《仓颉篇》、《万物》、《诗经》、《周易》、《儒家者言》和《春秋事语》，其他尚在整理中。

上孙家寨汉简是 1978 年出土于青海省大通县上孙家寨村西北的 115 号汉墓中。这批木简共计 240 枚。全部简文根据内容可分为三类：一为兵法，有学者认为是《孙子兵法》佚文；二为军法、法令、军爵；三为篇题目录。③ 这批木简为研究西汉时期的军事制度提供了珍贵资料。

四　1980—1989 年

这一阶段的出土简帛文献数量不少，每年都有发现，其中出土量大且较有价值的，主要有湖北江陵九店楚简（1981 年）、湖北江陵张家山汉简（1983 年）、甘肃天水放马滩秦简（1986 年）和湖北荆门包山楚简（1987 年），相关内容主要为《日书》和卜筮祷记录简。古书类内容只见于湖南慈利楚简（1987 年），与《国语》、《战国策》和《越绝书》等相关。

五　1990—1999 年

90 年代的出土简帛数量不算太大，但价值令世人震惊，这主要源于郭店楚简和上博藏简，此外还有尹湾汉简和王家台秦简等。

郭店楚简出土于湖北省荆门市沙洋区四方乡郭店村一号墓中，1993 年 8 月由荆门博物馆抢救性发掘所得。该墓曾遭盗，竹简出土时散乱无序，

---

① 季勋：《云梦睡虎地秦简概述》，《文物》1976 年第 5 期；睡虎地秦墓竹简整理小组编：《睡虎地秦墓竹简》，文物出版社 1990 年版。

② 安徽省文物工作队、阜阳地区博物馆、阜阳县文化局：《阜阳双古堆西汉汝阴侯墓发掘简报》，《文物》1978 年第 8 期；文物局古文献研究室、安徽省阜阳地区博物馆、阜阳汉简整理组：《阜阳汉简简介》，《文物》1983 年第 2 期。

③ 青海省文物考古工作队：《青海大通县上孙家寨——五号汉墓》，《文物》1981 年第 2 期；青海省文物考古研究所编：《上孙家寨汉晋墓》，文物出版社 1993 年版。

残损严重，缺失较多。幸而出土后能保护很好，整理顺利，共有竹简804枚，约13000余字，大部分完好，少部分残断。竹简内容丰富，包含有多种古籍，皆无篇题，发表时的篇题为整理者据内容所拟加。其中《老子》三组（整理者称为甲、乙、丙）和《太一生水》这两种著作属道家学派，其余多为儒家学派的著作，包括《缁衣》、《鲁穆公问子思》、《穷达以时》、《五行》、《唐虞之道》、《忠信之道》、《成之闻之》、《尊德义》、《性自命出》、《六德》、《语从》（一、二、三、四），这些篇目有些不见于传世古籍，有的虽可与今本对照，但在篇章结构及次序等方面亦有较大差别，内容也不尽相同。① 这些古籍于1998年5月公开出版后，引发的研究热潮至今不退。

上博藏简是指1994年上海博物馆先后斥巨资从香港文物市场收购并接受捐赠而来，共有完整及残缺简片1200余枚，共35000余字，相传出自湖北，为楚国迁陈郢以前贵族墓中的随葬物，香港中文大学所藏10枚简亦属此批简。内容可分为80余篇文章，涉及哲学、文学、历史、政论等领域。上海博物馆将这批竹简整理后，以《上海博物馆藏战国楚竹书》为名预计分十册刊行，第一册已于2001年12月问世，至今出版到第七册，内容分别为：

上博一：②《孔子诗论》、《缁衣》和《性情论》（3篇）

上博二：《民之父母》、《子羔》、《鲁邦大旱》、《从政》（甲本、乙本）、《昔者君老》、《容成氏》（6篇）

上博三：《周易》、《中弓》、《恒先》、《彭祖》（4篇）

上博四：《采风曲目》、《逸诗》、《昭王毁室 昭王与龚之脽》、《柬大王泊旱》、《内礼》、《相邦之道》、《曹沫之陈》（7篇）

上博五：《竞建内之》、《鲍叔牙与隰朋之谏》、《季庚子问于孔子》、《姑成家父》、《君子为礼》、《弟子问》、《三德》、《鬼神之明 融师有成氏》（8篇）

上博六：《竞公疟》、《孔子见季桓子》、《庄王既成 申公臣灵王》、《平王问郑寿》、《平王与王子木》、《慎子曰恭俭》、《天子建州》（甲本、

---

① 湖北省荆门市博物馆：《荆门郭店一号楚墓》，《文物》1997年第7期；荆门市博物馆编：《郭店楚墓竹简》，文物出版社1998年版。

② 按照学术界惯例把《上海博物馆藏战国楚竹书（一）》简称为《上博一》，其他六册同。

乙本）（8篇）

上博七：《武王践阼》、《郑子家丧》（甲本、乙本）、《君人者何必安哉》（甲本、乙本）、《凡物流形》（甲本、乙本）及《吴命》（5篇）。①

尹湾汉简是1993年2月至4月于江苏省连云港市东海县温泉镇尹湾村的6号汉墓出土。共有23枚木牍和133枚竹简，总字数约40000多字。竹简出土时多已散乱，有些已残断，经缀合和整理研究后，发现内容大致包括以下几类：一大多为行政文书档案，二为《神乌傅（赋）》，三为《神龟占》、《六甲占雨》、《博局占》、《刑德行时》、《行道吉凶》等几种数术资料。②

王家台秦简是1993年3月在湖北省江陵县荆州镇郢北村王家台15号墓出土。竹简保存情况较差，原貌已遭破坏，出土时散乱无序，且多已残断。经初步整理，发现数量多达800余枚，出土时呈黄褐色，简文墨书秦隶，均书写于篾黄一面，字迹大部分可以释读，主要内容为《效律》、《日书》和易占（《归藏》）。③另外，90年代出土的术数和方技类简牍，还包括敦煌悬泉置遗址、湖北周家台秦简、河南新蔡楚简、湖南虎溪山汉简和内蒙古额济纳汉简等。

六　2000—2009年

21世纪以来，相关的简帛资料主要有香港中文大学和清华大学两批藏简。香港中文大学藏简是2001年入藏的，共有259枚，其中有11枚空白简、10枚楚简和1枚东晋木简，剩下的皆是汉简。楚简内容为典籍，如今能确知的有《缁衣》、《周易》等，文字可与上博藏简相接读，而且郭店简也有《缁衣》，因而引起学界对两地藏简出土地的诸多猜测。汉简有《日书》，与睡虎地秦简《日书》的某些内容有对应关系。④

清华大学藏简是由清华大学校友从境外抢救收藏，于2008年7月15

---

① 马承源主编：《上海博物馆藏战国楚竹书（一）》，上海古籍出版社分别出版于2001年（第一册）；2002年（第2册）；2003年（第三册）；2004年（第四册）；2005年（第五册）；2007年（第六册）；2008年（第7册）。

② 连云港市博物馆：《江苏东海县尹湾汉墓群发掘简报》，《文物》1996年第8期；滕昭宗：《尹湾汉墓简牍概述》，《文物》1996年第8期；连云港市博物馆、中国社会科学院简帛研究中心合编：《尹湾汉墓竹牍》，中华书局1997年版。

③ 荆州地区博物馆：《江陵王家台15号秦墓》，《文物》1995年第1期。

④ 陈松长编：《香港中文大学文物馆藏简牍》，香港中文大学文物馆出版社2001年版。

日捐赠给清华大学的。竹简共有 2388 枚（包括少数残断），年代当属战国中期偏晚，来源于战国楚国境内。内容包括《尚书》佚篇、乐书和编年史等经史类文献，这些文献将对历史学、考古学、古文字学、文献学等许多学科产生广泛而深远的影响。目前整理发表的只有《保训》篇，内容是不见于传世文献的周文王遗言。① 清华简自公布以来，受到媒体和学者的热烈关注。

综上所述，60 年来的出土简帛中，对中国哲学史研究影响最大的主要有银雀山汉简、马王堆帛书、郭店楚简和上博藏简，其影响集中体现在经子之学与战国秦汉思想史两个方面的研究。

第二节　出土简帛与经子之学研究

经子之学是四部分类法中的两大类，为中国古代哲学研究的重要内容。近 60 年来出土的简帛书籍，主要是这两方面的内容，因而对当代中国哲学史研究中的经子之学研究，具有重大的意义和价值。

一　出土简帛与经学研究

本文所说的经学指儒家的六经，即《诗》、《书》、《礼》、《乐》、《易》、《春秋》，是先秦最基本的教材和普遍知识。其中，《书》、《乐》和《春秋》的文本，在近 60 年来的出土简帛中尚未发现，当然相关的书籍也有一些，但都没有形成研究热点，学界的研究主要集中在《诗》、《礼》和《易》三部经书，重中之重当属《易》经研究。

（一）出土简帛与《诗经》研究

近 60 年来出土的简帛中，与《诗经》相关的主要有阜阳汉简《诗经》（以下简称《阜诗》）和《孔子诗论》（以下简称《诗论》）；另外还有一些古籍引用和提及《诗经》，包括银雀山汉简《晏子春秋》、定县汉简《论语》、马王堆帛书《五行》、郭店楚简中《缁衣》、《五行》、《性自命出》、《六德》、《语丛一》和《语丛二》，以及尹湾汉简《神乌傅》，但毕竟太过零碎，研究的人不多，因此《诗经》研究集中在《阜诗》

---

① 李学勤：《初识清华简》，《光明日报》2008 年 12 月 1 日；刘国忠：《清华简的入藏及其重要价值》，《清华大学学报》2009 年第 3 期。

和《诗论》。

《阜诗》是迄今为止所见的最早《诗经》抄本，竹简出土时残损严重，仅存 170 余枚，皆无书题。与今本《毛诗》相对勘，内容包括《国风》和《小雅》两种。《国风》除未见《桧》外，有《周南》、《召南》、《邶》、《鄘》、《卫》、《王》、《郑》、《齐》、《魏》、《唐》、《秦》、《陈》、《曹》、《豳》十四国风 65 首残诗（有的仅存篇名）；而《小雅》仅存《鹿鸣之什》中 4 首诗的残句。原简每诗有篇题和字数，某一国风后有尾题。还有残简中的零星碎片，据其格式可知内容当为《诗序》。其整理结果于 1984 年在《文物》杂志第 8 期上发表，公布了释文和摹本；[1] 同期还刊发了胡平生、韩自强的研究论文《阜阳汉简〈诗经〉简论》，后全部收入胡、韩所著的《阜阳汉简诗经研究》（上海古籍出版社 1988 年版）一书。该书主要从以下两个方面对《诗经》进行研究：一是异文研究。通过与《毛诗》相较，有异文近百处，多为同音假借，也有些异义的异文和虚词的异文。这是《阜诗》最可贵之处，因此学界的研究大多集中于此。[2] 二是《阜诗》的传本。作者认为，《阜诗》既不属于鲁、齐、韩、毛四家诗，也不属于《汉志》所说的六家（加后氏、孙氏两家），是否与《汉书·楚元王传》所说的"元王诗"有关也无从考证，可能是未被《汉志》著录而流传于民间的另外一家。李学勤在《马王堆帛书与楚文化的流传》（《楚文化新探》，湖北人民出版社 1981 年版）一文中推测《阜诗》也许是楚国流传下来的另一种本子。孙斌来赞同李学勤的说法，并进一步论证《阜诗》的成书年代在楚灵王时期，抄写年代则在刘邦称帝之后，汉惠帝以前。[3]

以上这些研究，大多从文字、音韵、训诂的角度着手，并将之与四家诗学相参照，因此具有语言文字学和文献学方面的价值，有助于了解《左传》引《诗经》的古本，解决一些《诗经》异文的疑难，还为《说文》古文提供了佐证。但对《诗经》的研究仅限于此是远远不够的，我们应该借鉴历史地理、社会史、诠释学等相关的理论和研究方法，从经学史、思

---

[1]　文物局古文献研究室、安徽阜阳地区博物馆、阜阳汉简整理组：《阜阳汉简〈诗经〉》，《文物》1984 年第 8 期。

[2]　黄宏信：《阜阳汉简〈诗经〉异文研究》，《江汉考古》1989 年第 1 期；许廷桂：《阜阳汉简〈诗经〉校释札记》，《文学遗产》1987 年第 11 期。

[3]　孙斌来：《阜阳汉简〈诗经〉的传本及抄写年代》，《古籍整理研究学刊》1985 第 7 期。

想史、文化史等角度来进行综合研究。这一点在《诗论》的研究过程中有所体现。

《诗论》是至今所能见到的中国最早有关诗学理论的著作，共 29 简，一千多字，是孔子学生有关孔子授《诗》的记录，论到《诗》中篇目约60 篇。其中也有一些内容是孔子对诗歌的论述，但不见于传世文献。原无书题，《孔子诗论》为整理者根据内容所加，简文内容包括《讼》（颂）、《大夏》（《大雅》，夏、雅古可通假）、《小夏》（《小雅》）和《邦风》（汉儒为避刘邦讳，改邦为国），与今本《诗经》（《国风》、《小雅》、《大雅》和《颂》）的顺序正好相反，称为"诗序"中的论次也和今本《诗经》中的"大序"相反，许多诗句的用字亦有不同，也没有今本《诗经》"小序"中讽刺、赞美的内容。

2000 年 8 月，在北京大学召开的新出土简帛国际学术讨论会上，马承源在《关于孔子〈诗论〉的报告》中，首次公布了《诗论》的部分内容。全部的释文、图版则在 2001 年 11 月正式公布，① 由此引发了学界的热烈讨论。先后在全国各地召开了多次学术研讨会，参与讨论的学者众多，成果丰硕，据不完全统计，截至 2009 年 11 月，相关的研究论文多达四五百篇，博士、硕士论文亦有二三十部，专著也近十部之多。研究所涉及的主要有文字和诗篇考释、作者和篇名、简序编联与留白简、与《毛诗序》关系及其思想内涵等，以下就其中争议较多的三个问题作一概述：

1. 作者和篇名

关于作者，除孔子外，还有子夏说、② 子羔说、③ 子上说④和未定说⑤四种，所谓未定说是指《诗论》的作者不可能是孔子，但也不能确切证实究竟是孔门的哪位弟子或再传弟子。至于篇名，大多数学者沿用整理者所

① 马承源主编：《上海博物馆藏战国楚竹书（一）》，上海古籍出版社 2001 年版。
② 李学勤：《〈诗论〉体裁与作者》，上海大学古代文明研究中心：《上博馆藏战国楚竹书研究》，上海书店出版社 2002 年版。
③ 廖名春：《〈上博诗论〉简的作者与作年——兼论子羔也可能传〈诗〉》，《齐鲁学刊》2002 年第 3 期。
④ 黄锡全：《"孔子"乎？"卜子"乎？"子上"乎？》，简帛研究网站，2001 年 2 月 26 日。
⑤ 郑杰文：《上博藏战国楚竹书〈诗论〉作者试测》，《文学遗产》2002 年第 7 期。

定的《孔子诗论》,但也有《诗说》①、《古诗序》②、《诗序》③ 或《诗论》④ 几种不同看法。虽然学界对作者和篇名有诸多讨论,但至今仍无定论,尽管整理者的说法也未能服人,毕竟提出最早、影响甚大,大多学者都沿用这一名称。

2. 简序和编联

整理者对《诗论》简的排序与编联存在较大的讨论余地,研究者对此提出多种重新编联的方案。其中李学勤的排序及复原方案最受学界赞同和认可。⑤ 学者们对简序编联的分歧,其中一大原因是对留白简的问题存在异议。《诗论》第2简至第7简上下两端留白,这一形制从未见到过,该如何解释与处理是研究者面临的重大挑战。学界提出的意见主要有二:一是原先有字,后来由于某种原因造成文字消失,李学勤、周凤五、彭浩等主张此说,并提出自己的解释⑥;二是原先无字,“白”是预留出来的,廖名春和姜广辉分别提出“别篇说”和“底本残文说”。⑦ 这些说法仅是一家之言,尚未能解决留白简的问题。因留白简的讨论不仅为编联分章所必需,而且有可能涉及竹简制度深层次的问题,故整理者已有意对原简作进一步的鉴定。⑧ 要彻底解决留白简的问题,有赖于对整个先秦简牍制度、抄写格式以及著述形式等的综合研究,而这又有待于研究手段的进一步提高和其他类似竹简的出土发现。

---

① 朱渊清:《从孔子论〈甘棠〉看孔门〈诗〉传》,上海大学古代文明研究中心:《上博馆藏战国楚竹书研究》,上海书店出版社2002年版;江林昌:《由上博简〈诗说〉的体例论其定名与作者》,《孔子研究》2004年第2期。

② 姜广辉:《关于〈古诗序〉的编连、释读与定位诸问题的研究》,《中国哲学》第24辑,辽宁教育出版社2002年版。

③ 饶宗颐:《竹书〈诗序〉小笺》,上海大学古代文明研究中心:《上博馆藏战国楚竹书研究》,上海书店出版社2002年版。

④ 彭林:《关于〈战国楚竹书·孔子诗论〉的篇名与作者》,《孔子研究》2002年第3期。

⑤ 李学勤:《〈诗论〉简的编联与复原》,《中国哲学史》2002年第5期。

⑥ 李学勤:《〈诗论〉简的编联与复原》,《中国哲学史》2002年第5期;周凤五:《论上博〈孔子诗论〉竹简留白问题》,上海大学古代文明研究中心:《上博馆藏战国楚竹书研究》,上海书店出版社2002年版;彭浩:《〈诗论〉留白简与古书的抄写格式》,廖名春编:《新出楚简与儒家思想国际学术研讨会论文集》,清华大学思想文化研究所2002年版。

⑦ 廖名春:《上博〈诗论〉简的形制和编联》,《孔子研究》2002年第3期;姜广辉:《关于〈古诗序〉的编连、释读与定位诸问题的研究》,《中国哲学》第24辑,辽宁教育出版社2002年版。

⑧ 濮茅左:《〈孔子诗论〉简序解析》,上海大学古代文明研究中心:《上博馆藏战国楚竹书研究》,上海书店出版社2002年版。

3.《诗论》与《毛诗序》的关系

对于《诗论》与《毛诗序》的关系，学界争论十分激烈，主要观点一分为二：一是肯定《诗论》与《毛诗序》的传承关系，属于同一《诗》学系统，如江林昌、王小盾、马银琴等；① 二是否定《诗论》与《毛诗序》是同一个系统的东西，认为两者在言《诗》方式上有很大的差异，如李学勤、姜广辉、王齐洲、曹建国、李会玲、王洲明等②皆持此观点。就目前而言，持否定观点的学者较多，大家基本倾向于《诗论》和《诗序》在思想上存在差异，但随着上博简研究的深入，有关《诗论》和《诗序》关系的研究必然也会逐渐加深。

在《诗论》研究过程中，还有三部专著值得关注。刘信芳的《孔子诗论述学》（安徽大学出版社 2003 年版），在综合许多学者观点的基础上，对《诗论》的简序编联、文字考释进行讨论，这是正确理解《诗论》思想内涵的基础。黄怀信《上海博物馆藏战国楚竹书〈诗论〉解义》（社会科学文献出版社 2005 年版）一书，在严密的考证基础上，对竹简的排序提出新观点，确定其所涉及的《诗经》篇目，并通过分析《诗经》文本，对诗旨提出自己的看法。陈桐生《〈孔子诗论〉研究》（中华书局 2004 年版）一书，从《诗论》的作者与时代、学术思想渊源、理论创新及其与汉代《诗》学的关系等方面进行论述，着重解释《诗论》的思想内涵。

（二）出土简帛与《礼》经研究

近 60 年来出土简帛中所见与《礼》有关的书籍有三：武威汉简《仪礼》、马王堆帛书《丧服图》和上海博物馆藏战国楚竹书《内礼》。其中《丧服图》只有 56 个字，内容主要记述了汉初人丧服的有关规定；《内礼》

---

① 江林昌：《楚简〈诗论〉与早期经学史的有关问题》，《中国哲学》第 24 辑，第 208—221 页；《上博竹简〈诗论〉的作者及其与今传本〈毛诗序〉的关系》，《文学遗产》2002 年第 2 期；《由古文经学的渊源再论〈诗论〉与〈毛诗序〉的关系》，《齐鲁学刊》2002 年第 3 期；王小盾、马银琴：《从〈诗论〉与〈诗序〉的关系看〈诗论〉的性质与功能》，《文艺研究》2002 年第 2 期。

② 李学勤：《〈诗论〉说〈关雎〉等 7 篇释义》，《齐鲁学刊》2002 年第 3 期；姜广辉：《关于〈古诗序〉的编联、释读与定位诸问题研究》，《中国哲学》第 24 辑；王齐洲：《孔子、子夏诗论比较——兼论上海博物馆藏战国楚竹书〈诗论〉之命名》，《华中师范大学学报》2002 年第 5 期；曹建国：《论上博简〈孔子诗论〉与〈毛诗序〉的阐释差异》，《安徽警官职业学院学报》2003 年第 5 期；李会玲：《〈孔子诗论〉与〈毛诗序〉说诗方式之比较》，《武汉大学学报》2003 年第 5 期；王洲明：《上博〈诗论〉的论诗特点与〈毛序〉的作期》，《山东大学学报》2004 年第 9 期。

共有 10 枚简，内容与今本《大戴礼记·曾子立孝》、《礼记·内则》有密切关系。但这两种书籍的内容都不多，相关研究较少，本文主要介绍《仪礼》的相关研究成果。

武威汉简《仪礼》出土后，《甘肃武威磨咀子 6 号汉墓》介绍了该墓出土木简的情况①，稍后还发表了《武威汉简在学术上的贡献》一文②，全面介绍和论述了简本《仪礼》出土的意义和价值。真正的研究始于甘肃省博物馆、中国科学院考古所联合编著《武威汉简》（文物出版社 1964 年版）。在整理者陈梦家的研究基础上，沈文倬、王关仕、陈邦怀、李中生、高明、王锷、李解民、杨天宇等学者纷纷著文，③从文字考释、简本的钞写年代、简本的篇题和篇次、简本的家法与师法、简本的今古文问题、简本《服传》的性质、经传合编和杂糅今古文、简本《仪礼》的学术价值等方面深入研究，取得了可喜的成果。其中贡献最大的当属陈梦家和沈文倬两位学者，陈梦家作为整理者，开创之功甚伟，而且提出的观点可成一家之言。他认为简本《仪礼》与今本郑玄注的校记比较，合于今文者超过古文，当是属于今文本的系统，但也掺杂了一些古文本的读法，因而推测简本是属于西汉晚期传后氏（后仓）礼学的庆氏（庆普）本。④沈文倬对简本《仪礼》的研究用力甚勤，观点与整理者不同，主张西汉晚期传《礼》学者只有后氏一家，大、小戴和庆氏都是出于后氏之传，他们的经本其实是一样的，都是属于今文本系统，而简本当是以今文读古文，因而是糅合今古的另一传本，可称之为"古文或本"，他认为今本（郑玄本）是来源于这个本子⑤。

武威《仪礼》简出土至今已整整五十年，但对它的研究还不够深入，

①　甘肃省博物馆：《甘肃武威磨咀子 6 号汉墓》，《考古》1960 年第 5 期。

②　甘肃省博物馆：《武威汉简在学术上的贡献》，《考古》1960 年第 8 期。

③　王关仕：《仪礼简本考证》，台湾省立师范大学国文研究所集刊第 11 号上册，1967 年版；陈邦怀：《读武威汉简》，《考古》1965 年第 11 期；李中生：《读武威汉简〈仪礼〉札记四则》，《暨南学报》（哲学社会科学版）1991 年第 4 期，后稍作修改，题作《仪礼简本札记三则》，在《文史》（第 45 辑，中华书局 1998 年版）发表；高明：《据武威汉简谈郑注仪礼今古文》，《传统文化与现代化》1996 年第 1 期，后收入《高明论著集》，科学出版社 2001 年版；王锷：《武威汉简本仪礼与十三经本仪礼比较研究》，《社科纵横》1993 年第 4 期；李解民：《〈武威汉简〉丙本〈丧服〉简的缀合》，中华书局《文史》第 34 辑，1990 年版；杨天宇：《从汉简本〈仪礼〉看〈仪礼〉在汉代的传本》，《史林》2009 第 4 期。

④　甘肃省博物馆、中国科学院考古研究所合编：《武威汉简》，文物出版社 1964 年版。

⑤　沈文倬：《〈礼〉汉简异文释》，中华书局《文史》第 33—36 辑；《汉简〈服传〉考》（上、下），中华书局《文史》第 24、25 辑；两文皆收入《宗周礼乐文明考论》，杭州大学出版社 1999 年版。

相比于目前的简帛研究热而言，《仪礼》简的研究更显得冷落。其原因除了《仪礼》本身的内容冷僻难解、少人涉足外，恐怕与我们对它的重视不够也是密切相关的。

（三）出土简帛与《易》经研究

近六十年来出土的经学文献中，与《易》经有关的数量最多，先后有马王堆帛书《周易》、阜阳汉简《周易》、王家台秦简《归藏》和上博藏楚竹书《周易》等文本，以及望山楚简、包山楚简和新蔡楚简等易筮资料。因此，对《易周》的研究从80年代至今，历经二十多年，一直热度不减。

马王堆帛书《周易》包括经《六十四卦》，以及传《二三子问》、《系辞》、《易之义》、《要》、《缪和》和《昭力》诸篇。其中《六十四卦》和《二三子问》合抄在一幅帛上，无篇题；《系辞》、《易之义》、《要》、《缪和》和《昭力》诸篇合抄在另一幅帛上，原有篇题并注明了字数。卦名多用假借字，卦辞与爻辞与今本基本相同，但六十四卦的排列次序却截然不同。帛书《系辞》不分上下篇和章节，次序与今本不同，文句亦有差异，其他诸篇不见于今本。其整理发表经历了漫长的过程，出土十二年后的1984年，马王堆汉墓帛书整理小组才发表《马王堆汉墓帛书〈六十四卦〉》（《文物》1984年第3期），首次公布了经文部分的释文，《易传》部分则迟到90年代才陆续发表。1992年，傅举有、陈松长撰成《马王堆汉墓文物》（湖南出版社1992年版）一书，刊出了传文中《系辞》上篇的全部照片及释文，1993年，陈鼓应主编的《道家文化研究》（第3辑）（上海古籍出版社1993年版）刊发了《系辞》、《二三子问》、《易之义》、《要》的释文，《缪和》、《昭力》两篇释文（陈松长）则见于《道家文化研究》（第6辑）（上海古籍出版社1995年版），同时在朱伯崑主编的《国际易学研究》（第1辑）（华夏出版社1995年版）又收录了廖名春的《缪和》、《昭力》两篇释文。至此，帛书《周易》经传释文才全部问世。

释文一经公布，便受到海内外学界的普遍关注，掀起了《周易》研究的热潮，研究成果丰硕。《六十四卦》释文公布的同时，《文物》杂志就刊发了张政烺的《帛书〈六十四卦〉跋》和于豪亮的《帛书周易》两篇文章，[1] 张文从帛书《六十四卦》的排列次序，推知当时流行的八卦次序。

---

① 张政烺：《帛书〈六十四卦〉跋》，《文物》1984年第3期；于豪亮：《帛书周易》，《文物》1984年第3期。

于文介绍了帛书《周易》的三个部分,指出帛书与现存的汉魏各家本、唐石经、敦煌唐写本残卷及通行本《周易》均不同,它卦序简单,可能是较早的本子。随后韩仲民和周立升①分别著文,对六十四卦的卦序、重卦、成象、筮辞及八卦思想等问题提出自己的看法。邓球柏《帛书周易校释》(湖南出版社1987年版,1996年版增订本)的出版,成为帛书《周易》研究的第一部专著。该书对帛书《周易》卦爻辞进行全面系统的校勘、注释和翻译,增订本增加了传文部分,收齐了帛书《周易》的全部内容,对研究的深入功不可没。1992年同时有三部专著问世:张立文的《帛书周易注译》(中州古籍出版社1992年版),在文字考释方面贡献较大;韩仲民的《帛易说略》(北京师范大学出版社1992年版)侧重于介绍帛书《周易》的主要内容及其学术价值;李学勤的《周易经传溯源》(长春出版社1992年版;台湾丽文文化公司1995年版;巴蜀书社2006年版增订本,改名为《周易溯源》),从考古学、文献学的角度出发,通过细致缜密的分析,说明《易》的渊源非常久远,它本来是卜筮之书,古人由卜筮的奇偶、阴阳,逐渐抽象推衍出玄深的哲理。

　　以上是第一阶段的主要研究成果,随着《易传》释文的公布,掀起了帛书《周易》研究的又一次高潮。成果主要有严灵峰《马王堆帛书易经斠理》(台湾文史出版社1994年版)、邢文《帛书周易研究》(人民出版社1997年版)和张政烺《马王堆帛书周易经传校读》(中华书局2008年版)等专著,以及一些论文集,包括陈鼓应主编的《道家文化研究》(第3辑)的"马王堆帛书专号"(上海古籍出版社1993年版)、廖名春《帛书易传初探》(台湾文史出版社1998年版)和《〈周易〉经传与易学史新论》(齐鲁书社2001年版)、金春峰《〈周易〉经传梳理与郭店楚简思想新释》(台湾古籍出版有限公司2003年版;中国言实出版社2004年版)、梁韦弦的《易学考论》(黑龙江人民出版社2005年版)等,还有数量众多的单篇研究论文。

　　上述成果涉及《周易》研究的方方面面,其中争议较大的问题主要有二:其一是帛书《周易》的篇目篇名,其二是帛书《周易》的学派归属。

---

　　①　韩仲民:《帛书〈周易〉六十四卦浅》,《江汉论坛》1984年第8期;周立升:《帛〈易〉六十四卦刍议》,《文史哲》1986年第4期。

关于帛书《周易》的篇目篇名问题，邢文的著作中有详细的介绍和论述。①
对于学派归属问题，主要有分别以陈鼓应和吕绍刚为代表的道家和儒家两
派之争。陈鼓应发表一系列文章②及专著《易传与道家思想》（三联书店
1996 年版；商务印书馆 2007 年修订版），一反汉代以来的传统旧说，力倡
"道家主干说"，结合出土和传世文献，详尽论述了《易传》哲学的重要
概念、范围及学说均属于道家，从而论证《易传》属于道家的作品，此说
得到许抗生、李定生、胡家聪、王葆玹等的认同。③ 儒家派代表吕绍刚首
先撰文与陈鼓应针锋相对，其论得到廖名春、陈来、陈启智等的应和。④
张岱年和余敦康等学者则持中立态度，有调和意见。⑤ 这一争论近年来还
在继续，未有定论，但"《易传》道家说"是对两千年来经学传统的一个
空前挑战，在学术史上具有重大意义。

　　正当帛书《周易》的争论逐渐平息之时，王家台秦简《归藏》的出
土，又将学界研究《周易》的热情点燃。1993 年 3 月江陵王家台 15 号秦
墓出土的《归藏》，共计 394 支简，约 4000 余字。这批简共有 70 组卦画，
除去相同的 16 组，不同者有 54 组。卦名有 76 个，其中重复者 23 个，实
际卦名 53 个。此外，卦辞也有一部分重复。竹简有两种，一种宽而薄，
而另一种窄而厚，或有两种抄本。⑥ 刘德银称这批简为"易占"，并对其作

　　① 邢文：《帛书周易研究》，人民出版社 1997 年版。韩仲民：《帛书〈周易〉六十四卦浅》，
《江汉论坛》1984 年第 8 期；周立升：《帛〈易〉六十四卦刍议》，《文史哲》1986 年第 4 期。
　　② 陈鼓应：《〈易传·系辞〉所受老子思想的影响——兼论〈易传〉非儒家典籍乃道家系统
之作》，《哲学研究》1989 年第 1 期；《〈易传·系辞〉所受庄子思想影响》，《哲学研究》1991 年
第 4 期；《马王堆出土帛书〈系辞〉为现存最古的道家传本》，《哲学研究》1993 年第 2 期；《也
谈帛书〈系辞〉的学派性质》，《哲学研究》1993 年第 9 期；《〈易传〉与楚学齐学》，《道家文化
研究》（第 1 辑），上海古籍出版社 1992 年版；《论〈系辞传〉是稷下道家之作——五论〈易传〉
非儒家典籍》，《周易研究》1992 年第 2 期。
　　③ 许抗生：《略说帛书〈老子〉与帛书〈易传·系辞〉》；李定生：《帛书〈系辞传〉与
〈文子〉》；胡家聪：《〈易传·系辞〉思想与道家黄老之学相通》；王葆玹：《从马王堆帛书本看
〈系辞〉与老子学派的关系》，均见《道家文化研究》（第 3 辑），上海古籍出版社 1993 年版。
　　④ 吕绍纲：《〈易大传〉与〈老子〉是两个根本不同的思想体系——兼与陈鼓应先生商榷》，
《哲学研究》1989 年第 8 期；廖名春：《论帛书〈系辞〉的学派性质》，《哲学研究》1993 年第 7
期；陈来：《马王堆帛书〈易传〉与孔门易学》，《国学研究》（第 2 卷），北京大学出版社 1994 年
版；陈启智：《论〈易传〉的学派属性——与陈鼓应先生商榷》，《周易研究》2002 年第 1 期。
　　⑤ 张岱年：《初观帛书〈系辞〉》；余敦康：《帛书〈系辞〉"易有大恒"的文化底蕴》，均
见《道家文化研究》（第 3 辑），上海古籍出版社 1993 年版。
　　⑥ 王明钦：《王家台秦墓竹简概述》，艾兰、邢文编：《新出简帛研究》（新出简帛国际学术
研讨会文集），文物出版社 2004 年版。

了简要披露，由此引起学界的强烈关注。① 连劭名、李家浩、李零、王明钦、王宁、邢文等②发表了一系列论作，皆认定秦简易占属于《归藏》。2008 年 8 月在北京的新出简帛国际学术研讨会上，王明钦作《王家台秦墓竹简概述》的报告，对秦简《归藏》作了详细介绍，并从五个方面论证《归藏》出土的重要意义。③ 会上王葆玹、柯鹤立等也参与讨论，④ 会后又有林忠军、廖名春、连劭名、梁韦弦、朱渊清、任俊华、梁敢雄和李尚信等学者纷纷撰文，将《归藏》的研究不断推进。上述研究达成的共识是传本《归藏》并非伪书，但对秦简易占是否为《归藏》、两种抄本来源、《归藏》与汲冢书的关系等问题，尚未有定论。⑤ 问题的解决有待于研究的进一步深入，更有赖于《归藏》释文的早日正式公布。

　　相比于帛书《周易》和秦简《归藏》的研究热潮，阜阳汉简《周易》的研究显得备受冷落。汉简《周易》早在 1977 年出土，直到 2000 年才公布释文。据释文前言介绍，阜阳汉简《周易》是安徽阜阳双古堆西汉汝阴侯夏侯灶墓出土，竹简中破损严重，但保存数量较多的古籍，共整理出 752 多片，计 3119 字，其中属《经》文的有 1110 字，属卜辞的 2009 字。《经》文部分有卦画五个（大有、林、贲、大过、离）、卦名、爻题、卦辞、爻辞等内容。与现今通行本对勘，存有卦爻辞的 221 片，分别属于 52

---

　　① 刘德银：《江陵王家台 15 号秦墓》，《文物》1995 年第 1 期。

　　② 连劭名：《江陵王家台秦简与归藏》，《江汉考古》1996 年第 4 期；李家浩：《王家台秦简〈易占〉为〈归藏〉考》，《传统文化与现代化》1997 年第 1 期；李零：《跳出周易看周易》，《传统文化与现代化》1997 年第 6 期；王明钦：《归藏与夏启的传说——兼论台与祭坛的关系及钧台的地望》，《华学》（第 3 辑），紫禁城出版社 1998 年版；王宁：《秦墓〈易占〉与〈归藏〉之关系》，《考古与文物》2000 年第 1 期；邢文：《秦简〈归藏〉与〈周易〉用商》，《文物》2000 年第 2 期。

　　③ 艾兰、邢文编：《新出简帛研究》（新出简帛国际学术研讨会文集），文物出版社 2004 年版。

　　④ 王葆玹：《从王家台秦简看归藏与孔子的关系》；柯鹤立：《兆与传说——关于新出归藏简书的几点思考》，均见艾兰、邢文编《新出简帛研究》（新出简帛国际学术研讨会文集），文物出版社 2004 年版。

　　⑤ 林忠军：《王家台秦简〈归藏〉出土的易学价值》，《周易研究》2001 年第 2 期；廖名春：《王家台秦简〈归藏〉管窥》，《周易研究》2001 年第 2 期；连劭名：《江陵王家台秦简〈归藏〉筮书考》，《中国哲学史》2001 年第 3 期；梁韦弦：《王家台秦简"易占"与殷易〈归藏〉》，《周易研究》2002 年第 3 期；梁韦弦：《秦简〈归藏〉与汲冢书》，《齐鲁学刊》2003 年第 6 期；朱渊清：《王家台〈归藏〉与〈穆天子传〉》，《周易研究》2002 年第 6 期；任俊华、梁敢雄：《〈归藏〉〈坤乾〉源流考——兼论秦简〈归藏〉两种摘抄本的由来与命名》，《周易研究》2002 年第 6 期；李尚信：《读王家台秦墓竹简"易占"札记》，《周易研究》2008 年第 2 期。

个卦。阜阳汉简《周易》是断简残篇，原来的卦序已无法复原。阜阳汉简《周易》与今本和帛书的显著区别是在卦爻辞的后边，保存了许多卜问具体事项的卜辞。[①] 同书还发表了韩自强《阜阳汉简〈周易〉研究》一文，从卦画、卜辞和异文三个方面进行了初步研究。此文和释文后又收入韩自强编著的《阜阳汉简〈周易〉研究：附〈儒家者言〉章题、〈春秋事语〉章题及相关竹简》一书（上海古籍出版社 2004 年版）。这是目前所见最重要的研究成果，此外还有胡平生和黄儒宣的两篇文章。[②] 由此可见，对阜阳汉简《周易》的研究尚未展开，其意义和价值还有待进一步发掘。汉简《周易》的冷遇，除了自身的原因外，或许更重要的是由于上博藏楚竹书《周易》的出现，强烈地吸引了学界的注意力。

楚竹书《周易》是迄今所见最早的《周易》文本，但无易传内容。共计 58 简，约 1806 字，涉及 34 个卦的内容，其中有 3 个合文，8 个重文，以及 25 个卦画。每卦或占两简，或占三简。包括卦画、文字与符号三部分，其中卦画以"一"表示阳爻，"八"表示阴爻，与帛书《周易》、阜阳汉简《周易》相似，而与王家台秦简（阴爻作"∧"）、今本（阴爻作"– –"）卦画不同；文字由卦名、卦辞、爻位（或称"爻名"、"爻题"）、爻辞等组成，此与帛书、今本无别，但用字、用辞、用句有异；符号为首次出现，有六种红黑两色符号标在首简与末简。首符前有"卦画"和"卦名"，尾符前有"卦辞"和"爻辞"，尾符后留白，不再接续书写下一卦的内容，以表明每一卦的独立性。另外，香港中文大学中国文化研究所收藏的一段残简属本篇，并能和本篇第 32 简完全缀合。[③]

楚竹书《周易》自 2004 年正式面世后，迅速在学界掀起研究的热潮。因有网络（简帛研究网和孔子 2000 网）的便利，研究成果得到快速传播，从而为研究推波助澜，短短几年内，相关的研究论著多达近百篇。其中近半数以上的成果关注的是文字考释，皆因竹书《周易》的楚文字难认，文意又深奥，正式出版的释文中留有待考之字，即使整理者已考出的字，学

---

　　① 中国文物研究所古文献研究室、安徽省阜阳市博物馆：《阜阳汉简〈周易〉释文》，《道家文化研究》（第 18 辑），三联书店 2000 年版。

　　② 胡平生：《〈阜阳汉简·周易〉概述》，李学勤、谢桂华主编：《简帛研究》（第三辑），广西教育出版社 1998 年版；黄儒宣：《阜阳汉简〈周易〉卜辞试探》，《周易研究》2008 年第 5 期。

　　③ 施宣圆：《上海战国竹简〈周易〉"亮相"——竹简研究专家、上海博物馆副研究员濮茅左先生谈楚竹书〈周易〉》，《文汇读书周报》2004 年 1 月 16 日；濮茅左：《〈周易〉释文考释·说明》，马承源主编：《上海博物馆藏战国楚竹书（三）》，上海古籍出版社 2004 年版。

者们也意见纷纭。刘大钧的专著《今、帛、竹书〈周易〉综考》（上海古籍出版社 2005 年版）系统考证了今、帛和竹三种不同版本《周易》的文字问题，为进一步的研究奠定了基础。在文字考释的基础上，学者们还从竹书《周易》的文献价值、符号意义、卦序问题等方面进行深入研究。代表性的成果分别为三篇博士论文，陈仁仁的战国楚竹书《周易》研究（武汉大学出版社 2010 年版）对以上三个问题都有独到的看法，房振三《楚竹书周易彩色符号研究》（安徽大学博士学位论文，2006 年）则对符号意义进行了深入探讨，李尚信《今、帛、竹书〈周易〉卦序研究》（山东大学博士学位论文，2007 年）通过对三个版本《周易》卦序的比较研究，使卦序问题得到全面而系统的认识。竹书《周易》作为最早的版本，其文献价值是不言而喻的。符号也是首次出现，研究者多认为它有重要意义，与卦序密切相关，但因楚竹书《周易》残缺过半，卦序问题只能是一种推测，难有定论。

　　马王堆帛书、阜阳汉简、王家台秦简和上博楚竹书《周易》的面世，对经学研究具有重大的意义。[①] 出土简帛中除了易学文献价值惊人外，还有一大批佚失的子学文献也震惊中外。

二　出土简帛与子学研究

　　子学是指先秦时期的"诸子百家"之学。《汉书·艺文志》将"诸子略"分为儒、道、阴阳、法、名、墨、纵横、杂、农、小说十家。按"四部"的分类法，子学还包括兵书略、数术略和方技略三大类。近 60 年来的出土简帛中，有少数阴阳、纵横、小说家的文献，以及大量的数术和方技资料，更重要的是不断出现儒、道、墨、法、兵五家的佚籍，对先秦子学思想的研究极具价值。1999 年 10 月，武汉大学主办了盛大的郭店楚简国际学术研讨会，海内外数十位学者集中讨论郭店楚竹书，其中有不少文章涉及子学。[②]

（一）出土简帛与儒家研究

　　近 60 年来的出土简帛中，儒家文献数量可观，约有 30 多种，大多见于

---

① 参见刘大钧《今、帛、竹书〈周易〉与今、古文问题》，《周易研究》2005 年第 2 期。

② 武汉大学中国文化研究院编：《郭店楚简国际学术研讨会论文集》，湖北人民出版社 2000 年版。

郭店楚简和上海博物馆藏战国楚竹书，只有几种散见于他处。其中郭店楚简包含了《缁衣》、《鲁穆公问子思》、《穷达以时》、《五行》、《唐虞之道》、《忠信之道》、《成之闻之》、《尊德义》、《性自命出》、《六德》、《语从》（一、二、三）等 10 多种儒家文献。上博藏简至今发表的七册中，属于儒家的文献有《孔子诗论》、《缁衣》、《性情论》、《民之父母》、《子羔》、《鲁邦大旱》、《从政》（甲本、乙本）、《昔者君老》、《周易》、《中弓》、《内礼》、《相邦之道》、《季庚子问于孔子》、《君子为礼》、《弟子问》、《孔子见季桓子》、《天子建州》（甲本、乙本）、《武王践阼》等近 20 种之多。另外还有马王堆帛书《五行》和《圣德》、银雀山汉简《晏子春秋》、定县八角廊汉简《论语》、《儒家者言》、阜阳汉简《儒家者言》、慈利楚简《宁越子》等 7 种古籍。上述文献中，只有《缁衣》、《民之父母》、《晏子春秋》和《论语》等少数几种有传世文本对照，其他都是没有传本的佚籍，对研究早期儒家思想及其发展脉络，有着极其重要的价值。

这些文献自公布以来，引起学术界的强烈关注和研究热情。特别是郭店楚简的发表和研究一开始便有哲学思想史学者的介入，一改往日简帛研究以文字和文献学者为主，哲学思想讨论不够的常态。学界在文字考释、文献考证的基础上，主要对儒家心性论、思孟学派、七十子等儒学史相关问题进行了深入探讨，也涉及先秦是否存在"六经"之说和禅让是否是一种历史事实等问题，以下只就三个主要问题进行简单述评。

郭店楚简有着十分丰富的心性论资料，尤其是《性自命出》和《五行》两篇，受到学界的格外重视。庞朴率先指出这批竹简是早期儒家心性学说的重要文献。因为在这批简牍中，大约有将近 70 个"仁"字，无一例外皆从心从身，此外还有大批别的从心的字，如义、勇、畏、孙、顺、反、疑、难、易、欲、谋、喜、哀、昏、宠、欺、求、与、为、知，等等。细察这些从心的字，仿佛都是为了强调其作为一种心态，以区别于对应的行为而特意创造出来的。这一现象似乎表明，心态问题，在这个时候受到了格外注意。它是当时子思学派将孔子的人道理论建基于人情、人心和人性，从而使儒家学说迈入新阶段的集中表现。[1]

---

　　① 庞朴：《孔孟之间——郭店楚简的思想史地位》，《中国社会科学》1998 年第 5 期；后改名为《孔孟之间——郭店楚简中的儒家心性说》，《中国哲学》第 20 辑，辽宁教育出版社 1999 年版；《"仁"字臆断》，简帛研究网站，2000 年 12 月 10 日；两文皆收入《文化一隅》，中州古籍出版社 2005 年版。

　　李泽厚认为郭店楚简主情,而《孟子》排情,故孟子至当代新儒家的
"天命"道德形上学的阐释,需要重新考虑。[①] 陈来也主张《性自命出》的
人性说并非性善论,而是孔子与孟子、荀子之间的发展形态,它所提出的性
自命出的思想发展了孔子的人性论,从天—命—性—情—道的逻辑结构来讨
论人性的本质和作用。这种看法接近于自然人性论,是先秦思想的主流,而
孟子的性善论,在先秦儒学中反而是独特而少有的。[②] 针对李、陈两文的观
点,郭齐勇作《郭店儒家简与孟子心性论》一文,梳理了郭店楚简与《孟
子》的联系与区别,重点阐发郭店楚简中的儒家道德形上学的内容,把郭店
楚简心性论看做是孟子心性论的前史,其间存有内在联系。为充分阐述该文
涉及的情气、情性与心志等关系,稍后又作一姊妹篇《郭店楚简〈性自命
出〉的心术观》,重点讨论郭店楚简之身心关系或"心—气—形"关系之论,
指出《性自命出》篇"心术"之最重要者,是修身与修心的双彰,以此求
得心定身安。从"心术"的角度,集中讨论礼教、乐教的功能。概而言之,
以礼教修外(形、身),以乐教治内(心),礼教端正身形,乐教陶冶心灵。
但礼教、乐教都要促成身心的一致,声、情、气、性、形、神之合一。礼、
乐都要求身心的一致,但礼教侧重于端正身形,乐教侧重于陶冶心灵。所谓
君子的人格形象,是内在"仁"、"诚"、"忠"、"信"与外在颜色、容貌、
辞气、仪表的统一。这就要内外交修,身与心相互端正。[③]

　　儒家心性论从孔子的"性相近,习相远",到战国中期孟子的"性善
论",再到战国后期荀子的"性恶论",这是为今人所熟悉的。但孔子向孟
子过渡时期的史料阙如,而郭店楚简的面世正好填补了这段空白,从中看
到儒家早期心性说的轮廓,使得孟子性善论的来源清晰可见。不可否认,
这批简的作者定是孔孟之间的人,但到底是何人,学界尚无定论,大体出
自思孟学派之手已为共识。

　　思孟学派这一名称为学界熟知,源于1973年马王堆帛书《五行》篇的
出土。该篇原是《老子》甲本卷后古佚书之一,无篇题。庞朴首先提出将全

---

　　① 李泽厚:《初读郭店竹简印象纪要》,《世纪新梦》,安徽文艺出版社1998年版;《中国哲
学》第21辑,辽宁教育出版社2000年版。

　　② 陈来:《荆门楚简〈性自命出〉篇初探》,《孔子研究》1998年第3期;《竹帛〈五行〉
与简帛研究》,三联书店2009年版,第18—39页。

　　③ 郭齐勇:《郭店儒家简与孟子心性论》,《武汉大学学报》1999年第5期;《郭店楚简〈性
自命出〉的心术观》,《安徽大学学报》2000年第5期。

篇分为经和说两部分，论证了该篇表达的五行思想（仁、义、礼、智、圣），即是荀子在《非十二子》篇中所批评的思孟五行说，属于“孟氏之儒”或“乐正氏之儒”的作品，是思孟学派的余波，因之命名为《五行》。① 上述分经和说的看法得到研究者的一致赞同。虽曾有学者对命名为《五行》提出异议，如魏启鹏定名为《德行》②，但郭店楚简中自题为《五行》的一篇文献，其内容基本与帛书《五行》经部相同，而无说部，可见帛书《五行》的命名当属合理。至于作者和成书年代，则是学界讨论的热点。

学界大多数学者的看法都同意归结为思孟学派，如整理者之一的韩仲民便称此篇的作者为“子思孟轲学派的门徒”。唯魏启鹏认为，帛书《五行》是战国前期子思氏之儒的作品，在孟子之前③；池田知久在《马王堆汉墓帛书五行研究》一书中推论此篇成书于汉代初期④，但在郭店楚简公布后，他将此观点修正为战国后期。⑤ 郭店楚简除《五行》外，还有《缁衣》和《鲁穆公问子思》等与子思有关之作，使学界对子思作《五行》的看法得到加强。庞朴对早期观点有所修正，主张此篇为子思或子思弟子所作大有可能⑥，饶宗颐则直接肯定《五行》为子思之作⑦，李学勤甚至认为郭店楚简为《子思子》⑧，姜广辉也明确主张它是子思的作品⑨，陈来提出《五行》篇经部为子思作、说部为孟子作的推定，并认为这是呼应荀子所谓“子思唱之，孟轲和之”的合理结论。⑩

———————————

① 庞朴：《马王堆帛书解开了思孟五行说古谜》、《帛书〈五行〉篇评述》，《竹帛〈五行〉篇校注及研究》，万卷楼图书有限公司 2000 年版。

② 魏启鹏：《德行校释》，巴蜀书社 1991 年版。

③ 同上书，第 105 页。

④ 池田知久：《马王堆汉墓帛书五行研究》，王启发译，线装书局、中国社会科学出版社 2005 年版。

⑤ 池田知久：《郭店楚简五行研究》，《中国哲学》第 21 辑，辽宁教育出版社 2000 年版。

⑥ 庞朴：《竹帛〈五行〉篇校注及研究》引言，万卷楼图书有限公司 2000 年版。

⑦ 饶宗颐：《从郭店楚简谈古代乐教》，《郭店楚简国际学术研讨会论文集》，湖北人民出版社 2000 年版。

⑧ 李学勤：《郭店楚简六德的文献学意义》，《郭店楚简国际学术研讨会论文集》，湖北人民出版社 2000 年版。

⑨ 姜广辉：《郭店楚简与原典儒学》，《中国哲学》第 21 辑，辽宁教育出版社 2000 年版。

⑩ 陈来：《竹帛〈五行〉篇为子思、孟子所作论——兼论郭店楚简《五行》篇出土的历史意义》，《孔子研究》2007 年第 1 期；《竹简〈五行〉篇与子思思想研究》，《北京大学学报》2007 年第 2 期；《帛书〈五行〉篇说部思想研究——兼论帛书《五行》篇与孟子的思想》，《中华文史论丛》2007 年第 3 期。

至此，竹简《五行》的作者为子思似为定论，但说部是否就是孟子，恐怕还难以服人，总体而言归为思孟学派更为合理。思孟学派的思想研究越来越引人关注，而不再局限于《五行》篇和郭店楚简。庞朴、杜维明极力推动这一研究，于2007年8月10日至13日，在山东济南和邹城两地召开了"儒家思孟学派国际学术研讨会"，有50多位国内外知名学者参加了会议，并提交了学术论文40多篇。杜先生还组织哈佛燕京学社的访问学人会读《五行》和《中庸》，将参与者陈来、梁涛、陈静、干春松、张丰乾、刘宁和方旭东的研究成果结集出版（杜维明主编：《思想·文献·历史——思孟学派新探》，北京大学出版社2008年版），对推动思孟学派的研究大有帮助。一个月后，梁涛《郭店竹简与思孟学派》（中国人民大学出版社2008年版）一书出版，成为第一部思孟学派研究的专著，在思孟学派的研究上取得了重要的新进展。

如果说郭店楚简与思孟学派的关系密切，那么上博藏简儒家文献的出现，使得我们必须关注七十子的问题。李零在《重见"七十子"》一文中认为，郭店楚简是否属于子思或思孟学派的作品尚可讨论，但他完全同意它们反映的主要是"七十子"的东西，或"七十子"时期的东西，其中也包含子思一派的东西。原因是在上博藏简中，发现了很多《孔子世家》和《仲尼弟子列传》中的人物，如颜回、仲弓、子路、子贡、子游、子夏、曾子、子羔、子思等人，有些甚至就是以他们的名字题篇。它们是"七十子"的东西，这点更明显。[①] 上博藏简尚未完全公布，在已公布的这些儒家文献中，《孔子诗论》和《周易》是思想史界最为关注的，相关研究成果已在前文介绍过，兹不赘述。相比于郭店楚简而言，目前的研究大多还集中于文字考释上，对思想的研究还不够深入。但这批简大体属于"七十子"的作品，倒已成学界共识。除了这些儒家文献外，道家文献也在出土简帛中占有很大的分量。

（二）出土简帛与道家研究

近60年的出土简帛中，道家文献主要集中在马王堆帛书和郭店楚简，如马王堆帛书有《老子》甲、乙本、《九主》、《明君》、《德圣》和《黄帝四经》（《经法》、《十大经》、《称》、《道原》），郭店楚简则有《老子》甲、乙、丙本、《太一生水》和《语丛》。此外，还有上博藏简

---

① 李零：《重见"七十子"》，《读书》2002年第4期。

《恒先》和《三德》、定县汉简《文子》、张家山汉简《庄子·盗跖》和阜阳汉简《庄子·杂篇》，共计16种。资料公布后，学界的研究主要在《老子》、《黄帝四经》、《文子》以及《太一生水》和《恒先》这几篇重要文献上。

1. 关于《老子》

1973年马王堆帛书《老子》的出土，引起学界的极大轰动，研究成果不断涌现。随着研究的逐渐系统和深入，学界达成的共识是帛书《老子》对校订今本《老子》具有重大意义，可以作为校订今本的依据，但凡80年代以后出版的老学著作无不如此，其中陈鼓应的《〈老子〉注译及评介》（中华书局1984年版）可为代表。与此同时，对帛书《老子》思想的研究也取得巨大成果，代表作有许抗生的《帛书〈老子〉注译与研究》（浙江人民出版社1982年版）、黄钊的《帛书〈老子〉校注析》（台湾学生书局1991年版）、尹振环的《帛书〈老子〉释析》（贵州人民出版社1998年版）和高明的《帛书〈老子〉校注》（中华书局1996年版）等，其中最有分量的，当属《帛书〈老子〉校注》。该书在考证与校勘方面，其细密与精确程度都超过了近年同类著作，对许多疑难问题也有独到见解，在帛书《老子》研究领域至今无人可超越。

随着1998年郭店楚简的公布，中外学界迅速作出反应，第一时间在美国达慕思大学召开了"郭店《老子》国际研讨会"，各种研究成果更是令人目不暇接。据不完全统计，关于郭店《老子》的研究论文多达七八百篇，专著也有二三十部。综观这些研究成果，涉及的问题可谓不少，但争论最多的主要有二：

一是成书年代和作者的问题有了进一步讨论。郭沂率先提出简本《老子》不但优于今本，而且是一个原始的、完整的传本，它出自春秋末期与孔子同时的老聃；而今本《老子》则出自战国中期与秦献公同时的太史儋。[①] 此说新颖而大胆，在学界影响甚大，赞成者有之，反对者亦众，如高晨阳对郭沂的观点进行了全面的反驳，否定太史儋为今本

---

① 郭沂：《楚简〈老子〉与老子公案》，《中国哲学》第20辑，辽宁教育出版社1999年版。

《老子》作者，简本也不是老聃的原作，且当后于今本《老子》。① 此外，更多学者主张竹简《老子》并非全本，如王博指出，这三本更像是出于不同目的的摘抄本，郭店《老子》并不是当时流行的《老子》全本。② 此说得到很多学者的赞同，但对抄本的来源有不同看法。如许抗生认为，简本《老子》并非原有五千言《老子》的节选本，而很可能是当时流传于社会上的多种老子著述中的三个本子。③ 丁四新则主张，在战国中期偏晚或整个战国中期，《老子》书的总体状况远较郭店简书完全，或可称为《老子》丛书，从《老子》一书的原始本向简、帛、通行本发展，是个重新编辑的过程。④ 李存山认为此说是目前最为合理的推断。⑤ 对于郭店《老子》是否为全本，以及作者是谁的问题尚可讨论，但它的出土至少证明，学界多年来聚讼纷纭的《老子》晚出说应该修正，却是毫无疑义的。

二是郭店《老子》的出土，改变了学界对儒道关系的传统看法。传统的看法是儒道两家势同水火、不可两立。原因是儒家所崇尚的仁、义、圣、智等，却是道家主张弃绝的。即今本第 19 章"绝圣弃智，民利百倍；绝仁弃义，民复孝慈"之语。但这段话在郭店《老子》中却作"绝智弃辩，民利百倍；……绝伪弃诈，民复孝慈"。尽管学界对这个问题的分歧还有很多，但对那个时代儒道关系并不像后世那样冲突紧张，已达成了共识。有关郭店《老子》，丁四新新著《郭店楚竹书〈老子〉校注》，2010 年由武汉大学出版社出版，这是最新的整理本。

2. 关于《黄帝四经》

马王堆帛书《老子》乙本卷前有四篇古佚书，标题分别为《经法》、《十六经》、《称》和《道原》，释文发表后，曾引起学术界的广泛关注，研究成果颇丰，争议较多的问题主要有三：一是命名；二是成书年代；三

---

① 高晨阳：《郭店楚简〈老子〉的真相及其与今本〈老子〉的关系——与郭沂先生商讨》，《中国哲学史》1999 年第 3 期。

② 王博：《关于郭店楚墓竹简〈老子〉的结构与性质——兼论其与通行本〈老子〉的关系》，《道家文化研究》第 17 辑，三联书店 1999 年版。

③ 许抗生：《再读郭店竹简〈老子〉》，《中州学刊》2000 年第 5 期。

④ 丁四新：《郭店楚墓竹简思想研究》，东方出版社 2000 年版。详见该书第一章。

⑤ 李存山：《郭店楚简研究散论》，《孔子研究》2000 年第 3 期。

是产生地。关于命名，唐兰首先称之《黄帝四经》①，钟肇鹏改为《黄老帛书》②，裘锡圭力主应为"《经法》等四篇"③，李学勤坚持称《黄帝书》。④ 学界多认同《黄帝四经》，《黄老帛书》的提法也不少，其他两说不多见，本文从众。至于成书年代共有五说，包括战国早中期之际说⑤、战国中期末说⑥、战国末年说（含秦汉之际说)⑦、战国时期说⑧和汉初说。⑨ 由唐兰提出的战国早中期之际说得到余明光、陈鼓应⑩等学者的赞同，逐渐为大多数人所接受。在产生地的问题上，主要有郑国说、楚地说、齐国说和越国说四种，很多学者都参与了讨论，应该说讨论已相当充分，但孰是孰非难有定论。有关思想研究的论著多达百篇（部），代表性专著有吴光的《黄老之学通论》（浙江人民出版社 1985 年版）、余明光的《黄帝四经与黄老思想》（黑龙江人民出版社 1989 年版）和丁原明的《黄老学论纲》（山东大学出版社 1997 年版）等，讨论的问题主要涉及宇宙论、政治哲学、辩证法、刑德刑名法术等方面，以及与《老子》、庄子学派、范蠡、《管子》、《易传》、《三德》、《文子》等相关的传世和出土文献的比较研究。

3. 关于《文子》

《文子》1973 年出土于定州八角廊 40 号汉墓，1995 年正式公布释文，有 277 简，约 2790 字，其中 87 简 1000 多字属今本《道德篇》的内容，另有少量竹简文字似属《道原》、《精诚》、《微明》和《自然》等篇，其他皆

---

① 唐兰：《马王堆出土〈老子〉乙本卷前古佚书的研究——兼论其与汉初儒法斗争的关系》，《考古学报》1975 年第 1 期。

② 钟肇鹏：《黄老帛书的哲学思想》，《文物》1978 年第 2 期。

③ 裘锡圭：《马王堆〈老子〉甲乙本卷前后佚书与"道法家"》，《中国哲学》第 2 辑，三联书店 1980 年版。

④ 李学勤：《记在美国举行的马王堆帛书工作会议》，《文物》1979 年第 11 期。

⑤ 唐兰：《马王堆出土〈老子〉乙本卷前古佚书的研究——兼论其与汉初儒法斗争的关系》，《考古学报》1975 年第 1 期。

⑥ 魏启鹏：《〈黄帝四经〉思想探源》，《中国哲学》第 2 辑，三联书店 1980 年版。

⑦ 吴光：《黄老之学通论》，浙江人民出版社 1985 年版；熊铁基：《秦汉新道家略论稿》，上海人民出版社 1984 年版。

⑧ 裘锡圭：《马王堆〈老子〉甲乙本卷前后佚书与"道法家"》，《中国哲学》第 2 辑，三联书店 1980 年版。

⑨ 姜广辉：《试论汉初黄老思想——兼论马王堆汉墓出土四篇古佚书为汉初作品》，《中国哲学史研究集刊》第 2 辑，上海人民出版社 1982 年版。

⑩ 余明光：《黄帝四经与黄老思想》，黑龙江人民出版社 1989 年版；陈鼓应：《黄帝四经今注今译》，台湾商务印书馆 1995 年版。

为不见于今本的佚文。① 释文发表后，李学勤随即发表两篇文章，对如何利用竹简《文子》进行研究提出意见②，掀起了学界的研究热潮。1996 年 6 月在台湾辅仁大学召开了"《文子》与道家思想发展两岸学术研讨会"，与会者就《文子》的真伪、成书年代、依托人物关系及作者、学派归属、与诸子关系等进行广泛讨论，相关研究成果发表在《哲学与文化》同年第 8、9 两期上。陈鼓应主编的《道家文化研究》第 18 辑（三联书店 2000 年版）也集中发表了多篇文章③，为推动这一研究起到了积极作用。另有多篇论著和博士、硕士论文相继出现，王利器的《文子疏义》（中华书局 2000 年版）为研究者提供了翔实的资料，张丰乾的《竹简〈文子〉探微》（中国社会科学院，2002 年）是以此为研究主题的第一部博士论文，他进一步讨论了竹简《文子》与今本《文子》之间，及它们与《淮南子》之间的关系，还对竹简本《文子》与今本《文子》的年代问题和地域特色作出推断，从多种角度讨论"文子"与"平王"的身世，提出较为合理的假说。尽管他的推断和假说未必成定论，但其论证严密，成一家之言，不失为一部力作。近年来的研究成果不少，但大家的看法各不相同，莫衷一是，难有定论。

4. 关于《太一生水》和《恒先》

这两篇文章分别出于郭店楚简和上博竹书，皆为不见于传世文献的佚籍，内容都以讨论宇宙生成论为主，极有研究价值，故它们面世后，迅速受到学界的广泛关注。

《太一生水》自 1998 年正式公布后，学界的相关研究成果众多，涉及的问题主要有三：其一，关于文本的作者、成书年代和学派性质。学界对此可谓众说纷纭，诸如关尹说④、稷下道家说⑤、儒家说⑥、阴阳家

---

① 河北省文物研究所定州汉简整理小组：《定州西汉中山怀王墓竹简〈文子〉释文》、《校勘记》、《整理和意义》，《文物》1995 年第 12 期。

② 李学勤：《试论八角廊简文子》，《文物》1996 年第 1 期；《老子与八角廊简文子》，《中国哲学史》1995 年第 3、4 期合刊。

③ 从第 133—278 页依次发表了李晋云、魏启鹏、丁原植、陈丽桂、赵建伟、邢文、曾达辉、王利器等学者的文章。

④ 李学勤：《荆门郭店楚简所见关尹遗说》，姜广辉主编：《中国哲学》第 20 辑，辽宁教育出版社 1999 年版。

⑤ 黄钊：《竹简〈老子〉应为稷下道家传本的摘抄本》，《中州学刊》2000 年第 1 期。

⑥ 周凤五：《郭店竹简的形式特征及其分类意义》，武汉大学中国文化研究院编：《郭店楚简国际学术研讨会论文集》，湖北人民出版社 2000 年版，第 53—63 页。

说①、老聃说②、黄老道家说③、先秦数术流派说④，不一而足，莫衷一是。作者到底为何人，哪种说法都没有充足理由，但总体归为道家学派的作品，还是较为合理的，这也为学界中大多数人所接受。其二，关于宇宙生成图式的描述以及水在其中的地位与作用。学界公认《太一生水》是一篇谈宇宙生成论的著作，但对这种宇宙生成图式的描绘又不同意见，如李零、邢文、郭沂、赵东栓等⑤学者，分别对此进行讨论，每一种描绘方式都有可取之处，但亦各有不足，未能完全服人。但不管如何描绘，都无法回避"水"的反辅作用。如何理解"太一生水"，学界也争议甚多。庞朴主张两者是具有反辅功能的母子关系⑥，罗炽认为道、太一与水是一而三、三而一的关系⑦，陈松长提出"太一生于水"的说法⑧，也有很多学者把水看成只是起着辅助作用。这个问题至今也没达成共识，还有待争论的进一步深入。其三，对太一、神明等重要概念的诠释及其与《老子》的关系。大多数学者都认同《太一生水》中"太一"为道家"道"之别名，但对其来源却有不同的看法。但它与《老子》关系密切，已成为学界共识，但具体有哪些关系，也有诸多看法。

《恒先》与《太一生水》一样备受关注，自 2003 年年底面世到 2008

① 萧汉明：《〈太一生水〉的宇宙论与学派属性》，《学术月刊》2001 年第 12 期；丁四新：《楚简〈太一生水〉研究——兼对当前〈太一生水〉研究的总体批评》，丁四新主编：《楚地出土简帛文献思想研究》（一），湖北教育出版社 2002 年版，第 183—249 页。

② 谭宝刚：《〈太一生水〉乃老聃遗著》，郭店楚简研究（国际）中心编：《古墓新知——纪念郭店楚简出土十周年论文专辑》，香港国际炎黄文化出版社 2003 年版，第 223—236 页；《再论〈太一生水〉乃老聃遗著》，《徐州师范大学学报》（哲学社会科学）2004 年第 4 期。

③ 罗炽：《〈太一生水〉辨》，《湖北大学学报》（哲学社会科学版）2004 年第 6 期。陈恩林：《〈太一生水〉与〈老子〉及〈易传〉的关系——〈太一生水〉不属于道家学派》，《社会科学战线》2004 年第 6 期。

④ 罗炽：《〈太一生水〉辨》，《湖北大学学报》（哲学社会科学版）2004 年第 6 期。

⑤ 李零：《读郭店楚简〈太一生水〉》，陈鼓应主编：《道家文化研究》第 17 辑，三联书店 1999 年版；郭沂：《郭店竹简与先秦学术思想》，上海教育出版社 2002 年版；邢文：《论郭店〈老子〉与今本〈老子〉不属一系——楚简〈太一生水〉及其意义》，姜广辉主编：《中国哲学》第 20 辑，辽宁教育出版社 1999 年版；赵东栓：《〈太一生水〉篇的宇宙图式及其文化哲学阐释》，《齐鲁学刊》2001 年第 4 期。

⑥ 庞朴：《一种有机的宇宙生成图式——介绍楚简〈太一生水〉》，陈鼓应主编：《道家文化研究》第 17 辑，三联书店 1999 年版；《"太一生水"说》，姜广辉主编：《中国哲学》第 21 辑，辽宁教育出版社 2000 年版。

⑦ 罗炽：《〈太一生水〉辨》，《湖北大学学报》2004 年第 6 期。

⑧ 陈松长：《〈太一生水〉考论》，武汉大学中国文化研究院编：《郭店楚简国际学术研讨会论文集》，湖北人民出版社 2000 年版。

年 4 月短短几年间，正式发表的论文多达 68 篇。① 学者们的研究涉及各方面的问题，争议较大的主要有：第一，关键词句的解读以及重要语句间的句读，涉及面广，讨论者众，难以简述；第二，简序编连有李零、庞朴、曹峰、顾史考和夏德安五种方案，其中庞朴方案接受者众；② 第三，文本作者、时代和学派属性，有战国中晚期关尹遗说③、战国末年至汉初道法形名家说④、稷下学者说⑤、老庄一系说⑥等，讨论热烈，观点各异，难有定论；第四，宇宙生成方式及图式描绘分别有三种不同说法，生成方式有两种说（哲学上的宇宙演化论思想和文化人类学意义上的生成论）⑦、四种说（作、行、出、生）⑧、五种说（自生、复、生、焉有、生于）⑨，主生成图式说者，有郑万耕式、浅野裕一式和陶磊式⑩，各种说法都有其道理，亦有不足之处。此外，通过对本篇与《老子》、《太一生水》、《淮南子》、《文子》、《黄帝四经》、《易·序卦传》等相关文献比较研究，从而确定其思想主旨，也是学者们关注和讨论的焦点问题。

三　出土简帛与墨家研究

在近 60 年来出土简帛中，与墨家有关的文献仅有一种，即 1959 年出

---

① 曹峰：《〈恒先〉已发表论著一览（增补）》，简帛研究网（www. jianbo. org，以下略），2008 年 5 月 15 日。

② 马承源主编：《上海博物馆藏战国楚竹书（三）》，上海古籍出版社 2003 年版，第 285—300 页；庞朴：《〈恒先〉试读》，简帛研究网，2004 年 4 月 26 日，又见姜广辉主编《中国古代思想史研究通讯》第 2 辑，2004 年 6 月；顾史考：《上博竹简〈恒先〉简序调整一则》，简帛研究网，2004 年 5 月 8 日；曹峰：《〈恒先〉编联、分章、释读札记》，简帛研究网，2004 年 5 月 16 日，后以《谈〈恒先〉的编联与分章》为题发表于《清华大学学报》2005 年第 3 期。夏德安：《读上海博物馆楚简〈恒先〉》，"2007 中国简帛学国际论坛"，台湾大学 2007 年 11 月。

③ 李学勤：《楚简〈恒先〉首章释义》，《中国哲学史》2004 年第 3 期；李学勤：《孔孟之间和老庄之间》，孔子 2000 网，2005 年 8 月 1 日。

④ 郭齐勇：《〈恒先〉——道法家形名思想的佚篇》，《江汉论坛》2004 年第 8 期。

⑤ 刘信芳：《上博藏竹书〈恒先〉试解》，简帛研究网，2004 年 5 月 16 日。

⑥ 丁四新：《有无之辩和气的思想》，《中国哲学史》2004 年第 3 期；董珊：《楚简〈恒先〉初探》，简帛研究网，2004 年 5 月 12 日。

⑦ 吴根友：《上博楚简〈恒先〉篇哲学思想探析》，简帛研究网，2004 年 5 月 8 日。

⑧ 谭宝刚：《近年来上博馆藏战国楚竹书〈恒先〉研究述评》，简帛研究网，2009 年 10 月 14 日。

⑨ 刘贻群：《〈恒先〉三题》，《文史哲》2005 年第 1 期。

⑩ 郑万耕：《楚竹书〈恒先〉简说》，《齐鲁学刊》2005 年第 1 期；浅野裕一：《上博楚简〈恒先〉的道家特色》，《清华大学学报》2005 年第 3 期；陶磊：《〈恒先〉思想探微》，周易研究中心网，2005 年 9 月 30 日。

土于河南信阳长台关号楚墓的一组竹简。该组竹简内容是一篇记载申徒狄和周公谈话的短文。50、60 年代，研究者多主张此书为儒家文献。[①] 70 年代，中山大学古文字研究室楚简整理小组最早发现其中保存字数最多的两篇简文与《太平御览》卷八二中一段《墨子》佚文"周公见申徒狄曰：贱人强气则罚至"的内容、语气如出一辙，但他们还是主张其内容与子思、孟轲的思想仿佛，是战国中期所流行的儒家思想。[②] 90 年代，李学勤在此基础上对简文性质有进一步讨论，结合简文中还有一些明显是《墨子》特有的术语，如"贱人"、"尚贤"等，认为这组简文很可能是《墨子》佚篇。[③] 近年来，又有多位学者参与探讨，其中何琳仪同意简文是《墨子》佚文[④]，杨泽生则重新认定它属儒家作品。[⑤] 李零在基本赞同李学勤看法的基础上，主张简文虽与今本《墨子》的佚篇或佚文有关，但原来并不一定属于《墨子》，而很可能只是周公、申徒狄问对中的一种。所以他提出简文题篇当作《申徒狄》更为合适。[⑥] 相比而言，李零的说法最为合理，已为大多数学者接受和认可。

四　出土简帛与法、兵两家研究

近 60 年来，没有出土法家的理论文献，但体现法家思想的律书却有不少，其中最重要的是睡虎地秦简。秦简出土时，正值"评法批儒"的高潮，它被当做法家的教材大受重视，掀起了法家研究的热潮，但因政治因素左右，学术价值不高。近年来对秦简的研究，集中在法律思想和《日书》上，鲜有人从法家思想方面讨论。与兵家有关的出土简帛最主要是银雀山汉简，还有张家山汉简《盖庐》、马王堆帛书《刑德》甲乙篇、沉陵

①　李学勤：《信阳楚墓中发现最早的战国竹书》，《光明日报》1957 年 11 月 27 日第 3 版。又参见李学勤《战国题铭概述》（下），《文物》1959 年第 9 期；史树青：《信阳长台关出土竹书考》，《北京师范大学学报》1963 年第 4 期。

②　中山大学古文字研究室楚简整理小组：《一篇浸透着奴隶主思想的反面教材——谈信阳长台关出土的竹书》，《文物》1976 年第 6 期。

③　李学勤：《长台关竹简中的〈墨子〉佚篇》，见四川大学历史系编《徐中舒先生九十寿辰纪念文集》，巴蜀书社 1990 年版。

④　何琳仪：《信阳竹书与〈墨子〉佚文》，《安徽大学学报》2001 年第 1 期。

⑤　杨泽生：《长台关竹书的学派性质新探》，《文史》第 57 辑，中华书局 2001 年版。

⑥　李零：《长台关楚简〈申徒狄〉研究》，简帛研究网，2000 年 8 月 8 日；收入张政烺先生九十华诞纪念论文编委会：《揖芬集——张政烺先生九十华诞纪念论文集》，社会科学文献出版社 2002 年版。

虎溪山汉简《阎氏五胜》、敦煌汉简《力牧》和上孙家寨汉简"军法"、
"军令"等。1972年4月山东临沂银雀山一号汉墓出土的兵法竹简中,
《孙子兵法》、《孙膑兵法》、《尉缭子》、《六韬》等文献引起了学术界的轰
动,近千年来关于孙武、孙膑其人及其著作的争论基本上得到解决。70年
代的研究,由于受当时"评法批儒"的政治思潮影响,有着深深的时代烙
印,多把这些文献与法家思想相联系,在今天看来并无多大学术价值。但
也有少量学术性强、考证精审、观点新颖、具有影响力的论著,如任继
愈、遵信、杨伯峻、李零等学者的研究成果。① 此后李零的《〈孙子〉十
三篇综合研究》(中华书局2008年版)最有代表性,合校释与研究于一
体,是研究《孙子兵法》的集大成之力作。

五 出土简帛与战国秦汉思想史研究

近60年来的出土简帛主要是战国秦汉时期的文献,如郭店楚简和上
博藏简是战国时期的文献,睡虎地秦简、王家台秦简、银雀山汉简、阜阳
汉简和马王堆帛书都是秦汉时期的重要资料。这些简帛资料对战国秦汉思
想史的研究具有极高价值,解决了很多悬而未决的问题,主要有如下几个
方面表现:

(一) 出土简帛弥补了孔孟之间的思想史空白

郭店楚简和上博藏简的出土,对战国思想史的研究影响巨大,几乎可
以重写或改写思想史。② 当然要重写或重新定位的是先秦儒家思想史,姜
广辉就认为郭店楚简的出土促使我们重新认识和评估早期儒家,而前期儒
学发展史必定要改写。③ 在传世文献中,我们难以见到孔子至孟子之间那
段时间的史料,而郭店楚简正好弥补了这一空白,让人们很清晰地看到了
孔子思想的传承。其中儒家早期心性论、思孟五行说和七十子的思想等,

---

① 任继愈:《孙膑兵法的哲学思想》,《文物》1974年第3期;遵信:《孙子兵法的作者及其
时代——谈谈临沂银雀山一号汉墓孙子兵法的出土》,《文物》1974年第12期;杨伯峻:《孙膑和
〈孙膑兵法〉杂考》,《文物》1975年第2期;李零:《关于银雀山简本〈孙子〉研究的商榷——
〈孙子〉著作时代和作者的重议》,《文史》第7辑,中华书局1979年版;李零:《〈孙子〉篇题木
牍初论》,《文史》第17辑,中华书局1983年版。

② 参见杜维明《郭店楚简与先秦儒道思想的重新定位》,姜广辉主编:《中国哲学》第20
辑,辽宁教育出版社1999年版。

③ 姜广辉:《郭店楚简与〈子思子〉——兼谈郭店楚简的思想史意义》,姜广辉主编:《中国
哲学》第20辑,辽宁教育出版社1999年版。

都是楚简儒家文献所反映的内容，这些思想起着承上启下的作用，是孔孟思想的过渡环节，是思想史上不可或缺的一环，从这个角度上看，出土楚简的价值再如何评价都不过分。同时，出土简帛中还有《老子》、《太一生水》和《恒先》等道家文献，让我们能够重新认识早期儒道之间的关系。

（二）出土简帛反映了儒道关系并非势不两立

郭店《老子》的内容与今本及帛书本不同之处，恰恰说明了"原始儒道两家的关系，并非如人们想象的那样对立"①，反而有可能是一种互补互济，因反映战国中期道家学说的"简本《老子》甲本所说的'绝智弃辩'、'绝巧弃利'、'绝伪弃诈'，不仅不是对儒家思想的批判和否定，而是对儒家思想从负面的补充。它不是一种儒家正面的'应该这样'的思维路向，而是一种'不应该这样'，才能'这样'的思维路向。之所以讲儒道并不强烈冲突，而是互补互济，是因为孔子《论语》也说'巧言令色，鲜矣仁'，（孔子也弃绝）巧言之辩、伪善面貌和欺诈行为。这是与仁相违的。《孟子·梁惠王上》也载：'孟子对曰：王，何必曰利？亦有仁义而已矣……'《老子》的'绝巧弃利'，岂不是达到仁义的一种途径吗？可见，儒道早期元典文本的思想比较贴近。都是为消解'礼坏乐崩'所带来的……现实冲突所提出的不同设想和方案。"② 而今本和帛本《老子》改简本"绝伪弃诈"为"绝仁弃义"，则反映了儒道关系势不两立有个不断发展的过程。这与秦始皇"焚书坑儒"到汉武帝"独尊儒术"的历史演变不无关系。

（三）出土简帛印证了秦始皇焚书坑儒的历史

秦王朝二世而亡，历史短暂，留下的史料不多，使"焚书坑儒"这么重大历史事件也成公案，两千年来评说不尽，对此存疑或疑其为夸大其事者甚多。而近年出土简帛的文献资料却可印证此为历史真实。由上我们已经知道战国墓葬中出土的文献多为儒家经典和诸子典籍，而汉代墓葬也有百家文献出现，唯独秦墓出土的文献中不见任何上述内容。如睡虎地秦简的主要内容为法律文书和《日书》，天水放马滩秦墓出土的也主要是《日书》，王家台秦简多为《日书》内容，与易有关的亦只有占筮这一数术部

① 郭齐勇：《郭店儒家简的意义与价值》，《湖北大学学报》1999 年第 2 期。

② 张立文：《论简本〈老子〉与儒家思想的互补互济》，《道家文化研究》第 17 辑，三联书店 1999 年版。

分。这正符合李斯焚书论所言，"非博士官所职，天下敢有藏《诗》、《书》、百家语者，悉诣守、尉杂烧之。有敢偶语《诗》、《书》弃市，以古非今者族。"（《史记·秦始皇本纪》）在这种高压政策下，秦墓出土的文献无一典籍，实属正常，但《日书》的频频出土，也体现了当时社会的另一种现实情况。

（四）出土简帛体现了秦汉社会思想丰富多彩

秦墓出土的《日书》和"易占"（《归藏》）都属数术类文献，这类文献同样出现在汉代墓葬中，如马王堆帛书除了儒道典籍外，还有刑德、医方、占卜、导引等，张家山汉墓中发现《奏谳书》、《引书》、《脉书》、《历谱》、《算术书》等，银雀山汉墓中发现大批《孙子兵法》、《孙膑兵法》、《六韬》等兵书，定县汉简有《论语》、《儒家者言》和《文子》等典籍，阜阳汉简有《诗经》、《周易》等经书，武威还出土了汉简《仪礼》，综合上述出土文献，正吻合《汉书·艺文志》将知识归为六艺、诸子、诗赋、兵家、数术、方技六大类的分类，它提醒我们这才是秦汉思想世界的真实状态。在那个时代，人们关心的不仅仅是天道哲理、世道治理和人道伦理，而且还关心种种实用的技术和知识。在他们的思想世界中，有些知识与技术并无冲突，甚至同样拥有不言自明的依据，故而在令人深信不疑的大体系之中，思想史研究不能无视这种普遍知识背景与一般思想水平的存在意义。尽管秦汉社会思想丰富多彩，但在一定的时间内还是有其主流思想，黄老思潮就是其中之一。

（五）出土简帛佐证了秦汉黄老思潮十分兴盛

秦汉之际的黄老之学，是秦汉思想史一个重要阶段，从出土简帛中正好可以佐证这一点，如定县汉简中有《文子》，以及马王堆帛书有大量的道家著作，甚至出现了《黄帝四经》，或称《黄老帛书》。这是《老子》乙本卷前佚书之《经法》、《十六经》、《称》和《道原》四部书的合称，另《老子》甲本卷后佚书《九主》、《明君》和《德圣》无疑也是黄老之作。墓主随身带到另一个世界的书籍，必定是经过精挑细选的，也往往代表他所在圈子的品位，由马王堆汉墓中出土的典籍多为道家著作，可见那个时代当为黄老思想兴盛之世。这与稍晚时期墓葬出土的文献有很大区别，其反映的时代思想亦各异，汉武帝以后，汉代则是经学的天下。

（六）出土简帛表现了先秦两汉六经学的传统

经学一直是秦汉思想史研究的重头戏，后世认为六经之学起源于汉

代，但出土简帛却显示，早就战国时期就有六经之说。传世文献中只有
《庄子》有六经的记载："孔子谓老聃曰：'丘治《诗》、《书》、《礼》、
《乐》、《易》、《春秋》六经，自以为久矣，孰知其故矣。'"（《庄子·天
运》）但《庄子》是寓言，《天运》又在外篇，有晚出嫌疑，因此现代著
作多以为不足信。郭店竹简的出土，让人始信其真。《六德》篇有关于六
经记载："观诸诗、书则亦在矣，观诸礼、乐则亦在矣，观诸易、春秋则
亦在矣。"此六经的次序与《天运》篇所载完全一致。《性自命出》也提
到："诗、书、礼、乐，其始出皆生于人。诗，有为为之也；书，有为言
之也；礼、乐，有为举之也。"可见先秦确有六经流传，而且至迟在战国
中期儒家确实已有六经的说法。① 但由于秦始皇焚书坑儒，《乐》经亡佚，
汉代只有五经之学，而先秦是否有《乐》经，已成疑案。在出土简帛中，
《乐》经文本虽未见，但郭店楚简和上博藏简中论《乐》之处不少，证实
《乐》经确实存在过。《书》经也同样不见文本，但引《书》之出土文献
亦多有，且据说清华藏简有《尚书》的内容。另外的《诗》、《礼》、
《易》、《春秋》都有相关文献出土，特别是《诗》和《易》的出土，对经
学研究有着十分重要的作用，详见上文出土简帛与经学研究部分，兹不
赘述。

① 李学勤：《郭店楚简与儒家经籍》，姜广辉主编：《中国哲学》第 20 辑，辽宁教育出版社
1999 年版。

后　记

　　承蒙中国社会科学出版社总编赵剑英先生看重，命某等撰写本书。1949年至2009年，一个甲子间，中国大陆地区的中国哲学的研究有着十分复杂的面相。要从学术史的角度对此加以总结，实在不是一件容易的事情。

　　本书的架构：第一部分为导论，从总体上讨论60年中国大陆地区中国哲学的发展走势，总结其得失。第二部分是第一章至第三章，从这60年的发展进程与范式转移上讨论本学科的创设、初成与成熟。第三部分是第四章至第七章，讨论学界对先秦、秦汉至隋唐、宋元明清、近现代等四大历史阶段之哲学的研究。第四部分是第八章至第十三章，讨论经学、少数民族哲学、科技哲学、逻辑学与知识论、社会与政治哲学、出土简帛等领域或专题上的研究。

　　本书提纲由我拟定，导论由我撰写，第一章由西南石油大学崔发展撰写，第二章由东北师范大学荆雨撰写，第三章由华中科技大学廖晓炜撰写，第四章由武汉大学储昭华撰写，第五章由苏州大学吴忠伟撰写，第六章由武汉大学文碧方与暨南大学陈畅撰写，第七章由浙江师范大学王锟撰写，第八章由华南师范大学刘体胜撰写，第九章由云南师范大学伍雄武撰写，第十章由厦门大学乐爱国撰写，第十一章由上海市社会科学院张锦枝与湖北师范学院谢远笋撰写，第十二章由华东师范大学陈乔见撰写，第十三章由广东五邑大学刘贻群撰写。各位分别写成初稿之后，由深圳大学问永宁与我先后修改、统稿。衷心感谢伍雄武教授、乐爱国教授及所有作者、编者与本书责任编辑陈彪主任。由于鄙人的水平有限，加上时间很紧，难免挂一漏万，综述与评论上的不当之处，敬请各位专家与读者指正。

郭齐勇

庚寅辛卯之间于武汉大学